国家社会科学基金一般项目资助

汉藏历史比较语言学研究

杨光荣　著

科 学 出 版 社
北 京

内 容 简 介

本书以汉语（主要涉及先秦古汉语以及汉语官话材料）、藏语［主要涉及吐蕃藏语和古藏语、书面藏语以及藏语拉萨话（藏语官话）材料］语种较为系统和翔实的同源词（词函项谱系性）考辨、同源语法范畴（语法范畴函项谱系性）考辨以及映射同源句法位（句法函项谱系性）考辨三大考辨及其综合集成考辨论证资料为基础，辅之以语言与语种、人类与族群等的理论背景，以"形式词源学""逻辑分析语言学"等理论为指导，以"形式历史比较法"为基本方法论，从全新的理论视野与系统性的考辨视野刻画、论证了汉语、藏语的谱系性。这是一部在材料描述、理论论证以及材料与理论综合集成方面富有创新的探索性专著，是建构历史比较语言学普适性理论的一部试验性作品，是对印欧语历史比较语言学（传统历史比较语言学）的革新与推进。

本书可供高等院校语言学、历史比较语言学、民族学、中华民族史、语种与族群变迁史等方向的大学生、研究生以及相关研究者参考使用。

图书在版编目（CIP）数据

汉藏历史比较语言学研究/杨光荣著.—北京：科学出版社，2022.9
ISBN 978-7-03-067483-8

Ⅰ. ①汉…　Ⅱ. ①杨…　Ⅲ. ①汉藏语系-历史比较语言学-研究　Ⅳ. ①H4

中国版本图书馆 CIP 数据核字（2020）第 256412 号

责任编辑：王　丹　贾雪玲 / 责任校对：贾伟娟
责任印制：李　彤 / 封面设计：蓝正设计

科 学 出 版 社 出版
北京东黄城根北街 16 号
邮政编码：100717
http://www.sciencep.com

北京中科印刷有限公司 印刷
科学出版社发行　各地新华书店经销
*
2022 年 9 月第　一　版　开本：720 × 1000　1/16
2022 年 9 月第一次印刷　印张：28
字数：386 000

定价：108.00 元

（如有印装质量问题，我社负责调换）

前　　言

对汉语、藏语谱系关系的探讨，是国内外汉藏语系学界经久不衰的课题，同时也是一个难度很大、困难重重的研究领域。

“汉藏历史比较语言学研究”指的是汉语、藏语两种语言之间的历史比较，这是一种狭义的界定，不是指整个汉藏语系诸语言的历史比较。汉藏语系涉及数百种语种（至少 300 种），如此多语种，非几人几十人在几年几十年内可以完工了事的。

汉语、藏语，都属于有文字的语种，都具有丰富的历史文献，都可以区分为“语种史前时期”与“语种历史时期”两个阶段，这是汉藏历史比较具有长久魅力的一个因素。

汉语、藏语，从族群的角度看，分别属于汉族、藏族所操的语言。语言是族群的心灵，族群是语言的栖息地和家园。汉族是“中华民族多元一体格局”中的主体民族，藏族是“中华民族多元一体格局”中有着悠久历史的少数民族，由于国际政治势力的影响，藏族和藏语在国际政治领域格外受到关注，同样地，藏族和藏语在国内政治领域也受到重视。这意味着，考辨、求证藏语与汉语之间的谱系关系，不仅仅具有学术的价值和意义，而且还具有非凡的政治价值和意义，甚至与国家安全、国家领土完整、民族团结与和谐稳定等都具有密切的关系，这是汉藏历史比较具有长久魅力的又一个因素。

汉语、藏语，从语种的角度看，都具有悠久的历史。仅从文字看，记录汉语的甲骨文距今约 3300 年，记录藏语的藏文距今约 1400 年，但是汉语、藏语作为语种产生于何时，遗传的代际是多少，至今都是一个悬而未决的问题，这是汉藏历史比较成为世界难题的一个因素。

汉语、藏语虽然都属于“汉藏语系”，但是在词序类型学上二者具有明显的差异。汉语在词序上从甲骨卜辞以来就属于动宾型（SVO），藏语则属于宾动型（SOV），二者词序类型的差异何以形成，至今也未得到有说服力的解释。汉语在韵律上自隋代陆法言《切韵》起就明确地属于有声调语言，藏语在公元7世纪就属于无声调语言，演化至今，藏语国内三大方言之一的安多方言依然没有声调，虽然1995年“基因声调说”的提出促进了汉藏语系的声调研究，但是声调与谱系的关系尚有待深入发掘，这一汉藏历史比较类型与谱系之间的纠葛至今没有得到解释，这也是汉藏历史比较成为世界难题的一个因素。要补充一点，拉达克方言也没有声调，拉达克号称“小西藏”，属于中国的领土，其首府列城至今为印度侵略者所控制。

汉语、藏语具有丰富的文献材料和比较详尽的方言调查描写材料，材料的收集和积累不可谓不丰富，但是汉藏历史比较的进展依然不能令人满意。可见，单纯依靠材料数量的增长并不能有力地推进汉藏历史比较，因为材料是死的，材料不可能自然而然地长出新知识来，史学界的“二重证据法”仅仅是使用材料的方法；观念的革新、新理论的建构、新方法的提出，是推动汉藏历史比较发展的最重要的动力，这是汉藏历史比较成为世界难题的又一个因素。

基础理论的研究，需要的是多学科知识的综合集成，需要多学科知识综合集成于一两个人身上，经过长久酝酿，有机融合，才有可能取得实质性的进展。物理学中牛顿的经典力学、爱因斯坦的相对论都是这样获得的；语言学中的形式语法，例如“波兰形式语法学派”的范畴语法、“美国形式语法学派”的转换生成语法与蒙太古语法，以及中国的分析语法也都是这样获得的。

语言学家、中国科学院学部委员、新中国成立后曾任北京大学副校长的魏建功，在民国年间就著有《古音系研究》[①]。倡导贯通文字、音韵、训诂，并身体力行，在《新华字典》这一经典字典中予以贯彻自己的主张，其主张信不虚矣。这一主张不但适合汉语言文字学的研究，也适合汉藏历史比较的研究。笔者在2016年秋季给博士研究生开设的“汉字汉语形音义关系史”课程，就是为了打通文字、音韵、训诂三者之间的联系，旨在探讨汉字汉语形音义三要素之间的演化关系史，为建构一种新型的有异于语音史、词汇史、语法史的“板块式”的汉语史打下基础。

汉语与汉字，是一个集自然语言符号汉语与人工约定语言符号汉字于一体的复合符号体系，没有文字、音韵、训诂三者之间的打通，是解决不好文字、音韵、训诂的问题的。清代的戴震是一位经学家，他所撰写的《转语》开了贯通文字、音韵、训诂的先河；清末民初的章太炎是一位通晓墨辩逻辑与印度因明的学者，撰写了《文始》，继承了戴震开创的事业。

本书所依托课题自立项以来，经过笔者艰苦的探索，终于在基础理论上取得了些许进展。历史比较法，来自印欧语的历史比较研究。什么土壤最适合长什么庄稼，印欧语系诸语言长出的是“形态历史比较法”。汉语、藏语属于汉藏语系，汉语属于词根语，没有印欧语系诸语言视觉上的形态变化，简单地使用形态历史比较法，在汉藏历史比较中会碰到“汉语缺乏形态”的难题。汉语缺乏形态是事实，是不可改变的历史和现实事实，我们只能认真面对。

从理论上说，汉族是汉语的后代，生于汉语（父母操汉语）而又长于汉语（邻居、老师和同学说汉语）这块土壤之中，如此一来，设计一种有异于形态历史比较法的新的历史比较法就成了

① 魏建功：《古音系研究》，北京：中华书局，1996.

当务之急。难道历史比较法真的存在不同的类型？真的存在有异于形态历史比较法的另一种历史比较法？从人类语言的事实与理论推测，这种可能性是存在的，关键在于把可能性变为现实性。

“基因历史比较法”就是这样一种我们需要的历史比较法。所谓基因历史比较法，就是指基于“语言基因”的历史比较法，这是有别于基于“语言形态”的一种历史比较法。

语言基因的基本单位是“音义位”。何为音义位？顾名思义，音义位就是由“音”和“义”组成的单位。这样理解大致不差。但是深究下去，何为“音”，何为“义”，问题就没有那么简单了。本书在以往音位、义位概念的基础上，把音位、义位概念加以融合，提炼出新的概念与术语“音义位”。音义位就是基因历史比较法的基本单位。音义位主要是由“核基因”所组成的。

如此一来，历史比较法可以区分为形态历史比较法与基因历史比较法，二者的关系不是对立的，而是相互补充的。基因历史比较法是通用的，形态历史比较法主要适用于形态语言，二者相辅而相成。

历史时期的汉语，尽管属于形态贫乏的语种，但也不是一点形态也没有；史前时期即原始汉语的内部屈折形态依然残存于历史时期的汉语中，藏语的内部屈折形态较之于历史时期的汉语要丰富得多，因此，形态历史比较法在汉藏历史比较中还是有用武之地的。基因历史比较法与形态历史比较法各有各的用处，用得恰到好处方是上策。

关于汉藏历史比较，就狭义的汉语、藏语的历史比较而言，至今没有一个合理的学科体系。本书把汉语、藏语的历史比较区分为三个有机板块，即“形式词源学”“汉藏语词源学”“汉藏语历史分析语法”，三个板块的构成从里到外，从深层到表层，从音义位基因到其词汇表征汉藏语同源词，再到汉藏语同源形态、汉藏语同源语法范畴，最后到汉藏语映射同源句法位，层层递进地探讨汉藏语的同源关系，这是一种力图贯通音义谱系、词汇谱系、形态谱系、语法范畴谱系以及映射句法位谱系的综合集成历史比较研究。这是笔者在汉藏历史比较学科领域作出的一项尝试。

本书从理论上严格辨析了类型学与谱系性的联系与区分，把谱系性严格限定在“音义亲缘及其遗传”的范围内，还把谱系性区分为同源词等的直接谱系性与同源词映射在句法位上的间接谱系性即映射谱系性。这一理论的意义在于解释从句法关系上探讨语言谱系性的可靠性及其价值，免得把类型学与谱系性混为一谈、浪费人力物力的情况时不时再现。

基础理论的研究在于长期探索，本书是笔者长达 20 余年的不懈摸索的一个小结。这既是阶段性的小结，又是下一步更加深入研讨的开始。

研究的关键是持续，是一个绵延不绝的过程。

目　　录

第二部分　汉藏语词源学

第三部分　汉藏语历史分析语法

绪章　汉藏历史比较语言学

第一节　语言与语种、人类与族群、语种与族群

“语言”的形成与“语种”的形成密不可分；人类的出现与族群的产生密不可分；语种的形成与族群的形成亦密不可分。这些密不可分的对象及其关系就构成了汉藏历史比较语言学研究的广阔而坚实的背景基础。

一、语言的形成与语种的形成

（一）“语言”与“语种”的概念

语言的形成与语种的形成是两个不同的概念。语言是人类的生物机能，凡是人都具有语言，就是指这种生物机能。语种则是人类某一群体（族群）之内的交流与认知工具。即是说，语言与人类是一对相对概念，语种与族群是一对相对概念。语言是指全人类的生物机能，语种是指某一族群所操的语言、所具有的生物机能。语言与语种是共性与个性的关系。

（二）语言由人类“交际”“认知”动力驱动而产生、演化；“语种”与“群体”的边界

1. 语言产生的“交际”“认知”动力

语言随着人类的产生而产生，从距今约 300 万年的旧石器时代算起，人类的产生、演化经历了漫长的过程，语言也不是突然就出现的。根据考古学界对人类发音器官进化的研究、推测，语

言在距今约 5 万年时产生。这是语言产生的断代，是人类具有语言这一生物机能的断代。

如果这一推论能成立，语言的产生要比“人”的产生晚得多，根据现代分子生物学的研究，人类起源于远古非洲原始部落的一对男女，语言不会随着这一对滋生出“人类”的“人”产生。

语言的产生，是出于人类群体之内“交际”的动力需要，不管是日常居住生活，还是生产劳动［旧石器时代打制石器，新石器时代磨制石器，青铜器时代、铁器时代创造（铸造、锻造）工具］，可以说，语言是在“人类”群体的交际推动中滋生、演化的。这是作为生物机能的语言产生的外在动因。语言的产生除了“交际”这一外部动力以外，还有“认知”这一内在动因，语言也是人类认知的产物。

2. “语种”与“群体”的边界

“语种”是在不同“群体”之内在“交际”“认知”动力推动下滋生、演化的。“群体”的边界就是“语种”的边界，“群体”的四维时空边界就是“语种”的四维时空边界。语种边界之内是交流、认同（认知的同一性形成语种世界观），语种边界之外是隔膜/非认同，语种边界就是这一语种与那一语种之间的分界线。

要指出一点，德国洪堡特的“语言世界观”实际上是指“语种世界观”，即某一族群所操语种对世界的认知、态度等语种意识形态，这是较之于哲学、政治更为深层的意识形态，据此，意识形态可以区分为两类，如图 0-1 所示。

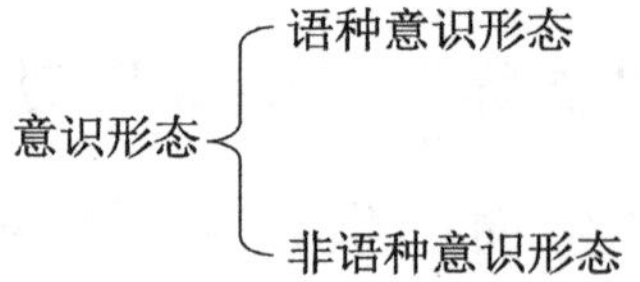

图 0-1　意识形态分类图

非语种意识形态包括哲学、政治、经济、军事以及文化意识形态，语种意识形态是根本性的意识形态，非语种意识形态是在语种意识形态基础上产生的。因此，语种世界观与非语种世界观滋生出“群体的边界”，进而滋生出“国家边界”，国家边界可以区分为两类，如图 0-2 所示。

国家边界
- 地理边界
- 非地理边界（语种、文化等边界）

图 0-2　国家边界分类图

地理边界一旦确定，就会形成明晰的界限，可以称之为“硬边界”（硬边疆）。但是语种（举语种以赅文化等）的边界一方面有明晰的一面，这是俄国数学家康托尔的经典集合论所讲的；另一方面，如果按照美国数学家扎德的模糊集合论中边界不分明的提法，两种语种的分界线之间会有一个交汇地带，会有一段模糊区域，这段模糊区域就是两个“族群”、两个“语种”的接触、交混、融合区域。非地理边界可以被称为“软边界”（软边疆），软实力就是软边疆，中华民族的软实力就是“中国语文多元一体格局”的软边疆（相对于英国语文多元一体格局的软边疆）。“半月形地带”是中国语文多元一体格局的传统软边疆，在“一带一路”倡议的推动下，“半月形地带”这一传统软边疆将会有一个开放性的演进（通过国家通语的传承、传播而演进）。

（三）语种随族群而产生，族群随语种而出现，语种与族群在产生上互为因果

语种的产生要比语言的产生晚得多。从源头上讲，语种是语言的裂变与分化，语言随群体的“分化”而产生新语种。当然语种也会因群体接触、交混、融合而产生新语种，其前提就是至少

有两种语种的存在而且二者之间有接触、交混、融合。没有这一条件，因接触而产生新语种就是一件不可能发生的事情。

语言裂变与分化在先，语种接触、交混、融合在后，可以说，先有语言后有语种，如此说，语言这种生物机能就成为人类所有语种的“祖语”，现存 7 000（语种的区分是一个难题，因为语种的标准难以确定，全世界的语种永远不会有确切的数字，这里的语种数据是依据美国人的提法得出）多种语种，就是祖语“语言”的后裔、分支，就是语言的“语种”。

语言是人类的交际与认知工具，语种是随着人类群体的分化、演化而产生的，“群体”分化、演化为“族群”，“语言”就会随群体分化、演化为“语种”。语种与族群共存亡。语种会因族群而滋生、存在，也会因族群消亡而消亡。匈奴称雄于西汉，随着匈奴族群的消亡（公元 6 世纪中叶突厥崛起于中亚，此时匈奴作为一个族群已消亡），匈奴语作为语种也荡然无存，仅仅留下《史记》《汉书》《后汉书》《晋书》中用汉字记录（把汉字作为记音工具，类似于今天用国际音标记音）的 278 个词语，其中绝大多数是“专有名词或称号”[①]。族群会因语种的滋生、存在而滋生、存在，也会因语种的消亡而消亡。要指出一点，有时候语种消亡，族群并不会因之而消亡，但是该族群的语种属性就不存在了。这表明，语种是族群的必要条件，但不是充分必要条件。

（四）语言与语种的断代

1. 语言的断代及其断代理据——语言与绘画同源

语言的断代问题上文已经提及，这里略作补充。关于语言的

---

① [加拿大]蒲立本：《匈奴语》，见［加拿大］蒲立本：《上古汉语的辅音系统》，潘悟云，徐文堪译，北京：中华书局，1999.

形成时间，依据考古学界的看法，大致形成于距今约 5 万年的旧石器时代晚期。语言形成的断代依据，不是来自语言资料自身，因为谁都没有见到过距今约 5 万年的语言资料（有声资料或文字资料），其断代依据主要是来自发音器官的进化与形成。人类的发音器官的构成标准是什么？今天人类拥有的发音器官已经是成形的发音器官，但是在成形的发音器官之前，尚存在一个前成形器官阶段。该问题难度极大，留待以后另文讨论，此不赘。

绘画与文字同源，其实，绘画与语言也有着一定的内在联系。如果从旧石器时代的艺术来看，语言的形成断代可以定在旧石器时代距今 5 万—2.7 万年。笔者提出的这一断代看法，是基于艺术与语言同出一源的道理。

根据史前考古学家裴文中对旧石器时代的艺术作品的分类、分派研究，我们可以看到艺术与语言的同构关系。首先，艺术与语言都是认知与表现；其次，艺术与语言统一于符号，语言是以声音为符号来表示意义，艺术是以线条为符号来表示意义，从这个意义上讲，二者都属于“二维符号”。

从图 0-3 可以看出，语言就是对声音赋值以意义构成的，绘画就是对线条赋值以意义构成的，没有意义的语言、绘画是不存在的。

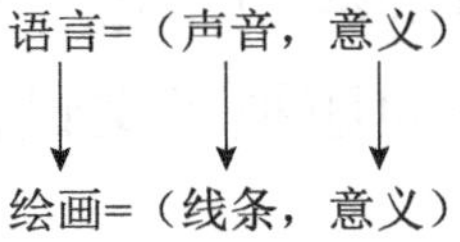

图 0-3　语言与绘画表达式映射图

如果站在形式的角度看，语言、绘画具有形式同构性。线条本质上是一维的，在旧石器时代人手中，一维线条变成二维屈折（曲折）以表意，产生了表意的二维性（形象、寓意）；语音本质上也是线性的，在人类口中，断断续续产生了分节的音象（音象、寓意）。这是“绘画符号”（艺术符号）与“语言符号”同构同源的内在理据。可以说，给绘画符号赋值以语音就是语言符号，纳西族东巴文就具有这种属性；同样地，给语言符号赋值以线条即是绘画，“插画”就具有这种属性，古代文人往往兼善诗画就是这个道理。美国人类学家萨丕尔说“词是一件艺术品”，因为词与艺术都是直觉的产物；意大利美学家克罗齐说美学就是语言学，因为审美与语言都以直觉为基础，都是直觉的产物。萨丕尔与克罗齐都观察到了艺术与语言的深层是同出一源，即艺术基因与语言基因具有形式上的同构性。

裴文中所论旧石器时代的艺术属于旧石器时代的末期，约在距今 2.7 万年以前。裴文中说：“艺术的起原，并不在历史时代，是在旧石器时代的后期之初，若按现在三百六十五日为一年的年来计算，约在二万五千年以前。”[①]依据艺术与语言同出一源的道理，可以依据旧石器时代的艺术来给语言的起源断代。

依据裴文中对旧石器时代艺术的断代（距今 2.7 万年以前），结合上文考古学界关于语言产生于距今约 5 万年的说法，据此，语言产生的断代可以定在距今 5 万—2.7 万年，即语言是旧石器时代后期的产物。

此外，声乐在起源上与语言也同出一源，不过声乐的起源与超音段几何空间的关系更为密切一些，语言的起源与音段空间的关系更为密切一些。这个问题拟另文讨论，此不赘。

2. 语种的断代

语种的断代可以根据相应族群的代际标准来判断[②]。语种与某

① 裴文中：《旧石器时代之艺术》，北京：商务印书馆，1999，第 16 页.

② 杨光荣：《多续语调查研究》，专著，待出版，教育部人文社会科学研究一般项目规划基金项目结项成果（2013 年结项）.

一具体族群在形成初始总是具有对应关系，因此，单立族群的产生尤其是单立族群名称的出现就是语种产生的标志，这是语种断代的基本原则。当然，任何一种语种的出现都要有一个连续性的过程，族群名称的出现时间仅仅是语种产生的一个断代开始的时间标志。

（五）从语言的深层基因单位——“音义位”看语言与语种的联系与区分

“语言的形成”与“语种的形成”是两个不同的问题，上文已有阐释。如果从共性与个性的观点出发，语言除了指人类的共同生物机能以外，还可以指语种的共性法则。语种是指人类的某一个群体所操的语言。语言与语种的关系，是共性与个性的关系，语言这一抽象的共性法则蕴含于人类的众多具体的语种当中，语种是人类语言抽象的语言共性法则的具体表现。这样讲语言与语种的联系与区分大致不差，但是略显抽象。具体一点来说，语言的深层是由“音义位”这一基因单位所组成的，音义位这一深层单位贯穿于人类的所有语种之中。但是，某一语种的音义位与另一语种的音义位不会完全一致，即使是两个有谱系关系的语种，其音义位也不会完全一致。可见，关于语言与语种的联系与区分，从深层的基因单位——音义位来看，语言是抽象的音义位及其组合法则，语种是具有共性特征与个性特征的音义位的语种表征。

（六）“音义位”的类型与谱系属性

语言的深层基因单位“音义位”，具有类型属性与谱系属性两种属性。其类型属性，表现为音义位以函项形式“核音义（类音义）”存在于人类的所有语言中，是人类语言的一种共性形式属性。其谱系属性，表现为音义位函项形式的某一或若干“核音义位”贯穿于具有谱系关系的两种或两种以上的语种之中。

这里涉及类型属性与谱系属性两种属性，类型属性涵盖谱系属性，即类型关系要大于谱系关系；凡是具有谱系关系的一定蕴含着类型关系，具有类型关系的不一定具有谱系关系。

区分音义位的类型与谱系属性对本书来说十分重要。

历史比较法与类型比较法容易混淆，在应用历史比较法时，要注意不要把类型比较混为历史比较。

二、人类文明与语种裂变——语种产生的缘由

就目前来看，自然人的产生来自自然人雌雄的结合。但是，产生人类的第一对自然人是怎样产生的，至今都是一个谜。根据考古学界的推测，人类距今有 100 万年的历史，语言作为一种生物机能，距今也有 5 万—2.7 万年的历史。考古学上有旧石器时代、新石器时代之说，这种划分不但具有人类文明的价值，还具有民族学、语言学的参考意义。

新石器时代距今约 1.2 万年，是人类进入农耕文明的时代，种植农作物、饲养家畜家禽是农耕文明的两个特征。人类自然语言作为群体之内的认知、交流、协作工具，是没有必要分化的；当群体繁殖到一定数量，聚落周边土地载能不足之时，群体为了存在下去才有裂变的必要。

群体大规模裂变，估计是在人类进入农耕文明之后，相传炎帝是“神农氏”，这一称号只能是人类进入农耕文明的产物。农耕文明使土地载能大幅提高，促进群体人口数量快速增长，引发耕作土地面积的扩张，又进一步促进群体人口快速增长，如此循环往复，群体不断裂变，群体空间不断增大，原有群体与裂变群体之间的交往由于空间的阻隔变得越来越少。加之为耕作时令所束缚，被聚落而居画地为牢，农耕群体基本上是被空间分割的，

流动性极小，流动范围极其有限，基本上不出县境，形成了大大小小的空间阻隔格局。一般来说，平原地区的阻隔要少于高山大川的阻隔，因此，平原地区不同群体之间的语言差距要小一些，高山大川地区的语言差距要大一些。在空间阻隔中，群体裂变，方言随之产生，一种语言如果 500 年不被交流，就会裂变为不同的语种。春秋战国时代，整整经历了 500 余年，农耕文明聚落而居，聚落而生，政治上分裂为众多诸侯国的空间分割，这是汉语方言的开始形成时期。秦汉时期、魏晋南北朝时期、隋唐时期，群体裂变所形成的空间分割一直延续，至宋代形成今天的方言格局。这是语言裂变为方言、语种的一般情况，也是语言分化为不同语种的根本动因。以上论述可被称为“农耕文明语言裂变格局论”。

这就意味着，语种的断代上限不会超过距今 1.2 万年，即是说，原始汉藏语的产生上限为距今 1.2 万年。还可以顺便推出，世界上的 7000 多种语种及其相应族群均产生于距今 1.2 万年之后。

这便引出另一个问题，在距今 2.7 万—1.2 万年，人类处于一个非农耕文明、非族群裂变、非语种裂变的漫长时代。

三、族群谱系与语种谱系的形成——从史前史与上古史看汉藏族群与汉藏语的同源关系

（一）族群与语种的谱系对应关系

族群谱系与语种谱系，从起源（源头）来讲，具有一种大致的对应关系，例如“汉族”与“汉语”、“藏族”与“藏语”等；但是也有不一致的时候，例如裕固族所讲的语言分为西部裕固语与东部裕固语，前者为突厥语族，后者为蒙古语族。再如川西民族小语种，基本上属于羌语支，但是其族群除了羌族以外基本上属于藏族。此外，属于川西民族小语种的白马语，其族群的官方族属与白马人自身的认同之间存在差异。如果站在藏缅语族

的角度来看，川西民族小语种属于藏缅语族，操川西民族小语种的群体也属于藏缅语族群，这表明，操川西民族小语种的群体与仅仅操藏语而不操川西民族小语种的藏族具有一种族群上的渊源谱系关系，这是从时间变迁的角度来看问题的。

（二）比较族群与语种的谱系关系，要坚持不是同类项不能比较的原则

以川西民族小语种与其小群体来说，在语支这一层次上，藏语与羌语支语言的系属不同，藏族与羌族的族属也不相同；但是站在语族的层次上看，藏语与羌语支语言都属于藏缅语族，藏族与羌族也都属于藏缅语族群体。

所谓“同类项”，是数学上的术语。从语言上来看，同类项可以区分为类型同类项和非类型同类项两类，如图 0-4 所示。

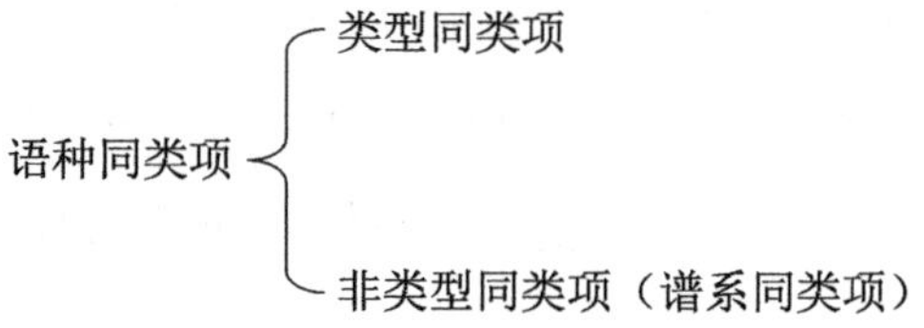

图 0-4　语种同类项分类图

因为全世界的语种都来自人类语言这一祖语，从这一点说，语种都是同类项，都可以进行比较，关于“超级语系”的探讨、“跨语系”的讨论没什么不可以。这里的“语种同类项”，指的是是否具有谱系关系的同类项，没有谱系关系的，就是类型同类项。两种语种，在未进行考辨、求证同源关系之前，都是属于类型同类项。本书研究的对象汉语、藏语，在语种上被称为原始汉藏语的分支语种，是基于既往亲缘关系的讨论。汉语、藏语的谱系关系，是以往中外学者包括笔者早已探讨过的一个问题，其谱系关系不是一点影子也没有，只是被发掘得不够充分而已。本书研究的目的就是把存在于汉语、藏语之间的谱系关系挖掘得深一些、系统一些。

（三）从史前史与上古史看汉藏族群与汉藏语的同源分化关系

俞敏《汉藏两族人和话同源探索》一文，从汉藏族群的分化演变来探讨汉藏语的同源关系，有比较详尽的考辨与梳理，本书在这里据以抽取出同源分化脉络，以作为汉藏语言史的佐证。此外，笔者还依据许顺湛《中原远古文化》、王仁湘和贾笑冰《中国史前文化》的史前考古学、史前史材料作了补充。见图 0-5。

据图 0-5 分析如下。

（1）“少典”，父系氏族，诸侯国号，有熊国国君，有熊在今河南新郑。

（2）“有蟜氏”为母系氏族，从俞敏。蟜，昆虫。

（3）“有熊”为图腾。

（4）“姬水”在何处不详。姜水，渭河的小支流，西出岐山，东过武功。

（5）黄帝、炎帝处于部落联盟阶段，为部落首领。炎帝时代处于部落联盟的早期阶段。

（6）齐国，西周至春秋战国时姜太公（炎帝神农氏之后）建立的诸侯大国，俞敏认为，春秋战国齐语与吐蕃语极像。春秋战国齐语属于历史时期，即《诗经》时代的方言。《公羊传》作者公羊高是齐国人，经学家郑玄、何休都是齐国人后人。[①]

（7）农耕阶段，土地载能大幅提高，人口急剧增长，聚落而居，易于形成空间分割，这是方言产生的条件。

（8）后稷，周始祖，其父属黄帝族系，其母为姜嫄，属炎帝族系。

---

① 俞敏：《俞敏语言学论文集》，北京：商务印书馆，1999，第 204-218 页.

（9）老官台文化，分布于渭河流域，属于西安半坡类型文化，距今 7000 年左右，属于新石器时代早期，相当于仰韶文化早期，与仰韶文化有渊源关系。仰韶文化，距今约 7000—5000 年，属于新石器时代中期。西安半坡遗址的居民，或许就属于炎帝族，因为《国语·鲁语》记载炎帝的子族“柱”会种植蔬菜，正好在半坡遗址发现一罐蔬菜籽（白菜或芥菜籽）。由此推测，西安半坡遗址陶器刻画符号，正是炎帝族（姜姓氏族）所为。

（10）蚩尤属于东夷族，该族由少昊、蚩尤、伯益、皋陶组成，与黄帝尧舜禹相当，代表大汶口文化（分布于山东、苏北）。大汶口文化延续的时间很长，相当于仰韶文化的中晚期与河南龙山文化时期。由此看来，仰韶文化对应黄帝族系，西安半坡文化对应炎帝族系，大汶口文化对应东夷族系；炎帝族系、黄帝族系组成华夏族，炎帝族系西迁一支即西姜（羌）族系成为吐蕃部落，经军事扩张成为“大蕃”（涵盖卫藏吐蕃、甘青川安多、康巴与云南迪庆、印度非法占领的拉达克），蚩尤族系（非中原部族）演变为今苗族。今苗语族群在文化类型上、族群类型上与华夏族在史前时期就不同，与吐蕃在史前时期的文化类型上、族系类型上同属于一个祖族。

（11）“苗裔”的含义为部族分支的派生关系，非指自然人的派生关系。

（12）黄帝有 25 个直系子族，颛顼（以今河南濮阳县一带为活动势力中心）、帝喾（颛顼的子族，以今河南偃师、洛阳一带为活动势力中心，濮阳县也是帝喾的大本营，因为帝喾葬于此）、尧（帝喾之子，以今山西临汾一带为活动势力中心，今河北唐县一带亦是）、舜（主要活动于山西运城一带，此外还活动于河北等 15 处地方）、禹（其子夏启建夏王朝，是中国第一个奴隶制王朝，开启传子家天下，历 14 世、17 帝，夏王朝的基本辖区在河南与山西南部）都是黄帝的后代，都居住在中原地区与黄河流域，汉族尊黄帝为祖先。

少典娶于有蟜氏（祖族）

子族

黄帝（以姬水成），姬姓，名“轩辕”，
号“有熊”（今河南新郑）；部族。

a. 部落，部落联盟首领。
b. 击败东方部落蚩尤与炎帝；
建立“黄帝时代”。
c. 基本活动于中原地区。
仰韶文化分布地区。
代表仰韶文化中晚期。
d. 烧制彩陶，农业手工业已分离。

e. 迁徙一支路线：
宁夏→河北逐鹿（城东一里为阪泉）
f. 黄帝传五帝：
颛顼（属黄帝孙辈），其苗裔禹，居于中原。
帝喾（属黄帝曾孙辈），颛顼的
子族，帝喾子尧，居于中原。
颛顼，其苗裔舜，居于中原。
帝喾，其子契，商始祖，居于中原。
帝喾，其子后稷，周始祖，居于中原。
g. 禹子夏启建夏王朝，传子 。

h. 黄帝25个直系子族生活在中原地区。

i. 处于农耕阶段，新石器时代。

子族

炎帝（以姜水成），姜姓，神农氏，立120年，葬长沙，凡8代，530年；部族。黄帝、炎帝均非自然人，乃族群名义。
（母曰“女登”，少典妃，有娲氏之女）

a. 部落，部落联盟首领，发展快。
b. 先败于蚩尤，后败于黄帝于阪泉；
被黄帝取代部落联盟首领。
c. 岐山、武功一带，渭河流域。
老官台文化、仰韶文化分布地区。
代表老官台文化、仰韶文化早期。
d. 以红陶（红色）为主，属于手工制作；狩猎与农业并重，出现贸易与货币萌芽。

e. 迁徙一支路线：今陕西岐山→
河南陈（周口淮阳）→山东鲁（曲阜）。
f. 另一支迁往湖北随县（鄂北）。
炎帝后代：周族（女祖先姜嫄族）。

g. 周代姜姓在东方建国者：伊，在河南伊阳县；
工，在河南陕县、辉县；陆浑，在河南嵩县；
间邱，在河南南阳；析，在河南内乡县、淅川县；
吕，在河南南阳县；申，在河南唐河县；
许，在河南许昌县；封，在河南封丘县；
隰，在河南武陟县；厉，在湖北随县；
齐，在山东北部；高，在山东禹城县；
剧，在山东淄川剧县；催，在山东济南一带；
卢，在山东（？）；廪邱，在山东郓城县；
向，在安徽向县；焦，在安徽亳县；
黄，在山西汾河流域；姒，在山西汾河流域；
蓐，在山西汾河流域；沈，在山西汾河流域。
h. 留下的一支：羌[留在西北的姜姓，游牧（“戎”）的姜人]，《说文解字》：“羌，西戎牧羊人也。”
i. 处于农耕阶段，新石器时代。

姬姜东部方言/官话
↓
华夏族/华夏语/官话（汉代，黄河流域）

姜（西羌）西部方言
↓
吐蕃藏族/吐蕃语/官话（唐代，后藏地区）
↓
乌斯藏/卫藏（明代）

图 0-5　汉藏族群与汉藏语的同源分化关系图

可以看出，俞敏在这里从史料考辨梳理出华夏族/华夏语、吐蕃藏族/吐蕃语的族群谱系与语种谱系这两种对应谱系，证实华夏族与吐蕃藏族、华夏语与吐蕃语的谱系关系。从历史与考古学上看，这种分析是有道理的。

华夏族的华夏语主要是由炎帝、黄帝族系的语言构成的，二者是否为同一语种？炎帝族、黄帝族所操的语种是一样的，即炎帝族与黄帝族所操的是同一语种——来自其祖族的语种，这一语种构成了华夏语即“中原官话”。孔子的“雅言”说，是在华夏语即中原官话出现方言分化的情况下产生的。炎帝中姜姓的西分支则脱离了与中原地区的交流，走上了独立的道路，其所操语种成为吐蕃语。

蚩尤作为苗族的祖族，战败后不断南迁、西迁，广泛分布于今天的鄂西、湘西、黔东南、川黔滇一带以及中南半岛。

但是这毕竟不是语种词汇、形态、语法范畴谱系与句法结构映射谱系关系的考辨与求证，只可作为汉藏历史比较的重要参照。

四、语种的史前时期与历史时期

从文字的产生出发，历史可以区分为史前时期与历史时期，有文字之前为史前时期，有文字及其之后为历史时期。同样地，语种的历史也可以作如此划分，例如汉语，甲骨文产生之前的历史为史前时期，甲骨文产生及其之后的历史为历史时期，夏代是汉语历史时期的第一个王朝。藏语的史前时期是公元 7 世纪中叶吞弥·桑布扎创制藏文之前，其历史时期是公元 7 世纪中叶藏文创制及其之后时期，吐蕃王朝是藏语历史时期的第一个王朝。

世界上的多数语言是没有文字的，照此说法，没有文字的语言就只有史前时期，没有历史时期。

语种史前时期与历史时期的区分，对探讨语言基因音义位的影响不大，历史时期的区分可以增添语种史的一些外部标志，但不会影响语言基因音义位的遗传实质。

对于汉语来说，史前时期与历史时期的区分，对语言基因的区分有一定影响。汉语的语言基因音义位是贯穿于史前时期与历史时期的，但是“形音义位”却是汉语历史时期的产物。就实质而言，汉语的基因单位音义位与形音义位是统一的、一脉相承的。因此，语种的史前时期与历史时期的区分对关于语言谱系关系的探讨没有什么实质性的影响。

汉藏语的史前时期即为原始汉藏语时期，与汉藏族群的史前史、史前考古学具有密切的联系。西安半坡遗址（距今6800—6300年）的陶器刻画符号（27个），就属于原始汉藏语的范畴，被初步推定为炎帝族所为。古文字学界在讨论“原始文字”问题时，援引了这些刻画符号。这些刻画符号也具有（线条，平面）的构形基因，其构形机制是“刻画以记事”，“刻画”凭视觉就可以判断出，但是“记事”的意义则难以推断。因此，这些刻画符号可以作为甲骨文产生的前奏（早于甲骨文3000多年），被视为从无文字走向有文字的过渡阶段，可以被视为原始文字，但是尚不能被视为成体系的文字系统。文字是人工约定符号，其意义要依靠自身的体系与所表示的对象来推定，西安半坡遗址陶器刻画符号一是数量不多，仅有100多例，基本上是一个刻画符号分布在一个陶器上，“符号基本上只见于一种彩陶钵，一般刻在钵口外面黑色的边缘上。每个钵刻一个符号，极少数是两个符号刻在一起”[①]。这些刻画符号，缺乏相互间的组合，没有表达“基元句法位”（当时半坡人所操的语种有基元句法位，但是刻画者没有记录下来，即使基元句法位有意义，也是属于指称性质的，或者为族徽，或者为陶工姓，或者为数目），体系不得而知，因为基元构形单位太少［《说文解字》（简称《说文》）有540个基元构形单位］。二是刻画符号所表示的对象十分抽象，构形赋义不明确，如此，其意义就难以确定了。但是，这些刻画符号中有

① 李学勤：《古文字学初阶》，北京：中华书局，1985，第17页.

的构形形态与后世成体系的文字的构形形态一致，这也表明后世成体系的文字与这些刻画符号在某些构形形态上有联系，至于是否具有谱系性联系，尚待求证。

殷墟甲骨文是商代盘庚迁殷时期的产物，商朝始祖契（子姓）是黄帝族系的后裔，因此甲骨文是在黄帝族系朝代创造的。事实上，黄帝取代炎帝作为部落联盟首领，炎帝族系仅仅是居于不掌权的地位，作为一个完整的族系尚存在着。炎帝号称神农氏，是一个原始农耕发达的部落（炎帝居于渭河流域与关中平原，这为农耕文明提供了优越的自然环境），农耕造就了炎帝族系的精细思维，这是创制文字的重要条件。可见，殷墟甲骨文虽然是黄帝族系朝代的产物，但是也许蕴含炎帝族系的智慧，因为在考古学文化上，西安半坡遗址的早期属于仰韶文化的半坡类型[①]。

当然，黄帝族系作为仰韶文化的代表，同样具有精细思维，仰韶文化的彩陶艺术就体现了这一点。彩陶艺术起源于距今约 8000 年之前，早于甲骨文的产生 4500 多年，仰韶文化是彩陶艺术发达的文化遗存之一。从构形基因讲，彩陶绘画与文字创制是类似的，彩陶绘画的构形基因为（线条，平面），汉字的构形基因也是（线条，平面），这是彩陶绘画构形与汉字构形的共性特征。唯一不同的是，彩陶绘画构形向物象靠拢，具有具象性；汉字构形向抽象发展，具有抽象性。俄罗斯画家康定斯基创立的抽象派艺术，在构形上更接近于汉字构形。要指出一点，彩陶绘画向物象靠拢（写实）与汉字构形向抽象发展，都是出于“功能”的动因，其基因本质上没有什么不同。可见，从构形基因讲，彩陶绘画是甲骨文构形的直接源头，彩陶画作距离汉字只有一步之遥——只要给彩陶画作赋值固定的音义，就会产生类似于东巴文的文字；如果对构形再作进

① 王仁湘，贾笑冰：《中国史前文化》，北京：商务印书馆，1998，第 194-195 页.

一步的简化、抽象，就是甲骨文了。

从甲骨文的字形来观察，其中的象形字是彩陶绘画与汉字之间的过渡，即彩陶绘画→甲骨文象形字→甲骨文象形字以外的字，如图 0-6 所示。

前编三·三一·三　　后编下五·一一　　乙编九六〇

等形，突出强调其长鼻，一望而知乃是象字。又如“鹿”，小篆作，名曰“象形”，其实也不大象，而甲骨文写作

佚三八三　　甲编二九四一　　甲编一三九五　　甲编二六五

图 0-6　彩陶绘画，甲骨文象形字示意图

注：此图片源自陈炜湛：《甲骨文简论》，上海：上海古籍出版社，1987，第 60 页。

甲骨文的三个“象”字，第一个图画性最强，最像大象，突出长鼻子，体形浑圆，笔画形态受物象制约（“画成其物，随体诘诎”）；第二个“象”字，依然保持着长鼻子的形象，但是体态已经由浑圆变为瘦削，笔画形态趋向于平直，向几何形演化；第三个“象”字，依然保持着长鼻形，但是是以一条象形曲线来表示，浑圆体态已经变成一个长方形，整个图象已经向抽象化、几何化方向演化。其中所遵循的构形演化法则可以表示为：物象=物象形笔画（对象）→物象=平直形笔画（对象）→物象=几何形笔画（对象）。可以看出，“画成其物，随体诘诎”是早期甲骨文象形字与绘画的共同法则，“以几何形笔画”

画成其物是晚期甲骨文象形字的法则。这显示出绘画与甲骨文之间的内在构形联系及其区分。

甲骨文的创制，从理论上讲，经历了三个阶段，即构形以赋义阶段（象形字、指事字、会意字），构形以赋义、赋声阶段（形声字、转注字），构形以赋声阶段（假借字）。其中，“构形以赋义阶段”属于单纯的构形，没有把词音引入构形中作为字形的成分，这一阶段的构形与彩陶绘画的构形是一致的。

“构形以赋义、赋声阶段（形声字、转注字）”是把词义、词音直接引入构形中，并且作为字形的组成部分，这标志着造字从纯粹构形造字进入了构形、构音相结合造字的音义阶段。在甲骨文中，象形字、会意字的比例要大于形声字，这说明甲骨文距离彩陶绘画的时间不远。

“构形以赋声阶段（假借字）”是纯粹的构音造字，属于纯粹的语音造字，这与拼音文字的造字原理是一致的，由于汉字是表音节的，因此假借字的造字性质属于音节文字。这是汉字造字的三种演化类型，如图 0-7 所示。

造字演化类型
- 纯构形造字（图形造字）
- 构形、构音造字（图形、语音造字）
- 纯构音造字（语音造字）

图 0-7　造字演化类型图

要指出一点，陈炜湛说“小篆中的形声字在甲骨文时代往往是会意字”[①]，甲骨文距小篆有 1000 多年，这说明纯构形造字与构形、构音造字具有一种演化关系，说明不少小篆形声字赋声是在甲骨文赋形基础上产生的，这大概是小篆“形声兼会意”字的来源。

① 陈炜湛：《甲骨文简论》，上海：上海古籍出版社，1987，第 62 页.

以上造字演化的三个阶段类型是从理论上推导出来的，即基于人工约定符号（文字）的“表意-音节型”记录语言的理论法则推导而出的。甲骨文造字的实际情况也与上述推导吻合，孟世凯认为甲骨文的造字主要有象形、形声、假借这三种，他说：“我国古代的文字学家根据汉字的结构总结出来的六条构成文字的原则，即所谓‘六书’。例如东汉时许慎所说的：指事、象形、形声、会意、转注、假借（《说文解字序》）。在甲骨文中虽然每一种也可以找到例证，但更多的还是象形、形声、假借三种。”[①]事实上，许慎的“六书”也可以归并为这三种。这是“表意-音节型”造字的三种历史演化类型，在“表意-音节型”文字范围内具有普适性。可见，后人以“三书说”非议“六书说”在理论上是站不住脚的，“六书说”蕴含的理论原则没有什么不妥。

如果就谱系性而言，“图形造字”会形成“构形谱系”；“图形、语音造字”会形成“构形、构音谱系”，该谱系又可以区分为“构形-构音分离谱系”与“构形-构音融合谱系”（声兼义谱系）；“语音造字”会形成“构音谱系”（音节相同或相近谱系）。

以上汉字造字的演化类型，较之于由唐兰提出，经过陈梦家、裘锡圭修订的“三书说”[②]，更为精准，也更具有普适性。文字包括汉字，都是一种人工约定符号，都是用来记录语言（记录词义、记录词音）的：一是用构形（包括象形符号、非象形符号，或字母符号、非字母符号）记录词义；二是用构形同时记录词义、词音；三是用构形来记录词音。世界上的文字（“表意-音

① 孟世凯：《殷墟甲骨文简述》，北京：文物出版社，1980，第 9 页.

② 裘锡圭：《文字学概要》，北京：商务印书馆，1990，第 104-107 页.

节型”文字）不会超出这三种记录语言的形式，这三种形式与许慎的“六书”不冲突，说明许慎等的“六书”在大框架上是合理的。

可见，炎黄族系作为中国传说时代的主要群体之一，作为甲骨文的联合创制者也是可能的。由此可以推知，甲骨文记录的可能是炎黄族系的通语，即华夏语，亦即原始汉藏语，即汉语、吐蕃语的前身祖语。甲骨文构音的依据是当时的“通语音系”，即华夏语音系。

五、语种的消亡缘由——族群的生物机能属性（族群语种基因）消亡但是族群的生物机体属性（族群生物基因）不会消亡

语种与族群，从源头上说，是一对孪生子，是同步滋生滋长的。但是从历史变迁以及消亡来看，语种与族群并不同步。

一个族群具有两种生物属性，即生物机体属性（族群生物基因）与生物机能属性（族群语种基因），可以表示如下：

族群生物属性=（族群生物基因，族群语种基因）

这里的“族群生物基因”是指本族群拥有的生物基因，“族群语种基因”是指本族群所操持的语种基因。这是族群的两种生物物理属性，其他的属性例如心理特征可以归入生物机能属性（语言机能属性）当中。

族群的语种属性，当初是族群与语种的对应关系。随着“族群时空”（族群时空分化，或族群时空混合与融合等因素）的变迁，族群与语种的对应被打破，族群的语种属性就发生变迁，或被置换为异族群语种，或本族群语种消亡，当然，有的族群语种可以一直绵延下去，例如华夏语一直绵延至今。

语种的消亡缘由、原因多样，其消亡的表征就是该语种的操

持族群栖息地或家园的丧失。族群与语种的关系是皮与毛的关系，皮（族群）之不存，毛（语种）将焉附。例如，历史上的党项族所操的党项语（西夏语），随着党项族的消亡（被蒙古人征服）而消亡。匈奴语的消亡也是基于同样的原因，匈奴人作为一个族群消亡了，匈奴语也随之而消亡，即族群这一“物质”消亡了，语种这一“族群物质的精神”也会随之而消亡。就现存的一些川西民族小语种来看，其走向消亡也会遵循这一路径，因为“民族小语种”的含义就是操持小群体人数少的语种，其被操持的语种也会因之走向消亡。

在这里，要声明一点，要注意族群的生物机体属性（族群生物基因）与生物机能属性（族群语种基因）的区分。一个族群，可以用自己的母语语种作为心智认知的形式，也可以用第二语言（他族群母语语种）作为心智认知的形式。语种的“所属族群属性”，是指族群的语种心智，即以该族群语言基因音义位来认知世界、感受世界的属性，不是指语种族群生物机体的属性。

称雄于西汉的匈奴，该族群的生物机能属性，即作为一种语言基因音义位认知世界的属性在公元6世纪中叶就已经消亡了，但是，匈奴人的生物机体属性即其生物基因并没有消亡，而是单独遗传下来或融入其他族群的生物机体属性（生物基因）之中了。再如分布于四川凉山彝族自治州冕宁等县的川西民族小语种之一的多续语，其消亡之后，意味着多续人以多续语认知世界的语言基因音义位就消亡了，即多续人的多续语属性不存在了，但是，多续人的生物机体会以单独（以“娘舅婚”形式，属于近亲繁殖，娘舅婚家庭越来越少）或与其他族群融合（组成“多续-汉”“多续-彝”合璧家庭）的形式存在下去。再如，辽国的宗庙在今山西大同市，上下华严寺即是，但是，契丹作为一个族群已经不存在了，契丹语（契丹小字至今尚存，已经是一种死文字）作为一种语种已经成为死语言即消亡了。但是，契丹人的生物机体并没有消失，而是单独或与其他族群融为一体存在下来了。人们常说，北方民风粗犷，南方民风细腻，就是北方民风中蕴含着北方的族群基因，南方民风中蕴含着南方的族群基因所致。

语种与族群的关系及其变迁，是一个复杂的课题，这里仅仅是扼要论列。

第二节　汉藏历史比较的对象、目标与意义

一、汉藏历史比较语言学的界定

（一）狭义的汉藏历史比较语言学

这里的“汉藏历史比较语言学”，是狭义的解释，即汉语与藏语这两个不同语种之间的历史比较研究，而不是指汉藏语系诸语言之间的历史比较研究。

“汉藏语系”作为语言谱系的上位概念，是诸多语言被证明具有谱系关系之后的结果，同样地，“原始汉藏语”也是在汉语、藏语被证明具有谱系关系之后才能成立的。

但是，原始汉藏语谁也没有见过，在未被证明以前仅仅是一个理论上的“假设”，一旦被证明，才会成为理论上的存在与既往事实上的存在。

（二）从现存的后裔语种汉语、藏语探讨祖语原始汉藏语

从既往事实来说，先有“原始汉藏语”，才会有其分支语种汉语、藏语，这是从生物学物种演化概念出发的看法，语种也类似于物种的演化。我们只能立足于现存的语种汉语、藏语来上推原始汉藏语，这就像从现存的《广韵》中古音系上推先秦古音系一样。

从理论上说，原始汉藏语作为祖语，汉语、藏语作为后裔分支语种，它们之间具有一种遗传上的共有成分——词单位的音义位基因与句法单位的“映射谱系句法位”基因，如此讲来，要想复原原始汉藏语的真实外貌是一件困难的事情，但是探讨原始汉藏语的遗传基因却是一件可能且可行的事，因为原始祖语的基因就隐藏在其后裔分支语种当中，我们只要由今及古上推，就可以获得原始祖语的遗传基因。

在生物学上，男性 Y 染色体在男性的祖先及其后裔当中可以稳定地遗传上千年，自然语言的遗传单位“音义位”的稳定性更好，遗传的时间至少可以达 2500 年（参看“形式词源学”部分）。由于语种的产生间隔约为 500 年，一般来讲，语种之间的遗传基因音义位是可以被钩稽出来的。

二、汉藏历史比较的对象——原始汉藏语及其分支语种的演化

（一）何为“原始汉藏语”

原始汉藏语是基于生物学理念提出的一个术语，意思是今天的汉语、藏语来自一个共同的原始祖语——原始汉藏语，这是物种分化概念在语言学中的推广。

（二）“汉语”“藏语”与“原始汉藏语”之间的联系

“原始汉藏语”分化为“汉语”“藏语”两种语种，按照生物学物种的进化法则的原理，“原始汉藏语”与分化出的“汉语”“藏语”之间，具有“又变又不变”“又连续又间断”的联系，“不变”维持了“又连续”的联系，核基因维系了“不变与又连续”的联系。“又变”导致了“又间断”，核基因可以中断，可以转移，是“又变”的载体之一。

（三）语种之间的系统原理

1. 共同起源的音义基因单位

1）原始语种与分化语种之间的共同起源纽带——核音义位

“共同起源”，在语种的音义基因上，表明原始语种与分化语种之间具有共同的“音义位”，即共同的“核音义位”。核音义位的表示方法为

/核音-核义/

2）“核音”的分类与表示

“核音”可分为声纽核音、韵部核音、整音节核音三种形式。

“/核音-核义/”的表示法有如下三种：

/核声纽-核义/

/核韵部-核义/

/核整音节-核义/

2. 分支演化——语种在空间中扩散

语种演化是一个从少到多的分化过程，即从一种语种分化为两种或两种以上新语种，因此把语种的分化称为“分支演化”。分化而出的新语种，被称为“派生语种”，简称为“语种”，派生语种所从出的语种叫作“祖语种”，简称为“祖语”。祖语及其分支语种如图 0-8 所示。

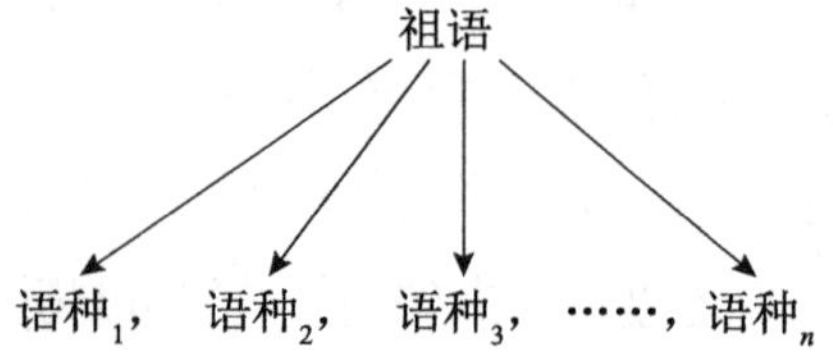

图 0-8　祖语演化为分支语种图

“语种 $_1$”等是分支语种，在语言的系属分类中，“语系”一般代表祖语，语系之下的术语——“语族”“语支”“语群”代表阶段性的分支语种，分支演化的末端是一个个具体的语言，它们被称为“某语”。某语之下的“方言”，方言之下的“次方言”，次方言之下的“土语”均有资格演化为新语种，这主要取决于演化的条件以及研究者的判定标准、国家的认定等因素。可见，语种是一个相对的概念。

图 0-8 仅仅是一个语言演化示意图。“人类语言”是一个总祖语，是全世界不同语种的总源头。人类语言之下的祖语，就是一个相对的源头，“语系”“语族”“语支”“语群”“语种”“方言”“次方言”“土语”“次土语”等，都有资格成为祖语。可见，人类语言的绝对祖语只有一个，其余的祖语都是相对祖语，因此，只要一种语言分化为至少两种语言，所从出的语言就有资格被称为祖语。这是祖语的绝对性与相对性。

祖语的分支演化，是横的铺开，即在空间上的辐射展开。语种总是为某一群体的人所操持，随着该群体人口的增加与土地载能的滞后，群体总是通过移居来解决人口的生存问题。群体占据的空间面积越大，语种所分布的地域就越广，分支演化就呈现为在空间范围的辐射扩展形式。

3. 阶段演化——语种在时间上延续

1）祖语音义基因的距离越来越大

祖语在空间上进行横向扩展的同时，也在纵向上进行阶段性的演化。

关于祖语的分支演化，在祖语分化为新语种之际，祖语的音义基因也在同时扩展。从理论上讲，祖语的音义基因随着祖语的扩展、分化而距离越来越大，音义基因尽管可以稳定地遗传 2500 年以上，但那是在同一语种之内的遗传距离。

2）多音节向单音节演化、形态标记向黏着标记演化、繁-单音节向简-单音节演化、黏着标记向词汇标记演化

按照这一音节与标记的演化路线，印欧语处于多音节-形态标记演化阶段，川西民族小语种处于多音节向单音节、形态标记向黏着标记演化阶段；藏语处于繁-单音节、黏着标记向简-单音节、词汇标记演化阶段。

要指出一点，生物界的阶段演化是从低级到高级、从简单到复杂的演化过程。语种的阶段演化，则是从多音节到单音节、从形态标记到黏着标记、再从黏着标记到词汇标记的演化。照此看来，人类的总祖语——语言，作为语种的第一源头其音节属于多音节，其形态属于屈折形态。

之所以如此，这是由音节物理线性排列的连续性与离散性的对立统一的内在矛盾所决定的。人类的语音在物质属性上，是一个连续体，因此，连续性是语音的本质特征。但是，人类连续的语音又是用来表意的，出于表意的要求，将所表示的意义离散化为具有分离性的单位，如此，语音的物理连续性与表意的心智离散性就构成一对矛盾。调和这一对矛盾的就是音节——音节是语音连续性与表意离散性的对立统一体。一方面，音节要维系语音的连续性，音节的物理线性排列就是服从这一连续性法则的；另一方面，音节要适应表意的离散性要求，连续音节→多音节→繁-单音节→简-单音节的音节演化序列，就是音节保持语音连续性与适应表意离散性要求的产物；同时，屈折形态→黏着形态→词汇形态，与音节演化序列相对应的形态演化序列，也是音节保持语音连续性与适应表意离散性要求的产物。

“范畴化”就是音节保持语音连续性与适应表意离散性要求的产物，“非范畴化”又是适应表意组合连续性要求的产物。从这一理论出发，可以解释诸多现象。

（1）“有形态”与“无形态”的争论，是拘泥于形态内部屈

折界定的产物。从以上音节演化序列与形态演化序列可以看出这争端的症结所在。

（2）汉语的意合性与屈折语的形合性的争论，是把音节演化序列与形态演化序列的不同演化阶段对立的产物。语种中不存在意合与形合的类型，语种都是形与意的统一体。从逻辑分类法则来说，只有证明屈折语的形态与意义没有联系，意合与形合的类型才可以成立。事实上，屈折语的形态是形与意（义）的统一体。

（3）西方词根语→黏着语→屈折语进化阶段的类型学划分、语言进化的低级高级的说法，正好颠倒了语言音节与形态演化的先后序列。从以上所说可以看出，音节的演化序列与形态的演化序列是屈折语→黏着语→词根语。英语向分析性演化也能说明这一问题。

（4）在汉藏历史比较中，原始汉藏语、原始汉语、原始藏语、吐蕃藏语、藏语今国内三大方言与史前时期汉语、历史时期汉语的演化序列，如表 0-1 所示。

表 0-1　音节、形态、韵律演化序列表

屈折语　→	屈折-单音节语　→	繁-单音节语
原始汉藏语	原始汉语	
	原始藏语	
	吐蕃藏语	
	安多方言	康方言、卫藏方言
	史前时期汉语 （甲骨文以前汉语）	历史时期汉语 （《诗经》时代汉语）
屈折形态	屈折-黏着形态	黏着形态、词汇形态
轻重音	固定音高	有声调（高低调）

注：这里的"音节、形态、韵律演化序列表"，把音节、形态、韵律三者的演化统一起来，可以看到三者演化的内在联系，即三者之间不是独立无关的，而是具有内在联系的。今天的语法化学说在一定程度上涉及三者之间的演化关系。

从表 0-1 可以看到，汉藏历史比较应该截取汉语、藏语的哪一段进行比较比较适宜。数学上有个法则，就是不是同类项不能比，汉藏历史比较也应该遵循这一法则。但是，汉语、藏语都是历史悠久的语种，都有比较丰富的历史文献，从表 0-1 可以看出，原始汉语、原始藏语都处于“屈折-单音节语”的演化阶段，史前时期汉语（甲骨文以前汉语）与吐蕃藏语也处于同一演化阶段，把史前时期汉语与吐蕃藏语进行比较是适宜的，基本上符合不是同类项不能比的数学法则。

要指出的是，有人说吐蕃藏语属于中古时期或近古时期[①]，这是从藏文创制于公元 7 世纪松赞干布时代断代的，这时正值唐代，在汉语史上属于汉语中古时期（按照朝代断代）。进行历史比较，对语种断代应采取统一的非朝代标准即语种音节-形态演化序列标准才是适宜的，语言演化与朝代的更迭没有关系，更不可以用一种语种的朝代断代标准去划分另一种语种的演化阶段。

从表 0-1 还可以看到，藏语内部的演化存在着严重的不平衡性，藏语国内三大方言之一的安多方言，居然与吐蕃藏语处于同一个演化阶段。这很可能是阿尔泰语系语言的影响所致。

从表 0-1 可以看到，以往把“形态”（内部屈折）与“词汇”（形式词）对立的观点是不合理的。表 0-1 把形态称为屈折形态，把词汇称为词汇形态，即把形态作为上位概念来统摄屈折与词汇，如此就会看到屈折手段与词汇手段的统一性——统一于音义统一体。即是说，无论屈折还是词汇都是音义单位，它们在本质上与功能上都是一致的。以往的有形态与无形态的争论，仅仅是看到了表面现象之后的争论，不明就里。

原始汉藏语由多音节演化为单音节，经过了音节萎缩、弱

---

① 瞿霭堂：《藏族的语言和文字》，北京：中国藏学出版社，1996，第 32 页.

化，音位脱落，音位合并。多音节分类上，应当设置“混合语系”，例如，“南岛-汉藏语系”的概念承认混合语的存在，有助于民族交流、和睦。事实上，阿尔泰语系也属于混合语系。

3）从“语系”到“语种”之间是否存在着“语族语种”“语支语种”

在语言的系属分类中，语族、语支的设置仅仅是一个理论的假设，是众多下属语种共同属性的概括与抽象，不是事实上存在的中间语种“语族”与“语支”的符号体系。尽管有人构拟出“原始彝语支”，但它也仅仅是一个理论上的东西，不是历史上曾经存在过的真实语种。“原始汉藏语”的情况与此类似。

（四）语种的特征分析

语种的特征，可以从语种的共性与特性、祖语特征与分支语种新生特征等几方面加以分析。

1. 共性与特性

祖语与分支语种的共性，可区分为类型共性与谱系共性，类型共性是人类语言共同的特征，谱系共性是祖语遗传给分支语种的特征。特性是分支语种新获得的特征，如图 0-9 所示。

可以看出，祖语与分支语种是一对相对的概念，二者共同构成了一个“语种家族”（简称“语族”），起始上位概念是语言，这表明，人类的语种有着共同的起源，即都是来自人类的语言生物属性。语言的类型共性是人类语言区别于人类其他生物机能的属性，是语言之所以成为语言的属性。谱系共性是祖语与分支语种之间直接联系的属性，是语种家族的内在联系。特性是区分语种家族之内成员的属性。共性与特性是分层次的，共性居于上位，特性居于下位；共性与特性又是相对的，共性对于下位来说是共性，对于其上位来说又是特性。

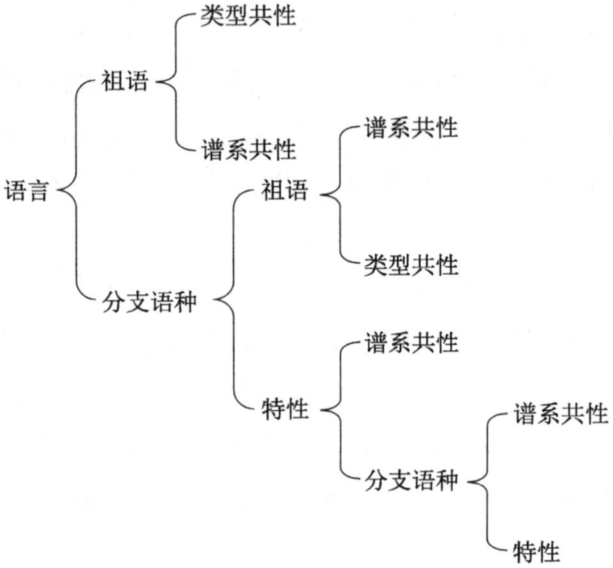

图 0-9　祖语与分支语种演化共性、特性分类图

数学上的递归法则，是共性与特性的统一体，可表示如下：

（1）设 0 是自然数；

（2）如果 0+1 是自然数，则 1+1 也是自然数。

“设 0 是自然数”“如果 0+1 是自然数”就是共性，所有后继的自然数都包括基因数 0 与基因数法则 0+1；1+1 是区分后继自然数的特性，起区分新滋生的自然数的作用。

至于共性与特性的关系及其变换，陈世骧说：“‘在分类阶层中，上级特性是下级共性，下级共性是上级特性。层层特性，层层共性’。”“共性与特性相互对立，相互依存，相互转化。分类阶层中的特征层次，生物的和非生物的，都表现为共性与特性的对立统一。”①

可见，递归是融合共性与特性以及层次性、自组织性的统一体。

① 陈世骧：《进化论与分类学》，北京：科学出版社，1978，第 30 页.

2. 祖语特征与分支语种新生特征

1）区分祖语特征与分支语种新生特征

按照时间顺序，祖语特征在先，这是祖语遗留下来的祖系特征。新生特征是分支语种滋长而祖语所没有的特征。

祖语特征可以分为祖语的类型特征与祖语的谱系特征两类：类型特征可以传导给分支语种，使分支语种维系祖语种系的一致性；谱系特征可以遗传给分支语种，使分支语种与祖语保持谱系的亲缘性。

祖语谱系特征分布在词基因、语法范畴标记（形态与词汇标记）以及映射在句法位上。祖语类型特征分布在词类、句法（逻辑）类型、语法范畴（形态、词汇）类型上。分支语种新生特征分布在词基因（分化出新基因、借入新基因）、语法范畴新类型、句法位新组合上。

2）特征时序

特征时序是指语种的新生特征按照时间顺序产生的先后顺序。这是语种断代的一个参照标准。

3. 亲缘标记与区域标记

语种与物种一样，一方面在历史时序中延续着，另一方面又在空间中扩散着；在历史时序的延续中形成具有谱系性的亲缘标记，在空间的扩散中形成具有环境性的区域标记。历史语言学与地理语言学就是分别建立在这两种基础之上的。这是两种不同的研究范式，但是这两种研究范式可以加以统一处理，因为在时序中的延续与在空间中的扩散，属于语种的二维复演化（时序演化，空间演化），即是说，语种的演化是同时在时序与空间中展开的。也就是说，语种的亲缘标记与区域标记是一种复标记（亲缘标记，区域标记），即亲缘标记是区域标记中的亲缘标记，区域标记是亲缘标记中的区域标记。

亲缘标记表征语种的历史地位，区域标记表征语种的空间地位。川西民族小语种具有丰富而系统的方位词以及动词的趋向语法范畴，这是其具有谱系性的亲缘标记；不管川西民族小语种被怎样归属，其内部的谱系性标记都是十分明显的。川西民族小语种又具有动词居尾型（OV 型）的句法特征，这是其与阿尔泰语系语言具有类型学关系的区域特征，即在类型学上，川西民族小语种属于动词居尾型。至于川西民族小语种的动词居尾这一内涵句法位居尾，是否与阿尔泰语系语言的句法位具有亲缘关系，还要看川西民族小语种的方位词是否与阿尔泰语系语言具有亲缘关系。如果能证明它们之间具有谱系性，至少可以肯定川西民族小语种与阿尔泰语系语言具有部分但不是全局性的亲缘性。

4. 群体遗传与变异、个体遗传与变异

祖语与分支语种共同构成了“语种群体”，祖语与各分支语种则分别属于个体语种。

祖语与分支语种构成了语种家族，家族内部有遗传与变异，称之为群体遗传与群体变异，群体遗传维系语种内在的统一性，群体变异则把语种家族区分为不同的语种家族。

祖语与分支语种之间，以及各分支语种之间，有遗传有变异，遗传维系各语种之间的谱系联系；变异则把各语种加以区分，保持着各语种的相对独立性。

5. 语种的两重性——又变又不变与又间断又连续——遗传与变异的功能、数学递归法则的功能

由于遗传与变异的作用，语种家族之间与语种家族之内保持着两重性，即又变又不变与又间断又连续的状况。语种的这种两重性状况与物种十分相似。语种与物种的这种遗传与变异，就是数学上的递归法则，使对象能够把变与不变、间断与连续统一于一体，统一于自身。

语言系属分类的“语系”“语族”“语支”概念，是具有谱系关系的语种群体的概称概念，不是指称某一个具体语种。“原始汉藏语”是分支语种汉语、藏语所从出的祖语概念，是分支语种理论上的来源假设，类似于数学上的公理，但是在历史现实中却难以找到。设置原始汉藏语这一祖语概念，目的是梳理分支语种汉语、藏语的演化历程。从命名上说，“原始汉藏语”就是汉语、藏语的起点与来源，也表明了这一点。

（五）汉藏历史比较的研究单位

1. “音义位”是汉藏历史比较的核心研究单位，语言的谱系关系由音义位的亲缘关系决定

原始汉藏语音义位分化为原始汉语音义位、原始藏语音义位。

汉藏历史比较的音义位发生演化，分化为原始汉语音义位、原始藏语音义位，如图 0-10 所示。

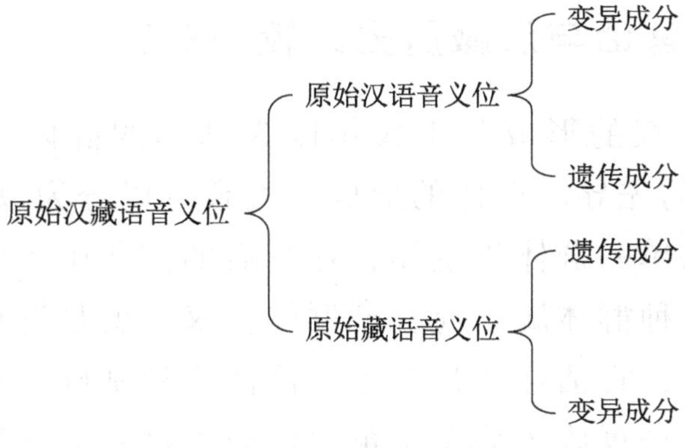

图 0-10　原始汉藏语的音义位图

原始汉藏语音义位，其遗传成分保留在原始汉语音义位、原始藏语音义位中。变异成分与遗传成分组合，构成了原始汉语音义位、原始藏语音义位。

包拟古追求的是原始汉藏语音义位的“遗传成分”，类似于孙常叙的[m-覆盖]音义位。“形音义位”是汉字汉语形音义演

化史的基本单位与研究对象。“史前时期音义位”与“历史时期音义位”具有连续性。“形音义位”属于历史时期。汉语甲骨文时代的音义位属于历史时期音义位。史前时期没有文字，因此“音义位”中没有“形”的因素。

2. “句法位”是汉藏历史比较语法的基本单位

“句法位”是汉藏历史比较语法的基本单位。句法位分为“外延句法位”与“内涵句法位”，这是句法演变的驱动机制。句法位分布的改变，会导致句法类型的改变。

3. 句法位与形态位具有对应关系

句法位与形态位具有对应关系。句法位区分为外延句法位与内涵句法位，在外延句法位上分布着外延词与外延形态，在内涵句法位上分布着内涵词与内涵形态。如此看来，形态也具有逻辑属性——外延形态位与内涵形态位。

三、王权、官话与汉藏历史比较的对象

群体中王权的形成与王权赖以为基础的群体人口基数，是“官话”形成的先导。群体的形成，大致可以分为以下两类。

一类是以单一群体为主体，在其后的演化中不断杂入其他较小的群体，这种群体属于混合型群体，汉族就是这样一种群体。在这种群体中，官话往往是在主体群体语种基础上形成的，汉语的官话就是在华夏族（分布于黄河流域）这一主体群体与华夏语这一主体群体语种的基础上形成的，从黄帝（活动于中原地区）、颛顼（都帝丘，今濮阳县，属豫北）、帝喾（都亳，属豫西，在今偃师、洛阳一带）、尧（都平阳，今临汾）、舜（都蒲坂，今晋南运城西南，五帝历经约 900 年）以来，历经三代夏（夏禹都安邑，今夏县西南，夏王朝历经 400 多年）、商（几次

迁都，最后盘庚都殷，今安阳，商王朝历经约600年）、周（西周都丰、镐，今西安西附近，东周都洛邑，今洛阳，周王朝历经约800年，西周约300年，东周即春秋战国约500年），一直到秦帝国（都咸阳）、两汉（西汉都长安，今西安，东汉都洛阳）、隋唐宋（都洛阳，长安，今西安，北宋都汴京，今开封），帝王都邑都是分布于东西向的黄河及其支流汾河、渭河、泾水流域，这种王权都邑的地理空间分布格局，在政治、经济、文化等力量的聚合驱动下，非常有助于官话即族群共同语的形成。汉语官话之外的方言，例如粤语、闽语、吴语则是在混合了较多的中原华夏族以外的群体的语种的基础上形成的。

华夏族官话是在从五帝到秦帝国立国历经 2770 余年的漫长过程中形成的，其方言（西汉扬雄《方言》所记录的）格局在春秋时期就已经形成，春秋晚期的孔子的“雅言”说就表明了这一点，东汉许慎《说文解字叙》说秦代“书同文字”是出于当时“言语异声”的背景。官话的形成要有王权的推动与维系，方言的形成要有群体的广大空间的地理分割，秦代以前汉语官话与方言的形成符合这两个条件。

另一类是拼凑型和复合型群体。这种群体的混合程度不高，一般是以占统治地位群体的语种作为官话的，例如，藏族就是这样一种拼凑型群体，其是以来自西藏山南泽当雅隆河谷的雅隆吐蕃部落语种为官话的。

吐蕃王朝的疆域与族群，可以区分为“蕃”地与“大蕃”属部。其本土地区当时仅限于“蕃”地，即今西藏地区；“大蕃”是指吐蕃的属部地区，即指今天的青海、甘肃、四川、云南的藏族地区[①]。

藏语国内三大方言之间不能通话，表明三大藏区的族群有不

①《藏族简史》编写组：《藏族简史》，拉萨：西藏人民出版社，1985，第52页.

同来源，安多方言藏区青海原为吐谷浑、鲜卑建立政权的辖区，康方言藏区四川、云南迪庆，原为氐羌系族群的聚居地，后来都被“蕃”化为藏族，但是时至今日，尤其是康方言藏区还存在众多的“地脚话”，与吐蕃藏语分属于两个不同的语支。

藏语国内三大方言格局以及拉达克方言，都是在吐蕃部落的军事扩张中逐渐形成的。吐蕃部落的军事扩张可分为三个方向：第一个方向是吐蕃属地的北境，第二个方向是吐蕃属地的西境，第三个方向是吐蕃属地的东境。安多方言、拉达克方言与康方言就是吐蕃部落在这三个方向上扩张所形成的。吐蕃扩张的动机是掠夺人口与财富。

从群体及其官话的形成看来，汉藏历史比较的对象以求证汉语官话、雅隆河谷的吐蕃语之间的谱系关系为宜，即是说，汉藏历史比较的对象，应当是汉族官话与藏族官话之间的比较。

汉语方言，尤其是粤语、闽语、吴语，其形成的群体基础比较复杂，杂入华夏语以往的成分较多，在汉藏历史比较中可以作为参照。在藏语国内三大方言中，安多方言受阿尔泰语系的影响比较大，在汉藏历史比较中可以作为参照。

汉藏历史比较的主体是史前时期的汉语与吐蕃藏文记录的吐蕃语。史前时期的汉语就是甲骨文记录的汉语，甲骨文记录的汉语产生于甲骨文之前；同样地，吐蕃藏文记录的吐蕃语，也产生于吐蕃藏文之前。西藏的新石器遗存，其年代要比甲骨文的发现时间早 700 多年，说明原始汉藏族群的分化时间是在甲骨文产生之前，如此一来，甲骨文以前的汉语与吐蕃部落的吐蕃语是最为接近原始汉藏语的。

四、汉藏历史比较的对象语言及其元语言——“汉藏语言史”及其刻画工具“逻辑函项”与“语言函项”

笼统地说，汉藏历史比较的对象语言是汉语与藏语之间的谱系关系。具体来讲，汉藏历史比较的对象语言有五种：基因单位音义位（谱系音义位）、基因单位音义位的表征单位“同源词”（谱系词汇）、基因单位音义位的“形态表征”（谱系形态）、基因单位音义位的“语法范畴表征”（谱系语法范畴）、基因单位音义位的句法映射表征“句法位”（映射谱系句法位）。

以上五种对象语言完全覆盖了语言谱系性的边界，由此可见，语种谱系性是呈现系统性分布的，从音义位基因、词汇、形态、语法范畴到句法位由里及表地全覆盖，这五个方面构成了“汉藏语言史”这一整体。

以往的语言史，是由语音史、词汇史、语法史（区分为历史形态学与历史句法学）三大板块组成的，对三大板块之间的内在联系缺乏一以贯之的阐释。新的汉藏语言史的五种对象语言——谱系音义位、谱系词汇、谱系形态、谱系语法范畴、映射谱系句法位则是以“谱系音义位”为系统核的系统语言史。

汉藏历史比较的研究工具就是对象语言的元语言，即关于音义位、同源词、形态、语法范畴、句法位的元语言。从高度抽象的角度来讲，汉藏历史比较的元语言是“外延性”与“内涵性”这一对逻辑属性范畴。这一对逻辑属性范畴分布于音义位、同源词、形态、语法范畴以及句法位之上。

外延性与内涵性这一对范畴，首先具有“逻辑谱系性”，这是一种类型学的逻辑谱系性，不是语种音义的谱系性。其适用范围是通用的，不受语种限制。

但是这种外延性、内涵性逻辑谱系性一旦被赋值音义谱系性，就获得了语言中的谱系性。由此可见，语言类型与语言谱系具有交叉的复杂关系。

外延性范畴与内涵性范畴，不仅仅是离散的单位，相互之间还具有制约关系，构成函项式：

逻辑函项=内涵性（外延性）

这是研究汉藏语言史的元语言逻辑工具，也是研究其他语言史的元语言工具。如果对以上逻辑表达式予以赋值音义位，则可得下列表达式：

语言函项=内涵性音义（外延性音义）

这是研究语种谱系史的元语言工具。

归纳而言，汉藏历史比较的对象语言是汉藏语种谱系史；其元语言工具是逻辑函项与语言函项。

逻辑函项具有语言的普适性，语言函项具有语种的普适性。

五、汉藏历史比较的分期断代

（一）原始语言与分支语种分期断代表

语言史的分期，一般是按照历史朝代进行的，例如汉语史的分期，这样处理直观，便于与历史朝代对接。但是，并非所有群体都建立过朝代，因此按照朝代分期断代不具有普遍性。按照基因音义位分期断代则具有普遍性，也是比较方便的一种分期断代方法。

自然语言的基因音义位是一种遗传成分，在长期的遗传过程中或分或合，在分合中便会产生一系列的同源词，同源词的分布或产生是分批次的，不同批次的同源词是分布在不同的时间域中的，因此同源词批次的不同时间域就是语言史演化的分期断代标准。但是这一标准比较抽象，不够直观，下面我们提出一种比较直观易懂的分期断代标准，如表 0-2 所示。

表 0-2　原始语言与分支语种分期断代标准表

期数	名称	特征	说明
第一期	“原始语言”时期	内涵词与外延词，内涵词（外延词）函项时期，也叫作“基元词类与基元句法时期”	第一期是根据理论推导提出的，到目前为止，虽然没有见过仅仅有“基元词类与基元句法”的语种，但是这是人类语言的基元共性特征
第二期	“原始汉藏语”时期	多音节、屈折-黏着形态、轻重音时期	本期以及以下第三、四期，是依据汉藏语提出的，其他语种的同类分期可以以类求之
第三期	“分支语种”——原始汉语、原始藏语史前时期	繁-单音节、屈折-黏着-形式词形态、固定音高（高低调）时期	史前时期汉语（甲骨文以前，距今 3300 年以前）、吐蕃语（距今 1400 年以前）
第四期	“分支语种”——汉语、藏语历史时期	简-单音节、黏着-形式词形态、声调时期	历史时期汉语（甲骨文以后，《诗经》时代）、历史时期藏语（公元 13 世纪左右卫藏方言产生声调，安多方言至今无声调）

表 0-2 是依据人类语言及其分支语种自身的演化与变迁特征制定的，属于语言自身演化变迁的断代标准，以原始汉藏语及其分支语种汉语、藏语的分期断代为例。在使用中，可以单独使用，也可以与历史分期断代结合使用，还可以跟代际划分结合使用。

（二）从甲骨文看历史时期汉语的音节性质

1. 划分文字的复合标准与文字的类型

汉语进入甲骨文时期，属于历史时期汉语，其音节已经演变为“单音节”与“单音节复合音节”。汉字是“表意-音节型”文字，文字除此以外，还有“标义-音位型”文字，如图 0-11 所示。

文字类型：
- “表意-音节型”文字
- “标义-音位型”文字

图 0-11　文字类型图

世界上的文字不存在纯粹表意或纯粹拼音的文字，音位语种都是音义的结合体，文字是用来记录语言的，不存在只记录词义的表意文字或只记录词音的拼音文字。文字记录语言，其切入点或者以词义为主，形成构形文字；或者以词音为主，形成构音文字。但是，不会兼顾词义与词音以形成构形-构音文字，以记录音节为单位与以记录音位为单位是不能同时兼顾的，因此，汉字是音节文字就不能是音位文字，藏文是音位文字就不能是音节文字。

再者，记录词义与记录词音具有一种类型的选择关系。记录词义选择了“表意”记录，记录词音就只能选择“音节”记录，因为以音表意的形式只能是音节，音节是表意的对应单位。记录词音选择了“音位”记录，记录词义就只能选择“标义”，因为以音标义的形式只能是音位。如此，汉字的性质是“表意-音节文字”，藏文的性质是“标义-音位文字”。这是两种界限分明的文字类型，混合类型不存在。

可见，划分文字的类型时，只有从记录词义与记录词音的复合标准入手，才可以解释文字类型的真相。以往表意文字、拼音文字的区分，都是单一标准（或记录词义标准，或记录词音标准）。在田野调查中，用汉字记录，就属于表意-音节型记录；用国际音标记录，就属于标义-音位型记录。

2. 甲骨文的形态与历史时期汉语的音节类型

甲骨文的形态与历史时期汉语的音节类型、孟世凯说的方块字或长方形字，其特点是：单字/单音节、合文/单音节复合音节。

六、历史比较法的类型

（一）形态历史比较法与基因历史比较法

历史比较法具有不同的类型，在经验研究时期，产生了从形态着手的形态历史比较法；演进到形式研究时期，产生了从基因单位音义位着手的基因历史比较法，前者适合形态丰富的语言，后者不但适合形态丰富的语言，也适合形态贫乏的语言。

传统的“形态”概念仅限于内部屈折的含义，随着研究工具的改进，形态也获得了新的意义，不仅指内部屈折，还可以包括黏着、形式词语法成分，如此，形态具有了统一性，基因历史比较法与形态历史比较法也具有了统一性。

（二）字形历史比较法与语言历史比较法

古文字学家于省吾观察到了古文字的形音义及其相互关联的现象，他在《甲骨文字释林》序中说：“古文字是客观存在的，有形可识，有音可读，有义可寻。其形、音、义之间是相互联系的。而且，任何古文字都不是独立存在的。我们研究古文字，既应注意每一字本身的形、音、义三方面的相互关系，又应注意每一个字和同时代其它字的横的关系，以及它们在不同时代的发生、发展和变化的纵的关系。”[①]这里于省吾所称的古文字的结构形音义关系、古文字的纵向横向的形音义关系，实际上就是古文字的谱系性。古文字的谱系性与生物的谱系性一样，无非是遗传与变异两端，如图 0-12 所示。

① 于省吾：《甲骨文字释林》，北京：商务印书馆，2017，第 3 页.

$$\begin{aligned}&\text{原字}_0=(\text{形}_0，\text{音}_0，\text{义}_0)\\&\quad\rightarrow\text{派生字}_1=(\text{派生形}_1，\text{派生音}_1，\text{派生义}_1)\\&\qquad\rightarrow，\cdots\cdots，\\&\qquad\quad\rightarrow\text{派生字}_n=(\text{派生形}_n，\text{派生音}_n，\text{派生义}_n)\quad(n\geqslant1)\end{aligned}$$

图 0-12　古文字形、音、义谱系演变图

可以看出，古文字的谱系性在纵向上有遗传有变异，遗传与变异包括形、音、义三方面，形成了形谱系、音谱系、义谱系三个独立的谱系系统，以及形义谱系、形音谱系、音义谱系、形音义谱系四个复合谱系。

古文字在横向上的形、音、义关系，如果在同谱系之内，就是谱系性的关系，其就是上述范围的谱系类型；如果古文字在横向上的形、音、义关系属于异谱系，则属于非谱系同类项的关系，则进入了类型学的范围。

刘钊提出的"形体上的历史比较"①的概念，仅仅注意到形体纵向的谱系性，未注意到形体横向的类型共性特征，也未从原理上作系统的解释。

既然三种造字演化类型（图形造字，图形、语音造字，语音造字）都具有谱系性，这就为文字的历史比较提供了基础，同时文字（形音义）的历史比较与语言（音义位、词汇、形态、语法范畴、句法位）的历史比较发生了交会。可见，汉字汉语形音义演化史是字形与词音、词义的交叉演变史，既有单一系统字形、词音、词义的演化史，又有形音义三者之间的交叉演化史。字形演化的谱系性虽然是一种人工约定符号，但是也具有递归性，既然有递归性，就有基元单位（初形）与派生形态及其构成法则。

文字具有形音义的统一性，无论表意文字还是非表意文字，无论拼音文字还是非拼音文字，均如此。这是一条文字的普适性

① 刘钊：《古文字构形学》，福州：福建人民出版社，2006，第 157 页.

法则。但是，文字形音义统一性的文种表现是不尽相同的。即使是同一种文字例如汉字形音义统一性的具体表现，也因造字类型的不同而不同。汉字虽然其性质属于“表意文字”，但是具备文字的三种类型的造字方法，可见，汉字的表意性是就主要倾向而言的，世界上不存在绝对的表意文字。

如果就造字的谱系性而言，任何文字都是“形音义”谱系性的统一体，在汉藏历史比较中，所涉及的汉字、藏文也具有形音义的谱系共性特征，但是具体到文种，情况就有所不同。汉字具有“图形造字”“图形、语音造字”“语音造字”三种形音义谱系性，藏文仅有“语音造字”一种形音义谱系性。下面分别简述汉字、藏文的形音义谱系性表现。

1. 汉字造字的谱系性会形成的类型

汉字造字的谱系性会形成以下三种类型。

1）“图形造字”会形成“构形谱系”

构形谱系也是形音义的统一体。在构形上直接表现出的是“形义谱系”，这是就造字之初的本字本义而言的，由此滋生出“因形求义”的训诂方法。图形造字的形音义谱系，具体表现为

形义谱系（因义制字）→义音谱系（音义定音）

2）“图形、语音造字”会形成“构形、构音谱系”

这种谱系又可以区分为“构形分离谱系”与“构形-构音融合谱系”。“构形分离谱系”是指“构形”单独所形成的构形谱系，与图形造字所形成的构形谱系有所不同。由于构形分离谱系仅仅在谐声字、转注字中出现，而且这是一种表示类义位的构形谱系，因此属于外延性构形谱系，即“外延性形义谱系”。

“构形-构音融合谱系”是指谐声字声符所形成的形音义谱系。由于谐声字的声符在组成上是形音义三位一体的谱系关

系，即既是同源字又是同源词的同源字词谱系，因此这是一种真正的形音义谱系，在性质上属于“内涵性形音义谱系”。

图形、语音造字所产生的是谐声字、转注字，这是唯一一种在字形上（形符）、在词音上与词义上（声符）明确区分出外延性成分与内涵性成分的造字方法。

其实，图形、语音造字不仅仅滋生字（同源字）、词（同源词），而且还具有“形态”功能，表现为“声纽屈折”、“韵部屈折”以及“整音节屈折”。这与印欧语词根的内部屈折是一样的，因为印欧语词根的内部屈折也可以区分为外延性屈折与内涵性屈折。

3）“语音造字”会形成“构音谱系”（音节相同或相近谱系）

本无其字的假借就是依据词音（音节）的相同或相近法则，选择一个同音字形或近音字形来记录词音。这里的同音字形或近音字形，事实上就是一个标音符号，其性质类似于国际音标，同音字或近音字的字形与所记录的词义没有关系，因此语音造字的构音谱系则为音义谱系，字形因素不加入谱系系统中。

汉字属于音节文字，语音造字的构音谱系可以区分为声纽构音谱系、韵部构音谱系、整音节构音谱系三种。

“同音假借”是本有其字的假借，是由于写字时使用了别字所形成的用字现象。因此，同音假借字形成的构音谱系属于音义谱系。一旦循着同音或近音线索找到本字，其谱系就属于“构形谱系”了。

2. 藏文造字会形成的类型

藏文造字只有“语音造字”一种类型，会形成“构音谱系”一种谱系类型。

藏文的系属及其性质如下：藏文从文种谱系上说，属于印度梵文字母体系，由于梵文的音位拼音类型学性质，以及人类语音的音位共性特征，来自梵文的藏文照样可以畅通无阻地拼写藏语。因此，藏文造字属于“语音造字”即依音以造字，其构成的谱系属于“构音谱系”，即“音义谱系”，其字母或字母组合不表意，但标义，这是出于约定俗成而形成的。因此，藏文这种音位拼音文字也是形音义三位一体的。

七、汉藏历史比较的目标及其意义

（一）目标

汉藏历史比较的目标，是从原始汉藏语这一祖语出发，探索原始汉藏语的分支语种汉语、藏语之间的历史渊源，构建其谱系关系，总结“汉藏语音义位”的演变法则，建构相应的历史比较法——基因历史比较法这一元语言工具。把传统的历史比较法——形态历史比较法推进到语言基因研究的水平。

要指出一点，形态历史比较法建构的是“音变法则”，基因历史比较法建构的是“音义位演变法则”，这是基因历史比较法与形态历史比较法的不同处之一。

（二）意义

汉藏历史比较的意义有下列三点：

第一，从语言基因即“音义位”出发，求证汉语、藏语这两种语种之间所存在的谱系关系，证明二者是同一祖语即原始汉藏语的分支语种；“映射谱系句法位”只具有辅助的参照作用，“非谱系句法位”即类型句法位是不能证明汉语、藏语的同源关系的。

第二，从语种的角度建构汉族、藏族两个族群之间的谱系关系，为“历史比较人类学”、为统一语言人类学与文化人类学打下理论基础与初步的实践基础。语言是族群的心灵，从语言基因着手探讨族群的潜意识、意识以及行为、风俗习惯、社会形态等，会推进人类学由经验的描述深入到历史比较的解释领域。笔者在《多续语及其深层意识调查研究》中从田野调查的角度尝试统一语言人类学与文化人类学，这里提出从历史比较的角度探讨语言人类学与文化人类学的深层关系。

第三，把传统的历史比较法——形态历史比较法推进到语言基因研究的水平，初步建构"基因历史比较法"，这是一种较之于形态历史比较法更具有普适性的历史比较法。

第三节　语种谱系性的边界——从类型中区分出谱系性

一、语种是语言类型学共性与语种音义谱系个性的统一体，"发生学"是类型学与谱系性的共同点

考辨、求证语种之间的谱系性，是确定语种同源的唯一途径，舍此别无他途。但是，自然语言及其所分化出的语种，是一个类型与谱系的统一体，由于自然语言是人类这一生物机体的机能，因此，自然语言及其语种首先是一个类型学的符号体系，即是说，类型学的共性贯穿于整个自然语言之中，音系、语义、词源、词汇、词类、形态、语法范畴、句法等领域，都充满着类型学共性，这是语言类型学之所以成立的事实基础。作为生物机能的语言，自然是人类生物机体的产物，因而语言及其语种也是发生学的。

语言随着人类群体裂变为不同的族群而分化为不同的语种，各族群的语种都从语言这一总祖语身上传承了类型学共性，这是人类语言都具有词源这一共性的原因。不同族群的不同语种之

间，除了拥有词源这一共性特征以外，还具有由各语种自身音系与自身语义所构成的音义谱系。各语种自身的音义谱系就构成了各语种的个性特征。因此，作为语言的语种，是一个语言共性特征与语种个性特征的统一体。由于语种的音义谱系也属于人类生物机体的生物机能，是由人类生物机体滋长而成的，所以语种自身的音义谱系也是发生学的。

这就是说，语言的类型学共性与语种的音义谱系个性都是发生学的。如果凭借“发生学”来区分语言的类型学共性特征与语种的音义谱系个性特征，是注定会落空的。

可见，要获得语种之间的音义谱系性，就需要考辨、求证语种的音义谱系联系。

二、同源词等的直接谱系性与句法位的映射谱系性

语种的音义谱系性有一个分布范围，即分布于语种的词汇上、形态上以及语法范畴上，这是由词汇、形态、语法范畴是音义的复合体所决定的。这种音义谱系性就是直接谱系性。

句法是一个由句法单位构成的句法空间，句法空间是由句法位这一空间单位构成的。句法位又是由内涵词与外延词构成的，因此，由有直接音义谱系性的内涵词与外延词所映射而成的句法位也就获得了相应的映射谱系性。

句法位的映射谱系性是由同源词映射而成的，与同源词之间的直接谱系性是不同的，二者的关系就如同人的脚印与脚之间的关系，脚印是印迹，脚是实体，它们之间具有对应关系。同理，句法位的映射同源是印迹，同源词的同源则是符号实体，因此，可以从句法位的映射谱系来推断语种的亲缘关系。但是，不具有映射谱系的句法位只是纯粹类型学的，不具有推断语种谱系性的价值。可见，从映射谱系性出发，可以把句法位区分为如图 0-13 所示的类型。

句法位
- 映射谱系句法位
- 类型句法位（非映射谱系句法位）

图 0-13　句法位的映射谱系与类型分类图

三、韵律的类型学性质与非递归性、非谱系性

（一）韵律三要素的复合体表现形式及其条件

韵律是指音节音段所承载的超音段属性，从物理属性上看，韵律是由频率、振幅、时长三要素合成的。频率、振幅、时长三要素的三维复合表现为二维的声调与轻重音。在具体语种中，从理论上说，韵律三要素复合体可以表现为声调、轻重音、声调轻重音混合体等，具体表现为哪一种，要看音节的性质。

如果音节为多音节形式，韵律三要素复合体表现为轻重音韵律形式；如果音节为单音节形式，韵律三要素复合体表现为声调形式；如果音节处于从多音节向单音节演化中，韵律三要素复合体表现形式为轻重音与声调的混合体——轻重音式声调；如果音节出现从单音节复合向单音节式的多音节的演化，韵律三要素复合体表现为“单音节声调形式”“单音节声调-多音节轻重音”混合形式。

（二）韵律的非递归性与非谱系性

数学上的递归有两个条件：一是要有有限的基本单位，二是要有依次累加的法则。据此看来，音段的超音段韵律，不是一种离散的可数单位，也不能够依次累加，因此，音节的韵律不具有递归性。谱系性是递归性的派生属性，可见，音节的韵律是没有递归性的。从实际情况来看，汉语词汇的四声别义，仅仅是改变词性，英语单词的轻重音位置的改变也仅仅是改变词性，没有表

现出递归性质，仅仅是属于类型学的变化。因此，韵律即声调或轻重音，在历史比较研究中没有考求谱系的意义。本书谱系考证不涉及韵律问题。

四、历史比较法与类型学比较法的交集——从类型中区分出谱系性来

历史比较法也可以叫作谱系比较法，是用来考辨、求证语种谱系性的方法。由于语种的谱系个性特征与其语言类型学共性特征纠缠在一起，因此，采用历史比较法考辨、求证语种谱系性时，首先是从学理上明白语种谱系性是蕴含于语言类型学共性之中的。其次是还要明了语种谱系性的分布边界——词的音义分布、形态的音义分布与语法范畴的音义分布，至于句法位的映射谱系，仅仅起参考作用。再次是学会如何从语言的类型学共性特征中区分出语种的音义谱系特性来，一般常见的区分办法是排除词汇中的外来词、注意分辨语种之间的接触影响等。

第一部分　形式词源学

题记一：

词是一种“函项”（关系与单位的统一），因此词可以被称为“词函项”。

题记二：

“形式词源学”就是以词函项为形式并探讨词函项的谱系性及其历史变迁的轨迹与动因的词源学。

第一章　词源的构造及其递归机制

第一节　词源的构造机制及其音义位的属性

一、词源的构造

（一）词源学的研究对象与基本单位

1. 词源学是词汇学的分支学科

音系学、语义学、词源学是词汇学的三门下属分支学科，词汇学所包括的分支学科如图 1-1 所示。

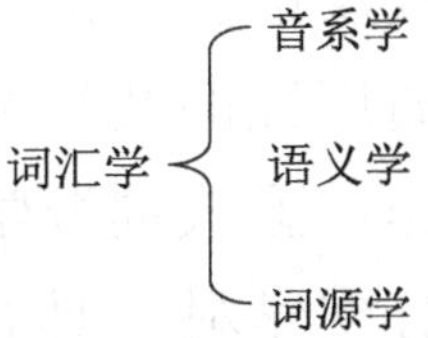

图 1-1　词汇学分类图

词源学如同音系学、语义学一样，具有基本单位，这三门学科是处于同一层次的，词源学是与音系学、语义学并列的一门学科。音系学又包括音位学、音节学，其研究对象是语言的语音单位及其组合法则，其基本单位是音素、音位，其运行单位是音节及其语流；语义学的研究对象是语义及其组合法则，其基本单位是义素、义位，其运行单位是义项及其组合法则；词源学的研究对象是音义位及其组合法则，其基本单位是通用的"音义位"以及汉语的"形音义位"，其运行单位是"词源"。词源学又是以音系学、语义学为基础的，因为音义位是以音位、义位为基础的。

2. 词源的抽象及语种类型与词源学的相应类型

词源可以是一个抽象概念与术语，是指人类自然语言词汇单位的生成机制，即通常所说的构词理据。词源也可以是指某一种具体语种的词源现象，即该语种的构词理据。如此，词源可以区分为两类，如图 1-2 所示。

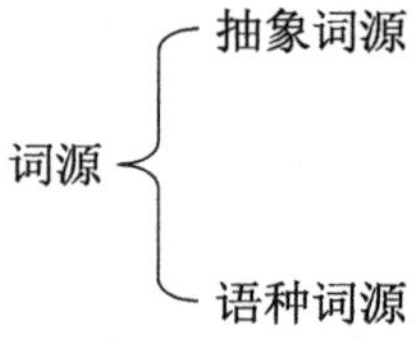

图 1-2　词源的抽象与语种分类图

“抽象词源”也被称为“共性词源”、“普遍词源”或“通用词源”，是指蕴含于人类自然语言或语种中的词汇单位滋生的共性法则，这是本书的立足点与归宿。“语种词源”是指具体语种的词源现象。本书的研究策略是以汉语这一语种的词源现象为具体材料，从中提炼出具有普遍性或通用性的共性词源法则体系。这种由共性词源法则所构成的学科叫作“形式词源学”。形式词源学就是具有普遍性或通用性的词源学分支学科，具有广泛的适用性，不受语种的限制。形式词源学是词源研究走出经验研究的藩篱，初步走上成熟发展道路的标志。形式词源学有一个最重要的特征，即理论法则的完备性、自洽性与可推导性。可见，词源学可以区分为两类，如图 1-3 所示。

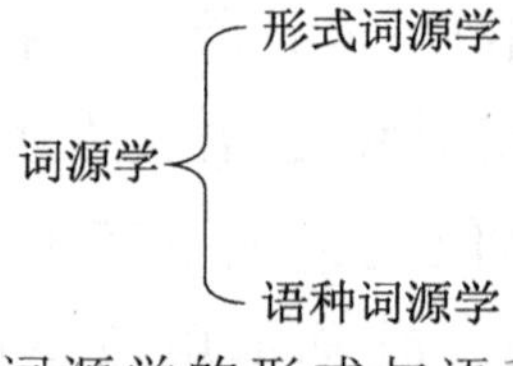

图 1-3　词源学的形式与语种分类图

“语种词源学”就是“非形式词源学”，是对具体语种的词源现象而言的。语种词源是词源共性与词源个性差异的统一体。

3. 词源学的演化类型

学科的演化，一般来说，遵循从经验科学到形式科学的演化历程，这是由研究从经验到形式的演变所决定的。词源学的发展也不例外，也会或正在经历从经验词源学到形式词源学演化的历程。形式词源学是指采用数学、数理逻辑的理论与方法来处理自然语言词源现象的一门词源学学科。自然语言的词源之所以能被形式化地处理，是因为自然语言也是一种符号系统，同数学、数理逻辑一样都属于一种符号计算系统。要指出一点，数学、数理逻辑的符号是一种外延符号，自然语言符号及其词源符号属于外延符号与内涵符号相统一的复符号。如此一来，符号可以区分为两类，如图 1-4 所示。

- 符号
  - 外延符号（非复符号）
  - 外延-内涵符号（复符号）

图 1-4 符号外延与内涵分类图

形式词源学与经验词源学的研究对象与基本单位是相同的，即二者的对象语言是一致的。不同的是，形式词源学的研究手段是形式表征及其推导，其元语言是约定的形式语言，没有歧义；经验词源学的研究手段是身心体验及其经验描述，其元语言是未经约定的自然语言，有歧义性。词源学按照演化历程可区分为两类，如图 1-5 所示。

- 词源学
  - 经验词源学
  - 形式词源学

图 1-5 词源学演化分类图

4. 词源学的形态与非形态类型

词源学还可以按照形态的标准区分，如图 1-6 所示。

词源学
- 形态词源学
- 非形态词源学（形式词源学）

图 1-6　词源学按照形态标准分类图

“形态词源学”是对词源的判断标准而言的，即根据词的形态标记的亲缘性确定词的谱系关系，进而确定分支语种之间的谱系关系，印欧语的传统词源学就是形态词源学。形态词源学在判断同源词时，以“意义”（不作“外延词义”“内涵词义”的区分）相同的词（同义词）作为参照点，观察这些同义词的形态是否具有语音对应关系，具有语音对应关系的即为同源词。这种形态标准实际上是“同义词屈折形态的语音对应”，这是词汇音义形式的一种。词汇音义形式的区分，如图 1-7 所示。

词汇音义形式
- 同义词的形态语音对应（屈折词）
- 非同义词的核音义位对应（词根词）

图 1-7　词汇音义形式区分图

“同义词的形态语音对应”中的“同义词”，是就传统词汇学而言的，传统词汇学对词的意义不加以分析，而是作为一个整体看待，因此，传统词汇学就有“同义词”一说，像“母亲”与“妈妈”就被视为一对同义词。这种同义词实际上是“同类义词”，即指称意义一致的词。同类义词的同源机制，是来自相同类义的语音对应，即（同类义，同语音），具体分解如图 1-8 所示。

$词_1$=（$同类义_1$，$同语音_1$）

↓　↓　↓

$词_2$=（$同类义_2$，$同语音_2$）

图 1-8　词的（同类义，同语音）对应关系图

从以上集合论之间的映射即对应关系可以看出，“同类义”就是类义相同，“同语音”就是语音相同，因此（同类义，同语音）的词就是具有类义、语音对应关系的词。语音即使不相同，只要有演化关系也可以。这种词源属于近词源，只有分化年代不太久远的词才具有这种近同源关系。

如此看来，形态词源学是针对屈折语的屈折词的，这是形态词源学成立的条件。“形式词源学”是针对词根语的词根词的，形式词源学又叫作“基因词源学”，是建立在词的基因即“音义位”基础之上的。

不管是屈折语还是词根语，都具有词根。屈折语与词根语的区别在于屈折语的词根有内部屈折变化，词根语的词根没有内部屈折变化。由于音义位是“词根”内部的基因单位，所以，不论屈折语还是词根语，都具有词根音义位，即都具有词基因。因此，形式词源学不但适合词根语，也适合屈折语。基因词源学的“基因”即“音义位”是一种可以形式地刻画的基元单位，因此，形式词源学是一种通用词源学，即不受语言的形态类型的限制；形态词源学仅仅是形式词源学的一种特殊情况、特例，在屈折语中，可以在不离析音义位即词基因的情况下加以应用。

词根的内部屈折变化也是一种涉义语音交替。但这种语音交替不是“音义结合体”，这种形态的“音”不一定是核音位，形态的“义”是作为“类义”处理的，形态词源学家并没有区分出核义位与类义位这样的意义单位。形态的涉义语音交替有几种情况，如图 1-9 所示。

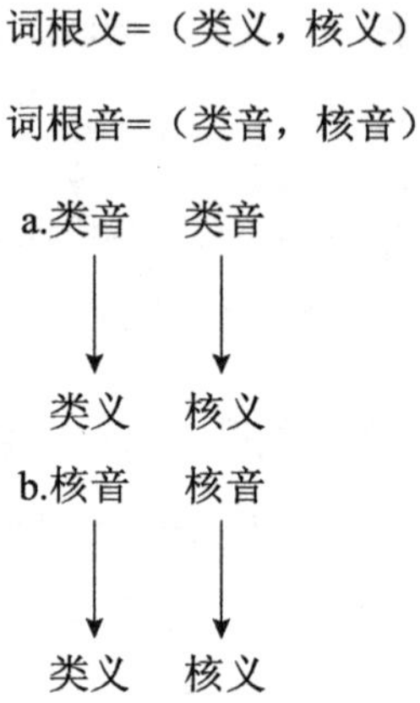

图 1-9　形态的涉义语音交替图

可以看出，形态词源学的词根音与词根义的对应，有两类四种情况，其中只有一种情况是“核音对核义”，即一种情况符合形式词源学的条件。可见，形态词源学对词源机制的揭示，没有形式词源学对词源机制的揭示那么明朗、清楚。

形态词源学家与基因词源学家对词源机制的理解是否一致呢？如果按照形态词源学不离析出核音义位的策略处理，音与义的对应可以作如图 1-10 所示的分析。

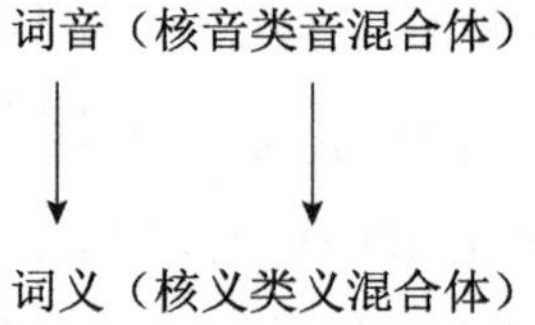

图 1-10　核音义位音与义的对应图

就词源对象而言，任何词的词音都是词的核音类音的混合体；任何词的词义都是词的核义类义的混合体。可见，形态词源学的词根内部屈折语音对应仅仅是一个表面现象，其实质就是词的词音与词义的对应。因为形态词源学不进行核音义位离析，所以词音与词义的对应只是一个笼统的对应。但是，从基因词源学的角度来看，词音与词义对应的时候，就蕴含了核音与核义的对应，不过形态词源学家没有意识到这一点罢了。可见，形态词源学与基因词源学的同源机制在客体实质上是相同的，不过形态词源学家没有明确地在元语言层面上意识到这一点。

要指出的是，在形态词源学时代，形态词源学家并没有弄清词源的内在机制，因为没有找到“核音义位”这一词基因；在基因词源学时代，基因词源学家基本上搞清了词源的内在机制，因为找到了词基因“核音义位”这一物理与心智的融合单位。

以上这种情况有点像生物学中的“基因”概念。在遗传学家孟德尔的时代，基因仅仅是一个笼统模糊的术语，遗传学家仅仅意识到基因的存在，但是并没有找到基因的生物物理单位；到了分子生物学家沃森、克里克的时代，基因术语就获得了明确精准的概念，即找到了 DNA 分子这一生物物理单位。生物学是研究生物机体的学科，词源学是研究词源这一人类生物机能的学科，二者基因概念（生物基因、词源基因）演进历程的相似性一点也不让人感到奇怪。

5. 词源学的对象语言与元语言

要从事研究，必须具备两个条件：一个是要明确所研究的对象，另一个是用来对对象加以研究的元语言工具。本书的研究对象是立足于汉语、藏语的词源现象，其用来研究的元语言工具则为“形式词源学”。对于形式词源学的“形式语言”，我们采取从自然语言中加以提取并约定的方式制定策略，这与分析语法的形式语言的制定策略是一样的，均来自“华沙语义学派”“莫斯科语义学派”对元语言制定的启迪。形式词源学自“二维词源学”（原来叫作“二维度词源学”，现在改为“二维词源学”，更符合数学要求）发轫以来，迄今已取得了长足的进展，本书的目标是进一步完善形式词源学，推动词源学学科的系统深入发展，使之成为语言学学科的基础部门，并广泛应用于心理学、美学、文学理论、人类学、自然语言处理等领域。

6. 词源、词源学的术语区分与联系

“词源”是指语种的词源现象，这是一个语言符号的本体术语。“词源学”是指研究“词源”的一门学科，属于元语言术语。词源则是对象语言。有时候，词源也有研究词源学问的意思，这两个术语的关系如图 1-11 所示。

词源
- 词源现象（符号本体）
- 词源学（研究词源现象的学科）

图 1-11　词源与词源学术语关系图

可以看出，“词源学”是一门学科概念与术语，没有“词源现象”的含义；“词源”是一个多义词，既有“词源现象”的意义，又有“词源学”的意义。

（二）词源的属性及其递归机制

研究自然语言，包括自然语言的词源，首先要弄清其属性，然后才能做到对症下药，做到有的放矢。要弄清楚自然语言的属性——离散性、模糊性、随机性、递归性、层次性及其在词源滋生、运行中的作用。

1. 离散性

人类对世界进行认识，首先要把世界予以离散化，即把对象切分为一个个可以历数的单位，这是自然语言的第一基本属性，学术界一般称之为“离散性”。

人类对世界进行离散切分，其最方便的切分工具为“音义”，可以称之为“音义切分”。音义切分是自然语言切分世界的普遍方式，如果一种语言又有文字，那么该切分又增加了一种方式，即“形音义切分”，如此，自然语言对世界离散切分方式

可作如图 1-12 所示的分类。

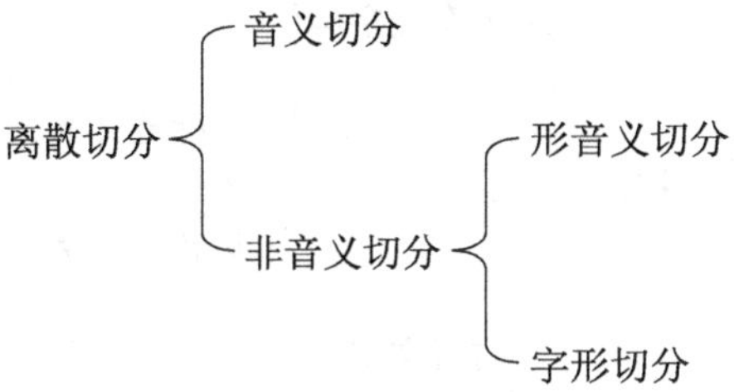

图 1-12 自然语言对世界离散切分分类图

“音义切分”：无文字的语言都是音义切分，即使是有文字的语言也有纯音义切分的成分，例如汉语中用汉字拼写的拟声词即是。“形音义切分”：对于有文字的语言来说，形音义切分成分占多数，汉语小篆系统的形声字占 80%，这些形声字均属于形音义切分。即使是象形字、指事字、会意字，也是形音义切分，与形声字不同的是，这三类字自身没有标音成分。看来，形音义切分又可以分为两类，如图 1-13 所示。

图 1-13 形音义离散切分分类图

汉语的转注字属于形音义切分。假借字，如果从开始时的非假借说起，属于形音义切分；如果从假借说起，属于音义切分。“字形切分”：例如现代汉字“它”“她”“他”三字属于纯字形切分，即书面语的切分、区分，在口语中没有区分。

一般认为，汉字具有“形、音、义”三要素，这不是世界上独一无二的，凡是表意字形，都具有“形、音、义”三要素。即使英文这样的拼音文字，也具备“形、音、义”三要素。但是，目前的“汉语拼音”不标义，属于纯标音文字，如此，文字可区分为如图 1-14 所示的类型。

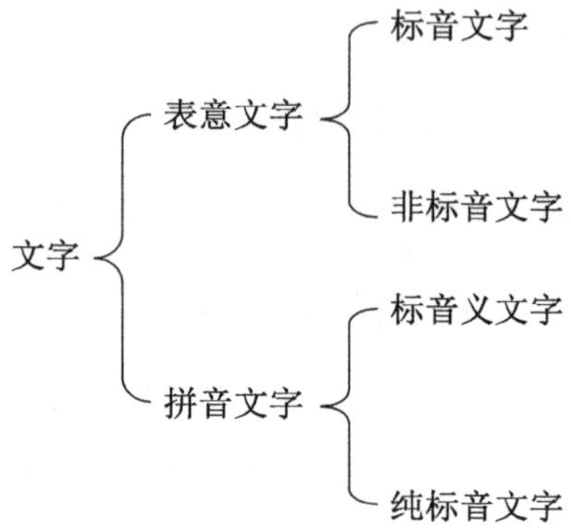

图 1-14　文字分类图

“文字”可以按照字形描绘意义与否，区分为“表意文字”与“拼音文字”两类。表意文字中又可以按照字形是否有“标音”成分区分为“标音文字”（例如汉字中形声字）与“非标音文字”（例如汉字中象形字、指事字、会意字）。

拼音文字按照是否有标义成分，可以区分为“标音义文字”（例如英文）与“纯标音文字”（例如汉语拼音）。要区分一点，“表意”是指用“象形字形”“表意字形”摹写事物或拼合来表示事物以显示意义；“标义”是指用“非象形字形”“非表意字形”即“字母”来约定以显示意义。汉字的“字形”是“表意”，英文的“字母形”或字母形组合是“标义”。

汉语拼音与英语字母，虽然都属于拉丁字母系统的拼音文字，但是汉语拼音是纯拼音文字，即汉语拼音不标义；英文字母或字母组合则是既拼音又标义的。

从“音义切分”世界的角度来看，英文字母切分世界属于“音义切分”；汉语拼音是“纯音切分”，这是汉语拼音不能区分同音词的原因所在。汉字切分世界，与英文切分世界一样，都属于形音义切分，这是汉字能区分同音词的原因所在。要想设计出一种适合汉语国际传播的拼音文字，能够设计出一种类似于英文既标音又标义的拼音文字才是上策。

2. 模糊性

世界是连续的，对世界予以离散切分，会产生切分所得单位“词”（音义单位）之间的边界不分明现象，这是自然语言离散切分具有模糊性的原因。具体来讲，离散性就是以“音义”为记录工具，把对象加以分离，音义单位的模糊性会导致切分结果的模糊性。

3. 随机性、递归性、层次性

随机性（不确定性），就词源而言，是指音义匹配的选择机制有随机不确定的一面，也有确定性的一面。一旦音义单位进入递归程序，递归性便保障了音义单位确定性的一面。递归性即为确定性，是对随机性的约束。语言的音义开始组合，内涵音义位具有意向性，会促使音义位沿着一定的方向或几个确定的方向滋生下去。

递归是一个连续性的滋生过程，其滋生至少会出现两次，因此，递归至少有两个层次。从理论上讲，递归是无限的，因此其层次也是无限的。层次性是递归性的天然的附属属性，没有递归性就不会有层次性，有层次性就一定会先有递归性。

递归是连续与离散的统一体，是共性与个性的合一。别异才会有个性，连续才会有共性。层次性是一种别异的属性，层次性是别异所要求的，是词源滋生中层次性产生的关键因素。

语言就是认知对象并予以记录对象的生物符号，是把连续体加以离散化的工具。连续体是没有边界的，要加以离散，离散便有边界模糊，音义匹配便产生随机性与确定性，递归便产生，递归的连续产生共性（遗传），其别异便产生层次性（变异）。

就自然语言的词源滋生而言，自然语言的属性可以按照先后顺序如下排列：离散性→模糊性→随机性（不确定性）→递归性

（确定性、无限性、共性遗传、谱系性）→层次性（变异性、区别性、个性差异）。

（三）自然语言递归的深层基因——“递归音义基因”、词源学的基因单位词源“音义位”、汉语同源字词的基因单位“形音义位”

1. 自然语言是一个递归地生成的系统

从整体上看，自然语言是一个递归地生成的系统，这是自然语言具有可计算性的根本原因所在，也是自然语言能够数学化并建构形式理论的根本基础。分析语法这一形式语法就是建立在自然语言的递归属性之上的。

自然语言的深层递归机制何在？自然语言是人类的生物符号，具有物理属性（例如语音）与生物物理属性（例如语义），因此，自然语言的递归属性一定具有物质性的依托。那么，自然语言的深层递归机制的物理依托与生物物理依托何在？其就发生在自然语言的深层基因上，即发生在“音义基因”上，因为音义基因是构成自然语言的普遍深层基因单位，从这一点出发，自然语言的“音义基因”也可以被称为“递归音义基因”。

2. 自然语言的“音义基因”是一个词源学概念与术语

自然语言的“音义基因”是一个词源学概念与术语，也可以被称为“音义位”。它与语音学、音位学的“音素”“音位”概念与术语不同，音素、音位是纯粹物理的或音系的，不涉及语义；“音义位”与语义学的“义素”“义位”概念与术语也不同，“义素”“义位”是纯粹的语义学概念与术语，不涉及语音。这些概念与术语都是出于研究者的研究策略所创造的。同样地，词源学的“音义位”是一个“音”与“义”的有机融合体，在听觉上、认知上是浑然一体的。“音义位”仅仅是一个元语言概念与术语，不得不采用离散组合“音义位”术语来分析对象语言的音义合一体单位。

“音义位”包含的“音”，可以是“音节”整体，也可以是音节的构成部分——“声纽”或“韵部”音段，也可以是声纽的“音法”（清浊、送气不送气、塞、塞擦、鼻、颤、闪、边、擦等）、“位法”（双唇、唇齿、舌尖、舌面舌根、喉音等）。“音义位”所包含的“义”，有“核义”与“类义”，从逻辑学角度看，“核义”相当于“内涵义”，“类义”相当于“外延义”。如此，词源的音义位可以区分为“核音义位”与“类音义位”，或“内涵音义位”与“外延音义位”，这是词源音义位的属性分类。

3．汉语同源字词的基因单位“形音义位”

汉语同源字词是指其字形与其所记录的词的音义具有谱系关系的一组词。由于汉字的表意性质，汉字的字形与其所记录的词的初始意义即本义发生了表达与被表达的直接联系，因此，字形的滋生与词的音义的滋生便发生了滋生的联动关系，这就产生了汉语的同源字词。

“形音义位”就是汉语同源字词的基因单位，是字形、词音、词义三者的融合体。它包含的“形”有“内涵形”“外延形”，包含的“音”“义”，其内涵与边界一如“音义位”，如此，汉语同源字词的“形音义位”也可以区分为“内涵形音义位”与“外延形音义位”两类，这是汉语同源字词形音义位的属性分类。

要指出一点，“内涵”与“外延”原本是西方形式逻辑的概念，后来发现与汉语词源学的“核义”“类义”概念与术语具有概念的相通性。词源的基因单位“音义位”与汉语同源字词的基因单位“形音义位”，由于具有融合性与递归遗传性，便获得了内涵与外延的相应属性。

4. 词源的递归运行机制——“音义位”递归地生成，汉语同源字词的递归运行机制——“形音义位”递归地生成

词源“音义位”与同源字词“形音义位”的运行，如同“音位”“义位”，也是遵循一定的法则的。词源音义位与同源字词形音义位的运行法则都是递归。词源的递归属性是生物的先验的机制，音义位的递归法则，就是词源及其词汇表征同源词的递归法则；形音义位的递归法则就是其词汇表征同源字词的递归法则。

二、词源的静态构造及其集合论模型、词源“音义位”及其遗传与变异功能

（一）词源的静态构造

词源是由音义位构成的。词源音义位的静态构造，可以表达为下列集合论模型：

音义位=（核音义位，类音义位）

“核音义位”与“类音义位”是词源音义位的通用组成成分。核音义位、类音义位共同组成音义位，“词源”就是由音义位所组成的。

（二）核音义位与类音义位在词源滋生中的功能

在自然语言中，词源是一个具有滋生能力的单位，词汇的产生就是词源不断滋生的结果。词源就是自然语言的基因单位，词源自身具有结构，核音义位是词源的遗传成分，其功能是保持词源即音义位及其表征单位同源词的连续性、谱系性；类音义位是词源的变异成分，其功能是使词源即音义位及其词汇表征同源词具有离散性、区别性、变异性，以便同源词记录具有连续性的对象而不至于混淆，有利于人们对同源词的分辨。由此看来，词源

及其词汇表征同源词就是连续性与离散性的统一体，词源的核音义位与类音义位就是同源词连续性与离散性的内在机制。词源是词汇的深层基因单位，词汇是词源这一基因单位的表征单位。因此，词源学是词汇学的基础。

三、词源音义位的动态组合模型

（一）词源音义位的动态组合模型——递归函项

词源音义位是由核音义位与类音义位两部分组成的，其构造为函项式：

词源音义位=核音义位（类音义位）

核音义位属于内涵音义位，类音义位属于外延音义位，词源音义位的这种逻辑属性有着重要的作用，是形式词源学基础理论的重要组成部分。

对于词源函项与概念函项“概念=内涵（外延）”，如果撇开“音”的因素，它们具有相同的逻辑属性。

我们常提到，“词就是句”“概念就是命题”。从“概念函项”出发，结合“音”的因素，就是“词基因函项”。这是自然语言的两大基础——逻辑基础与基因基础。词源函项“词=内涵音义位（外延音义位）”映射为“词函项=内涵音义（外延音义）”。概念函项映射为“命题函项=谓词（主目）”，结合“音”的因素，可以映射为“句法函项=内涵词（外延词）”。这种以概念函项为起点，映射为词基因函项、词函项，再映射为命题函项、句法函项的多层次映射关系，使我们看到了逻辑是自然语言的终极基础。由此看来，亚里士多德逻辑是传统语法的基础，具有合理性；同时，我们也看到词源作为语法的初始单位也具有逻辑基础。古希腊人把词源列为语法的组成部分是站得住脚的。

（二）词源音义位的属性制约法则及其机制

1. 词源音义位的属性制约法则

词源内部的内涵音义位与外延音义位，虽然共居于同一词源之内，但并不是同类型的组成单位，二者在属性上分别具有不同的性质，起遗传作用的成分叫作“内涵音义位”，起变异作用的成分叫作“外延音义位”。其组合机制是内涵音义位与外延音义位的属性制约法则，即内涵音义位与外延音义位具有一种制约关系。我们把这种制约关系叫作“词源音义位的属性制约法则”。

这种制约关系属于属性制约，即两个单位之间是异性相结合。如果两个单位是同一属性，则这两个单位会相互排斥，这就叫作自然语言符号的“同性相斥异性相吸”现象。关于这一自然语言单位的属性制约法则，其作用是一以贯之的，从词源层次一直贯穿到句法领域。

2. 词源内涵音义位与外延音义位属性制约法则的深层机制——“适配法则”

词源的内涵音义位与外延音义位之间具有一种内在的适配机制，我们把这种机制称为“适配法则”。“适”就是纵向的对应之意，“配”就是横向的配合之意，适配法则的深层隐含着数学机制，即集合论之间的对应关系。

3. 词源音义位的适配形成“词源函项”

词源音义位是一个音义融合单位，在感知上是浑然一体的，难以区分出音与义。词源的音义位适配就是制约，在纵向上表现为集合之间的对应关系，如图 1-15 所示。

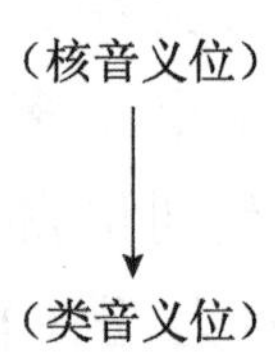

图 1-15　词源音义位的适配法则图

词源音义位在初始结合之后就进入滋生过程。在词源音义位的滋生过程中，词源的核音义位映射在该词源的类音义位上，形成新的词源函项，如图 1-16 所示。

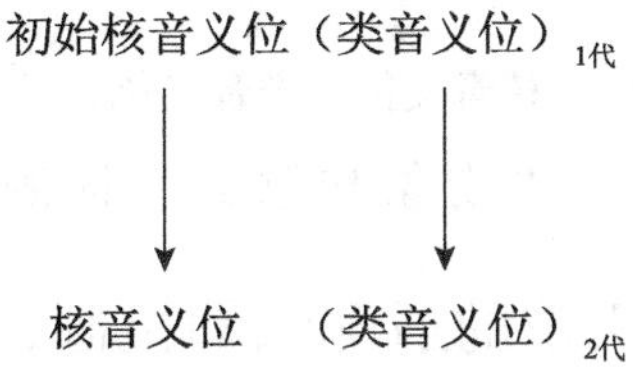

图 1-16　“核音义位”函项关系图

从数学上说，“核音义位”为函项关系，函项关系属于一种制约关系，它约束自变元的生成结果。“类音义位”代表一种新的物象，这种新的物象被注入遗传成分即核音义位，已有的核音义位与新的类音义位融合，即成为新的同源词。

核音义位与类音义位的组合，是遵循词源音义位适配法则的。适配法则与数学的优选法都属于数学法则，与数学中黄金分割率的精神非常相似。要指出一点，词源的适配法则，是自然语言词源符号内部符号之间的对应，不是数值的对应。

4. 词源音义位适配法则的象似性认知机制

词源音义位的适配，从认知上讲，就是象似性适配，即“意象”适配“物象”。象似性适配还可以表达为集合论之间的映射，如图 1-17 所示。

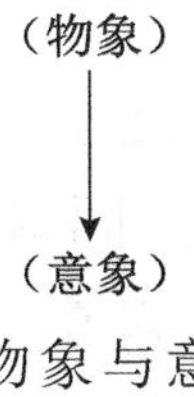

图 1-17　“物象与意象”映射图

可以写成意象性函项式：

意象（物象）

这一函项式，又可以映射为词源函项式，如图 1-18 所示。

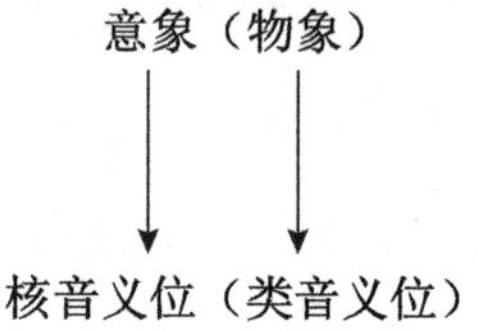

图 1-18　“物象与意象”词源函项图

这就是说，词源音义位的适配认知机制，是来自人类象似性认知的适配法则。象似性适配就是一个象似元函项“意象（物象）”。象似元的背后，便是大脑的神经元。象似元就是一个认知单位，从人工神经网络的角度看，是对大脑神经元的模拟。在目前尚未揭示出人类自然语言滋生的脑机制之前，象似元是一个可行的研究的出发点。

第二节　词源的认知机制及其音义位的属性

一、人类认知的象似性

（一）人类象似性认知的多层次嵌套

同一个物象可以形成多层次的意象，这多层次的象似性认知映射为相应层次的词源音义位。这是词源具有层次性的原因，象似性认知的层次性如下：

意象$_1$（意象$_2$（意象$_3$，……，（意象$_n$（物象））））

“意象$_1$”概括度最高，依次次之。

词源的分类是意象类型，同源词的分类也是意象类型，即“核音义”类型。“意象$_1$（意象$_2$（意象$_3$，……，（意象$_n$（物象））））”可以映射为“核音义位$_1$（核音义位$_2$（核音义位$_3$，……，（核音义位$_n$（类音义位））））”，同源词的层次嵌套性就是这样形成的。

“意象”在词源上形成内涵音义位，在逻辑上形成内涵；“物象”在词源上形成外延音义位，在逻辑上形成外延。可见，从象似性认知层面来讲，语言学的词源与逻辑学的概念具有同源性，这也是古希腊亚里士多德的逻辑是传统语法的基础的原因。即使德国数学家弗雷格建构的现代数理逻辑，也与语言学具有同源性。

（二）象似性的类型

象似性可分为视觉、听觉、味觉、触觉以及联觉等单项象似性与合成象似性。音来自听觉，义则来自听觉、视觉、味觉、触觉等管道。象似性的分类如图 1-19 所示。

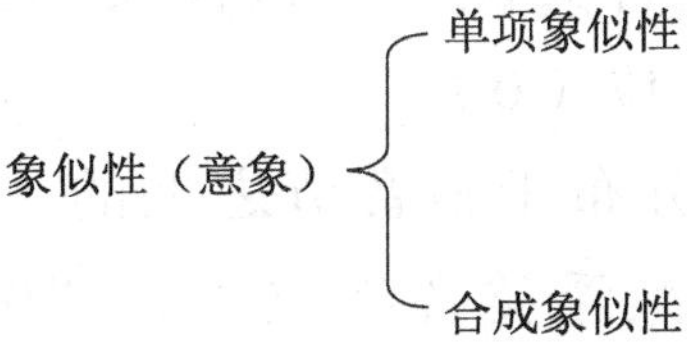

图 1-19　象似性分类图

“音象”就是“语音意象”的简称，音象的其他下位概念以此类推。在汉语同源词的滋生中，由“非合成音象”所构成的“音义位”，不列入词源之列，即“四声别义”不作为词源现象。由“音段音象”与“音节音象”所形成的音义位才属于词源的范围，如图 1-20 所示。

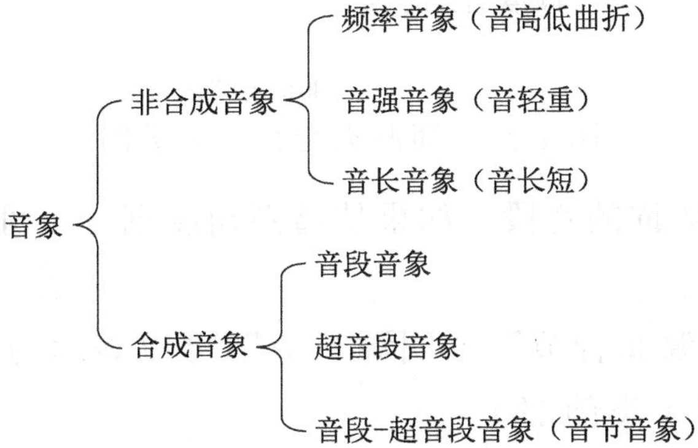

图 1-20　语音音象分类图

二、词源音义位的语音物理分布异位法则

词源音义位的核音义位、类音义位，从理论上说，既可以分布于语音中音节的声纽音段上，又可以分布于音节的韵部音段上，还可以分布于音节整体（简称“整音节”）上。但是，词源核音义位，或类音义位，不可以单独同时分布于同一个音节的声纽音段与韵部音段上，即是说，如果词源核音义位分布于同一个音节的声纽音段上，该音节的韵部音段就不可以与具有核音义位的音义位适配了；反之亦然。

词源音义位的语音物理分布异位法则可以表示如下：

（1）声纽音段-核音义位（韵部音段-类音义位）；

（2）韵部音段-核音义位（声纽音段-类音义位）；

（3）音节-核音义位（0）。

如果核音义位是分布于整音节之上的，那么类音义位就变成了黏着在音节上的“漂浮类音义位”，“0”表示“漂浮类音义位”，其区别性就要依靠语境来区分了。自然语言的区别性，包括词源的区别性，一般来说有两类：一类是“语境区别性”，另一类是“非语境区别性”。由此出发，词源类音义位也可以分为两类，如图 1-21 所示。

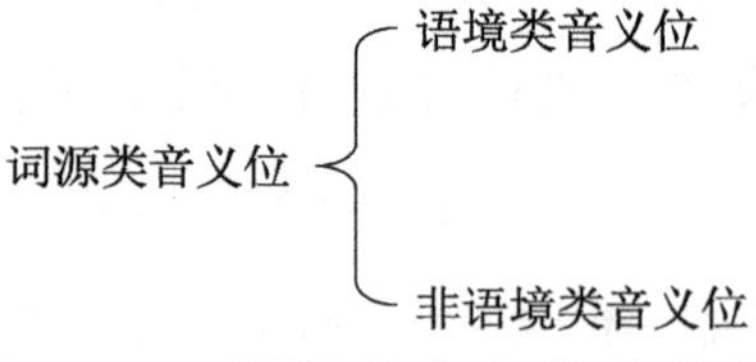

图 1-21　词源类音义位分类图

因此，同源词的音段，如果从谱系角度划分，可以分为两类，如图 1-22 所示。

以下“同源非音节”“同源音节”可以表示为函项式：

a. 核声纽（类韵部）

b. 核韵部（类声纽）

c. 核音节（0）

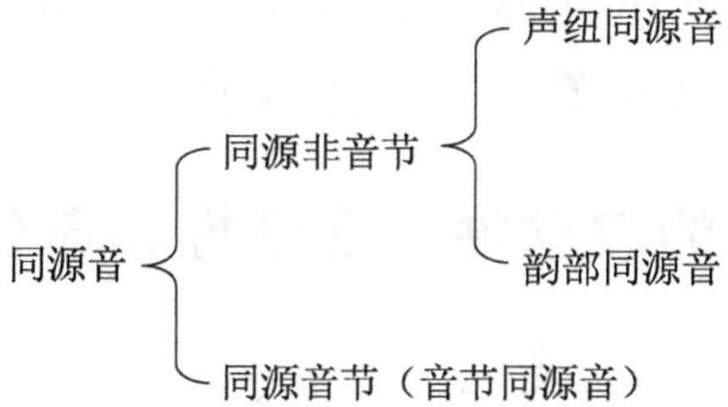

图 1-22　同源音分类图

如此看来，词源的“同源音”类型，就是“声纽词源”（声纽同源音）、“韵部词源”（韵部同源音）与“音节词源”（音节同源音）三种。

三、词源音义位的属性变换

（一）词源音义位属性变换的“词源语境”

词源音义位虽然可以区分为核音义位与类音义位，但是二者之间是可以变换的，即在一定词源语境条件下，核音义位与类音义位之间存在属性变换关系。这一变换的条件就是“词源语境”。

词源语境类似于句法语境，因为词源的构造也是函项结构，即“核音义位（类音义位）”，这与句法函项在构造上是一致的。如果词源音义位在未进入词源函项之前，即处于孤立状态条件下，词源音义位的属性是一个属性值域（音义位），既可以是内涵性的，又可以是外延性的；一旦词源音义位进入词源函项“内涵性（外延性）”的语境中，该音义位便获得了确切的属性值。词源音义位在同一个词源函项中，其属性是不可以改变的。

（二）词源音义位语境的语种形成机制

一旦词源音义位属性变换的“词源语境”具有了“族群”的属性，即词源语境由人类群体时空进入了人类族群时空，词源音义位的属性变化便具有了滋生族群语种的条件，词源音义位的属性变换就会成为分支语种形成的内在机制。关于这一点，详见本书第二部分“汉藏语词源学”，此不赘。

四、词源音义位的波动性、三维性、最优点

（一）词源音义位的波动性

1. 词源音义位波动性的理据——音位的物理波动域与义位的心理波动域

词源音义位具有波动性，这一方面来自音位的物理波动域与听觉上通解度的约束机制，另一方面来自义位（意象成分）的心理波动域，二者合成了“音义位”的波动性。“字词源”的“形音义位”也具有波动性，“形位”的视觉性制约“形音义位”的波动性，增加稳定性。“物象”具有相对稳定性，许慎 540 个“部首”是对物象的分类，朱骏声 883 个“声母”是对意象的分类，意象是内涵性的，物象是外延性的，外延域随内涵域大小而范围变化，物象随意象大小而范围变化。

2. 词源音义位波动性的族群时空三级差异——语言或语种分化、演变的内在机制

关于词源音义位的波动性，其波动差异是由语言群体或语种族群所形成的，会形成三级差异：口音级差异（土语级差异）；方言级差异；分支语种级差异。

这是语言或语种分化、演变的内在机制。古汉语、吐蕃藏语之间的差异就属于原始汉藏语分化的分支语种之间的差异，详情见第二部分“汉藏语词源学”有关内容。

（二）词源音义位适配的三维性

词源的音义制约是一种“三维制约”，可以表示如下：

词源音义（音位，义位，音义位）

即是说，语种词源的形成，要受到语种的音位、义位与音义位三种因素的协同约束。语种不同，这种协同约束会有语种惯性（音位惯性、义位惯性、音义位惯性）差异。关于无文字的语种，其词源音义位的制约都属于三维制约。

就有文字的语种来说，例如汉语，由于汉字的表意性质，“词源的音义基因”就变成了“字词源的形音义基因”，字词源的形音义基因是一种四维制约，可以表示如下：

字词源的形音义基因（音位，义位，形位，形音义位）

汉字具有表意性，在形成“形音义位”时，字形的选择会依据“义位”适配的原则进行，汉字中的“先起本字”与“后起本字”都遵循这一原则，因此，字词源形音义位的适配的四维制约也可以划归为词源音义位的三维制约。

（三）词源音义位适配的最优点

词源音义位适配有最优点，这就是音义波动域的中心，核音义位就是音义位波动域的代表点。核音义位自身就是一个最小域波动点，可以被称为“最小波动域”。

（四）词源音义位波动性的群体或族群时空机制

词源音义位波动性的决定性因素，是来自所操语言群体或所操语种族群的“时空尺度”。这种时空尺度的区分标准是由时间与空间构成的，时间尺度为“200—500 年/8—20 代”，空间尺度为“氏族-部落-部落联盟/百户-千户-县-郡”，“群体时空尺度”与语言或语种分化级别具有大致的对应关系，如图 1-23 所示。

a.口音级差异（土语级差异）

↓

200年以内/8代以内

↓

氏族/百户-千户以内

b.方言级差异

↓

200年以内/8代以内

↓

氏族-部落-部落以内/百户-千户以内

c.分支语种级差异

↓

500年或以上/20代以上

↓

部落联盟或以上/县-郡或以上

图 1-23　词源音义位波动性的群体或族群时空机制图

注：①群体时间尺度代际划分，和平时期以 1 代 25 年计，因为和平时期群体平均寿命要长一些；战争时期以 1 代 20 年计，因为战争时期群体平均寿命要短一些，这里按照战争时期计算。②200—500 年尺度，系依据汉语方言例如“军话”或民族语言的形成时间确定的。③群体空间尺度系以百户（村寨、村落、村庄）、千户（乡镇）民族行政单位与县、郡古代行政单位来计算的。④按照通解度，口音级差异在通解度之内，方言级差异在通解度之内或之外，分支语种级差异在通解度之内或之外。分支语种汉语、藏语差异在通解度之外，可见，通解度不能作为区分语种和方言的标准。

第三节　词源的复杂函项及其属性

一、词源的复杂函项是一个多峰嵌套函项

词源滋生是一种目标函项。“核音义位”这一象似性单位自身就是一个多峰嵌套函项。一组同源词多到 17、18 个，这是由多峰函项形成的；如果一组同源词仅有 2 个，这就形成单峰函项。所以，词源的复杂函项是一个多峰嵌套函项。

二、核音义位的遗传代际与类音义位的边界模糊度

（一）“核音义位”的离散距离与遗传代际

“核音义位”这一象似性单位的离散距离有远有近，近离散核音义位，谱系关系近，词源谱系关系有代际之分。如果一组同源词多到 17、18 个，就意味着该同源词的遗传距离要大于 2 代。

（二）“类音义位”的边界模糊度

词源类音义位这一象似性单位没有代际之分，但是其边界有模糊度。同源词系联中同源词两属情况就是这样形成的。

第四节　词源的动态运行词汇表征——同源词及其与近义词、多义词的关系，同源词的公理化推导

一、同源词与近义词的非谱系关系

（一）同源词与近义词分属不同类型

同源词就是具有亲缘音义位的一组词。“亲缘音义位”就是指同源词中所共有的“核音义位”成分，这是判定同源词的唯一标准，近义词不是同源词。

这里要指出，同源词是就谱系关系（音义亲缘）而言的，近义词是就类型学关系（外延义类型或内涵义类型）的相近与非相近而言的，二者之间构不成同类项关系，二者分别属于不同的系统。从逻辑上讲，词与同源词、非同源词的对应关系，以及词与近义词、非近义词的对应关系如图 1-24、图 1-25 所示。

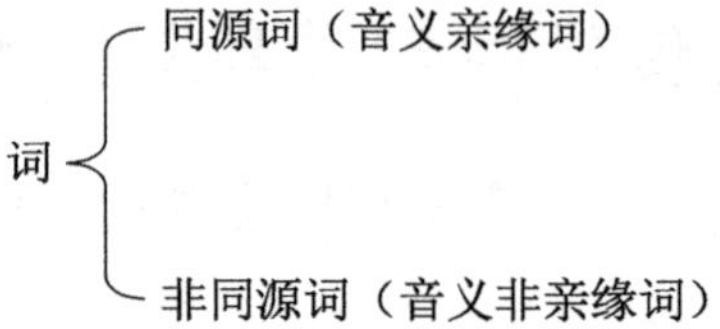

图 1-24　词以同源词与非同源词为标准分类图

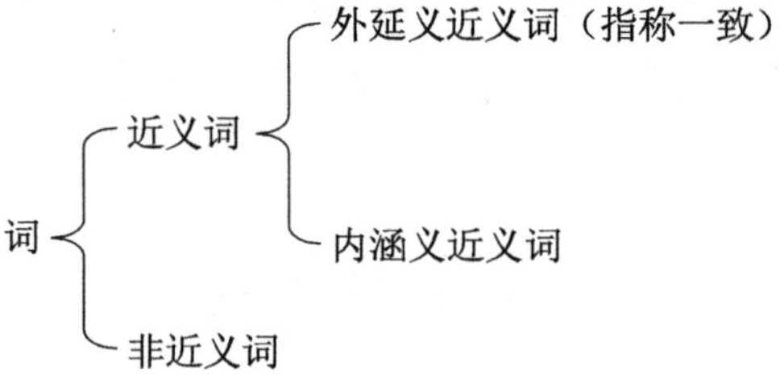

图 1-25　词以近义词与非近义词为标准分类图

（二）同源词谱系字形与非谱系字形的类型

如果按照文字字形是否具有谱系关系来划分，同源词可以区分为“谱系字形同源词”与“非谱系字形同源词”，如图 1-26 所示。

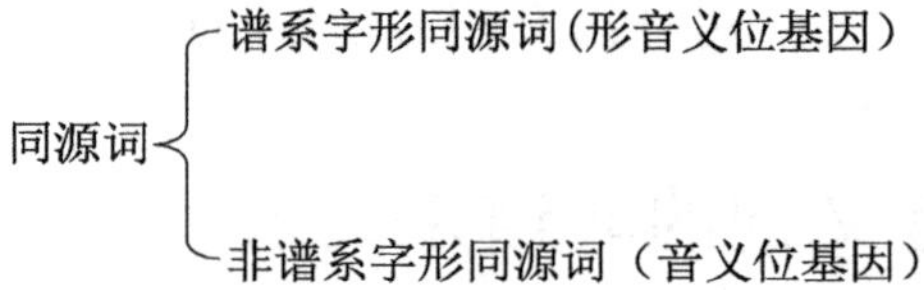

图 1-26　同源词以字形谱系关系为标准分类图

“同源词”是指其音义位具有亲缘关系的一组词，这是一个默认的定义。“谱系字形同源词”与“非谱系字形同源词”，分别指同源词具有谱系字形与非谱系字形，谱系字形同源词也可以被称为“同源字词”。

谱系字形同源词的遗传基因是“形音义位”，非谱系字形同源词的遗传基因是“音义位”，这是二者的根本区别。从时间上讲，同源词是汉语史前时期的产物，同源字词是汉语历史时期的产物，同源字词是同源词的延续。

二、多义词与同源词的联系与区分

“一词多义”的性质属于共时词音记录历时谱系义项，即是说，“一词多义”现象是指一个共时词音容纳多个历时谱系义项。一词多义的“义项”之间具有“本-引关系”，这是一种意义的谱系关系，与同源词的意义谱系关系的性质是一致的。不同的是，同源词的词音（含整音节、音段、音法、位法等）是历时的，是历时的若干离散的谱系词音记录具有谱系关系的连续性义项。这是人们并不把“一词多义”现象列入同源词范围的原因。本书所讨论的同源词现象不包括“一词多义”现象。

这里要强调一点，“一词多义”现象（俗称“多义词”），是同源词产生的前奏，一旦多义词的共时词音发生历时演化，词音节以区别性的形式分别记录多义词的历时谱系义项，同源词便产生了。可见，多义词与同源词具有历时的发生学的关系，属于同类项。

多义词是与单义词相对而言的，单义词、多义词、同源词形成一种发生学的历时演化序列，可以表示如下：

a. 单义词 $_1$→多义词 $_2$→同源词 $_3$

b. 单义词 $_1$→多义词 $_2$→同源词 $_3$

c. 单义词 $_1$→多义词 $_2$→同源词 $_3$

……

n. 单义词 $_1$→多义词 $_2$→同源词 $_3$

a 组序列、b 组序列，c 组序列以及 n 组序列，是各自滋生演化的，演化到多义词、同源词阶段，两组之间或两组以上之间开始产生近义词，包括指称义相同的近义词与内涵义属于同一语义属性域的近义词。

三、同源词的滋生法则

（一）同源词的滋生法则——“同源词源函项”

词源自身就是一个递归函项，这是就普遍词源而言的。词源的词汇表征，可以是单音单纯词，也可以是复合词，还可以是多音节单纯词。

具体到一组同源词，如果从词源函项来看，它就是具有同一核音义位而其类音义位不同的词源函项组，这叫作“同源词源函项组”，表征如下：

同源词$_1$=核音义位（类音义位$_1$）

同源词$_2$=核音义位（类音义位$_2$）

同源词$_3$=核音义位（类音义位$_3$）

……

同源词$_n$=核音义位（类音义位$_n$）（$2 \leqslant n \leqslant 20$）

（二）同源词源函项组的滋生限度与近义词的产生机制

任何一个“同源词源函项组”其滋生限度或滋生能力，并不是无限的，而是有限的，其递归限度取决于两个条件：一个是“核音义位”的遗传度——遗传距离，即核音义位能够把多少“类音义位”系联到一起；另一个是“类音义位”的区分度，即被核音义位系联在一起的类音义位是否还具有足够的差异成为一个单独的词汇单位。根据笔者以往系统地系联汉语、藏语同源词的经验，核音义位的遗传距离越大，其系联能力越小，被系联的类音义位的区分度就越小。当核音义位的遗传度达到不同的“同源词源函项组”之间的词出现近义现象时，就是该同源词源函项组的滋生限度，因此，同源词源函项组的滋生限度如下：

同源词源函项组滋生限度→跨同源词源函项组近义词出现（2≤同源词源函项组滋生限度≤20）。

符号“→”表示同源词源函项组滋生到跨同源词源函项组近义词出现时，其滋生能力便趋于终止。同源词源函项组的滋生限度就是在2个到20个之间。

这里顺便指出，在同一种语种中，“词义”完全相同（外延词义与内涵词义完全相同）的“同义词”是不存在的，因为，这样的同义词就是一个词，这不符合自然语言对世界的离散化记录功能。词汇学中通常所说的“同义词”，实际上是近义词。

近义词是存在的，近义词有的来自其他语种，属于固有词与借词构成的近义词。如此，近义词按照来源可以区分为如图 1-27 所示的类型。

近义词
- 固有词与借词构成的近义词
- 固有词构成的近义词

图 1-27　近义词以来源为标准分类图

（三）语种共时近义词的稳定格局

一种语言的共时近义词，多数是自源的，即来自语种内部。近义词是同源词源函项组滋生能力枯竭时的产物，也是多义词系统的词义交集现象，因此，近义词不同源。近义词也是自然语言的生物机能之一，凡是语言都有近义词，这是自然语言的普遍属性之一。

一种语言的共时近义词格局是相对稳定的，这是因为近义词是多义词、同源词系统交集的产物。尽管语种不同，但是多义词、同源词的类型学机制是一致的，因此，近义词产生的机制也是类型学的，其格局也是相对稳定的。

近义词不是一个可以递归地生成的系统，以往有学者例如清代学者王念孙认为近义词是同源词，现代学者也有这样认为的。这是不符合事实的说法，是不正确理论所导致的观点。

四、自然语言符号的复认知与象似元

（一）自然语言是一个复认知函项符号系统

自然语言是一个对世界的认知系统，其组成缺少不了两个成分：一个是来自世界的，一个是来自人类心智的。这是人类认知的根本特征，也是自然语言符号的根本特征。我们把这种认知称为“复认知”，其函项式可以表达为“心智（世界）”，我们称之为“复认知函项”。自然语言就是一个复认知函项符号系统，物理学家、哲学家马赫称事物是感觉的复合的原因也在这里。

（二）象似元递归及其映射

词源核音义位与类音义位的形成及其函项机制：象似元递归及其映射人类的心智意象建构核音义位，类音义位则是由世界的物理表象（物象）建构的。心智意象与物理表象是一种映射关系，如图 1-28 所示。

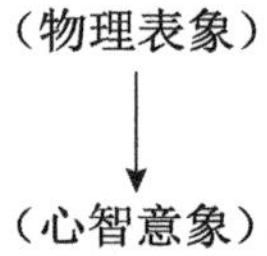

图 1-28　心智意象与物理表象关系图

这就是说，离开了世界的物象，就没有人类的心智意象。这是人类认知具有唯物主义的一面。由于自然语言符号具有相对的独立性，离开世界也可以独立存在，因此，心智意象也可以映射为虚幻物象，如图 1-29 所示。

图 1-29　心智意象与虚幻物象关系图

这是人类认知具有唯心主义的一面。

“物象”（包括物理物象与虚幻物象）与“意象”共同构成了“象似性”，象似性的基本单位为“象似元”，其物理依托是大脑的神经元。象似元可以表达为集合论映像模型，如图 1-30 所示。

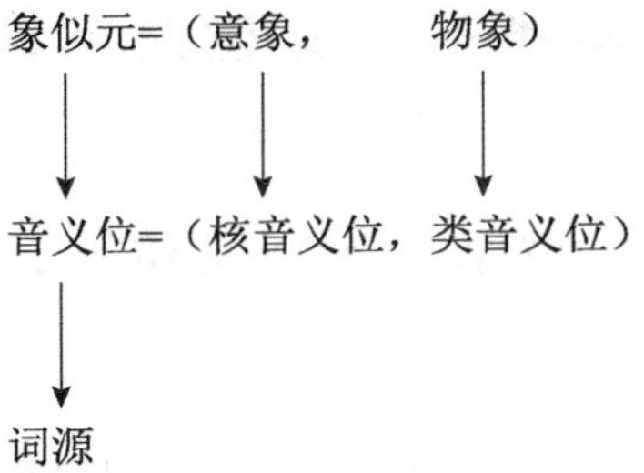

图 1-30　象似元的集合论映像模型图

从起源层次上说，词源在自然语言符号层次上是由核音义位与类音义位所组成的，表现为音义位；从认知层次上说，词源是由意象与物象所合成的，表现为象似性的单位象似元。意象来自世界的物象，但是也可以是自然语言脱离世界物象的虚幻表达。意象即使是物象的映射，也不是纯粹的照相，而是掺杂了人类的认知因素，因此，意象就是心智所合成的物象。

由于自然语言符号的唯物性与唯心性，加之自然语言符号的相对独立性，自然语言既可以陈述事实，也可以虚构谎言；自然语言既可以反映现实，又可以建构符号事实。社会制度，包括行政制度、经济制度、法律制度以及文化体系，就是自然语言形塑而成的。

（三）词源核音义位与类音义位的属性变换的物象与意象机制

从来源上说，词源的核音义位来自心智意象，类音义位来自世界的物理物象，二者是不可以互换的。但是，由于自然语言符号具有相对独立性，即可以脱离物理世界而独立存在与运行，词源的核音义位与类音义位的属性在词源滋生的链条中是可以转换的，其条件是词源函项语境。这类似于句法函项中外延词相与内涵词相的变换，二者的机制与条件是一致的。

（四）同源字词的“字词源函项”

1. 核形音义位与类形音义位及其构造——同源字词的字词源函项

同源字词的基因单位是“形音义位”，其构造是一个字词源函项式：

同源字词源=核形音义位（类形音义位）

例如：判=半帮母元部分开（刀，0，0）（按：刀仅仅别义），畔=半帮母元部分开（田，0，0）（按：田仅仅别义），泮=半帮母元部分开（水，0，0）（按：水仅仅别义），叛=半帮母元部分开（反，0，0）（按：反仅仅别义）。

关于这一组同源字词，“半”代表“核形音义位”，“半”的音是一个整音节，由声纽与韵部组成；该音节由声义符“半”来记录。半的组成为：半=（核形，核音，核义），即（核形“半”，核音节“帮母元部”，核义“分开”），简化为（半，帮母元部，分开）。

“半系”同源字词，例如“畔”，其“类形音义位”的组成为（类形，类音，类义），即（类形“田”，类音“0”，类义“土地”），简化为：畔类形音义=（田，0，土地）。

核形音义位（半，帮母元部，分开）与类形音义（田，0，土地）形成适配制约关系，即“分开土地”，可以写为“词函项式”：“畔=分开（土地）”。

2. 许慎对世界物理表象的汉字汉语分类及其建构、朱骏声对心智意象的汉字汉语分类及其建构

东汉学者许慎在《说文》中，把 9353 个小篆字形离析为 540 个部首。这表面上是对小篆字形出于基元单位的分类，实际上是对小篆字形所记录的对象的分类。人们常说，汉字是表意文字，

该认识一是来自汉字字形与所记录对象的关系是“绘形”记录与“绘形”拼合，即使是形声字的声符也有绘形拼合的功能；二是来自汉字字形与其对象之间形成一种大致符合集合论之间对应关系的情况（“见鸟兽蹄迒之迹，知分理之可相别异也”）。要指出一点，许慎该句话可以从集合论加以解释，不等于许慎具有了集合论思想，顶多是朴素的“类聚群分”意识。汉字的功能是通过字形这种人工约定符号来梳理物理世界。上述两点就决定了汉字的表意性质。许慎称撰写《说文》的宗旨是“百工以乂，万品以察”，即对物理世界予以分类整理以便把握。《说文》中有“会意兼形声”的情况，这导致清代学者朱骏声《说文通训定声》中“声母”说的出现。朱骏声的声母有883个，是形音义合一体。

第五节　形式词源学及其可推导性

一、何为“形式词源学”

从上文可以看出，基因词源学就是形式词源学，二者的指称对象是一致的，仅仅是区分命名的理据有所不同罢了。基因词源学是从词源的“音义位”这一基元单位角度加以命名的，形式词源学是从词源的基元单位“音义位”可以形式地表征并予以计算的角度命名的。

二、同源词滋生的公理化推导

（一）同源词滋生过程

同源词滋生包括同源字词的滋生过程，是一个类似数学公理化推导的过程，表述如下：

已知核形音义位与类形音义位形成递归函项：核形音义位

（类形音义位）；

把核形音义位（半，帮母元部，物中分）与类形音义位（田，0，土地）分别代入“核形音义位（类形音义位）”；

得：半帮母元部物中分（田，0，土地）；

得：同源字：半+田=“畔”；

得：同源词：帮母元部分开；

得：同源字词：半帮母元部分开田地=畔。

可见，同源词或同源字词其滋生、孳乳就是一个公理化的推导过程。这表明，人类的造词造字行为在精神上类似于数学的推导。

（二）同源字词滋生的“形音义”适配法则

“核形音义位”是一个整体函项关系，所谓“整体函项关系”，是指内涵性质的“形”“音”“义”在词源的滋生过程中作为一个整体发挥作用。

“核形音义位”函项关系所遵循的适配法则，与“核音义位”所遵循的适配法则是一致的，其深层就是集合论的对应关系。

（三）同一个“音单位”的音节异部分布性质与词源函项语境对“形音义位”“音义位”属性的制约

同一个“音单位”，不论是音节的“声部”（含声纽音段、声纽音法、声纽位法等），还是音节的“韵部”［含韵部音段、韵腹、韵尾、韵法（含元音舌位、唇形）等］，在同一组同源词滋生中，不可同时既作核音，又作类音。

如果以整音节承载核音，类音即为黏附性的漂浮音单位。该同源词即为“同一音节同源词”，简称“同音同源词”，这就是传统词源学所说的同源词语音的“音同”现象。

“音单位”，如果孤立地看，即未置于词源函项语境中，其词音属性是不确定的，其词音属性域为（内涵音，外延音）；一且被置于词源函项语境中，其词音属性就确定了，或为内涵音，或为外延音，二者择一，不可得兼。

核义是内涵义，代表行为；类义是外延义，代表对象。

“核形”是字的内涵形，例如“畔”字的“半”，记录行为；“类形”是字的外延形，记录指称、对象，例如“畔”字的“田”旁，记录田地。

核形音义位就是表示行为的形、音、义，是核形、核音、核义的简称；类形音义位就是表示指称、对象的形、音、义，是类形、类音、类义的简称。

核音义位就是表示“行为”的音、义；类音义位，就是表示指称、对象的音、义。

三、形式词源学可推导性的理据

形式词源学的可推导性来自词源的递归属性。任何一种语种的词源都是一个递归地生成的符号系统，这与数学语言、逻辑语言等人工约定语言的递归属性没有什么不同。我们在上文已经详细地阐释了词源的符号递归机制。

要补充一点，“同源词滋生的公理化推导”是建立在自然语言符号的递归性之上的，尽管自然语言符号的递归性与人工约定语言，例如数学语言的递归性在本质上都是一致的，但是自然语言符号的递归与人工约定语言，例如数学语言的递归在“符号类型”上是有所不同的，关于这一问题的详细内容，笔者拟另文加以讨论，此不赘。

第二章　音节构造与词源构造的谱系关系及其类型

第一节　音节构造与词源构造的谱系关系

一、音节是与词源结合的直接层面，汉语的音节类型

音节是自然语言语音运行的感知单位。音节，不论单音节还是多音节，都是与语义的义项相结合的单位。自然语言的音义一体现象是发生在音节层面的。词源是与音节层面直接发生联系的，词源的基因单位“音义位”就是由音节层面的“音”与“义”合成的。

依据传统的“双声为训”与“叠韵为训”现象，可以肯定，先秦汉语的音节已经是声部韵部双部制了；加之汉字的单音节性，那么，先秦汉语的音节属于单音节框架下声部韵部双部制是无疑的。看来，汉语音节可以区分为如图 2-1 所示的类型。

汉语音节
- 多声部韵部音节（多音节）
- 单声部韵部音节（单音节）

图 2-1　汉语音节分类图

音节的“声部韵部双部制”，是一种普适性的类型学现象。“多音节”就是由两组以及两组以上的“声韵双部”组成的。单音节是由一组“声韵双部”组成的。汉语的单音节性，至迟在甲骨文设计之初便已经形成了，即是说，汉语的单音节形成时间距今至少有 3000 年了。

二、从“连续音”到“分节音”，音段与超音段的相对独立，“分节音”与“韵律”的适配法则

从语言的演化来说，语音经历了“连续音”“分节音”两个阶段。连续音是人类尚处于动物阶段的发音形式，其特征是未产生分节音，音段与超音段浑然一体，未发生相对分离。在分节音阶段，连续音演化为分节音，这是音段与超音段相对分离的条件。“多音节分节音”属于分节音的早期阶段，“单音节分节音”属于分节音的晚期阶段。多音节分节音与轻重音韵律形式相适配，单音节分节音与声调韵律形式相适配，这是因为单一声韵双部（单音节）不可能同时容纳轻重音韵律的法则，即是说，多音节的二元性与轻重音韵律的二元性形成适配，单音节的一元性与声调韵律的一元性形成适配，如图 2-2 所示。

音节与韵律适配
- 一元性适配[声调音节=单音节（韵律）]
- 二元性适配[轻重音音节=多音节（韵律）]

图 2-2　音节与韵律适配分类图

可见，分节音的一元性与二元性是声调韵律与轻重音韵律形成的机制。现代汉语普通话的轻重音，其形成也符合这一机制，现代汉语的双音节词基本上都是由单音节复合而成的，形成音节的二元性，于是便产生轻重音的韵律形式。因此，说现代汉语是声调语言不太确切，这是从单字调说起的；实际上现代汉语既是声调音节语言（简称声调语言），又是轻重音音节语言（简称轻重音语言），是声调与轻重音并存的语言。

学术界认为，北京话的轻声是次重音，轻声以外的音节是重读音节。这与英语轻重音分布于一个多音节上的情况是不同的。北京话的这种情况是单音节一元性的表现，即一元性的单音节，其韵律

可以同时表现为一元性的声调与一元性的重音或轻音（次重音），但是在同一个单音节上不可以同时表现为一元性的声调与二元性的轻重音。

汉语声调何时产生？至迟在《诗经》时代即西周初期，汉语的声调已经产生，但尚处于萌芽状态，表现为固定音高，形式为“55”“33”高低两类四种“55”“33”“35”“53”，属于“一重曲折调”。如此推测《诗经》时代的声调类型，是出于类型学考虑得出的，这种高低两类四种声调类型，是轻重音与声调韵律的混合类型，是“繁-单音节”向“简-单音节”过渡时的韵律形式。当时的汉语处于从繁-单音节向简-单音节过渡的阶段，联绵字就是这种从繁-单音节向简-单音节过渡的产物。联绵字的“不可分训”与“可分训”之争并不矛盾，不可分训是就繁-单音节而言的，可分训是就简-单音节而言的，由于汉字的单音节性与表意性要求一个字形记录一个义项，这便有了联绵字的可分训说。甲骨文之前的原始汉语估计是多音节语言，这样推测在理论上是有依据的。隋代陆法言《切韵》以“平上去入”四声分韵，标志着汉语声调已经定型，属于“二重曲折调”。

先秦汉语业已形成的单音节性一直持续到现代汉语，现代汉语的双音节并不是一个语义义项适配一个多音节，而是由单音节复合而成的复合音节，因为，现代汉语复合音节的“一音节与一义项相结合”的局面依然是先秦汉语所形成的，并未发生质变。所谓现代汉语词汇“双音化”，实际上就是单音节形成复合音节。汉语的单音节性是汉语的本质属性之一，这是一个音义结合的属性，没有条件演化为类似英语的多音节性。

三、音节构造与词源构造的关系

按照词源核音义位的音段载体分布，可以将同源词进行区分，如图 2-3 所示。

- 同源词
  - 非音节核部同源词
    - 声纽核部同源词（双声同源词）
    - 韵部核部同源词（叠韵同源词）
  - 音节核部同源词（音节同源词）（同音同源词）

图 2-3　同源词以核音义位的音段载体为标准分类图

“非音节核部同源词”是指同源词核音义位分布于音节的组成部分上所形成的同源词，包括“声纽核部同源词”与“韵部核部同源词”；“音节核部同源词”是指同源词核音义位分布于音节整体上，叫作“音节同源词”，也就是传统词源学所说的“同音同源词”。

四、从音节构造解析词源构造

“核音义位”“类音义位”及其函项式“核音义位（类音义位）”，是跨音位学、音节学的概念与术语。音节是自然语言语音运行的基本单位，具有很强的通用性。站在音节学的角度来看核音义位、类音义位及其函项式“核音义位（类音义位）”，核音义位，作为一个音义相结合的整体分布于音段上，或者分布于整音节，或者分布于声纽，或者分布于韵部，其组合为“音节核音义位”，或“声纽核音义位”，或“韵部核音义位”，这些单位在感知上具有不可分离性。“核音义位”等术语，仅仅是描述、刻画核音义位等的一个工具，是一种元语言。

核音义位，从音节构造的角度看，包括核声义位（核声与核义合一体）、核韵义位（核韵与核义合一体）。核声义位的声包括声纽、音法、位法，核声义位的义是指核义。核韵义位的韵包括韵部、韵腹、韵尾以及韵法（含舌位、唇形），核韵义位的义是指核义。

第二节　同源词函项的音节类型

一、同源词函项的音节分类

（一）按照同源词的音节核部分布，同源词函项分为两类

按照同源词的音节核部分布，同源词函项可以区分为两类，如图 2-4 所示。

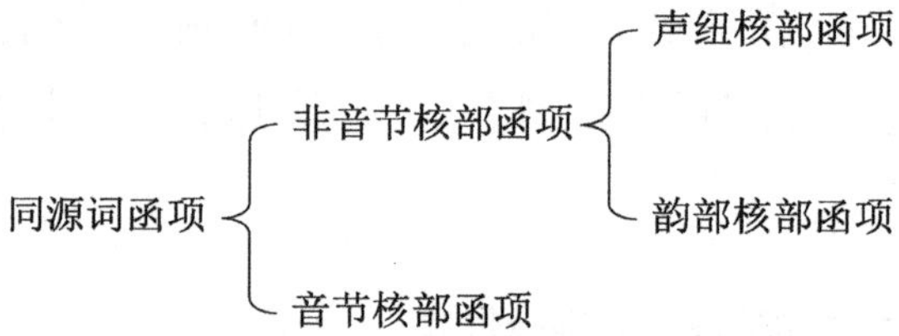

图 2-4　同源词函项以音节核部分布为标准分类图

“非音节核部函项”是指核音义位分布于音节的声纽或韵部上的同源词函项，包括“声纽核部函项”“韵部核部函项”两小类；这两小类同源词函项，属于双声或叠韵同源词函项，也可以被称为“音近同源词函项”。

声纽核部函项为“同源词=核声义位（类韵义位）”，滋生“双声同源词”。这是传统词源学的“音近”类型之一。

韵部核部函项为“同源词=核韵义位（类声义位）”，滋生“叠韵同源词”。这是传统词源学的“音近”类型之二。

如果在同源词函项“同源词=核音义位（类音义位）”中，其词汇表征单位出现跨区域对应或跨时代对应，则滋生“音转式同源词”，这属于方言之间的音转式同源词或古今代际音转式同源词。

“音节核部函项”是指核音义位分布于整音节之上的同源词函项，该类函项属于“同音同源词函项”。

（二）词源构造的相对独立性与“类音义位”的离散距离的远近，“同源异派”的机制

1. 词源构造的相对独立性与“漂浮类音义位”

词源构造具有相对独立性，是与音节构造不同的结构单位。在词源构造的内部，核音义位与类音义位具有不可分离性，二者缺一不可，被属性制约法则以函项形式所制约。但是，二者在语音的物理分布上不完全相同。核音义位的依托是物理的音段声纽或韵部或整音节，类音义位的依托是音段声纽或韵部，但不会是整音节。当词源核音义位分布于整音节上，类音义位就作为“漂浮类音义位”黏附于音节上，因为，整音节承载着核音义位，在核音义位的制约下，类音义位不会脱离核音义位而存在，这类似于物理学上的向心力，类音义位始终是围绕着核音义位的。词源函项就是一个词源语境，在词源语境的制约下，类音义位也不会脱离核音义位而独立存在。因此，词源类音义位依据存在方式可以区分为两类，如图 2-5 所示。

词源类音义位
- 非漂浮类音义位
- 漂浮类音义位

图 2-5　词源类音义位依据存在方式分类图

2. 词源音义位的类音义位的类型

词源音义位的类音义位依据成分可区分为如图 2-6 所示的类型。

词源音义位的类音义位
- 音节音段类音义位
  - 声纽类音义位
  - 韵部类音义位
- 漂浮类音义位

图 2-6　词源音义位的类音义位依据成分分类图

3. 类音义位的离散距离

如果同源词函项为“核韵义位”，则“类声义位”的离散距离（远近）可远可近；如果同源词函项为“核声义位”，则“类韵义位”的离散距离（远近）可远可近。核韵义位、核声义位的离散距离属于词源的遗传代际问题，离散距离大多会产生同源异派现象，核音义位会发生分支遗传现象。

传统词源学的“音近义通”把“音”（包括核音、类音）定得不能太远，是说音的离散距离不能太远。

“类音义位”的远近，实际上也是词源遗传代际的远近，距离越远，代际越远，“同源异派”的可能性则越大。所谓“同源异派”是指同源词滋生中出自同一源头却分别滋生出不同遗传方向同源词分支的情况。因为，同源异派的实质是在词源滋生中随着滋生链条的延长，核音义位对类音义位的约束越来越松弛，直至无法约束之际，同源异派就出现了。

二、“同源音节函项”的形成

（一）同源音节函项

词源的构造为“词源函项”，音节的构造为“音节函项”，词源构造与音节构造匹配，形成“词源-音节函项”，简称“同源音节函项”。词源函项与音节函项表示如下：

词源函项=核音义位（类音义位）

音节函项=声部（韵部）

要指出的是，超音段是附着在音段上的，具有相对独立性，因此，超音段与音段之间也会形成函项关系。但是，由于超音段的改变仅仅会产生语法意义，因此一般来说，超音段不列入同源音节函项之列。

（二）“初始音节”的形成与“音节函项”、韵尾的类型以及先秦汉语韵部“阳阴入”三分的理论合理性

1. 音节函项

声纽在事实上不存在纯粹的声纽，声纽是由辅音与一个极为轻微的元音合成的。声纽是辅音打头形成的。介音可以前属于声纽，被称为“声纽化元音”，也可以后归于韵部，被称为“元音化介音”，介音就是一个边界模糊（居于辅音与元音之际）的两栖音。韵部是以元音为轴心的，元音前为辅音，元音是辅音的黏着音，当黏着音响亮时就被称为韵部。所以，初始音节的构造为“辅音+元音”。辅音为函项，随着元音或韵尾的不同可以输出一个相应的音节：

音节=辅音（元音）

这是“音节函项”。这是具有类型学普遍性的音节构造。

2. 辅音输出结果的条件

辅音之后的元音弱化，弱化到仅仅感知到辅音的存在，便输出一个声纽。韵部来自声纽辅音之后元音的响亮化，即是说，辅音输出的是一个声纽还是一个韵部，取决于辅音输出元音的弱化还是响亮化。

3. 韵腹之后的韵尾

从理论上说，韵腹之后的韵尾可以出现两类三种情况：无尾（条件：其后辅音另外生成一个音节）、有尾（条件一：其后音位依然为元音，生成元音尾；条件二：其后音位为辅音，生成辅音尾）。先秦汉语的韵部正是这样的类型。阴声韵属于无尾、元音尾，入声韵与阳声韵属于辅音尾。陆志韦、李方桂的先秦汉语音节为“CVC”（辅音+元音+辅音）型的说法，遗漏了阴声韵这一

种；戴震韵部“阳阴入”三分说更具有理论上的合理性。要指出一点，陆志韦、李方桂所主张的 CVC 型音节，属于“次生基本音节”，不是基元音节即初始音节，不属于音节的递归起点单位，下文将详细介绍。

第三节　单音节的产生及其音变

一、单音节的生成模型与音变类型

（一）单音节的生理生成模型

辅音的形成，从生理上说，来自口腔通道的“阻碍”，辅音又叫作“阻碍音”；元音的形成来自口腔通道的“畅通”，元音又叫作“畅通音”。音节就是口腔通道因“阻碍”与“畅通”所形成的。因此，音节的生理结构就是“阻碍+畅通”，这是音节的“生理基元结构”。如果发音通道仅有“畅通”而没有“阻碍”，就会形成由元音构成的“连续音”，因此，“阻碍”是形成“分节音”的管界，所谓“分节音”，就是由辅音划分语流界限而形成的语流音段。从理论上说，“畅通”前或后均可以有“阻碍”，因此，音节的次生生理基元结构又有“阻碍+畅通+阻碍”。这是音节的普适性生理基元结构的两种类型。陆志韦、李方桂称先秦汉语的音节结构为 CVC 型，就是这里所说的两种生理基元结构之一，但这是一种次生型的基本音节结构，从生成上讲，是基元音节 CV 的派生音节。

如果“阻碍+畅通”，或“阻碍+畅通+阻碍”按照出现“次数”论，又有以下普适性音节形成的生理构造机制表达式：

a. 阻碍 $_n$+畅通 $_n$，$n \geq 1$

b. 阻碍 $_n$+畅通 $_n$+阻碍 $_n$，$n \geq 1$

可见，a、b 是基本音节单位的生理构造机制，其中，a 又是最基本的音节的生理构造机制，叫作“基元音节生理构造机制”，该机制生成的音节叫作“基元音节”。n=1，就是“单辅音单元音音节”；n≥2，就是“复辅音复元音音节”。

（二）单音节的复杂生成模型

单音节的复杂生成模型有以下六类。

（1）元音被声纽辅音 j 化、w 化，形成介音：

$$Cj=j（辅音（元音））；或 Cw=w（辅音（元音））$$

条件是声纽辅音之后的后附元音被声纽辅音半辅音化。

从形成上说，介音都是前附于辅音的，介音的形成机制来自元音的前置半辅音化。

（2）前置声纽辅音 n≥2，形成复辅音声纽（复声纽）：

$$C_{前}C_{基}=C_{前}（辅音（元音）_{基元}）；C_{基}C_{后}=C_{后}（辅音（元音）_{基元}）$$

条件是辅音前置于或后置于基元音节的辅音声纽，三合复辅音及其以上复辅音声纽的形成依此类推。

（3）后置辅音 n≥1，以基元音节“辅音+元音”为出发点，辅音后置于“基元音节”，形成单/复辅音韵尾：

$$C_{辅音韵尾}=C（辅音（元音）_{基元}）$$

条件是基元音节“辅音+元音”在“阻碍+畅通”之后又“阻碍”。

（4）基元音节的元音 n≥1，出现一次或两次响亮，形成单元音或复合元音韵腹 ō：

$$V_{无韵尾}=辅音（元音_{n}），n\geq 1$$

条件是“阻碍+畅通$_{n}$”，n≥1；

（5）基元音节“辅音+元音”以“元音”收尾，输出元音韵尾：

$$V_{\text{元音韵尾}}=v（\text{辅音}（\text{元音}）_{\text{基元}}）$$

条件是口腔通道基元生理结构“阻碍+畅通”，后附连续性“畅通”。

（6）基元音节“辅音+元音”后附“半元音”，输出半元音韵尾：

$$J_{\text{半元音韵尾}}=j（\text{辅音}（\text{元音}）_{\text{基元}}）$$

$$W_{\text{半元音韵尾}}=w（\text{辅音}（\text{元音}）_{\text{基元}}）$$

条件是口腔通道基元生理结构“阻碍+畅通”，后附“半阻碍”收尾。

（三）音变类型

音变类型通常可以按照“基元音节语境”和“物理连续性与非物理连续性”两种标准来划分。现表述如下。

1. 音变按照“基元音节语境”来划分

音变按照“基元音节语境”来划分，有基元音节语境音变与非基元音节语境音变两类，如图 2-7 所示。

音变 {
- 基元音节语境音变
- 非基元音节语境音变

图 2-7　音变以基元音节语境为标准分类图

2. 音变按照音变的物理连续性与非物理连续性来划分

音变依据其是否具有物理连续性的标准来划分，有两类，如图 2-8 所示。

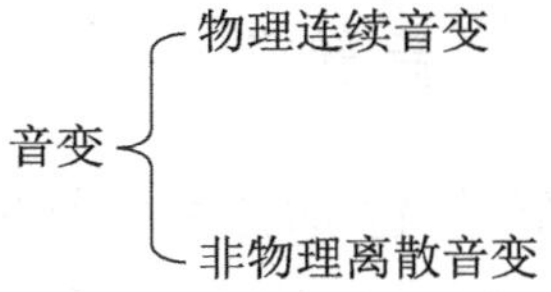

图 2-8　音变以是否具有物理连续性为标准分类图

发生在基元音节语境内的音变有物理连续音变与非物理离散音变。该层次的音变是纯音变（非涉义音变）与涉义音变。自由音变属于纯音变，例如汉语方言中的鼻音 n-（中古泥母）、边音 l-（中古来母）在西南方言中混读比较普遍，乡村居民及老一辈在混读中多倾向于读 l-，“牛奶”一词，多读 l-；年轻人与城市居民在混读中多倾向于读 n-，“牛奶”一词，多读 n-。这种混读现象属于自由音变，是历时的代际自由音变与共时的城市与乡村区域自由音变，这是发生在基元音节之内的“音法”（鼻音/边音）离散音变与“位法”（舌尖中/舌尖中）连续音变。这种鼻音 n-与边音 l-的混读现象，在代际传承与群体内部通解度的系统协同的双重约束下，将会继续存在。

发生在基元音节之外的音变，也有连续音变与离散音变之分。

（四）同源音变与非同源音变

音变按照是否涉及词源，可区分为同源音变与非同源音变。非同源音变又叫作类型音变。同源音变就是指发生在“词源音义位”语境或“词源函项语境”内的音变，有连续同源音变与离散同源音变之分，均属于涉义音变，可作如图 2-9 所示的分类。

图 2-9　同源音变的连续与离散分类图

（五）传统词源学的“音转”

传统词源学的“音转”包括连续音转与离散音转，有音同、音近假借与音同、音近同源之分，还包括音同、音近近义词现象，此外还有韵文韵语的音同、音近押韵现象。总之，传统词源学的音转性质与范围可区分为谱系与类型两类，如图 2-10 所示。

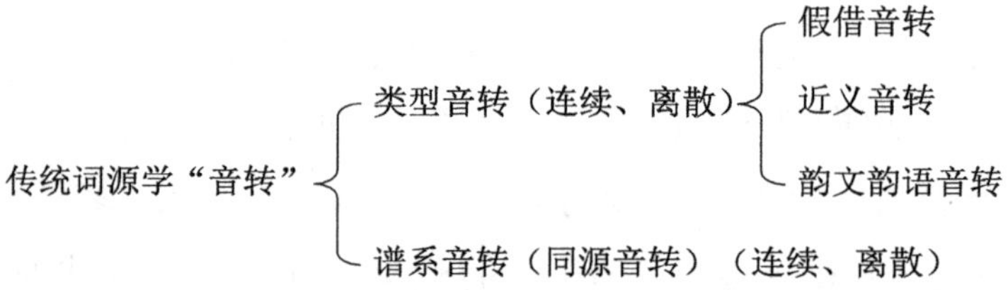

图 2-10　传统词源学“音转”的谱系与类型分类图

“类型音转”就是非涉义音转，“谱系音转”就是涉义音转。可见，谱系与类型，或非同源与同源是区分传统词源学音转的关键。有学者称传统词源学的音转是“不科学”的，实属误解；有学者拿印欧语的音变规则来衡量汉语音韵学的音转，也是不恰当的。印欧语的音变属于连续性的物理音变，因为印欧语是一种多音节的语言，以连续的物理音变为主；汉语属于单音节的语言，既存在着音节之内的连续性的物理音变，又存在着大量的离散的音节之间的离散音变。即是说，汉语音变与印欧语音变属于不同的类型，如图 2-11 所示。

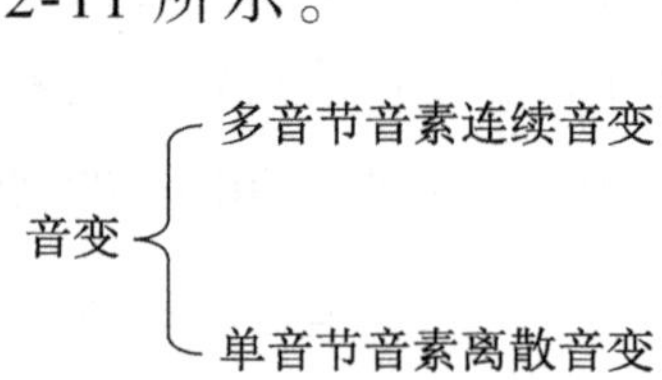

图 2-11　音变的音节类型分类图

“多音节音素连续音变”：其语境是多音节语境，其音变是非跳跃性的、亦步亦趋式的；“单音节音素离散音变”：其语境是单音节语境，其音变是跳跃性的、非亦步亦趋式的。当然，多音节音变也存在离散性，不过不占主要地位罢了。

印欧语的构拟，依据的是基元音节语境内的物理连续性音变的法则，其适用范围是短程音变。汉语的音转，依据的是基元音节语境内的连续性音变或词源音义位语境之间的离散性音变，以及音近近义词、音近假借的类型学音变，既有短程音变，又有长程音变。

二、音节的递归生成属性

（一）口腔通道的有限“四维时空”属性

口腔通道是一个管状三维空间，加上时间，便构成四维时空。口腔这一四维时空是有限的，“管子的长度男性大致是 17 厘米左右，女性为 15 厘米左右，小孩大约 9 厘米”①，但是却可以生成无限的语流。这是音节以及音节流（简称语流）形成的生理基础。

口腔这一时空体生成的语音，是携带各种信息的，这些信息的形成是以“语音”的种种属性，例如“粗”与“细”、“锐”与“钝”、“紧”与“松”、“高”与“低”、“前”与“后”、“长”与“短”等的各种姿态（简称“音姿”）来成象的——描绘外在的世界与表达内在的心理，以形成“物象”与“意象”。这是语音成象的生理因素。

（二）音节的基元单位

音节的基元单位表示如下：

辅音+元音，或 CV

① 王理嘉：《音系学基础》，北京：语文出版社，1991，第 41 页.

在传统音韵学中，辅音（声纽）是扭结之音，寓有连缀之意，因此，因连缀而形成划界之音，即是说，辅音是一种管界音，是用来划分元音的界限的。因为辅音的形成机制是“阻碍”，类似于关卡设限，元音的形成机制是“畅通”，音节就是在口腔的阻碍与畅通的周期性循环中形成的。辅音作为界限音，辅音管界之内形成音节，辅音管界之外也形成音节。可见，古代学者的观察是比较精准的。

从音位理论上说，声纽可以是一个辅音音位，这是音位学上辅音不能单独构成音节的解释。但是在实际语言的感知中，声纽一般不会以单纯辅音音位的面貌出现。在音节语境中，声纽可以变换为一个音节，例如，在复辅音声母中，前置辅音可以变换为一个音节，哪怕是一个弱化音节。太原方言中的“嵌 l 词”便属于这种情况，例如“圪览”（意为“棍棒”），其读音可以在复辅音“kl-”与弱化音节“kəʔl-”之间自由变读。事实上，在口腔通道“阻碍”之后“除阻”惯性的作用下，接着的就是不管多么轻微的一个“畅通”，“kəl-”从来不会以纯粹复辅音音位“kl-”的形式出现，“kl-”仅仅是一个理想化的理论设计，自然语流中很难出现纯粹的复辅音音位。

韵部在感知上是一个音节，这是韵部含有响音元音（口腔构成“畅通”通道）的缘故。声纽单辅音在口腔“阻碍”之后，一定后附着“畅通”，即是说，辅音声纽之后一定伴随着元音，是发音生理的必然性所致。因此，辅音声纽在感知上类似一个音节。

（三）音节的递归法则——物理线性分布

音节的滋生类似于自然数的滋生，是一个递归的过程，表示如下：

（1）设/辅音+元音/为音节；

（2）如果/辅音+元音/为音节，那么，/辅音+元音/1/辅音+元音/2，……，/辅音+元音/n 也为音节；

（3）除以上（1）（2）以外，其他的都不是音节。

这是自然语言“音节”的递归生成表示，与数学上自然数的形成所遵循的法则是一致的。

这一机制来自自然语言语流的物理线性分布原则。可见，语流的物理线性分布就是一种数学上的递归。

要补充一点，关于语流的物理递归与语义的心智递归这两种对象的递归，语流的物理递归是无法改变的，语义的心智递归服从语流的物理递归。具体表现是：一方面依托于语流形式，语义单位义项的排列遵循线性法则，这是语义的义项递归与语流递归一致的地方；另一方面语义单位义项的组合关系除了遵循线性法则，还可以遵循非线性法则。这就是说，语义的递归具有线性与非线性两种，而语流的递归则仅仅有线性一种。分析语法就揭示了语义组合的这种线性与非线性类型。结构主义语法的长处在于以语流的物理线性法则来刻画语义的线性组合现象，这是其成功之处；但是，结构主义语法又来强行刻画但实际上又刻画不了语义的非线性组合现象，这是其遇到的最大难题。如此，结构主义语法可以区分为“物理结构主义语法”与“数学结构主义语法”，如图 2-12 所示。

结构主义语法
- 物理结构主义语法（线性结构主义语法）
- 数学结构主义语法（非线性结构主义语法）

图 2-12　结构主义语法的线性与非线性分类图

数学结构主义语法包括“线性”与“非线性”，因此，物理结构主义语法仅仅是数学结构主义语法的一个特例。分析语法属于数学结构主义语法，或非线性结构主义语法。

以上关于音节的陈述属于“形式音系学”之列。形式音系学、形式语义学与形式词源学共同组成了形式词汇学。

（四）音节与义项的“音节义项函项”形成单音节语与多音节语

音节的递归生成与义项的递归生成，构成音义合一的递归适配生成函项，这便是音义滋生以产生词源的机制。

在音节层面，音义适配递归生成便形成“单音节语”（孤立语）与“多音节语”（非孤立语），表示如下。

（1）单音节语表示如下：

单音节=基元音节$_n$（义项）；

条件：n=1。

这里，“基元音节”表示函项关系，“义项”为自变元，“单音节”表示依变元，为输出的结果。

（2）多音节语表示如下：

多音节=基元音节$_n$（义项）；

条件：$n\geqslant 2$。

可以看出，单音节语实际上是“单音节适配单义项”，多音节语实际上是“多音节（两个或两个以上）适配单义项”。

由此可知，单音节语的语法标记只能是词汇标记，这是由单音节的一个声韵双部匹配一个义项单位决定的。多音节的语法标记可以是词汇标记，也可以是形态标记，这是由多个声韵双部匹配一个义项单位决定的。

第四节　词源构造的音节构造分布

一、词源构造的音节分布

词源构造的音节构造分布是一个重要的问题，现论述如下。

词源音义位作为词源的基因单位，依然是一种二维构造（核音义位，类音义位）；汉语音节的音段同样也是一种二维构造（声纽，韵部），如此一来，词源音义位构造与音节声韵构造之间会形成三种关系，如图 2-13 所示。

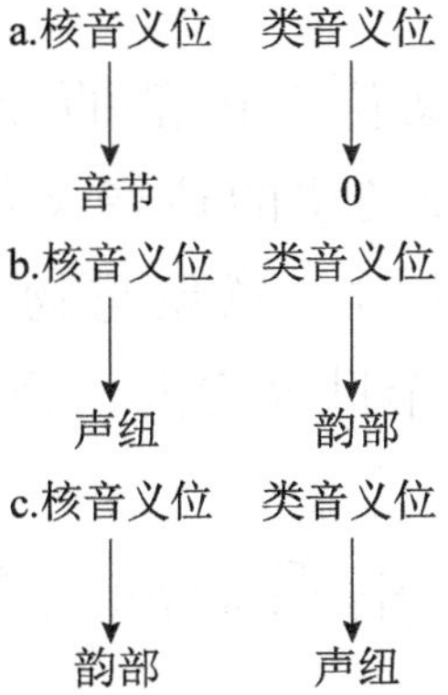

图 2-13　词源构造与音节构造映射关系分类图

在 a 类中，词源的核音义位分布在音节的整音节上，词源的类音义位分布就是 0 音节，即不分布在音节的音段上，而是漂浮在音节的音段之外，这叫做“词源类音义位的漂浮分布”。因为词源的类音义位是词源必不可少的组成成分，例如，“半系”同源词的类音义位就是一种音节音段之外的漂浮分布，但是在“半系”同源字词中，词源的类音义位却是依托于形声字的形符，起到了依字辨义的作用。在 b 类与 c 类中，词源的核音义位与类音义位呈现交错分布，即词源的核音义位分布在音节的声纽音段上，类音义位就得分布在韵部音段上；核音义位分布在韵部音段上，类音义位就得分布在声纽音段上。

这种词源核音义位、类音义位（词源构造）与音节声纽音段、韵部音段（音节构造）的交错分布，是词源构造的内涵性与类音义位的外延性制约的结果，即词源的核音义位与类音义位在音节音段（音节构造）上并置，由于属性不同，同性（内涵性或外延性）音义位不会同处于同一音节的同一音段上。这有点像物理世界的异性相吸的意味。

二、词源构造（音义位）内部的异性音义位组合机制的来源

关于词源构造（音义位）内部的异性音义位组合机制的来源，由上文可知，词源音义位的核音义位与类音义位分别来自象似元（意象，物象）的映射，意象与物象分属于心智世界与物理世界，二者不可同处于一个世界之内，否则不会产生词源现象。

第五节　单系词源与复系词源

关于单系词源与复系词源及齐冲天“声韵语源”说辨析，现在分别论述如下。

一、单系词源与复系词源辨析

所谓“单系词源”，就是指词源的核音义位的来源即词源的来源是单一的；所谓“复系词源”，就是指词源的核音义位的来源即词源的来源是非单一的，即复合的。到目前为止，见到的复系词源属于二合复系词源——声韵复合词源，即同一个词源的声纽词源与韵部词源是由两个单系词源复合而成的。

词源都是由核音义位与类音义位两部分复合而成的。核音义位的存在形态是被音节的音段所承载，核音义位没有“漂浮类音义位”现象；类音义位有的被音节的音段所承载，有的属于“漂浮类音义位”。如此一来，类音义位依据是否被音段所承载，可以区分为两类，如图 2-14 所示。

类音义位
- 漂浮类音义位
- 非漂浮类音义位

图 2-14　类音义位的漂浮与非漂浮分类图

要补充一点，这里的“词源的来源”的概念，蕴含词源的相对性，即是说，“词源”是一个相对概念，一个词所从出的词就被称为该词的“词源”。“绝对的词源”有没有呢？有。绝对的词源就是指只滋生其他词而自己不被滋生的词。这样的词源叫作“原词”，相对于原词的词被称为“派生词”。派生词中又滋生其他词的词被称为“词源”，可见，“词源”是一个相对概念。如此，词源按照绝对与相对的标准可以作如图 2-15 所示的分类。

词源
- 原词
- 派生词（词源）

图2-15　词源的绝对与相对分类图

至于“原词”与“祖语”的关系，二者的区分在于“原词”与“派生词”是一对相对概念，均属于“词函项”范畴，“祖语”与“分支语种”是一对相对概念，均属于“语言”范畴，“词函项”是“语言”的基本单位。此外，“原词”与“派生词”可以均属于“祖语”或均属于“分支语种”，也可以“原词”属于“祖语”，“派生词”属于“分支语种”，如图 2-16 所示。

a.语言
- 祖语（原词）
- 分支语种（派生词）

图 2-16　语言之祖语与分支语种分类图一

在 a 情况下，“原词”属于“祖语”范畴，“派生词”属于“分支语种”范畴。a 情况下的“原词”与“派生词”是“绝对原词”与“绝对派生词”。

b. 祖语（原词→派生词）→分支语种（原词→派生词）

在 b 情况下，“原词”与“派生词”可以分别属于“祖语”与“分支语种”，即“祖语”内可以区分“原词”与“派生词”，“分支语种”内也可以区分“原词”与“派生词”，这叫作“相对原词”与“相对派生词”。

二、齐冲天“声韵语源”的含义与辨析

齐冲天在《声韵语源字典》中就“论声韵语源”这一问题表达了自己的看法：“从来都认为，汉语中一个单音节的词，就只有一个语源。例如：政者，正也。政、正同音。整，正亦声，征之言正也。整、征、政，亦声韵相同，皆可认为是同语源之词。若是双声为训的两个词同语源，便认为它们韵母之间的差异是语音发生变化所致；若是叠韵为训的两个词同语源，便认为它们声母之间的差异也是语音发生变化所致。语音的变化，无疑是大量存在的，有规则性的，也有特殊性的。但是漫无边际、散乱如麻而又无证据的音转，在原则上就不是科学的说明。我认为，由于双声为训与叠韵为训之同时存在而并行不悖，由此两部分音义结合而构成其语源的词，是具有两个语源的词。不这样，就不能解释这种复杂分歧的音义现象。这是一种特殊语源，我称之为声韵语源。”①

齐冲天把语源区分为一个来源（“同语源”）与两个来源（“声韵语源”）。根据齐冲天所提供的材料以及相关的分析来

① 齐冲天：《声韵语源字典》，重庆：重庆出版社，1997，第 29 页.

看，“声韵语源”，即一个单音节词具有两个语源的情况是指我们的“复系词源”。相对于复系词源的是“单系词源”。齐冲天在上文提到的“正系”（“正系”意为以“正”为形音义标志的同源词谱系，这是对不同同源词谱系的命名与称呼，下仿此）词源所包括的“正”“整”“政”“征”等同源词就属于单系词源。

单系词源、复系词源都属于词单位之间的谱系关系。既然是谱系关系，就会以遗传成分贯穿于同源词之间，这样的遗传成分在同一组同源词中仅有一种，不会出现两种。单系词源遵循这一法则，复系词源同样遵循这一法则。不同的是，复系词源往往会再行分化为同源词支系。在复系词源再分化而成的同源词支系中，复系词源也许会以复系词源身份整体遗传下去，也许会发生分化，复系词源以单系词源身份遗传下去。

以下就齐冲天所提供的同源词材料，根据笔者所建构的形式词源学理论予以形式刻画，与齐冲天的经验解释进行对照，以辨明齐冲天所主张的“声韵语源”说的真实情况，从而说明笔者所提出的“单系词源”与“复系词源”的存在。

（一）单系词源

遗传成分	**变异成分**
核形音义位（函项关系）	类形音义位（自变元）

a. 正=正照母耕部一以止（从止，0，立正）

“《说文》：‘是也。从止，一以止。’止足之进，实即立正。”

b. 整=正照母耕部一以止（从敕，0，告诫）

“从敕，正声，《说文》：‘齐也。’正为纠正、治理，敕为告诫、整饬，……整是军队的整。”

c. 政=正照母耕部一以止（从攴，0，正万物）

d. 征=正端母蒸部一以止（从彳，0，正行）

“或作延，《说文》：‘正行也。从辵，正声。’《尚书·胤征》孔传：‘奉辞伐罪曰征。’”意为止（纠正）罪之军事行为。（按：齐冲天确定“征”的音韵地位为“端（知）母蒸部”。）[①]

齐冲天认为，以上“正系”同源词不属于“声韵语源”，即为“非声韵语源”，意为“单系词源”。我们对齐冲天所提供的材料——同源词“正”“整”“政”“征”的形式刻画表明，“正”作为“正系”同源词的“原词”，其形（正）、音（照母耕部）、义（一以止）贯穿于“整”“政”“征”之中，是“正系”同源词的遗传成分、核形音义位成分。

关于“正”“整”“政”“征”的变异成分即类形音义位成分，其“类义”成分、“类形”成分分别是“立正”（从止）、“告诫”（从敕）、“正万物”（从攴）、“正行”（从辵）。词源的类形音义位分别属于不同的事类、物类，或行为类，代表不同的对象，以起别异的作用。要指出一点，在“正”中，类形音义位的“类音”是以“0”来表示的，意为“正”的读音是由“正”的整音节记录的，“正”的“类音”是一个“0”形式，作为“漂浮类音位”附着在“正”的整音节后。“正”的类形为“止”，其类义为“立正”，蕴含在类形“止”里，即由类形“止”来记录。在同源词“整”“政”“征”中，它们的核音“正声”（照母耕部，“征”的音韵地位为“端母蒸部”，“照母”“端母”分别为正齿音、舌音，属于声纽离散音变；“耕部”“蒸部”同为阳声韵，收后鼻音，属于韵部离散音变。“正”与“征”的音变是一种谱系离散音变）均来自原词“正”的读音，它们的类音均为漂浮类音位“0”，它们的类形分别是

① 以上例字均来自齐冲天，齐小乎：《汉语音义字典》，北京：中华书局，2010，上册，第 318 页. 有的字例解释，按照形式词源学理论作了调整。

“敇”“攴”“辵”，其类义“告诫”“正万物”“正行”分别由各自的类形来记录。

可见，齐冲天所分析的“正系”四个同源词，是“单系词源”，即“正”字形所记录的整音节形音义位词源。“正系”词源是一组同源词。这是形式词源学对“非声韵语源”即“单系词源”的情况所作的形式描述，与传统词源学的经验解释是一致的。形式词源学也可以被用来分析齐冲天所说的“声韵语源”情况，用同样的理论与方法处理齐冲天所提供的材料，结论会令人信服，以下就是用形式词源学来刻画齐冲天所认为的“声韵语源”即“复系词源”。

（二）复系词源

齐冲天在《汉语音义论》中说：“有没有明确地把双声训与叠韵训相结合的例呢？这种理论上的阐述未曾见过，实际训释词义中，凤毛麟角般极少的例，还是有的。一叶知秋呀。以下试举二例来看：喬（乔），《说文》：‘高而曲也。从夭，从高省。’段玉裁注：‘《诗》曰：南有乔木。’这里‘高而曲’，是把两义素结合起来了，中间加‘而’字连接。这里乔与高双声为训乔与夭叠韵为训，两者结合起来了，……乔木是既高又曲的，只曲不高之木很多，就不叫乔木。”①

其一，词源核义的类型。齐冲天这里提到的“喬”（乔）有“高而曲”的意义，这属于一个内涵义。从性质上看，是可以作词源的核义成分的。这又是一个“复合内涵义”，或“复合核义”，即由两个内涵义成分“高”“曲”复合而成的内涵义。

如此看来，词源内涵义或核义可以区分为两类，如图 2-17 所示。

---

① 齐冲天：《汉语音义论》，北京：中华书局，2014，第 73 页.

词源核义
- 单纯核义（单向滋生核义）
- 复合核义（双向及其以上滋生核义）

图 2-17　词源核义滋生的单方向与复合方向分类图

其二，“复系词源”滋生中的一元派生与分支派生均遵守共同的“词源函项适配法则”。词源滋生为具有谱系关系的一组同源词，就像河流一样，有“河之源”与“河之流”（这里“流”有下游之意）。例如，“乔”具有“高而曲”义，其作为“词源”即“乔系”这一组同源词的滋生源头，可以出现三个滋生方向：“高而曲”方向即“乔”复合方向、“高”单方向、“曲”单方向即“夭”单方向。这种复合核义作为“词源”的多向滋生现象，有的属于“单系词源”，有的属于“复系词源”。“乔”作为“词源”滋生出了“乔系”三个同源词分支，即“乔系”（高而曲，复系词源）同源词、“高系”（单系词源）同源词，“夭系”（曲，单系词源）同源词。

“乔系”词源作为“复系词源”滋生同源词分支时，要分别适配三组不同的“类义”：“乔系”类义——鸟、角、鱼、木、糸、矢、草；“高系”类义——人、足、走、手、马、心、山、金；“夭系”类义——女、木。[①]

可以看出，“乔系$_{\text{复}}$”（高而曲）词源在滋生三组同源词分支“乔系$_{\text{复}}$”（高而曲）、“高系”（高）、“夭系”（曲）时，遵循词源函项“核音义位（类音义位）”的适配法则。即使在“乔支系$_{\text{复}}$”（高而曲）同源词的滋生中，核形音义位“高而曲”也是作为一个形音义整体而被遗传的。这是复系词源的单（合为整体）、复（可分化为分支）性质所致。

① 以上“乔系”词源分支“类形音义位”，参见齐冲天，齐小乎：《汉语音义字典》，北京：中华书局，2010，下册，第 899-900 页.

其三，词源的代际问题。词源既然是人类的生物机能，就有代际问题，也就是滋生中的时间先后以及谱系关系的亲属远近问题。

词源的代际划分有两种情况，一种是外部的分期断代，即依据历史朝代的兴废更替，对词源滋生的先后时间顺序予以划分。该标准易与历史的断代分期对接，直观易懂，缺点是不能正确反映词源自身的内在的历时演化史。另一种是词源内部的分期断代，就是按照词源自身的滋生顺序及其分合演变的顺序来进行分期断代，优点是能反映词源的历史演化顺序及其内在的分合演变，缺点是外行不易看懂。一般来说，把词源的内部分期断代与外部分期断代相结合，可收互补之效。

其四，复系词源的形成与词源代际的断代分期。

“夭系$_1$”词源、“高系$_1$”词源分别是复系词源“乔系$_{复2}$”的第一代词源；“乔系$_{复2}$”是“夭系$_1$”词源、“高系$_1$”词源的第二代；“夭系$_1$”词源、“高系$_1$”词源均被称为原词。下标为代际标号，下标“复 2”意为“复系词源”第二代的标记。

词源的代际是一个相对概念，有的词源要找到真正的第一源头是不容易的，这就像人类的家族谱系一样，是一个相对的谱系关系，真正的家族第一源头是不容易找到的。

“乔系”词源作为“夭系”词源、“高系”词源的第二代词源，词源遗传成分可以保留也可以丧失。如果“乔”作为一组同源词的“词之流”，即被滋生出的派生词，具有两个“词源”，就属于复系词源，就属于齐冲天所说的“声韵语源”。

词源是一个递归系统，是类似于自然数的递归系统。自然数是由“0”作为基元单位再实施加“1”规则（0+1）滋生出无限的自然数的递归系统。齐冲天的“声韵语源”是就某一具体词源的形成而言的，即是说，有的词源是复系词源，其源头有两个；一旦复合而成一个词源，该词源的再滋生依然遵循词源函项的递归法则。复系词源作为词源再滋生，也是一个由“少”到“多”

的递归滋生过程。这就是说，词源，不论单系还是复系，均遵守词源递归法则。“乔系$_{复2}$”词源作为一个复系词源，在再滋生中分化为三个同源词分支，其中一个分支“乔系$_{复3}$”，在核义遗传上保留了“乔系$_{复2}$”词源“高而曲”的复合核义。另外一个“高系$_{3}$”同源词分支，仅仅保留了“乔系$_{复2}$”词源的“高核义”，丧失了“乔系$_{复2}$”词源的“夭核义”即“曲核义”。第三个“夭系$_{3}$”同源词分支，则仅仅保留了“乔系$_{复2}$”词源的“曲核义”，丧失了“乔系$_{复2}$”词源的“高核义”。

我们就齐冲天所举这一例“乔系$_{复2}$”同源词进行形式刻画，以便深入观察“复系词源”的性质。

遗传成分	变异成分
核形音义位（函项关系）	类形音义位（自变元）
第 1 代	
“夭系$_{1}$”原词：	
夭=夭影母宵部屈	（从大，0，大字的头屈右）[①]
“高系$_{1}$”原词：	
高=高见母宵部崇高	（从口，0，台观高之形）[②]
第 2 代	
原词滋生复系词源。	
“乔系$_{复2}$”词源：/高而曲/：	
乔=夭高群母宵部高而曲	（从夭从高省，0，树木）
第 3 代	
复系词源再滋生。	
“高系$_{3}$”词源：/高/：	

① 齐冲天，齐小乎：《汉语音义字典》，北京：中华书局，2010，上册，第 120 页.

② 齐冲天，齐小乎：《汉语音义字典》，北京：中华书局，2010，下册，第 897 页.

侨=高群母宵部高　　（从人，0，身材）
“高系$_3$”词源：/高/：
跷=高见纽宵部举足而待　　（从足，溪母，足部行动）
“高系$_3$”词源：/高/：
屩=高见纽韵近　　（从尸从彳，见母药部，举足行高）
“高系$_3$”词源：/高/：
趫=高群母宵部善缘木走　　（从走，0，行高才能）
“高系$_3$”词源：/高/：
挢=高群母宵部举手　　（从手，0，举手行为）
“夭系$_3$”词源：/曲/：
娇=乔群母宵部扭捏　　（从女，0，女性身姿）
“高系$_3$”词源：/高/：
骄=乔群母宵部马高六尺　　（从马，0，马匹身高）
“高系$_3$”词源：/高/：
憍=乔群母宵部高仰　　（从心，0，人头姿势）
宋代《集韵》：“矜也。”又：“高仰也。”
“乔系$_3$”词源：/高而曲/：
鷮=乔群母宵部尾巴长毛高而曲　　（从鸟，0，鷮尾姿势）
“乔系$_3$”词源：/高而曲/：
鱎=乔群母宵部头尾翘起　　（从鱼，0，白鱼形状）
《玉篇》：“白鱼也。”
“乔系$_3$”词源：/高而曲/：
峤=乔群母宵部高而曲　　（从山，0，山姿）
《尔雅·释山》《说文·新附》称“锐而高”。
桥=乔群母宵部高而曲　　（从木，0，水梁）
“高系$_3$”词源：/高/：
鐈=乔群母宵部长足　　（从金，0，似鼎器具）
“乔系$_3$”词源：/高而曲/：

繑=乔群母宵部高而曲　　（从纟，0，绔纽）

"乔系$_3$"词源：/高而曲/：

轿=乔群母宵部走高山地　　（从车，0，车）

《汉书·严助传》："舆轿而领。"颜师古注："轿音桥，谓隧道舆车也。"（按："隧道"高而弯曲。）

"乔系$_3$"词源：/高而曲/：

矫=乔群母宵部拨正高而曲折处　（从矢，0，揉箭钳）

"乔系$_3$"词源：/高而曲/：

荞=乔群母宵部高而曲　　（从艹，0，麦类）

《辞源》："草本，茎赤，弱而翘，叶为三角形，有长柄。子实磨面如麦，供食用。"①

三、"复系词源"与"同源异派"

从以上以"乔系$_{复2}$"为中心的同源词系联中，可以看出，齐冲天的"声韵语源"说，实为"复系词源"的形成及其"同源异派"现象。"同源"即是同出一源，"异派"即是属性"分异"，各自派生。不同同源词支系，来自同一词源。

复系词源现象最早记载在东汉许慎的《说文》中，之后，学者齐冲天作了辛勤探讨。笔者在《词源观念史》中对齐冲天的探讨给予了积极评价，在本书中又从形式词源学的角度作了形式刻画、分析，为复系词源奠定了理论基础。可见，形式词源学的法则是通用法则。

第六节　汉语超音段音位变化的非谱系性

汉语的"四声别义"不属于同源词现象。

---

① 以上例字均来自齐冲天，齐小乎：《汉语音义字典》，北京：中华书局，2010，下册，第 899-900 页. 有的字例解释，按照形式词源学理论作了调整。

汉语的四声别义如同英语的轻重音别义，属于一种超音段的韵律区分语法意义与词性现象，该现象不属于同源词现象，仅仅是一种语法上区分词性及其语法意义的手段。如此，句法中区分词性的手段可以作如图 2-18 所示的分类。

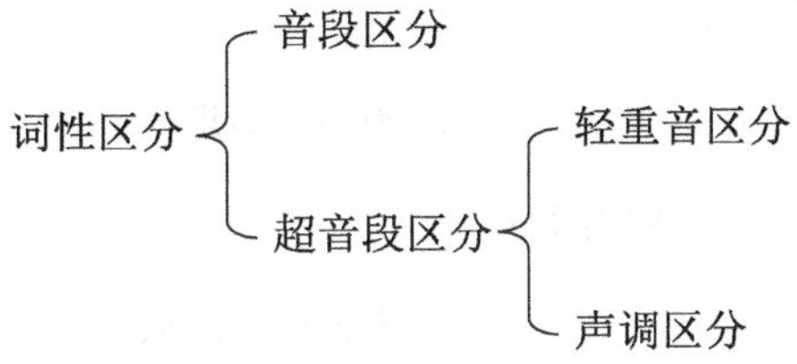

图 2-18　词性区分手段分类图

四声别义不属于同源词现象的理由如下：其一，声调、轻重音在本质上是物理的声学现象，是一种类型学的现象，属于语言的自源系统，声调的分化也属于类型学的分化。其二，词源现象是物理现象与心智现象的合一体，属于谱系现象，其内部蕴含遗传成分。

第七节　词源-音段结合体的押声、押韵现象

“词源-音段结合体”是指词源意义与音系声纽音段或韵部音段的结合，可以分别被称为“声纽词源”与“韵部词源”。声纽词源与韵部词源，除了具有词源学价值外，尚有美学价值，即声纽词源与韵部词源具有审美属性。

声纽词源会产生双声为训，双声就是“押声”；韵部词源会产生叠韵为训，叠韵就是“押韵”。双声与叠韵的机制就是“重现”。双声词源与叠韵词源的审美机制就是双声词源与叠韵词源会形成核意象与核音象的双重重现，这属于“语意和谐”与“语音和谐”的双重和谐现象，具有审美属性。

这里要指出一点，韵文押韵与散文韵语押韵，如果不属于叠

韵为训范畴的纯粹“叠韵”现象，则属于单纯的韵律审美现象，仅仅属于语音和谐现象，不包含语意和谐的内容。

词源-音段结合体的价值在于：还可以借助于词源的谱系性来探讨审美意识的谱系性，如此看来，审美意识可以区分为如图 2-19 所示的类型。

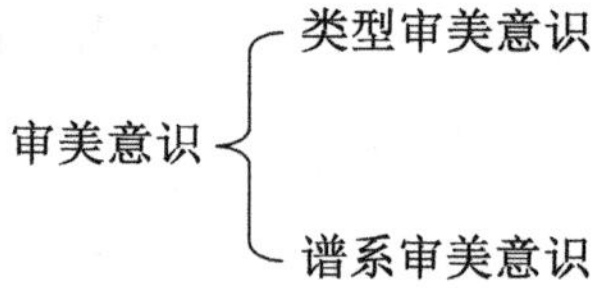

图 2-19　审美意识分类图

这属于历史比较美学或历史诗学（历史比较文学）的研究范畴，此不赘。

第三章　词源滋生的时间类型与同源词的发生学类型、同源词谱系结构的代际断代及其历史层次

词源的滋生有时间上的关系，也有谱系上的结构关系，因此，词源可以从时间与谱系两方面来进行分类考察。

第一节　词源滋生的若干问题

一、词源滋生的时间类型

（一）“音义共时滋生词源”与“共时同源词”

词源“音义位”的滋生包括“核音义位”与“类音义位”的滋生，其中“核音义位”的滋生，有的属于共时滋生，很难区分出“音”“义”二者时间上的先后顺序，这种核音义位的共时滋生，也叫作“非线性滋生词源”。由“非线性滋生词源”滋生的同源词，叫作“共时同源词”。

例如，“湄”与“楣”，这是一组同源字词，二者均从“眉”（见于甲骨文、金文、《说文》小篆）得“核音义”。“眉”的形音义位的组成是：核形音义位为/眉明母脂部目边侧/，类形音义位为/0，0，目上毛/。由“眉”的核形音义位/眉明母脂部目边侧/滋生出两个同源字词“湄”（见于甲骨文、《说文》小篆）、“楣”（见于《说文》小篆）。从字形上讲，“眉”在先，“湄”在后，但是二者均见于甲骨文；作为同源词来看，“眉”与“湄”孰先

孰后，孰为“原词”，委实不易确定。“湄”与“楣”这两个同源字词在滋生的先后顺序上是明确的，“楣”是晚出字形，始见于《说文》小篆，是秦汉时期的产物。“湄”的核形音义位为/眉明母脂部水边/，其类形音义位为/水，0，河流/，属于漂浮类形音义位。“楣”的核形音义位为/眉明母脂部门户横梁/，其类形音义位为/木，0，房屋/，属于漂浮类形音义位。从类义上看，“湄”属于自然地理地貌，“楣”属于人工建筑房屋构件。就时间关系而言，当然是自然“地理地貌”在先，人工“建筑物”居后。根据以上“湄”与“楣”的断代情况，“湄”先“楣”后确定无疑。至于“湄”“楣”同源字词产生的核形音义位条件，“湄”“楣”二者的共同核形音义位为“词源”/眉明母脂部边侧/。只有既具有该词源音义位，又具有“河流边侧水草交汇地类似于眉毛状、门楣类似于目上毛状”的认识，才会滋生出“湄”“楣”同源字词来。

但是，对于“河流边侧水草交汇地类似于眉毛状”与“门楣类似于目上毛状”这两个认识，按照各自的类形音义位断代情况，可以断定“河流边侧水草交汇地类似于眉毛状”的认识在先，“门楣类似于目上毛状”的认识在后。

由于“眉”与“湄”孰先孰后，委实不易判定，因此，“眉”与“湄”二者属于“共时同源词”是无疑的，“眉”、“湄”与“楣”属于历时同源字词。从字形谱系来看，“眉”是原字，“湄”“楣”是派生字。综合三者的形音义来看，三者之间的时间顺序及其滋生的谱系关系如图 3-1 所示。

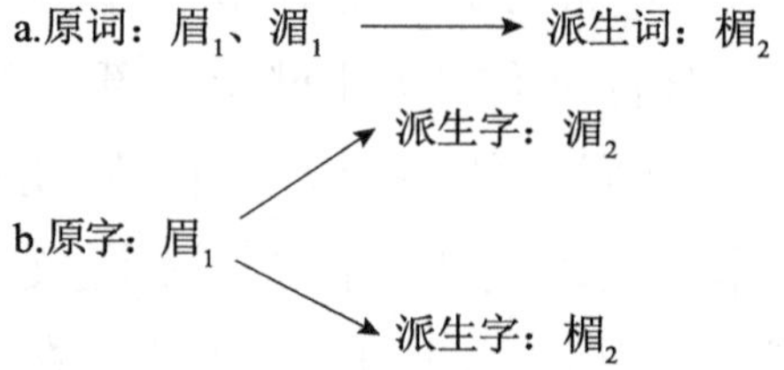

图 3-1　眉、湄、楣三者之间的时间顺序及其滋生的谱系关系图

a 组是“眉系”同源词代际图，b 组是“眉系”同源字代际图，“下标”表示代际。“湄 $_2$”与“楣 $_2$”虽然时间上有先后，但是同属于第 2 代同源字。

要指出一点，在“原词”难以决断的情况下，我们本着“文先字后”的原则，把该组同源字词命名为“‘眉系’同源字词”。“眉系”同源字词还有其他成员，这里属于列举性质，以说明问题为限。

音、义共时滋生的法则就是“音即是义，义即是音”。得音便得义，得义便得音，音义同时俱得。人们的日常感觉也有音义俱得的情况，例如“惊叫声”即是“惊恐义”、“哭声”即是“伤心义”、“笑声”即是“开心义”的现象。这是音义共生的普遍现象。

从符号的角度来看，自然语言就是一个“音义”符号系统。“音”自身是符号，属于物理与心智符号；“义”自身也是符号，属于物理与心智符号。“音”与“义”的结合体——“音义”就是一个复合符号，属于物理与心智所构成的“二维符号”。二维词源学作为形式词源学的基础，其基本原理就在于此。

“音义”符号的“复符号”性质，其基本属性就是“音携带着义，义携带着音”。这是自然语言这一复符号的“音义互载法则”。即是说，自然语言复符号的音义具有不可分离性。学科中的音位、义位之分，都是出于研究策略的元语言工具的需要，不属于自然语言的本体问题。

自然语言的音义复符号，其表达世界，包括内心世界与外界世界的形式就是“成象”，音因义以成象，义因音以成象。音象与意象的复合体就是音义复符号。因此，音义复符号是一个有机融合体，具有不可分离性。

声音都有“象”，这叫做声音成像；声音所成的“音象”属于意象的一种。意象是递归地生成的，意象映射为词源“音义位”，由此而递归地生成。

（二）“音义历时滋生词源”与“历时同源词”

1. “音义复符号”的不可分离性

词源音义位的滋生包括核音义位与类音义位的滋生，在核音义位的滋生中，有的核音、核义滋生不属于共时滋生词源，而是有着时间上的先后顺序。例如“夭”的核音义位与“高”的核音义位，这两个单系词源的产生就在“乔”这一复系词源之前。由此可见，单系词源的核音义位在时间上先于复系词源的核音义位，这可以作为同源词谱系结构代际划分的一条内在标准。

2. “音义”中“音”与“义”孰先孰后问题的不恰当性

传统词源学中有“音”与“义”孰先孰后的问题。这是一个不恰当的问题。由于自然语言具有音义复符号性质，即音义具有不可分离性，因此，音义孰先孰后的问题违反自然语言音义复符号的不可分离性。音义孰先孰后这个问题之所以产生，是由于研究中元语言工具的作用引导研究者把元语言与对象语言即研究对象混为一谈。音义孰先孰后自古代就被谈论，到了清代的小学家谈论尤甚，但是至今不得其解，原因就在这里。再说，研究策略上音、义分离，即标音有国际音标、表义有相应的工具，并不能改变自然语言这一音义复符号的音义不可分离属性。

词源核音义位的确有初始组合，这形成第一代词源。经过音义的初始组合之后，初始词源便进入音义复符号的递归滋生过程。在整个词源的滋生谱系序列中，音义复符号始终是作为一个整体出现的。

二、“音义同源”的复符号机制与语种“异音”问题

（一）音义同源的系统共性

音义同源取决于自然语言的复符号机制，即音义的不可分离

性。但是人类的自然语言，只要语种不同，说话的差异就达到相互不可通解的地步。

从语音上看，自然语言的语音，尽管语种的差异很大，但是分解到区别特征的层次，具有共同的 12 对区别特征。这属于系统的共性。

（二）发音差异的个性与系统协同

自然语言是人类的音义表达系统，执行这一表达任务的是个体的人。个体的发音差异形成音义表达系统的别异区分，这是"口音"的来源。个体的人又是属于群体的成员，成员之间的通解度又要求个体发音的可交流性，这便形成族群内部的音义表达的系统统一性，语种便产生。语种总是属于某一群体（族群）的，这是由音义表达的系统性与群体的通解度所决定的。群体内的个体发音差异形成一个波动域，这是口音差异的来源。口音差异演化为土语，土语演化为方言，方言演化为语种，因此，土语、方言、语种之间没有分明的界限。语种不单纯是一个语言概念，也是族群、政治、群体心理乃至风俗习惯的混合体。语言就是心智，是人类的心灵家园。语言就是心灵的交流交际范围，语言不通会把人区分为不同的交流交际圈子。语言与政权、国家相结合，就出现了"国语""官话""标准语"等概念。

汉语产生于何时？汉语方言产生于何时？从理论上说，"汉语"产生于"汉族"族群出现之时，汉语与汉族的产生是同步的。甲骨文是用来记录汉语的；商代甲骨文、西周金文都是统一的文字，这反映了当时汉语尚未分化为不同的方言，仅仅是处于"土语时期"的。到了东周时代，也就是春秋战国时代，许慎《说文解字叙》中所称的"言语异声，文字异形"[①]就是在这段

① 许慎：《说文解字》，北京：中华书局，1963，第 315 页.

时间形成的。东周有 500 多年，历经 20 代（1 代是 25 年），已处于农耕文明“土地载能大幅提升、人口急剧增加、耕地大幅扩张”循环的历史时期，划地而居而耕而生，诸侯列土而王，导致了农耕社会聚落区域的地理分割性，缩小了人类的交际范围；口音差异与通解度的系统协同造就了土语，可以说，汉语的“土语时期”在夏代就出现了，经商代延续至西周，经历东周 500 多年的诸侯国地理割据与农耕社会的划地而居而耕而生，形成言语异声文字异形的局面，汉语进入了“方言时期”。这是秦统一六国后实施“书同文”的语言演化背景。汉代扬雄《方言》便是记录当时汉语方言（包括部分民族语言）的。可见，汉语方言的形成可以追溯到东周时代。

三、字形历时滋生与由义制形的“历时同源字词”

自然语言以口语为基本形态，以书面语为次生形态。文字是记录口语的符号，先有语言后有文字是一个一般的法则，同源字的产生在同源词之后，是一个常态。

我们在上文已经说过，汉语的同源词按照字形是否具有谱系关系，可以区分为“谱系字形同源词”与“非谱系字形同源词”。从时间上说，汉语在汉字产生以前，属于史前时期；在汉字产生以后，属于历史时期。即使是历史时期的汉字，也不是同时产生的，甲骨文时期的汉字，据古文字学家陈炜湛估计，能够识别的大约有 1700 个，其中见于《说文》的大约 1000 个，尚未识别的大约 2900 个，识别与未识别的合计大约 4600 个[①]；秦汉时期的小篆，《说文》记载的已经达到 9353 个了；这里“秦汉”的“秦”不仅仅指统一六国后的秦帝国，而且还包括战国时

① 陈炜湛：《甲骨文简论》，上海：上海古籍出版社，1987，第 27 页.

期的秦诸侯国。可见，《说文》小篆实际上是战国文字，是通行于从秦诸侯国到汉代的文字。小篆是高度统一、标准化的。

就汉字的“本字”而言，也有“先起本字”与“后起本字”的区分，“箜篌”就是一个后起本字，是在“空侯”的基础上滋生的。“空侯”是乐器名，较早见于西汉《史记·封禅书》，《辞源》中“空侯”词条解释：“祷祠太一后土，始用乐舞，益召歌儿，作二十五弦及空侯，琴瑟自此起。”“空侯”也作“坎侯”“箜篌”。[1]“箜篌”较早见于《隋书·音乐志》，《辞源》中“箜篌”词条解释：“《释名·释乐器》谓为师延所作，为空国之侯所存，故亦称空侯。《宋书·乐志二》谓空侯，初名坎侯。汉武帝令乐人侯晖依琴作坎侯，言其坎坎应节奏。《隋书·音乐志下》谓出自西域，西凉有卧箜篌，竖箜篌。”[2]可见，“箜篌”作为乐器专名，是因义（类义）以制形，这是一个后起本字。由此看来，汉字的创制，有由类音以制字与由核义以制字之分，如图 3-2 所示。

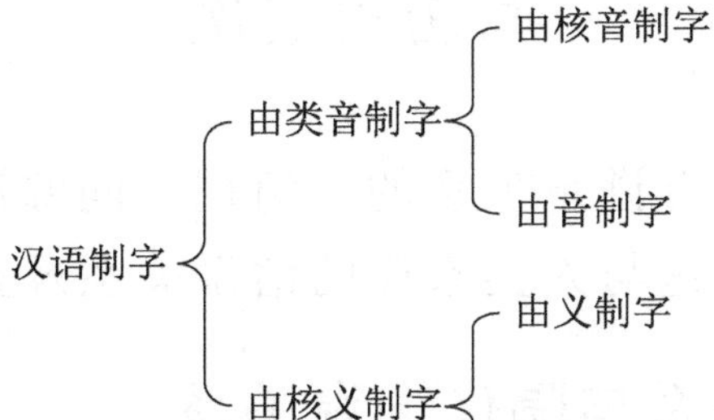

图 3-2　汉语制字分类图

例如“取”（见于甲骨文、金文、简帛、古玺、古陶，《说文》：“捕取也。”）与“娶”（始见于《说文》：“取妇

① 何九盈，王宁，董琨主编，商务印书馆编辑部编：《辞源》（第三版），北京：商务印书馆，2015，第 3074 页.

② 何九盈，王宁，董琨主编，商务印书馆编辑部编：《辞源》（第三版），北京：商务印书馆，2015，第 3127 页.

也。”），这是一组同源字词，二者具有产生的时间先后关系，先出现“取”，这是甲骨文时代的文字，然后才会产生“娶”，这是小篆时代的文字，二者断代明确。这两个同源字词的核形音义位为/取清母侯部捕捉/，“取”为核形，“清母侯部”为核音节，“捕捉”为核义。二者的类形音义位分别是，“取”为漂浮类音义位/0，0，可捕捉的/（类义包括敌方的左耳朵、敌方的女人等战利品），“娶”的类形音义位为/从女，0，女子/。就“取”“娶”的词源核义而言，其是“捕捉”义，捕捉核义的类义“女子”是否就是后起的，则很难断定；就“娶”的类形“女”（从女）来看，“娶”是一个后起的同源字词。因此，“取”“娶”属于历时同源字词。要指出一点，“取”“娶”作为同源字有先后，但是作为同源词，则很难断定先后。

第二节　同源词谱系结构的类型及其代际划分与历史层次

同源词就是具有谱系关系的一组词。同源词的谱系内部具有一定的结构关系，这与人类家族的谱系关系及其结构比较相似。

一、直系词源关系与隔代词源关系

直系词源关系是指 A 词与 B 词有直接的滋生与被滋生的关系。这类似于人类家庭中的父与子之间的谱系关系。

隔代词源关系是指 A 词与 B 词之间不是直接的滋生与被滋生关系，而是中间隔着 C 词、D 词等跨代词源关系。

二、单系词源关系与复系词源关系

单系词源关系是指在一组同源词中，其“词源”来自一个源头。在连续的遗传代际中，“词源”未发生复合。

复系词源关系是指在一组同源词中，其“词源”，包括“初始词源”“派生词源”，来自不止一个源头。

三、词源的代际划分标准类型

词源谱系可以按照朝代代际来划分，这叫作以“词源的外部代际标准”进行分类；词源谱系也可以按照词源自身滋生来划分，这叫作以“词源代际的内部划分标准”进行分类。

在词源谱系的代际标定上，同时标定朝代代际与词源代际，这叫作词源谱系代际的双重标定。

四、词源谱系结构的代际类型

（一）同源词谱系结构的命名法

同源词谱系结构的命名采取四级制命名法，即把一个同源词谱系的成员分别命名为“A 原词 $_1$”“B 系复 $_2$”（单系词源不予以标明，采取默认定义）“C 系 $_3$ 分支”“D 词 $_4$”四个层级，表示它们的滋生代际层级。“原词”为最高层级，“词”为最低层级，“词”为同源词的简称。遇有“单系词源”或“复系词源”，复系词源加以标明，被称为“B 系复 $_2$”。一般情况下，单系词源不标“单系”，仅标“系”。“系”往往是一个词，即原生词；“复 $_2$”“系 $_3$ 分支”一般是一组词；“词 $_4$”是没有词源滋生能力的单个同源词，是同源词谱系的末端成员。“词”没有词源滋生能力，但是具有复合能力，即与其他词形成复合词。同源词谱系滋生到“词”为终点。

（二）同源词谱系结构的类型

同源词谱系结构一般分为单系词源与单系同源词、复系词源与复系同源词、混合系词源与混合系同源词等类型。第一，单系词源与单系同源词，例如，上文所举的“正系”同源词就属于单系同源词，详见前文，此不赘述。第二，复系词源与复系同源词，例如，上文所举的“乔系$_{复3}$”词源就属于复系同源词，详见前文，此不赘述。第三，混合系词源与混合系同源词，例如，上文所举的“夭”原词与“高”原词所形成的“单复系词源”就属于混合系同源词，详见前文，此不赘。

（三）同源词谱系代际断代及其历史层次

第一，同源词谱系“代际断代”，如图 3-3 所示。

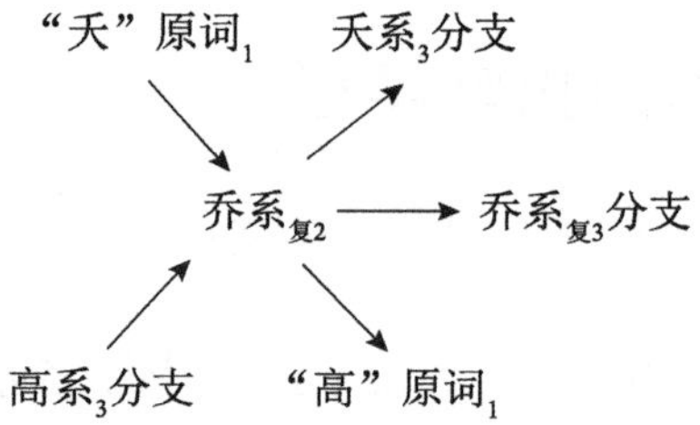

图 3-3　同源词谱系“代际断代”关系图

第二，同源词谱系“汉字-朝代断代”如下：

第 1 代

“夭系$_1$”原词：

夭=夭影母宵部屈　　殷商甲骨文、商周金文

“高系$_1$”原词：

高=高见母宵部崇高　　甲骨文，金文，战国简帛文、古玺文、古币文，汉印文

第 2 代

原词滋生复系词源。

“乔系$_{复2}$”词源：/高而曲/：

乔=夭高群母宵部高而曲　　金文，简帛文、古玺文，汉印文，石刻文

第 3 代

复系词源再滋生。

“高系 $_3$”词源：/高/：

侨=高群母宵部高　　简帛文、古玺文，汉印文

“高系 $_3$”词源：/高/：

跷=高见纽宵部举足而待　　西周《诗经》、东汉《说文》小篆

“高系 $_3$”词源：/高/：

屩=高见母药部　　《说文》小篆

“高系 $_3$”词源：/高/：

趫=高群母宵部善缘木走　　金文、《说文》小篆、汉印文

“高系 $_3$”词源：/高/：

挢=高群母宵部举手　　西汉《尔雅·释兽》、《说文》小篆、唐代《唐韵》、北宋《集韵》、元代《韵会》

“夭系 $_3$”词源：/曲/：

娇=乔群母宵部扭捏　　《说文》小篆

“高系 $_3$”词源：/高/：

骄=乔群母宵部马高六尺　　《诗经》、《说文》小篆

“高系 $_3$”词源：/高/：

憍=乔群母宵部高仰　　北宋《广韵》、北宋《集韵》、元代《韵会》

“乔系 $_3$”词源：/高而曲/：

鷮=乔群母宵部尾巴长毛高而曲　　《说文》小篆

“乔系 $_3$”词源：/高而曲/：

鱎=乔群母宵部头尾翘起　　南朝梁《玉篇》

“乔系 $_3$”词源：/高而曲/：

峤=乔群母宵部高而曲　《尔雅·释山》、北宋《说文·新附》

桥=乔群母宵部高而曲　《说文》小篆、汉印文、石刻文、唐写本

“高系$_3$”词源：/高/：

鐈=乔群母宵部长足　金文、《说文》小篆

“乔系$_3$”词源：/高而曲/：

繑=乔群母宵部高而曲　《说文》小篆

“乔系$_3$”词源：/高而曲/：

轿=乔群母宵部走高山地　东汉《汉书》、《玉篇》、《广韵》、《集韵》、《韵会》

“乔系$_3$”词源：/高而曲/：

矫=乔群母宵部拨正高而曲折处　《说文》小篆、汉印文、石刻文

“乔系$_3$”词源：/高而曲/：

荞=乔群母宵部高而曲　《尔雅·释草》《玉篇》《唐韵》《广韵》《韵会》

以上汉字断代，出土文字、传世文字、文献用字并用，《诗经》文献用字，按照时间推测当为春秋古文。[①]

关于“乔系$_{复2}$”复系词源，其字形跨越商代、西周、春秋战国、秦代、汉代、魏晋南北朝、隋唐、宋代、元明清、现代，纵贯夏代以下各个朝代，涵盖了汉语从甲骨文以来有文字的整个历史时期，而且延续至今。随着汉语族群及其母语的绵延不绝，“乔系$_{复2}$”复系词源还将继续延续下去，与汉语共始终。

---

① 参照高明《古文字类编》，藏克和、刘本才《实用说文解字》，齐冲天、齐小乎《汉语音义字典》，并参以己见酌定。字例解释参照齐冲天、齐小乎：《汉语音义字典》，北京：中华书局，2010，下册，第899-900页.有的字例解释按照形式词源学理论作了调整。

（四）同源词谱系结构断代标准的不对应

关于同源词谱系结构的代际，从理论上说，其词源活力是一个无限存活的过程，“乔系$_{\text{复}2}$”复系词源，从西汉《尔雅》算起，距今已经有 2224 年。只要汉语这一语种还存活，“乔系$_{\text{复}2}$”这一复系词源就会一直延续下去。要指出一点，以上“乔系$_{\text{复}2}$”复系同源词的谱系成员仅仅延伸到第三代就中止了。这就是说，一个词源的存活力是与该语种同寿命的，该词源的遗传代际成员则是有限的，这是因为该词源的类音义位的传播幅度是有限的。即是说，一个词源的存活力并不因该词源遗传代际的有限性而中止。

任何一个词源的类音义位的范围即传播幅度都是有限的，一般来说，传播幅度大约在 20 个同源词之间。要指出一点，一个词源的传播幅度是以该词源的同源词的个数来计算的。

按照历史朝代来给同源词谱系结构断代，则出现了与内部代际断代不对应的情况。“乔系$_{\text{复}2}$”复系同源谱系，按照内部断代仅仅有三代。如果按照“词源活力”（即词源是否具有延续性）计算，时间跨度却从汉代一直延伸到现代（标志为被现代字词典收录，依然被汉语母语者所使用）；如果从“乔系$_{\text{复}2}$”的两个原词“夭系”“高系”算起，时间有 2500 年以上。孔子去世距今 2498 年（截止到 2019 年），即可以追溯到孔子时代。语言基因“乔系$_{\text{复}2}$”的两个原词“夭系”“高系”遗传 2500 年以上，正当孔子时代（东周春秋晚期）。这就意味着，不管孔子意识到还是没有意识到，“乔系$_{\text{复}2}$”的两个原词“夭系”“高系”遗传基因在孔子时代就已经存在了。“夭”字、“高”字在商代的甲骨文中出现，这就是说，同源词谱系的稳定性非常高，远比朝代的寿命长而稳定。与人类的生物遗传基因相比，人类男性 Y 染色体，在男性之间可以稳定地遗传上千年，同源词谱系的基因单位“核音义位”可以稳定地遗传至少 2500

年，还将随着汉语继续延续下去。这就是说，人类语言基因的遗传稳定性及其寿命要高于人类的生物基因。

因此，在语言史例如汉语史的断代中采取朝代断代不能反映语言内部的演化情况，朝代断代仅仅可作为一种参照而已。

从以上“乔系$_{复2}$”复系同源词谱系结构的断代情况可以看出，同源词谱系的代际断代与朝代断代没有内在的联系，朝代断代就是一个非常外在的标准，不能反映同源词谱系的内部演化情况。由此想到，现在汉语史学界流行的朝代断代与汉语史的内部演化也没有内在联系。历史语言学以及历史比较语言学的年代学需要加以改革，历史语言学以及历史比较语言学的现行范式需要重塑。

关于语言演化的“历史层次”，其层次标准也应该是语言内部的，笼统的“上古层次”“中古层次”“现代层次”，其作用是非常有限的，不能够用来刻画语言演化的内部情况。

（五）同源词谱系结构代际确定的作用

同源词谱系结构代际确定的作用，首先，是确定语言系属的基础；其次，是构拟原始共同语的基础；最后，是构建历史语言学以及历史比较语言学新范式的基础。

第二部分　汉藏语词源学

题记一：

汉藏语词源学就是探讨汉语词函项与藏语词函项的词根音义谱系性及其历史变迁轨迹与动因的词源学。

题记二：

汉语词函项与藏语词函项的词根音义谱系性是汉藏语同源的柱石。

题记三：

词根音义的谱系性比较属于同类项比较，符合不是同类项不能比的法则。这是汉藏语词源学的基本法则。

第四章　汉藏语同源词（词根音义谱系）的类型学共性与谱系结构、分支语种古汉语与吐蕃藏语同源词直接谱系性的系统论证

第一节　汉藏语同源词（词根音义谱系）的谱系类型学共性及其谱系结构

一、“汉藏语同源词”

（一）何为“汉藏语同源词”

“汉藏语同源词”作为跨语种谱系关系的单位，属于“词”范畴，汉藏语同源词就是指汉语与藏语两种语种具有谱系性的词；“汉藏语同源词”也可以简称为“汉藏同源词”或“藏汉同源词”。“汉藏语同源词”的命名理据是汉语、藏语跨语种具有谱系性关系的词。汉藏语同源词是汉藏历史比较语言学的基本内容之一，是汉语、藏语同出一源的支柱之一。汉藏语同源词属于分化同源词，即因原始汉藏语祖语分化而产生的同源词。

（二）“汉藏语词源学”及其与“形式词源学”的关系

汉藏语词源学就是讨论汉语词、藏语词的谱系性的一门词源学科，其任务是论证汉语、藏语属于原始汉藏语的分支语种，它是汉藏历史比较语言学的重要组成部分。

关于汉藏语词源学与形式词源学的关系，前者是具体的部门词源学，其任务就是研究汉藏同源词，确立汉语、藏语是原始汉

藏语的分支语种；后者属于普通词源学，其任务就是研究词源的一般原理、一般原则与一般方法论，形式词源学的原理、原则与方法论同样适合汉藏语词源学。形式词源学在讨论词源的原理、原则与方法论时，是以汉语词为材料，但是所得出的理论与原则及方法论具有普遍性，这是一种由具体语种材料出发到达一般原则的研究策略，其获得普遍性的机制就在于形式刻画的思路与形式刻画的元语言。这与乔姆斯基从英语材料出发获得转换生成语法这一普遍语法的思路是相同的。因此，从一般原理出发，汉藏历史比较语言学包括形式词源学、汉藏语词源学、汉藏语历史分析语法等内容，如图 4-1 所示。

汉藏历史比较语言学
- 形式词源学
- 汉藏语词源学
- 汉藏语历史分析语法

图 4-1　汉藏历史比较语言学范围图

至于“汉藏语历史分析语法”的界定详情见下文，此不赘。

（三）“词”谱系性的形成机制

词何以形成“谱系性”？词具有“离散性”，同时又具有“递归性”，这两个自然语言符号的数学性质就决定了词具有谱系性。所谓“谱系性”，就是以有限的音义基元单位作为基底，用有限的法则滋生出无限的表达式，一句话，递归性就是以有限生成无限。单一语种的词或分支语种的词都分属于不同的谱系范畴，这如同族群的个体成员分属于不同的家族范畴一样，家有家族，词也有家族，词的家族俗称为词族。这里把属于某一“谱系范畴”的词称为同源词，是为了获得一个相对的概念即“异源词”（非同源词），以便于今后的研究。当然，有同源词，就必有“异源词”，异源词就是非同源词，就是不属于某一谱系范畴的词，即不属于某一同源词范畴的词。从理论上讲，所有的词都分属于不同的谱系范畴，“谱系范畴”是指词谱系（词核音义位）的分类子系统，因为所有的词都是音义范畴的结合，所有的音义范畴都分属于不同的谱系范畴，因此，异源词不是一个独立存在的语言符号实体，而是分类上相对于同源词的一个概念类别范畴，即异源词不能脱离同源词而单独存在。据此，单语种或跨语种的词，可以区分为如图 4-2 所示的两类。

- 单语种或跨语种词
  - 同源词
  - 异源词（非同源词）

图 4-2　单语种或跨语种词分类图

本书是以同源词即“汉藏同源词”作为研究对象的。“汉藏语词源学”“形式词源学”都是以同源词作为讨论对象的，不存在以异源词作为讨论对象的学科。

（四）同源词的语种数量类型

1. 同源词的语种数量分类

同源词，如果按照单语种与跨语种来区分，可以分为两类，如图 4-3 所示。

本书的“汉藏语同源词”属于跨语种同源词。

- 同源词
  - 单语种同源词
  - 跨语种同源词

图 4-3　同源词的语种分类图

同源词的语种数量类型的区分，是有意义的。单语种同源词说明所论及的语种尚未分化为分支语种；跨语种同源词说明所论及的语种已经分化为分支语种。本书的“汉藏语同源词”说明汉语、藏语已经分化为不同的分支语种。

2. 同源词的非语种分化与语种分化及其边界不分明性

今天的语种从源头上说，都是由语言或语种的分化而来的，但是分化的群体时空有远近之分，依据分化的群体时空距离，可以把分化区分为两类，如图 4-4 所示。

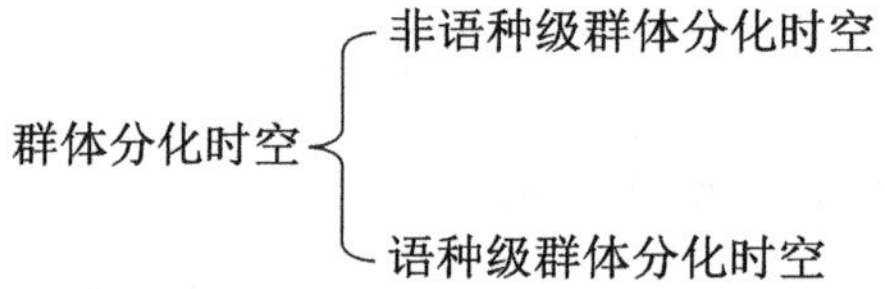

图 4-4　群体分化时空的非语种与语种分类图

“非语种级群体分化时空”即为土语与方言级群体分化时空，该群体分化时空之内的同源词属于单语种同源词，否则为跨语种同源词。可见，非语种与语种的区分是由群体分化时空的界限所决定的，与通解度基本上没有关系。

由此引出一个话题，单语种同源词与跨语种同源词之间没有明晰的界限，即同源词的语种属性是一个边界不分明的集合。

3. 跨语种同源词（或分支语种同源词）的“祖语”假设——“原始汉藏语”设立的必要性与相对性

人类“语言”是所有今天现存语种或已经消亡语种的祖语，今天现存语种或已经消亡的语种都属于人类“语言”的“语种”，因此，人类“语言”是今天现存语种或已经消亡语种的“原始语言”。但是，这一原始语言在历史上或现实中未曾被记录为“符号事实”，因此，人类“语言”作为绝对的“原始语言”仅仅属于理论推导的存在。如此，原始语言可作如图 4-5 所示的区分。

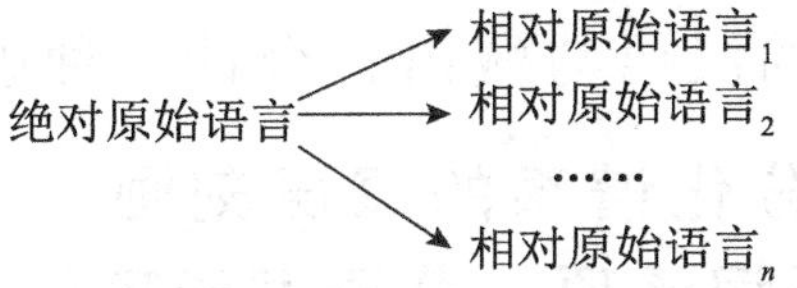

图 4-5 绝对原始语言与相对原始语言滋生图

语种，不论是“相对祖语”（非人类语言这一“绝对祖语”）还是分支语种，都是属于“分化”而成的；即使是“融合”而成的语种，同样存在着“源”与“流”的关系。因此，“祖语”（单一语种）与“分支语种”（多种语种，或跨语种），或“祖语”（多种语种）与“融合语种”（单一语种）都存在相对的祖语与分支语种问题。原始汉藏语属于相对祖语即相对原始语言，其分支语种汉语、藏语则属于相对分支语种。

从逻辑上讲，“原始汉藏语”是分支语种汉语、藏语的充分必要条件，即只要有分支语种汉语、藏语，就一定有原始汉藏语的存在，反之亦然，只要有原始汉藏语，就一定存在分支语种汉语、藏语。同样地，尽管原始汉藏语并没有作为一种独立语种成为历史现实，但是原始汉藏语在理论上是存在的，是一种理论实在，即原始汉藏语属于分支语种汉语、藏语的理论上位源头。

4. 汉藏语同源词与原始汉藏语词函项的谱系分化

祖语与分支语种的分化，首先表现在词源的分化上，如图 4-6 所示。

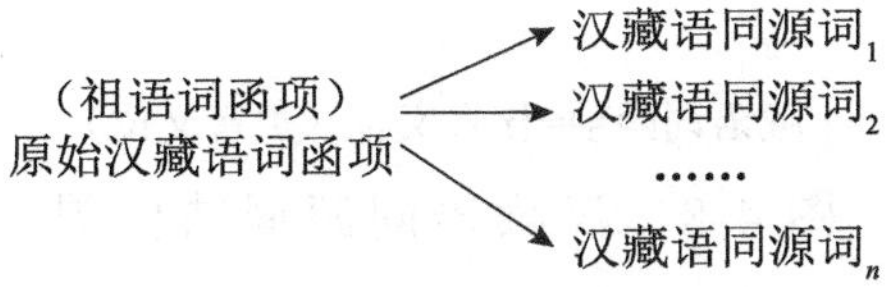

图 4-6 祖语词与分支语种词分化图

可见，本书所讨论的语种一是属于相对祖语的原始汉藏语，二是属于分支语种的汉语与藏语，合计三种语种。

5. 分支语种分化谱系的深层刻画——原始汉藏语词函项与分支语种汉语词函项、藏语词函项的分化谱系性

原始汉藏语词函项与分支语种汉语词函项、藏语词函项的分化谱系性是对分支语种分化谱系的深层刻画，如图 4-7 所示。

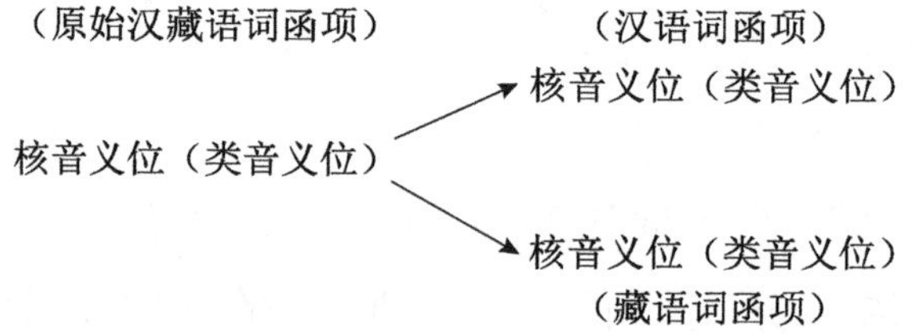

图 4-7　祖语与分支语种词函项分化谱系图

祖语与分支语种的词函项构成一种词源函项的分化谱系。当然，这里未考虑词源音义位的属性变换情况，是仅就词函项的规则分化而言的，即就祖语“核音义位（类音义位）”函项与分支语种的相应函项的对应分化而言的。

二、汉藏语同源词的谱系结构及其分类

（一）汉藏语同源词的谱系结构及其同源标准

汉藏语同源词属于跨语种同源词，不是单语种同源词，其结构如图 4-8 所示。

图 4-8　汉藏语同源词结构图

图 4-8 显示出以下三点：第一，汉语词与藏语词的结构，不论是否同源，都具有词函项形式；第二，汉语词、藏语词成

为汉藏语同源词的条件是，只要汉语词函项与藏语词函项的“核音义位”具有对应关系，二者就构成汉藏语同源词；第三，至于二者的“类音义位”是否对应与同源没有关系，因为类音义位属于变异成分，不是词同源的决定性因素，只有核音义位才是词同源的决定因素。

（二）汉藏语同源词“核音义位”的谱系分类

汉藏语同源词属于跨语种同源词，依据汉语词函项与藏语词函项的“核音义位”的谱系标准，跨语种同源词函项“核音义位”可以区分为如图 4-9 所示的类型。

跨语种同源词函项“核音义位”
- 声组系核音义位
- 韵部系核音义位
- 音节系核音义位

图 4-9　跨语种同源词函项“核音义位”谱系分类图

不论语种是两个还是两个以上，跨语种同源词函项的核音义位的类型仅仅限于以上三种。

（三）汉藏语同源词谱系结构的分类及其理据

依据同源词谱系结构的类型学理论（见第一部分“形式词源学”有关内容），对汉藏语同源词的谱系结构类型进行探讨，汉藏语同源词的谱系结构如图 4-10 所示。

汉藏语同源词
- 声组系汉藏语同源词
- 韵部系汉藏语同源词
- 音节系汉藏语同源词

图 4-10　汉藏语同源词的谱系结构分类图

以上汉藏语同源词的分类，贯彻了同源词音义位在音节分布上的异位分布法则，即同源词音义位的核音义位与类音义位在音节分布上只能是声纽与韵部或音节与漂浮音义位错位分布，因为这是由词源音义位结构的遗传与变异构造所决定的，即是说，词源音义位的遗传与变异结构决定了词源音义位的音节物理分布。

本小节所论，均围绕着汉藏语同源词谱系结构的基因共性进行，可以看出，汉藏语同源词从音义位的基因结构层面到音义位的基因音系学（音节层面）表征，均表现出一种类型学的共性属性。但是，汉藏语的这些谱系类型学共性并不能决定汉语词与藏语词之间就有音义谱系属性。汉语词与藏语词的谱系性最终取决于汉语词音义与藏语词音义之间的亲缘关系，即是说，汉藏语同源词是谱系类型学共性中嵌套着音义亲缘个性的综合体。

汉语词源学界以及汉藏语比较学界存在着把词源谱系类型学共性当作词源谱系音义亲缘个性的倾向，这是要引以为戒的。可以看出，汉藏语同源词是“谱系类型学共性+音义亲缘个性”。

第二节　把汉语词、藏语词求证为“汉藏语同源词”的一般原则及其方法论

一、未经考证的“汉语词”与“藏语词”与经过考证的“汉藏语同源词”

汉语与藏语的词，在尚未经过“谱系考辨”证实以前，只能分别被称为汉语词、藏语词，只有经过谱系考辨证实的词才可以被称为“汉藏语同源词”。本书就是要以汉语、藏语的词为对象，考辨汉语、藏语两种语种中具有谱系关系的词，即考辨“汉藏语同源词”，这是本书的基本目标。

传统训诂学的“考辨”是一个边界比较含混的概念，这里从谱系的角度把考辨加以区分，如图 4-11 所示。

考辨
- 谱系考辨（同源考辨）
- 非谱系考辨（非同源考辨）

图 4-11　考辨的谱系与非谱系分类图

“谱系考辨”与“非谱系考辨”有很大的不同，谱系考辨属于历史比较法的范畴，传统考辨既包括谱系因素又包括非谱系因素。本书的考辨是谱系考辨意义上的考辨。“谱系考辨”是指词单位等的音义亲缘求证，即词函项的核音义位或句法位的内涵词的音义亲缘的求证。

二、“词”与“词函项”结构

按照传统词汇学的看法，词尤其是单音单纯词的实词（“桌”“窗”“通”等）是一个实体单位，其实不然，词作为语言单位，就像“句”单位一样，其内部是一个成分与关系的统一体，可以表示如下：

词=（成分，关系）

以上集合表达式可以改写为下列函项式：

词=关系（成分）

这是所有语种的词（包括单音单纯词、合成词）的普遍形式。这种词的普遍形式被称为“词函项”。如果考虑到表达式“词=关系（成分）”中“关系”的谱系性质，则表达式“词=关系（成分）”可以被称为“词源函项”。因此，汉藏语同源词就是指汉语词源函项与藏语词源函项具有谱系性，其谱系性就体现为“关系”具有同构对应关系或历时变迁关系。

一般来说，词函项表达式“词=关系（成分）”写为词源函项表达式“词源=核音义（类音义）”，据此，汉藏语同源词就是指汉语词源表达式“汉语词源=汉语核音义（汉语类音义）”与藏语词源表达式“藏语词源=藏语核音义（藏语类音义）”二者的“汉语核音义”与“藏语核音义”具有同构对应关系或历时变迁关系。

可见，从“函项”的角度来看，“词的谱系性”与“句的谱系性”在本质上是相同的，即词的谱系性是词函项“核音义”之间具有对应关系；句的谱系性是句函项“内涵词”之间具有对应关系。要指出一点，无论是“词同源”还是“句同源”，其函项式即“词函项式”之间、“句函项式”之间不会产生结构上的同源性，因为词的同源性、句的同源性系来自“音义亲缘”。

三、汉藏语同源词的考辨类型

考辨汉藏语同源词，就是考辨汉语词函项、藏语词函项的谱系性，即确认词函项表达式“词=关系（成分）”中的“关系”（核音义）是否具有同构对应关系或历时变迁关系。汉藏语同源词考辨属于谱系考辨。汉藏语同源词考辨可以区分为如图 4-12 所示的类型。

汉藏语同源词考辨
- 共时谱系考辨
- 历时变迁谱系考辨
- 共时-历时谱系考辨

图 4-12　汉藏语同源词考辨分类图

四、词的构造与汉藏语同源词的考辨方法论

（一）词（词函项）的二维几何结构与汉藏语同源词的二维考辨方法

词的谱系性在深层表现为“谱系结构”，谱系结构的表征属

于元语言策略，可以采取几何直观的形式予以表征，也可以采取集合的形式予以表征，这两种元语言形式在效果上是等价的，可以相互变换。

1. 词（词函项）的二维几何结构表征

汉语词、藏语词的结构都可以表征为二维几何结构形式，如图 4-13 所示。

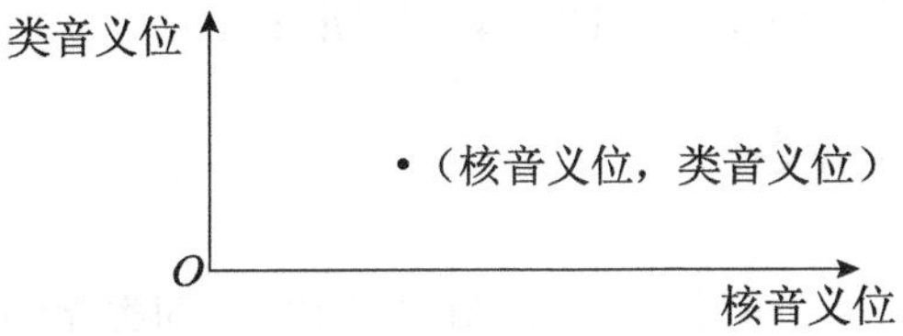

图 4-13　词的二维几何结构图

任何词，不论是原始汉藏语词，还是分支语种汉语词、藏语词，其结构都可以表征为以上二维几何结构形式。这是“二维词源学”的得名之由。以上词的二维几何结构形式，也可以表示为如下集合形式：

词=（核音义位，类音义位）

还可以表示为函项式：

词=核音义位（类音义位）

表征的数学形式不同，但是表征的实质是一样的，殊途而同归。

2. 汉藏语同源词的二维考辨方法

根据以上汉藏语同源词的二维几何结构形式，可以得出汉藏语同源词的二维考辨方法。该方法可以区分为以下三种。

（1）声纽核音义位，如图 4-14 所示。

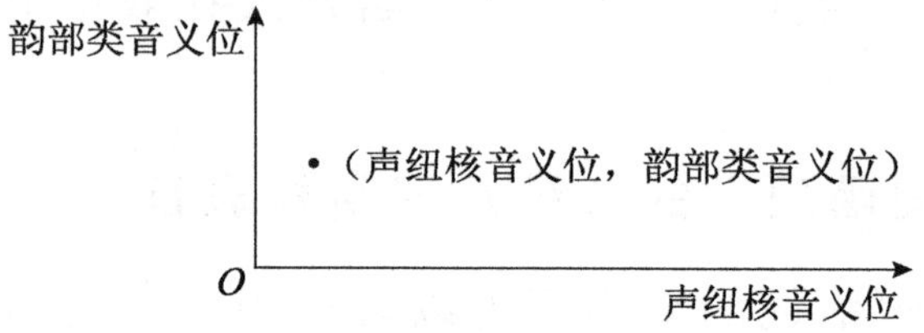

图 4-14　声纽核音义位考辨方式图

（2）韵部核音义位，如图 4-15 所示。

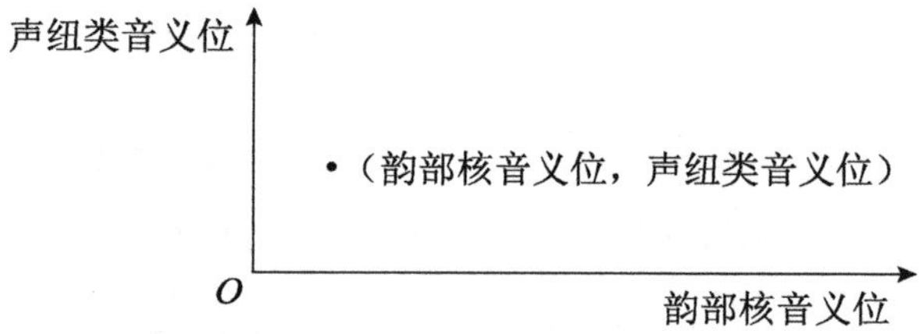

图 4-15　韵部核音义位考辨方式图

（3）音节核音义位，如图 4-16 所示。

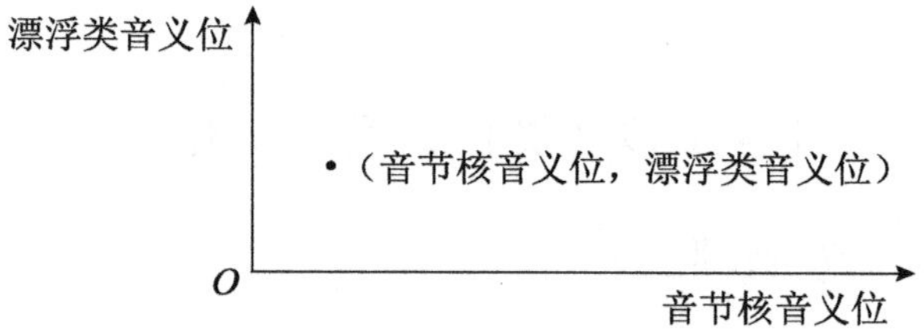

图4-16　音节核音义位考辨方式图

（二）词的三维几何结构与汉藏语同源词的三维考辨方法

1. 词（词函项）的三维几何结构表征

词除了表征为二维几何结构形式以外，还可以表征为三维几何结构形式。词（词函项）的三维几何结构表征可以分为三维直角坐标形式和集合形式，如下所示。

（1）三维直角坐标形式之一，如图 4-17 所示。

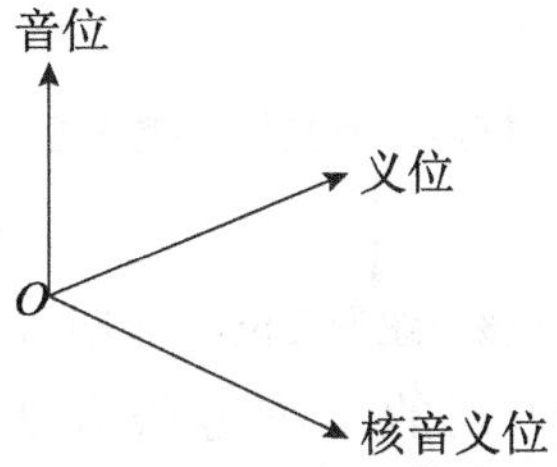

图 4-17　词（词函项）的三维直角坐标形式图之一

（2）三维直角坐标形式之二，如图 4-18 所示。

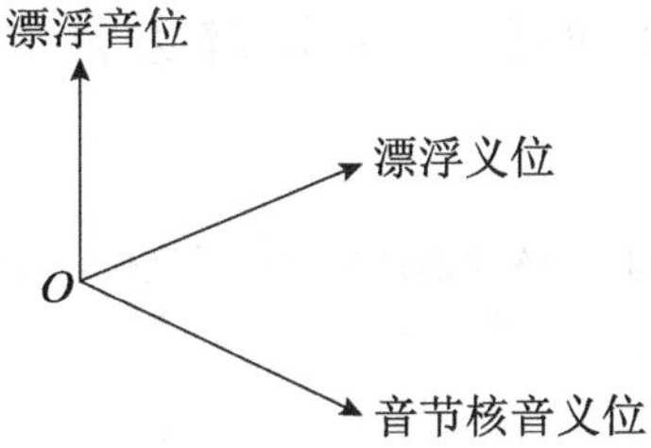

图 4-18　词（词函项）的三维直角坐标形式图之二

（3）集合形式表示如下：

词=（核音义位，义位，音位）

词=（音节核音义位，漂浮义位，漂浮音位）

词的三维几何结构表征与二维几何结构表征相比，三维几何结构表征更为精准，词的“核音义位”“音节核音义位”是一个音义融合体，音（音节）义具有不可分离性；词的义位、音位或漂浮义位、漂浮音位具有音义可分离性。因此，词的三维几何结构表征准确地揭示出词（词函项）的内在结构机制。

2. 汉藏语同源词的三维考辨方法

汉藏语同源词的三维考辨方法可以以集合的形式表示，其有三种不同的表示形式。

（1）汉藏语同源词的三维考辨方法的集合形式之一，如图 4-19 所示。

汉语词=（核声纽音义位，类义位，类韵部）

↓　↓

藏语词=（核声纽音义位，类义位，类韵部）

图 4-19　汉藏语同源词的三维考辨方法的集合形式图之一

注：①汉语“词集合”与藏语“词集合”的“核声纽音义位”具有对应关系，这是汉语词与藏语词同源的充分必要条件；②核声纽音义位虽然不对应，但属于同一波动域（同一音法或位法）；③核声纽音义位不对应，也不属于同一波动域，但是具有历时变迁关系（跨音法或跨位法）；④类韵部不同，类义位不同。

（2）汉藏语同源词的三维考辨方法的集合形式之二，如图 4-20 所示。

汉语词=（核韵部音义位，类义位，类声纽）

↓　↓　↓

藏语词=（核韵部音义位，类义位，类韵部）

图 4-20　汉藏语同源词的三维考辨方法的集合形式图之二

注：①汉语词与藏语词的“核韵部音义位”具有对应关系，这是汉语词与藏语词同源的充分必要条件；②核韵部音义位虽然不对应，但属于同一波动域（主要元音相同或相近，韵尾同一位法或同一音法）；③核韵部音义位不对应，不属于同一波动域，但是具有历时变迁关系（主要元音或韵尾跨位法或跨音法）；④类义位不同，类声纽不同。

（3）汉藏语同源词的三维考辨方法的集合形式之三，如图 4-21 所示。

汉语词=（核音节音义位，漂浮义位，漂浮音位）

↓　↓

藏语词=（核音节音义位，漂浮义位，漂浮音位）

图 4-21　汉藏语同源词的三维考辨方法的集合形式图之三

注：①汉语词与藏语词的“核音节音义位”具有对应关系，这是汉语词与藏语词同源的充分必要条件；②类义位属于漂浮类义位，类音位属于漂浮类音位。

（三）同源词的谱系性与谱系类型学区分

以上从词的构造角度出发，提出汉藏语同源词的考辨方法论及其考辨方式。这是同源词结构及其考辨的类型学分析。要指出一点，发生学是谱系性与类型学的共性，单靠发生学是解决不了谱系性问题的，音义发生学有“谱系发生学”与“谱系类型学”之分，如图 4-22 所示。

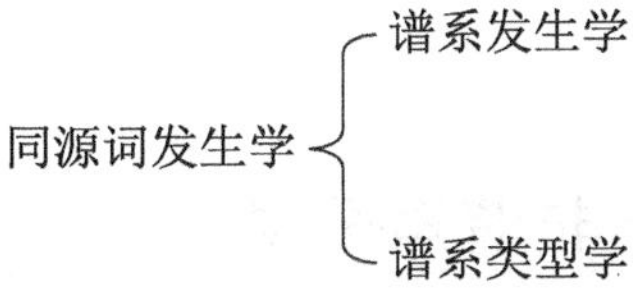

图 4-22　同源词发生学的谱系与类型分类图

可见，同源词是“同源=（谱系，类型）”元素的统一，“同源”内就蕴含着“谱系”与“类型”元素。因此，只有“谱系发生学”才可以决定词的谱系性质。

但是在词源结构中，“谱系发生学”成分是嵌套在“谱系类型学”的框架之中的，二者是谱系共性与谱系个性的统一体，因此，汉藏语同源词是汉藏语谱系发生学成分与谱系类型学成分的统一体。

有学者往往对这一点不加以辨别。就词源学而言，清代王念孙（体现在《广雅疏证》中）把“近义词”与“同义词”的类型学现象混为谱系现象，其影响远播今日；当代有学者又把“谱系类型学”与“谱系发生学”混为一谈，这都是要引以为戒的。究其原因，主要是未能从基础理论上深入探讨“近义词”、“同义词”与“同源词”的联系与区分，未能从基础理论上深入探讨“谱系类型学”与“谱系发生学”的联系与区分，而是简单地把“近义词”“同义词”等同于“同源词”，把“谱系类型学”成分等同于“谱系发生学”成分。

第三节　“汉语谐声字”与汉藏语同源词的关系问题

“原始汉藏语时代”距今下限年代约 5800 年（同源词年代断代），即原始汉藏语延伸至仰韶文化后期，亦即“原始汉藏族群”在仰韶文化后期才分化。

一、“汉语谐声字”以及“六书”的分类

（一）汉字的分类

1. 汉字的谐声与非谐声分类

汉语谐声字（简称“谐声字”，会意兼谐声字，以下谐声字均指此），是指记录汉语的汉字中的“具有表音成分”（记音字形）的类型。汉语汉字（简称“汉字”，有“六书”）的构造可以作如图 4-23 所示的区分。

- 汉字
  - 谐声字
    - 谱系谐声字（谐声字、转注字）
    - 标音谐声字（谐声字）
  - 非谐声字（象形字、指事字、会意字、假借字）

图 4-23　汉字的谐声与非谐声分类图

2. 文字的普遍类型

汉字以及其他文字，都是用来记录语言的词单位的，记录的对象无非是词的“音”与“义”，以及“音义”三种词成分，据此文字可以区分为三类，如图 4-24 所示。

- 文字
  - 记音文字（假借字记录音节，尚有记录音位的文字）
  - 记义文字（象形字、指事字、会意字）
  - 记音义文字（谐声字、转注字）

图 4-24　文字分类体系图

以上“文字分类体系”是一个通用的分类体系，具有普遍性，适合所有文字，因为文字所记录的是词，词具有（词音，词义，词音义）三维结构，“词音义”是词的基因单位，任何语言都具有语言基因，语言基因就是由词的音义所组成的。这里由词的三维结构推导出文字具有三种类型在理论上具有合理性。可见，汉字综合运用了三种造字技术（记音、记义、记音义）。就比例而言，除了“记音”的假借字与“记义”无关而外，“记义”“记音义”均涉及“义”，即“记义”涉及两种造字方法，说汉字是表意文字在总体上是有道理的。确切地讲，汉字是“音节-表意-词源文字”。

3. 汉字的基因与非基因类型

汉字这种文字中有两种类型是专门用来记录词基因即词音义的，谐声字（会意兼谐声字）、转注字就属于记录词基因即词音义的类型，据此汉字可以区分为两类，如图 4-25 所示。

汉字
- 词基因字（词音义字）：谐声字、转注字
- 非词基因字（非词音义字）：象形字、指事字、会意字

图 4-25　汉字的基因表征与非基因表征分类图

假借字是以同音节或近音节记录词的“音节”，其字形是表征词音节的，属于音节文字，假借字的字形没有表意成分；象形字、指事字、会意字是以整个字形或字形部件组合记录词义的初始意义，或造字意图，字形具有表意成分，属于表意文字；谐声字、转注字，字形的一部分（形符）表意（类义），字形的另一部分（声符）记录音义（核音义），即“声符”同时记录词的音义即词基因，属于音义文字。据此，说汉字是表意文字是接近实际的。实际上，汉字是以表意为主的混合型文字，因为汉字记录词单位的手段（字形功能）是综合的。

（二）吐蕃藏语与吐蕃藏文的类型

1. 吐蕃藏语的范围与文献范围

吐蕃藏语是指以书面藏语为代表的藏语，其书面文献包括传世印刷藏文文献、敦煌藏经洞出土写本手卷藏文文献（俗称“敦煌吐蕃出土文献”）、吐蕃金石铭刻文献、吐蕃竹木简牍文献。此外吐蕃藏语包括藏语卫藏方言（拉萨话）。本书受时间所限，暂时不涉及藏语安多方言、藏语康方言以及藏语拉达克方言。

传世印刷藏文文献、出土文献（晚于公元 7 世纪，从公元 8 世纪到公元 9 世纪，包括敦煌吐蕃出土文献、吐蕃金石铭刻文献、吐蕃竹木简牍文献）与拉萨话可以被视为西藏山南泽当雅隆河谷吐蕃部落的语言。书中援引的藏文材料，基本上限于书面语，有时涉及拉萨话。

2. 吐蕃藏文的类型

吐蕃藏文（简称“藏文”）是以字形来记录藏语词的词音（音位）的，藏文属于记音（拼音）类型，系“音位文字”。藏文在字形上没有类似于汉字记录词义或造字意图的成分或构件（形符），不属于表意文字；藏文在字形上也没有记录词基因即词音义的成分或构件（“声义符”），因此，藏文不属于“词基因文字”或“词音义文字”。汉语谐声字以及转注字，因为在字形上具有记录词音义的成分即“会意兼谐声”的“声义符”，所以属于词基因文字即词音义文字。据此，所有文字都可以区分为如图 4-26 所示的类型。

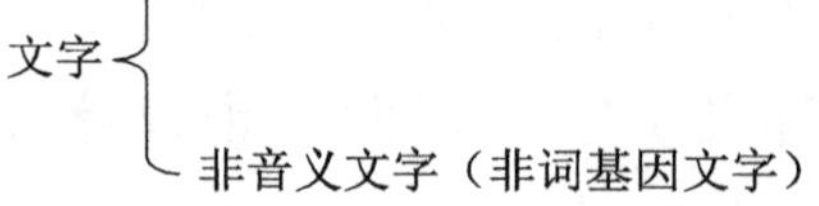

图 4-26　文字的词基因与非词基因分类图

这里要指出一点，文字可以区分为词基因与非词基因类型，但是语言的词却都是“基因型”的，因此，语种的同源关系是由词基因决定的。不管是何种文字记录的语言（包括“国际音标”记录的语言）都可以进行谱系考证。汉语与藏语的谱系考证，与汉字和藏文的性质、类型没有关系，即是说，无论从汉字还是藏文出发，都可以探讨汉语、藏语的谱系关系。

（三）汉藏语同源词考辨要坚持同类项可比原则

1. 汉藏语同源词要在词函项层面进行比较

汉藏语同源词考辨坚持同类项可比原则，即汉语词函项与藏语词函项进行比较。

其一，汉语谐声字由于其基因文字属性（同源字词），可以直接表征为同源字词函项式：

谐声字=核形音义（类义）

其二，谐声字以外的其他非基因文字，可以撇开字形，直接从词函项入手，表征为词函项式：

非谐声字=核音义（类音义）

其三，吐蕃藏文直接从藏语词入手表征为词函项式：

藏语词=核音义（类音义）

2. 汉藏语同源词考辨应注意的问题

对汉藏语同源词进行考辨，应注意以下三个问题。

其一，汉语词与藏语词要达到“同源词同类项”的标准，是最为困难的，要避免把异源词混同为同源词。其二，注意区分固有词与借词，排除借词。其三，注意区分类型学意义的近义词、同义词。自从清代王念孙以来，划分近义词、同义词与同源词的界限一直困扰着训诂学界，这一困扰一直影响至今，有的学者把近义词、同义词混同为同源词。

二、汉语谐声字的“谐声”法则与汉语单语种条件下“同谐声者必同源”

（一）谐声字的“形音义谱系界定”及其“谐声字函项”

谐声字是指其形、音、义具有谱系关系的一组字，这里所谓的“形音义谱系”是指“内涵形”“内涵音”“内涵义”三者所构成的谱系关系。谐声字实际上是“同源字词”，其函项式可以表示如下：

谐声字=核形音义（类形音义）

可见，谐声字是一种融字形与词音义于一体的基因文字，属于形音义基因文字。谐声字属于许慎的《说文》“六书”之一。

（二）许慎“六书”的“四标准综合分类”

谐声字属于许慎的“六书”之一。许慎在《说文解字叙》中没有对其分类标准加以明确解释，仅仅给出分类结果，没有给出分类原则。现在从逻辑分类的角度对“六书”进行较为严格的分类，许慎《说文解字叙》中的“六书”，如果依据四个标准“记音义”“记音”“记类义”“记造字意图”进行分别划分，然后再予以综合集成，可得如图 4-27 所示的分类图。

这一“六书”分类图，可以准确展示许慎的分类标准，复原许慎的“六书”分类法则。

“谐声字”是形音义具有谱系关系的字，因为谐声字具有“核形音义位”，这是一种依据核形音义位制字的方法。其余的“五书”都是依据非核形音义来制字的。假借字是以音记录词义的字，会意字、象形字、指事字是以形记录字的造字意图的字。至于转注字，按照许慎的解释“建类一首，同意相受，考老是也”，是指字与字之间具有一种“同意”的关系，即指具有类义关系的“类义字”。

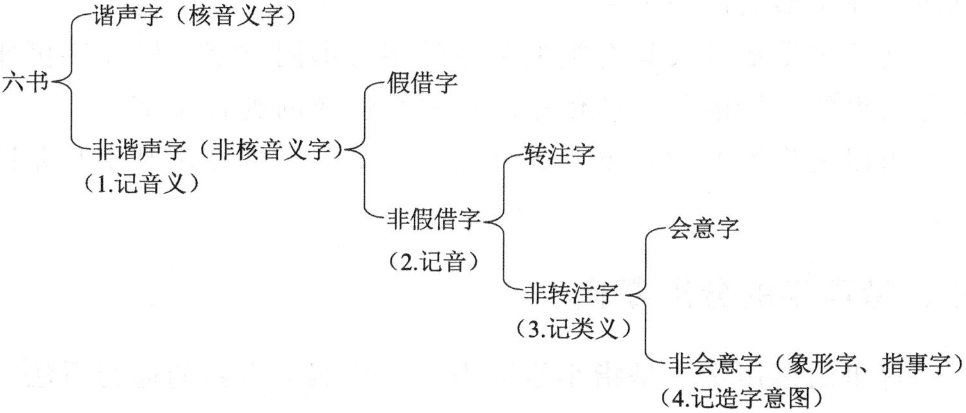

图 4-27　许慎“六书”四标准综合分类图

（三）谐声字的范围与“谐声纽”、“谐韵部”与“谐音节”

“谐声”可以区分为两类，如图 4-28 所示。

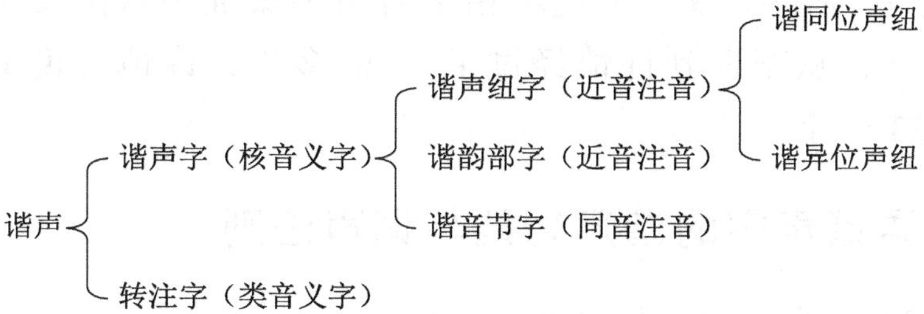

图 4-28　谐声核音义与类音义分类图

谐声字是形音义具有谱系关系的字，或音义具有谱系的词，谐声字又可以区分为“谐声纽字”“谐韵部字”“谐音节字”，即是说，谐声字的核音义位可以分布于声纽、韵部、整音节上。

转注字依据章太炎的说法归于同源字，但是图 4-28 中的转注字属于“类音义字”。

虽然“同谐声同部”，但是只有核音义位分布于韵部上，才会形成“谐韵部”。虽然声纽不同“声位”，但是只要核音义位分布于声纽上，就会形成“谐声纽”。谐声纽可以区分为“谐同位声纽”“谐异位声纽”，可见谐声的功能不在于注音，而在于同源，在于形成谱系关系。

转注字是形音义具有类型关系的字，即同类字。转注字可能就是后世的“转语”，即依据时地关系形成的类音义字。

可以把许慎的“六书”归并为“二书”，即谐声制字与非谐声制字。

三、谐声字的分期断代

这里的谐声字，是指小篆谐声字，按照学术界的通行看法，小篆的谐声字占整个小篆系统的80%。

谐声字产生于东周的春秋时期，一直延续到战国、秦汉、唐代直至北宋徐铉等人修订《说文》时。徐铉本《说文》的“新附”字，是北宋年间的产物，这可以作为小篆断代的下限。

至于小篆的字数，秦代丞相李斯用小篆统一六国文字时，有3300个字，从李斯到许慎经过了300多年，许慎《说文》已经达到9353个字。

四、汉语谐声字的谐声功能与谐声法则

（一）汉语谐声字的谐声功能

汉语谐声字有两个主要功能，一是注音，二是表意。通过对谐声的注音与表意功能的探讨，也可以研究谐声的谱系性质。

1. 谐声注音功能

汉语谐声字的谐声注音功能有同音注音、近音注音之分，其

分类表示如图 4-29 所示。

- 谐声注音功能
  - 同音注音（音节注音）
  - 近音注音
    - 声纽注音
    - 韵部注音

图 4-29　谐声注音功能分类图

2. 谐声表意功能

汉语谐声字的谐声表意功能有声纽表意、韵部表意与音节表意之分，其分类表示如图 4-30 所示。

- 谐声表意功能
  - 声纽表意
  - 韵部表意
  - 音节表意

图 4-30　谐声表意功能分类图

3. 谐声的谱系性质

汉语谐声字的谐声谱系性质有声纽同、韵部同与声纽异、韵部同之分，其分类表示如图 4-31 所示。

- 谐声
  - 声纽同，韵部同
    - 声纽亲缘/韵部异源
    - 韵部亲缘/声纽异源
    - 整音节亲缘/漂浮类音义位
  - 声纽异，韵部同
    - 韵部亲缘/声纽异源
    - 声纽亲缘/韵部异源
    - 不出现整音节同源

图 4-31　谐声的谱系性质分类图

（二）汉语谐声字的谐声法则

谐声分类中“声纽同，韵部同”与“声纽异，韵部同”的区分，是根据段玉裁与章太炎关于谐声字的性质的看法加以综合提出的。笔者归并为两条分类法则：一是同谐声同韵部（段玉裁）。二是同谐声声纽有同有异（章太炎）。

从图 4-31 中可以得出以下两个结论：第一，同谐声，同音注音或近音注音；同谐声，亲缘注义。第二，同谐声必同源。

可见，谐声字既是同源字，又是同源词。

学术界一般认为，有的谐声字有谱系关系，有的谐声字没有谱系关系，仅仅有注音关系。笔者在这里从理论上推导出“同谐声必同源”的结论。

五、谐声字的构造以及与“谐声词”的变换——同谐声者必同源，历史时期的“谐声字”与史前时期的“谐声词”

谐声字的构造可以表示为集合论模型：

谐声字=（形义符，形音义符）
形符　　　声符

这表明，谐声字都是同源字词，属于历史时期（有文字时期）的产物。

如果不考虑谐声字的字形因素，谐声字就成为“谐声词”，其构造可以表示如下：

谐声词=（义符，音义符）

这表明，谐声字实际上也是同源词，属于史前时期的产物。“义符”是表示词的类义的范畴，“音义符”是表示词的核音义的范畴，以上集合论模型也可以写为

谐声词=（类义符，核音义符）

这表明，谐声字是一种同源词的造词法。

六、谐声字在“汉藏语同源词”考辨中的意义与汉藏语同源词的断代——“原始汉藏语时代”距今最晚约 5800 年（同源词年代断代），即原始汉藏语延伸至仰韶文化后期，原始汉藏族群在仰韶文化后期才分化

（一）“历史时期的汉藏语同源词”断代——距今约 3300 年（甲骨文文字断代年代）

“汉藏语同源词”是指分支语种汉语、藏语具有谱系关系的词汇，属于跨语种同源词。

从谐声字入手，考辨汉藏语同源词，可以获得“汉语历史时期的汉藏语同源词”，就是以汉语甲骨文时期为断代标准的汉藏语同源词。因为吐蕃文献是公元 7 世纪的产物，谐声字是公元前东周时代的产物，考虑到小篆的前身金文乃至甲骨文，汉藏语同源词的历史时期可以上推到距今约 3300 年。

（二）“史前时期的汉藏语同源词”——下限年代距今约 5800 年（仰韶文化后期），原始汉藏语分化最迟在仰韶文化的后期（新石器时代中期）

至于“汉藏语同源词的史前时期”或“史前时期的汉藏语同源词”，由于词的核音义位的稳定遗传性，汉藏语同源词的史前时期可以上推到汉语、藏语开始分化的时期［2500 年（同源词遗传时间）+3300 年（甲骨文距今时间）=5800 年（汉藏语同源词距今最晚时间）］。这正是汉语与藏语从原始汉藏语分化的时间，这相当于仰韶文化的后期，即原始汉藏语的分化在距今大约 5800 年的仰韶文化后期，仰韶文化后期相当于新石器时代中

期，即原始汉藏语与原始汉藏族群的分化大约在新石器时代中期。这种推算具有合理性，在距今约 1.2 万年时，人类进入新石器农耕文明时代，在经历了大约 6000 年即到新石器时代中期，人口增加到族群分化的阶段，语种也随之分化，原始汉藏语与原始汉藏族群就是在这种条件下加以分化的。

依据考古学的研究，人类在距今 5 万年时开始产生语言，在距今 2.7 万年的旧石器时代晚期产生的艺术（绘画）标志着语言的形成。根据土地载能与人口数量的关系，新石器时代土地载能大幅提高，人口在空间上大幅增加，新石器时代人类文化遗址遍地都存在，"人类群体"与"人类语言"开始分别分化为不同的"族群"与不同的"族群语种"。首先是在平原地区、易于耕作的地区，其次是在高寒地区、不易于耕作的地区，人类群体与人类语言先后梯次展开分化。

新石器时代末期，西藏地区作为高寒、不易于耕作的地区，开始先后出现卡若文化（位于西藏东北部昌都东南约 12 公里处的卡若遗址，处于澜沧江东岸，海拔 3100 米，面积约 1 万平方米，有聚落，以打制石器为主，有陶器、农作物粟，有不少动物骨骼，绝对年代碳-14 测定，卡若文化的下限为公元前 2400 年，上限为公元前 3380 年，年代跨度在公元前 3300—公元前 2300 年，延续的时间为 1000 年上下）、曲贡文化（位于西藏拉萨城以北的拉萨河谷边缘的曲贡遗址，其海拔 3685 米左右，面积约 1 万平方米，有聚落，有陶器，有石磨，以农耕为主、畜牧为辅，碳-14 测定的年代数据下限为公元前 1500 年，上限为不晚于公元前 1750 年，估计还可以上推到公元前 2000 年）[①]。

这就是说，西藏东北部昌都在距今 4419—5399 年已经有了

① 中国社会科学院考古研究所：《中国考古学·新石器时代卷》，北京：中国社会科学出版社，2010，第 723-735 页.

聚落居民在生产生活。后来西藏拉萨城在距今 3519—4019 年已经有了聚落居民在生产生活。据此可以推测，汉语（古汉语）、藏语（吐蕃语）的分化时间最迟在距今 3519—4019 年，最早在距今约 5800 年（同源词年代或原始汉藏语年代断代）。这就是说，汉语、藏语的分化距离甲骨文的产生仅仅有 700 多年时间。也可以这样说，甲骨文时期的汉语与原始藏语相隔时间不太远。

从总体上看，距今 4000—12 000 年的时间，是人类群体与人类语言遍地分化的时候。

距今 6000 年时，西安半坡出现陶器上的刻画符号，可以说，原始汉藏语一直延续到新石器时代中期（相当于仰韶文化后期）才开始分化，前文的史前时期的汉藏语同源词年代 5800 年正处于西安半坡遗址的年代范围（距今 6800—6300 年）的下限之外缘。

人类语言的快速分化开始于新石器时代，这是由于新石器时代的人类文明进入农耕时代，随着土地载能的提高，人口急剧膨胀，族群分化不断向广阔的空间扩散，语种分化加剧。考古学的证据表明，西藏的人口正是在新石器时期大规模增加的，原始汉藏族群分化为汉族、藏族族群与原始汉藏语分化为古汉语、吐蕃藏语正是发生在新石器时代末期。

第四节　原始汉藏语与原始汉藏族群的人种系属关系的一致性

“原始汉藏语”与“原始汉藏族群”，在人种系属上属于蒙古利亚人种，中国社会科学院考古研究所的观点是：“中国是一个人口众多的、由多民族组成的国家。从人类种族衍生的角度来看，我国 13 亿人口中，除少数边远省区的一些少数民族具有某些非蒙古人种成分的因素外，绝大多数属于蒙古人种支系的不同地域变异类型。这种情况究竟是怎样形成的？他们之间的相互关系如何？他们各自在形成近代概念的中国人的起源和组成中占有何种地位？这些问题实际上是继人类起源问题之后的另一个重要问题的一部分，即近代种族的起源和发展研究。”[①]由此可见，分支语种汉语、藏语与分支族群汉族、藏族的人种系属同样也是蒙古利亚人种的。

从历史来看，起源于西藏山南泽当地区雅隆河谷的吐蕃部落，是古代藏族与近代藏族的主体族群，其所操的吐蕃语是藏族的通用语言，其人种系属按照考古学界的说法，是蒙古利亚人种的地域变体[②]；按照人类学界的肤纹研究结果，藏族属于蒙古利亚人种南北类型的混合体。

但是给人的感觉是，西藏的藏族人有雅利安人的特点，与印度人（欧罗巴人种）有某些类似之处，川西的康巴藏族更接近于巴蜀人。四川道孚县的藏族人被称为“霍尔人”，即蒙古人。古代鲜卑人在青海曾经建立过政权。可见，近代藏族族群不是一个纯粹单一的族群，而是在漫长的形成过程中加入了其他族群的成分，这有点类似于汉族族群的形成过程。但是就整体而言，汉族与藏族在人种系属上属于蒙古利亚人种则是无疑的。

第五节　分支语种古汉语、吐蕃藏语词根音义的直接谱系性与间接谱系性，词根音义直接谱系性的系统论证

一、分支语种古汉语、吐蕃藏语词根音义的直接谱系性与间接谱系性

从祖语种分化而产生的分支语种，具有演化的谱系性。这种

① 中国社会科学院考古研究所：《中国考古学·新石器时代卷》，北京：中国社会科学出版社，2010，第 741 页.

② 中国社会科学院考古研究所：《中国考古学·新石器时代卷》，北京：中国社会科学出版社，2010，第 741 页.

语言或语种演化的谱系性，可以表现在“词根音义”“词根的形态音义”“语法范畴的音义”上。这属于直接的语言或语种演化的谱系性。此外，尚有一种词根音义间接谱系性——“句法位映射谱系性”。前三种语言或语种演化的谱系性具有一种逻辑的必然性——包括音义的逻辑必然性与音系的逻辑必然性。后一种句法位映射谱系性则是一种具有或然性的谱系性。分支语种演化所形成的谱系性如图 4-32 所示。

- 分支语种演化谱系性
  - 词根音义直接谱系性
  - 词根音义间接谱系性（句法位映射谱系性）

图 4-32　分支语种演化谱系性分类图

其中的“直接谱系性”又可以作如图 4-33 所示的区分。

- 分支语种直接谱系性
  - 词根音义谱系性
  - 词根形态音义谱系性
  - 语法范畴音义谱系性

图 4-33　分支语种直接谱系性分类图

除了词根音义的分化谱系性以外，尚有词根音义的复合谱系性，据此，词根音义谱系性可以作如图 4-34 所示的区分。

- 词根音义谱系性
  - 词根音义分化谱系性
  - 词根音义复合谱系性

图 4-34　词根音义谱系性分化与复合分类图

词根音义的分化与复合是一对孪生子，二者密不可分，分化与复合不仅仅发生在原始语种与分支语种之间，还发生在语种之内，甚至于发生在原始语种之内与分支语种之内，“单系词源”

与“复系词源”就是语种分化演化与复合演化的表现。

此外，词根形态音义、语法范畴音义以及句法词音义方面同样存在着分化与复合的现象。分化属于同源分化，复合则有同源与异源之分。

二、怎样从分支语种演化的类型性共性中区分出谱系性成分

（一）一种系统音义谱系性的同源考辨

这里拟从古汉语与吐蕃藏语的“声纽同源形式”“韵部同源形式”“音节同源形式”着手，分别对古汉语与吐蕃藏语的同源进行论证与考辨，从“声纽音义位”“韵部音义位”“音节音义位”三个方面对古汉语与吐蕃藏语的音义系统进行系统的论证与考辨。

这与传统的词根对词根（古汉语词根韵部对吐蕃藏语词根韵部，例如俞敏的《汉藏同源字谱稿》）的同源词考辨有较大的不同，这里的“声纽音义位”是以声纽为核义载体的核音义位，“韵部音义位”是以韵部为核义载体的核音义位，“音节音义位”是以整音节为核义载体的核音义位。这种考辨具有范例性，可以做到从音义的系统谱系性方面论证古汉语与吐蕃藏语的同源分化性质，而非以词根个体的音义谱系集成古汉语与吐蕃藏语的谱系性。这是一种系统音义谱系性的同源考辨。

（二）分支语种的词根音义系统性谱系及其音系学分类

任何语种的音系格局（同源考辨不包含超音段成分）都可以区分为“声纽”“韵部”“音节”三类，这是人类语言在音系上的普遍特征。从动态分化的角度看，祖语分化为分支语种，在音系的类型上同样具有声纽、韵部与音节的共性特征。这是语种分

化的基因形式共性。

祖语词根音义的分化是一个遗传与变异的过程。遗传的是词根音义的核音义成分，变异的是词根音义的类音义部分。词根的核音义载体有三种，即声纽载体、韵部载体与音节载体，如图 4-35 所示。

古汉语与吐蕃藏语词根核音义载体
- 声纽载体
- 韵部载体
- 音节载体

图4-35　古汉语与吐蕃藏语词根核音义载体分类图

同样地，原始汉藏语演化为分支语种古汉语与吐蕃藏语，其词根核音义的演化载体也是声纽、韵部与音节三种形式。

（三）分支语种古汉语与吐蕃藏语词根音义构造的口腔空间类型共性——“人类意识”与“人类音姿”的类型共性及其机制

1. “人类意识”与“人类音姿”概念的提出

“人类意识”简称为“意识”，是指人类心智感知、推导等感性认识与理性认识的认知行为，这是全人类的共性特征，是人类与动物的区分所在。

“人类音姿”简称为“音姿”，是指人类口腔器官对意识行为的生物物理表征。“意识”与“音姿”是构成人类自然语言的必备成分，二者缺一不可。

就目前而言，意识与音姿仅仅为人类所有，人类之外的其他脊椎动物的意识与音姿与人类的意识与音姿相比，其完备程度是不可同日而语的。“歌曲”只有人类才可以唱出来，人类之外的其他脊椎动物是唱不出类似于人的“歌声”的，就说明了这一点；事实上也只有人类才可以开办音乐学院，人类之外的其他脊椎动物是不能开办音乐学院的，也说明了这一问题。

“音义位”就是人类意识与人类音姿的具体表征。音义位具有类型学性质，即“音义位=核音义位（类音义位）”，这是人类音义位的共性特征；音义位亦具有语种或族群的谱系个性特征，即“音义位=核音义位（类音义位）”这一共性结构中的“核音义位”具有一种语种或族群的个性标记（例如“汉藏语或汉藏族群音义标记”）。

2. “意识（音姿）函项”及其类型

这里所说的“意识（音姿）函项”是指人类自然语言（简称“自然语言”或“语言”）的生物机能。人类之外的其他脊椎动物之所以还没有类似于自然语言的生物机能，关键在于没有演化出类似于人类的“意识（音姿）函项”这一运算机制。

“意识（音姿）函项”是指“意识”施用于“音姿”的一种演算法则。“意识”是行为，“音姿”是行为对象，二者构成一种意识与音姿的组合逻辑，即“意识”与“音姿”是人类的生物物理组合逻辑。可见，词根音义的谱系性是生物物理组合逻辑的必然性所致。

“意识”是一种演算关系，“音姿”是被施用的演算对象，“意识”的改变会引发演算结果的改变，“音姿”的改变也会引发演算结果的改变。因此，“音姿”与“意识”也可以构成“音姿（意识）函项”，即是说，“音姿”也可以施用于“意识”进行演算。如此，“意识”与“音姿”可以构成如图 4-36 所示的函项。

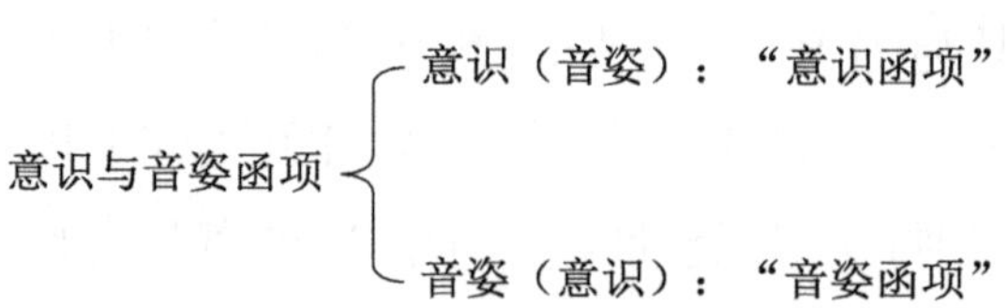

图 4-36　意识与音姿函项分类图

可见，汉藏语同源词中也存在“音义同源”（音义互生）的现象，该现象可以是“由义生音”，也可以是“由音生义”，还可以是“音义互生”，如此，传统词源学的汉藏语音义同源可以区分为如图 4-37 所示的类型。

汉藏语音义同源
- 由义生音
- 由音生义
- 音义互生

图 4-37　汉藏语音义同源分类图

3. “意识与音姿函项”的生物物理性

“意识与音姿函项”具有生物物理基础，其脑神经基础就是神经元的行为函项，此函项可被称为“神经元函项”，表示如下：

输出信息=编码传导（输入信息）

该神经元函项是依据阮炯等编著《神经动力学模型方法和应用》一书中所引用的“Rosenzweng and Leiman，1982”[①]提出并予以加工抽象而成的。

“输入信息”包括意识与音姿方面，“编码传导”也包括对意识与音姿方面信息的加工，因此，“输出信息”自然地也包括意识与音姿方面。但是从神经元到自然语言符号中，意识与音姿的表征既有联系又有区分，其区分是意识的表征形式为音姿，音姿的表达内容则为意识，二者的联系为“意识与音姿的互为函项关系”。具体而论，意识成为词单位的词根意义等概念内容，音姿成为词单位的音素等物理形式。

阮炯等说：“神经细胞或者叫做神经元是神经网络的结构单

① 阮炯，顾凡及，蔡志杰：《神经动力学模型方法和应用》，北京：科学出版社，2002，第 3 页.

元，也是它的功能单元。”[①]这里，我们从神经元处理信息的角度来抽取数学模型，至于神经元处理信息的内部机制暂不涉及。

据此，“意识与音姿函项”可以说是神经元函项的映射，如图 4-38 所示。

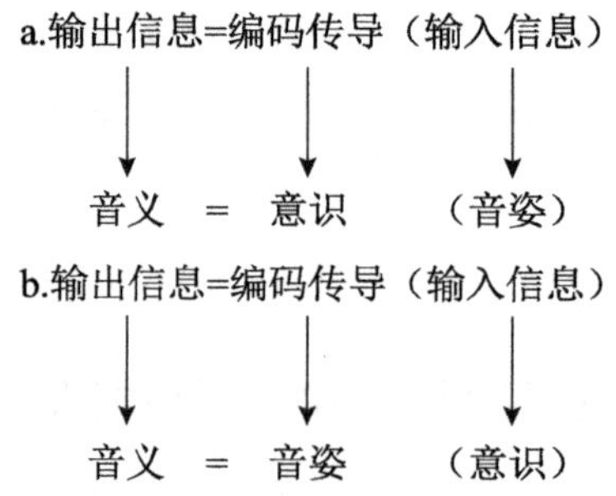

图 4-38　神经元函项映射为意识与音姿函项图

可见，在神经元函项中，可以以意识来加工音姿，也可以以音姿来加工意识，或者兼而有之，意识与音姿互为加工。这就是上文所述“汉藏语音义同源”三种类型的生物物理与生物心理机制。

4. “意识与音姿函项”的动力学性质

“意识与音姿函项”的两种函项类型构成了“意识与神经元函项”的两个动力系统，即是说，“意识（音姿）函项”与“音姿（意识）函项”是驱动自然语言（词根音义）演化的动力，自然语言表层的“语音演化”、“语法演化”与“词汇演化”都是源自“意识（音姿）函项”与“音姿（意识）函项”的驱动。即使是自然语言的深层音义演化——词根的音义演化，也是这两个函项所推动的。据此，“意识与音姿函项”的动力可以区分为如图 4-39 所示的类型。

① 阮炯，顾凡及，蔡志杰：《神经动力学模型方法和应用》，北京：科学出版社，2002，第 1 页.

意识与音姿函项动力
- 意识（音姿）函项型
- 音姿（意识）函项型
- 意识与音姿函项混合型

图 4-39　意识与音姿函项动力分类图

这种理论的价值之一就在于可以解释传统词源学的“由义生音”、“由音生义”与“音义互生”的争论。其实，这三种音义关系的感知描述都有语言事实的支持，各自在一定条件下都能成立。但是，试图放大其中的一种动力而抹杀其他动力的存在是偏颇的，也是不正确的。

在语言史包括汉语史中，目前通行的是板块研究，即语音、语法、词汇三板块分论研究，其实可以考虑基于词根音义演化的“演化语言史”的建构。

5. “意识与音姿函项”的物质性（唯物）与心智性（唯心）

意识与音姿函项，仅从神经元的角度看，既是生物物理的，又是生物心理的，是物质与意识的统一。可见，自然语言符号是物质与精神协同演化的产物。单纯地认为自然语言符号是“客观的”或“主观的”，都不符合自然语言符号的符号事实。如果从传统哲学的角度看，自然语言符号既是唯物的，又是唯心的，是唯物与唯心的统一。

从输入信息的角度看，自然语言符号既可以输入音姿信息又可以输入意识信息，是音与义的统一。

6. “意识与音姿函项”的发音器官大限分类

1）传统的“约定俗称派”与“自然派”

意识一旦产生，就与音姿具有密切的关联性，这种关联性也可以被称为“有机联系”。无论是东方古代中国的学者，还是西方古代希腊、古代罗马的学者，对此都进行了不懈的探讨，形成了“约定俗称派”与“自然派”两大阵营。这一课题的研究至今未有一个定于一尊的看法，依然是言人人殊，莫衷一是。

2）以“口腔空间发音部位”为标准的三大限分类，口腔空间与意识空间

“人类口腔”可以简称为“口腔”，是一个生物物理空间。国际音标表的“生物物理音素”（简称“音素”）都是这一口腔的产物。尽管这一口腔音素的数量是相对有限的，即其音素单位的数量是有限的，但是以这些音素为基本单位的音素组合却是一个天文数字。同理，口腔空间虽然有限，但是依靠这有限的音素却可以构造出不同语种的音系格局来。据估计，人类语言有7000 多种（人类语种永远不会有确切数字，因为永远不会有一个统一的语种划分标准，即使有了统一的语种划分标准，也难以获得确切的统计数据），但是尚未发现有完全雷同的音素及其组合的音系格局，这就是说，自然语言音系格局的构造法则至今还是一个谜，是一个尚待解决的难题。

同样地，人类语言或人类语种的“音义位”（含核音义位、类音义位）至今也没有一个确切的数字，至今也没有找到人类语言或人类语种的普遍“音义位系格局”。这一普遍的“音义位系格局”可能是确定人类语种谱系系统的通用标准。

但是，如果以口腔空间的发音部位的前、中、后分布作为大致标准，口腔空间可以区分为如图 4-40 所示的部分。

口腔空间
- 前部空间（双唇遮蔽空间）
- 中部空间（舌尖半遮半开空间）
- 后部空间（舌根开张空间）

图 4-40　口腔空间分类图

“前部空间”是指口腔的前部，这一前部空间又可以被称为

“双唇遮蔽空间”。前部空间的“双唇”可以形成“遮蔽”效应，遮蔽效应对应遮蔽意识。“后部空间”是指口腔的后部，是以舌根为基点的，这一后部空间又可以被称为“舌根开张空间”。后部空间的“舌根”可以形成“开张”效应，开张效应对应开张意识。“中部空间”是指介于双唇与舌根之间的中部空间，以“舌尖”为中心点。这一中部空间又可以被称为“舌尖半遮半开空间”，中部空间的“半遮半开”可以形成“半遮半开”效应，“半遮半开”效应对应半遮半开意识。

3）口腔空间三大限区分的意义

如果撇开词根音义的动态演化不谈，仅仅从词根音义的静态构造入手，依据口腔空间三大限的区分可以把词根的“音义空间”也区分为三大限，如图 4-41 所示。

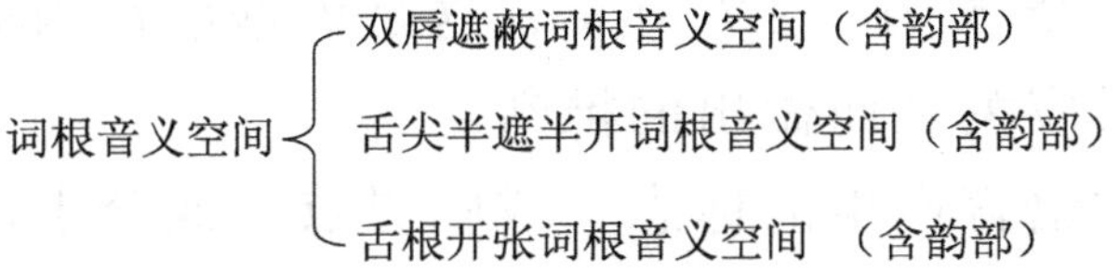

图 4-41　词根音义空间（含韵部）因素分类图

口腔空间可以与词根音义空间形成对应关系，如图 4-42 所示。

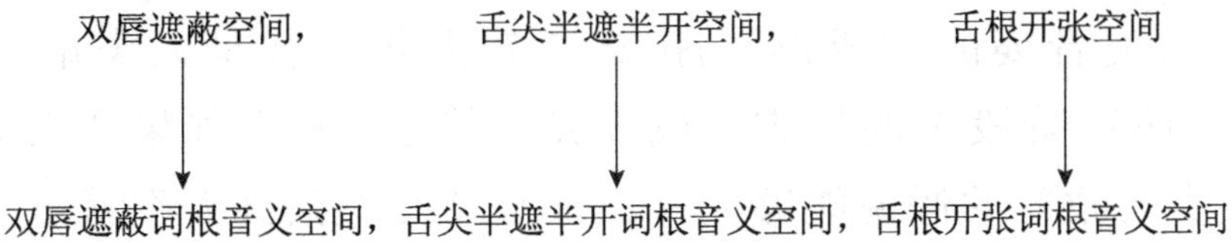

图 4-42　口腔空间与词根音义空间映射图

可以看出，词根音义本身就是一个“意识口腔空间”，该空间也可以被称为“意识音姿空间”。口腔空间的方寸之地与意识的相互作用，可以演绎出无限生动的词根音义空间，以无限的意识与有限但是可以滋生无限多的音素来表征无限复杂的大自然与心智世界。

词根音义空间是无限的，其音义滋生能力也是无限的，可以滋生出各语种的词根音义空间来。但是，词根音义空间的类型是有限的，即以上所区分出的词根音义空间的三大限。

词根的“三大音义空间”是我们论证分支语种古汉语与吐蕃藏语的词根音义谱系性的基本理论。

三、人类语言产生的标志断代或分水岭断代——距今2.7万年的理论“复原”或理论“重建”

国外考古学界推断，人类语言产生于距今约5万年，这是根据人类发音器官的演化做出的推断。

前文依据裴文中关于旧石器时代艺术产生的年代为距今2.7万年的结论，做出人类语言产生的下限在距今2.7万年，即人类语言产生于距今5万—2.7万年，这是依据语言函项与艺术（绘画）函项的对应关系而做出的推断。

至于人类语言产生的标志（或临界点，或分水岭，因为人类语言的产生是一个漫长的过程），可以说，旧石器时代末期艺术的产生，标志着意识演化的成形，“意识（音姿）函项”的组合逻辑演算，意味着发音器官演化的成形，因此，人类意识的“成形”与人类音姿的“成形”距今2.7万年，就是人类语言产生（区别于萌芽阶段）的标志，或临界点与分水岭。如果“人类”产生于“类人猿”的假说能够成立，那么从类人猿到人类就有一个类人猿与人类的转折点（质的分界，尽管这一分界也是一个漫长的过程），人类意识的“成形”与人类音姿的“成形”就是这一质的分界。可以说，语言产生的标志是类人猿与人类的质的界限。

对人类语言产生的标志这一课题的探讨，虽然缺乏有声资料（永远不可能得到距今2.7万年的有声资料）的支持，但是从艺术（绘画）函项与语言函项的对应关系出发，从“意识（音姿）函项”这一组合逻辑演算的理论出发，人类语言产生的标志在距今 2.7 万年这一推断还是有着坚实的、充足的理论依据的。科学研究就是如此，有些已经消失的事实今人不可能亲眼所见亲耳所闻，但是从理论上是可以推导而出的，是可以进行理论“复原”的，这类似于考古学界的“重建”与“复原”工作。

四、分支语种古汉语与吐蕃藏语词根音义直接谱系性的系统论证及其词根同源考辨

（一）口腔音姿的音系学分类

1. 超音段的三维几何空间

“口腔音义空间三大限”，包括“声纽音义空间”“韵部音义空间”，但是不包括“超音段空间（音频，音强，音长）”。超音段也可以构成一个三维空间，如图 4-43 所示。

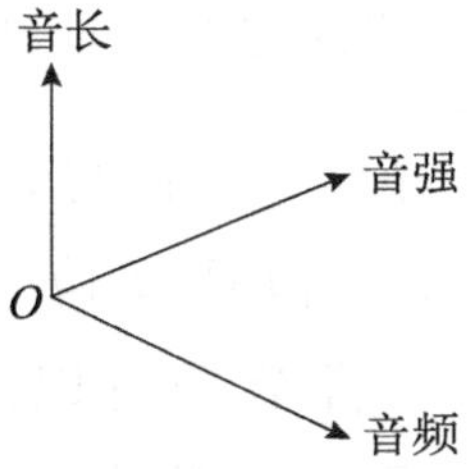

图 4-43　超音段三维几何空间结构图

超音段的这一构造空间表明语言韵律（声调、轻重音）的划分仅仅是就主要因素而论的，即声调主要是由音频表征的韵律形式，轻重音主要是由音强表征的韵律形式。即是说，声调蕴含着音频、音长，轻重音蕴含着音强、音长。从理论上讲，语言韵律可作如图 4-44 所示的区分。

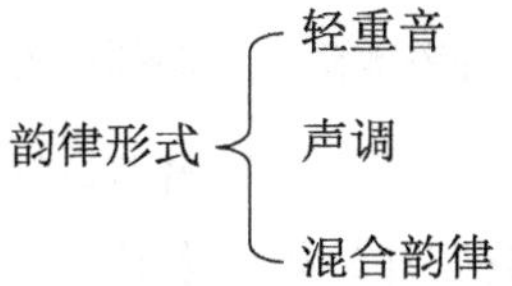

图 4-44　韵律形式分类图

超音段的三维几何空间在声乐上具有重要作用，声乐就是在超音段空间中形成的，是对超音段的三维几何空间的不同组合与变换，以便表达人类对世界的声乐意识（声乐感知与声乐认知）。可见，超音段的三维几何空间同样是由（音姿，感知，音姿意识）三维构成的，“音姿意识”相当于词根音义位，是可以遗传的，这是声乐的遗传成分，但不是语言或语种的遗传成分。

2. “音节”的递归与非递归分类

音节，根据递归与否可以区分为两类，如图 4-45 所示。

音节
- 递归音段
- 非递归超音段

图 4-45　音节的递归与非递归分类图

词的谱系性是分布于音段之上的，因为“音段”“义位”“音义位”是递归的，音段（包括义位、音义位）递归是由于其具有离散性，声纽、韵部、音节均可以历数；词的词性变换是分布于超音段之上的，因为超音段不具有递归性，不具有离散性，声调、轻重音、音长互相蕴含。

（二）立足于汉藏跨语种的“音姿谱系”

根据音系学标准，“口腔音姿谱系”可以区分为三类，如图 4-46 所示。

口腔音姿谱系
- 声纽口腔音姿
- 韵部口腔音姿
- 音节口腔音姿

图 4-46　口腔音姿谱系分类图

这就是说，“口腔音姿”具有谱系性，例如“复辅音单辅音演化谱系”“单辅音清浊演化谱系”“单辅音送气不送气演化谱系”“单辅音重唇轻唇演化谱系”等。

“音姿”往往与“意识”构成相配关系，因此“音姿意识”也往往具有谱系性，这是“词根音义谱系性”的先兆。

语种的分化，其实质就是“音姿意识”（音姿及其所表征的意识）的分化，反之则反，即语种的混合的实质就是“音姿意识”的复合。可以依据原始语的词根音义推求出分支语种的词根音义，也可以依据分支语种的词根音义逆推求出原始语的词根音义，其背后依据的法则就是原始语与分支语种的词根音义具有谱系性的一面——相通的遗传成分与别异的变异成分。例如先秦汉语声纽系统的四个重唇音声纽，即“帮组”（帮、滂、并、明）与吐蕃藏语的辅音声母中的四个重唇音pa、pha、ba、ma，从理论上推断，是具有谱系关系的口腔音姿，其表征的口腔意识，由于口腔音姿与意识初始选择的偶然性与必然性的双重因素的作用，导致原始汉语与原始藏语既具有谱系的成分，又具有非谱系的成分，因此，就理论而言，原始汉藏语在不同族群的选择作用下，会产生如图 4-47 所示的演化结果。

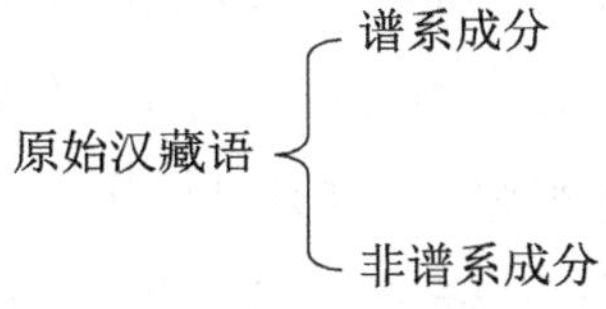

图 4-47　原始汉藏语演化的谱系与非谱系成分图

可见，来自原始汉藏语的汉族族群所操的先秦汉语与吐蕃藏族族群所操的吐蕃藏语，既有谱系成分又有非谱系成分。求证得先秦汉语与吐蕃藏语的具有谱系性的词根音义成分（核音义），是汉藏语（比较）词源学的基本任务。

（三）汉语、藏语的“双唇/遮蔽”系词根音义的同源考辨与论证

这里将对古汉语、吐蕃藏语的“‘双唇/遮蔽’系词根音义的谱系性”进行论证与考辨，对其操作理论依据与事实基础进行阐释。

1. “‘双唇/遮蔽’系词根音义的谱系性”术语的含义与汉语词、藏语词是否同源的微观标准——“音姿理据”“意识理据”“音义理据”的分别对应

“‘双唇/遮蔽’系词根音义的谱系性”这一术语有三个含义：第一，是指词根音义的谱系性这一谱系类型，而不是指形态音义的谱系性、语法范畴音义的谱系性，更不是指句法位的映射音义谱系性；第二，“双唇”是指词根音义谱系性的“音姿”理据；第三，“遮蔽”是指词根音义谱系性的“意识”理据。因此，“双唇/遮蔽”系则是指词根音义谱系性的音义理据。“‘双唇/遮蔽’系词根音义的谱系性”即是指由“双唇/遮蔽”音义理据所决定的词根音义的谱系性。

要指出一点，“双唇音姿”与“遮蔽意识”的组配不是唯一的选择，即“双唇音姿”除了与“遮蔽意识”组配以外，还有与其他类型“意识”组配的可能性与现实性；反之亦然，即“遮蔽意识”除了与“双唇音姿”组配以外，还有与其他类型“音姿”加以组配的可能性与现实性，这就是说，清代汉语词源学家例如段玉裁的“凡从‘某声’皆有‘某义’”中的“某声”与“某义”的音义必然性论断是不妥当的，“某声”具有“某义”，仅仅属于音义组配的一种可能性。即是说，无论是“音”还是“义”，尽管互为函项，但是“音”对“义”的组配或“义”对“音”的组配均属于偶然性与必然性因素的混合组配机制的结果，这一混合机制可以表示如下：

音义组配选择过程机制=族群（（偶然性，任意性），（必然性，递归性））
惯例派　自然派

可以看出，在音义组配时，“惯例派”因素（偶然性，任意性）与“自然派”因素（必然性，递归性）在同时起作用，族群（分化而出的区域群体）是惯例派因素与自然派因素的操作者，族群属于操作函项。

一旦音义组配后（定型），音义之间就进入了必然性的递归阶段，偶然性与任意性的因素就退出了该音义的组配机制（但是会进入下一轮音义组配），表示如下：

音义组配选择后机制=（必然性，递归性）
自然派

这就是词源具有递归性的内在机制。

以上是古代中国、古希腊“惯例派”（约定俗称派）与“自然派”之争的症结所在。可见，“惯例派”与“自然派”并不矛盾，也不对立，二者截取的词源滋生过程的阶段是不同的。

既然“族群”是操作函项，即在词源滋生的过程中实际上是分支语种的催生者，因此，“族群”与“语种”之间即有一种产生上的对应关系，据此，族群就是语种识别的一个关键标准，语种的通解度与语种的识别没有实质上的联系。印度英语，美国人不容易听懂，通解度很低，但是美国英语、印度英语均属于英格兰族群的语种及其变体，印度英语仅仅是印度人的二语语种，非母语语种，印度人族群与英语语种之间没有对应关系。20 世纪 50 年代，国内自行申报的民族有 400 余种，其后的所谓“中国新发现语言”多数与 400 余种自行申报民族中的相关民族对应，这就表明族群与语种具有对应关系。

“中国语文多元一体格局”“国家通语”的一体格局是维系族群一体格局的纽带，“民族语言、汉语方言的多元格局”系群体多元存在的反映，多元语种、多元言种的研究可以丰富语言学学科，在学术上具有重要价值。

依据以上音义组配机制的论述，“双唇/遮蔽”系词根音义的谱系性属于音义组配选择后的“必然性与递归性”组配机制，尤其是发生在古汉语词根音义与吐蕃藏语词根音义之间的“双唇/遮蔽”系词根音义组配，是属于音义的必然性、递归性组配。这是古汉语词根音义与吐蕃藏语词根音义之间具有谱系性的强有力证据。

词根的音义谱系性的理据可以区分为三类微观成分，如图 4-48 所示。

图 4-48　词根音义谱系性的理据微观成分分类图

从图 4-48 可以看出，考证汉藏语同源词，就是考辨汉语词的词根音义与藏语词的词根音义在音姿、意识、音义三方面的微观对应关系或历史演化关系，这也是汉语词与藏语词是否同源的根本性判断标准。

2. 音姿值、意识值与音义值

要指出的是，“音姿理据”、“意识理据”与“音义理据”三类理据是属于类型学共性的东西，只有证明了这一框架中的“音姿值”、“意识值”与“音义值”三者之间的对应关系，才可以求得汉语词、藏语词之间词根音义的谱系性。

3. 音姿理据、意识理据与音义理据三者之间的微观演化

“音姿理据”，就辅音音姿而言，可以区分为“发音部位音姿”与“发音方法音姿”（还可以区分为“内涵音姿”和“外延音姿”）两个方面；“意识理据”可以区分为“内涵意识”和

“外延意识”两个方面；“音义理据”可以区分为“内涵音义”（核音义）与“外延音义”（类音义）两个方面。可见，（词根）音义的形成与逻辑的形成同步，音姿理据与意识理据属于音义理据的前兆阶段，音义理据属于音义理据的形成阶段，它们之间有一种内在的演化关系，如图 4-49 所示。

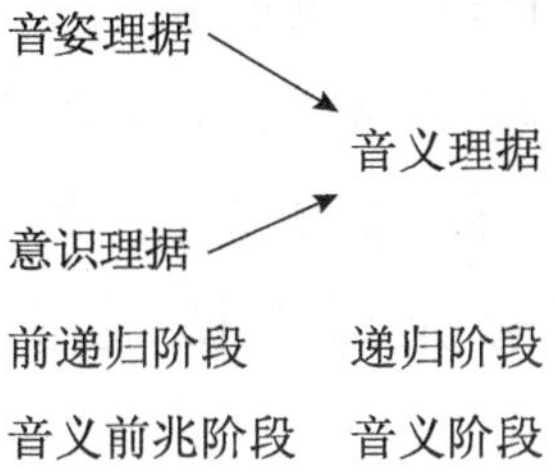

图 4-49 音姿理据、意识理据与音义理据演化图

从图 4-49 可以看出，词根音义的滋生、分化均属于从音姿、意识到音义的滋生、分化过程。从音姿、意识到音义的滋生、分化具有偶然性、族群性、区域性与必然性，即属于偶然性与必然性的结合。从音义开始的语种内的滋生、分化则具有必然性，偶然性大为减少；音义一旦进入递归阶段，必然性就会一以贯之地延伸下去。由此可见，偶然性、任意性使世界语言多样化，语种多达数千种；必然性、递归性使世界语言具有高度逻辑统一性。

4. 音姿理据、意识理据与音义理据的三维演化

音姿理据、意识理据与音义理据三者之间的微观演化可以表征为三维演化，如图 4-50 所示。

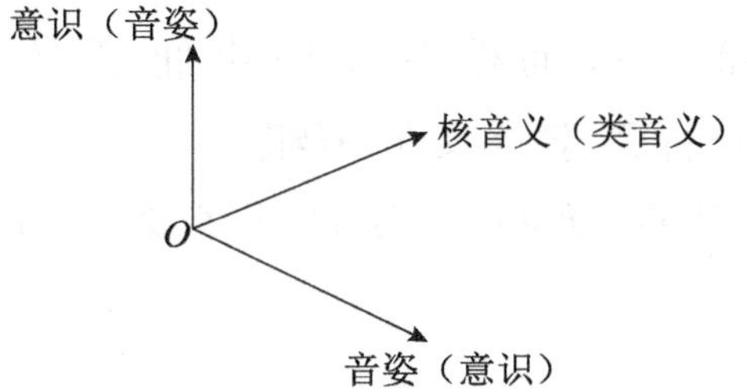

图 4-50 音姿、意识、音义函项三维演化图

图 4-50 是词根音义滋生、分化的演化图，属于“词根音义的微观基元演化图”。“核音义（类音义）”属于词根音义的本义范畴，这属于词根音义的递归阶段。“音姿（意识）”“意识（音姿）”属于词根音义的前兆阶段，属于“音”与“义”的纠缠阶段。

图 4-50 的适用范围包括原始语、土语、方言（群体未分化为族群时的语言分化）与分支语种（群体分化为族群时语言分化为单立语种，分支语种即单立语种）的演化的各个演化层次。语言或语种的演化就是以上微观基元演化的不断重复的周期性变化。

5. 古汉语的“双唇/遮蔽”系词根音义谱系性的同源考辨及其“原始汉语声纽核音义”的逆推求

古汉语的“双唇/遮蔽”系词根音义是指音姿意识为“双唇/遮蔽”系的词根音义，这里拟以古汉语“并纽 b-/遮蔽”系词根音义与“明纽 m-/遮蔽”系词根音义为考辨对象，来探讨古汉语“双唇/遮蔽”系词根音义的谱系性法则。

1）先秦汉语“双唇/遮蔽”系词根音义的谱系分类及其同源考辨

“双唇”即“双唇音”的简称，汉语传统音韵学习惯上称之为“重唇音”。吐蕃藏语也有重唇音，因此，先秦汉语与吐蕃藏语的“双唇/遮蔽”系词根音义的谱系性考辨也可以被称为“重唇/遮蔽”系词根音义的谱系性考辨，这符合同类项可比的原则。“双唇/遮蔽”系词根音义即声纽音义（声纽蕴含的音义），不是单纯的音系学意义的声纽。

先秦汉语“双唇/遮蔽”系词根音义可以区分为两类，如图 4-51 所示。

“双唇/遮蔽”系词根音义 { “并纽b-/遮蔽”系词根音义; “明纽m-/遮蔽”系词根音义 }

图 4-51 先秦汉语“双唇/遮蔽”系词根音义分类图

以上“并纽 b-/遮蔽”系词根音义与“明纽 m-/遮蔽”系词根音义，按照传统音韵学的声纽标准，均属于重唇音“帮组”（包括帮、滂、并、明，亦可以包括中古同源声纽轻唇音“非组”的“非”“敷”“奉”“微”）。先秦汉语重唇音“帮组”，同时也可以包括轻唇音“非组”，即先秦汉语“帮组声纽音义”可以包括中古汉语“非组声纽音义”。

在“帮组”中，“帮、滂、并”可以划归为一组，即“双唇口腔/遮蔽”组，“并纽”作为该组的代表字，是因为“并纽”为全浊声母，“浊音清化”是汉语声纽演化的一条法则，“并纽”的基元性较之于同组其他声纽更为强一点，可以作为其他声纽的滋长点。

“帮组”的“明纽”单独划归为一类，即为“双唇鼻腔/遮蔽”组。“并纽/遮蔽”“明纽/遮蔽”二者的词根音义具有谱系性，因为“帮组”之内的各纽，甚至“非组”之内的各纽均属于“谱系音义声纽”（非单纯“音韵声纽”，而是“音义声纽”）。如果从单纯的音系学观点来看，声纽不存在同源与不同源的问题；如果从“音义学”（肇始于先秦，兴盛于“汉注”、唐陆德明《经典释文》、“唐疏”与“清经解”）的观点来看，语种中不存在单纯的“音”，也不存在单纯的“义”，存在的是与“音”“义”相关的“音义”，即“音”中蕴含“义”，“义”中蕴含“音”，“音”与“义”互为函项。据此，重唇音（实为“重唇声纽音义”，即“重唇音义”）的“帮组”与轻唇音（实为“轻唇音义”）的“非组”（“古无轻唇音”实为“古无轻唇音义”）同源属于谱系声纽。即声纽音义可以区分为两类，如图 4-52 所示。

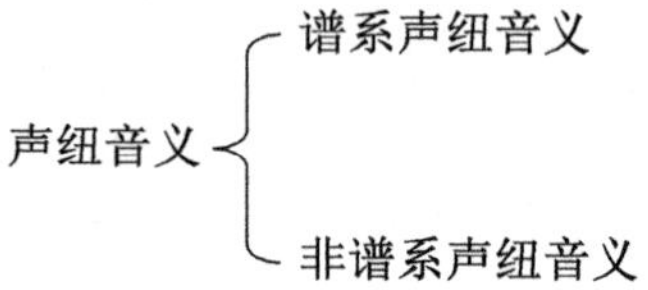

图 4-52　声纽音义的谱系与非谱系分类图

本书所讨论的仅仅限于“谱系声纽音义”（简称“谱系声纽”）这一范畴（并非讨论声纽音义与非音义的全部范畴）。以此类推，尚有“谱系韵部”“谱系音节”之分。

当然，是否属于“谱系声纽”“谱系韵部”“谱系音节”，还要得到理论上的阐释与谱系事实的支持才行。

2）“并纽 b-/遮蔽”系谱系性

先秦汉语“并纽”的音姿谱系性及其表达式，可作如下分析。

第一，“并纽”系音姿谱系。

“并纽”系音姿谱系如图 4-53 所示。

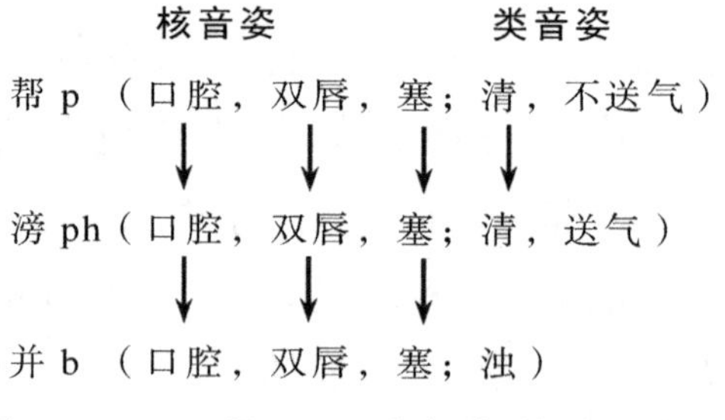

图 4-53　“并纽”系音姿谱系映射图

以上“并纽”系音姿谱系映射图还可以概括表示为以下表达式：

“并纽”音姿=（核音姿，类音姿）

还可以写为函项式：

“并纽”音姿=核音姿（类音姿）

该“并纽”系音姿函项式表明，“并纽”所辖的“帮”“滂”“并”三纽具有共同的“核音姿”（口腔，双唇，塞），这是它们作为谱系声纽的生物物理遗传依据。核音姿的构成包括口腔通道、气流阻碍部位（发音部位）与气流阻碍方式（发音方法）。“类音姿”（清、浊，送气、不送气）属于别异成分即变异成分，由发音方法所组成。其中，帮纽与滂纽的谱系关系最为接近，因为这二纽发音方法的“清”同样属于核音姿成分。

核音姿的“塞”成分（发音方法），是“并纽”系（“并”为代表字）的“遮蔽”效应的生物物理因素。可见，“双唇遮蔽”意识具有生物物理基础这一事实并非凭空而来。

可见，就音姿谱系而论，古汉语的“并纽”系与吐蕃藏语的“b 纽”系（包括 p、ph、b 三个声纽，m 声纽另为一组，被称为“m 纽”）具有音姿谱系性，属于同源音姿声纽，这仅是就“音姿谱系”立论的，还可以从声纽的“音义谱系”加以立论，此不赘，详情见下文。

据此，声纽谱系是由“音姿谱系”与“音义谱系”两部分所决定的，即声纽谱系可以区分为两类，如图 4-54 所示。

声纽谱系
- 音姿谱系（物理音姿决定的谱系）
- 音义谱系（核音义决定的谱系）

图 4-54　声纽谱系分类图

“音姿谱系”属于物理音姿的谱系，系物理音姿的类型学成分；“音义谱系”属于物理音姿与心智意义的谱系。当然音姿谱系与音义谱系有着内在的密切联系。

第二，“并纽 b-/遮蔽”系词根音义的音义谱系性附例词。

“并纽 b-/遮蔽”系词根音义的音义谱系性附例词分析如图 4-55 所示。

	核音义	**类音义**
帮p 勹=	（帮/裹也（遮蔽），	幽/象人曲形有所包裹）
滂ph叵=	（滂/不可也（遮蔽），	屋/语法类义）
并 b 蟠=	（并/“曲也”（以遮蔽），	元/翻覆）

图 4-55　“并纽 b-/遮蔽”系词根音义的音义谱系性之例图

注：①“勹”为“包”的本字。②《说文·新附》：“叵，不可也。从反可。”（按：“不可也”是“遮蔽”的抽象引申义，即属于“语法类义”的范畴；“语法类义”也属于“类义”范畴。）③《广雅·释诂一》：“曲也”。“弯曲”义是“遮蔽”义的前奏，可以说，弯曲义与遮蔽义属于谱系意义。《说文》解释“勹”为“象人曲形，有所包裹”，（遮蔽）可证。

从以上“并纽”系（“帮”“滂”“并”）的同源例字词根音义的“核音义”具有对应关系可以看出，“并纽”系的确有“双唇/遮蔽”的声纽核音义这一遗传成分，因此属于汉语同源声纽。

以上从“核音姿”（“塞”成分）与“核音义”（“双唇/遮蔽”），即从声纽谱系与声纽核音义两方面证明了汉语“并纽”系属于同源声纽。

第三，“并纽”系与“明纽”系的音姿谱系性。

“并纽”系与“明纽”系的音姿谱系性的分析如图 4-56 所示。

	类音姿	**核音姿**
并纽	（口腔；	双唇，塞，浊）
		↓　↓　↓
明纽	（鼻腔；	双唇，塞，浊）

图 4-56　“并纽”系与“明纽”系的音姿谱系性图

在传统音韵学中，“帮组”系声纽（帮、滂、并、明）同属于一组即“双唇音”或“重唇音”，这是按照辅音发音部位的标准做出的分类，并非按照音姿演化做出的分类。

但是从“音姿谱系=核音姿（类音姿）”这一表达式的角度来看，把“帮组”区分为“并纽”系与“明纽”系两组较为合适，因为“并纽”“明纽”的核音姿是（双唇，塞，浊），这是其音姿遗传演化的成分；其类音姿是（口腔，鼻腔），这是其变异演化的成分。即音姿的遗传演化成分与变异演化成分是区分

“并纽”与“明纽”的基本依据，这样便于从音姿的深层揭示声纽演化的谱系机制。

据此，“并纽”与“明纽”的谱系遗传演化域为（双唇，塞，浊）；其谱系变异演化域为（口腔，鼻腔）。

第四，“并纽 b-/遮蔽”系与“明纽 m-/遮蔽”系“核音义”同源分析。

现将“并纽”与“明纽”词根音义的同源词例词音义谱系性进行分析，如图 4-57 所示。

核音义　　　类音义

并 b 藩=（并/“屏也”（遮蔽），元/藩篱）

明 m 莫=（明/“日且冥也”（遮蔽），铎/日色）

明 m 冥=（明/幽也（月因遮蔽而幽暗，耕/日色））

图 4-57　并纽“双唇 b-/遮蔽”系词根音义与明纽“双唇 m-/遮蔽”系词根音义谱系性之图

注：图中藩、莫、冥的释义来源：《说文》：“藩，屏也。”《玉篇》：“藩，篱也。”［按：藩篱义（遮蔽）应为“并纽”。］《说文》：“莫，日且冥也。从日在茻中。”（按：即日“暮”字，为后起本字，“莫”抽象引申为否定副词，“否定”乃为“遮蔽”的抽象引申。）《说文》：“冥，幽也。”先被遮蔽而后幽暗，因此，幽暗系遮蔽的谱系意义，即幽暗蕴含遮蔽意义。

可见，“并纽”系与“明纽”系词根声纽核音义具有谱系演化关系。

因此，在“双唇/遮蔽”系这一声纽核音义条件范围之内，“并纽”系与“明纽”系具有谱系性，二者属于汉语谱系声纽。

第五，原始汉语“双唇 mb-/遮蔽”系词根声纽核音义的逆推求。

今依据先秦汉语“并纽 b-/遮蔽”系与“明纽 m-/遮蔽”系词根声纽核音义，可以逆推求而得原始汉语“双唇 mb-/遮蔽”系词根声纽核音义，如图 4-58 所示。

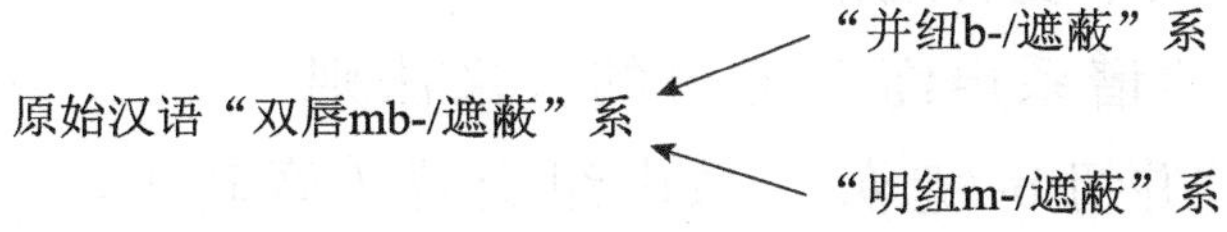

图 4-58　原始汉语“双唇 mb-/遮蔽”系词根声纽核音义逆推求图

该原始汉语词根声纽核音义的逆推求理据如下。

理据一，从先秦汉语单系类音姿复合为复合类音姿，单系核音姿依然为单系核音姿，即为

复合类音姿　单系核音姿

mb-=（口腔，鼻腔；双唇，塞，浊）

可见，原始汉语的复声纽[mb-]，其类音姿为（鼻腔，口腔），属于“复合类音姿”，先鼻后口；其核音姿为（双唇，塞，浊），与先秦汉语的“单系核音姿”一致。这就是说，从先秦汉语的词根音义逆推求原始汉语的词根音义，属于必然性的谱系逆推求。

理据二，从单系核义回溯为单系核义，即为

复合类义　单系核义

mb-=（遮蔽核义所辖类义，遮蔽核义）

可见，在原始汉语词根声纽核音义的逆推求中，类音姿从单系“复原”为复系，其中原始汉语的“单系核音姿”与先秦汉语的“单系核音姿”是一致的，因为这是遗传成分。

以上属于从分支语种到原始语的直线逆推求，属于直线演化的逆推求。此外，还有复合逆推求，这是分化（分叉）演化的逆推求，其详情拟另文讨论，此不赘。

以上涉及的词源音义演化属于单系词源，又叫作直线词源。

至于音姿演化，音姿也可以不分化地演化，即分化为零，这叫作直线音姿演化。本书所讨论的音姿演化属于类音姿分化演化，其逆推求属于复合逆推求。

3）以上“谱系声纽”考辨的音义法则

第一，“并纽 b-/遮蔽”系声纽交替（音转）。

近距离音义法则：谱系声纽“帮纽”与“滂纽”之间的清送

气与清不送气交替，属于声纽距离最近的语音交替或音转法则。

次近距离音义法则：谱系声纽“帮纽”、“滂纽”与“并纽”之间的清浊语音交替，属于声纽次近距离的语音交替（音转）法则。

第二，谱系复声纽与单声纽之间的远距离语音交替法则。

该法则属于分支语种内部的语音交替法则，又属于原始语与分支语种之间的语音交替（音转）法则。

第三，语音交替与音转在深层上是相同的——涉及音姿谱系与音义谱系。

从以上对先秦汉语“双唇/遮蔽”系词根音义的谱系性考辨与论证中，可以看到西方历史比较的“语音交替”与汉语词源学的“音转”在深层上没有什么不同，二者均涉及词根的“音姿谱系”与词根的“音义谱系”，不同的是，语音交替立足于形态音义这一词根音义的表层现象，音转立足于词根音义的深层现象，但是二者所描述的均为词根的共时音义演化与历时音义演化。据此，词根音义的演化可以区分为三种类型，如图 4-59 所示。

- 词根音义演化
  - 共时词根音义演化
  - 历时词根音义演化
  - 共时-历时词根音义演化

图 4-59　词根音义演化的分类图

无论是语音交替还是音转，均涉及两类谱系性，这两类谱系性可以作如图 4-60 所示的区分。

- 语音交替与音转的谱系性
  - 音姿谱系性（物理谱系性）
  - 音义谱系性

图 4-60　语音交替与音转的谱系性分类图

“音姿谱系性”属于一种“物理谱系性”，因为“音姿”具有物理属性，物理属性往往蕴含相应的物理意义，因此，音姿谱系是一种物理的、类型学的谱系。“音义谱系性”则属于一种“物理-心智谱系”，是物理意义与心智意义的混合、统一。语音交替比较偏重物理属性（生物物理属性），音转比较偏重心智属性。

这里要补充一点，清代音韵学家、训诂学家、数学家戴震的《转语》就是试图以二维表的形式解释“转语”的物理机制与心智机制的一部探索性作品，可惜戴震中年逝世，未来得及从理论上阐释，仅仅留下了《转语二十章序》的纲领性说明与《声类表》这一表格式成果。当代音韵学家、训诂学家于靖嘉把戴震的探索推进了一步，阐明了《转语二十章序》与《声类表》的关系。

6. 吐蕃藏语的“双唇/遮蔽”系词根音义谱系性的同源考辨及原始藏语“双唇 mb-/遮蔽”系词根声纽核音义的逆推求

1）藏语辅音与元音字母表

藏语辅音与元音字母表如表 4-1 所示。

表 4-1 藏语辅音与元音字母表

藏语	字母					
辅音（30 个）	ka	kha	ga	ŋa		
	tɕa	tɕha	dʑa	ȵa		
	ta	tha	da	na		
	pa	pha	ba	ma		
	tsa	tsha	dza	wa		
	ʑa	za	ɦa	ja		
	ra	la	ɕa	sa	ha	ʔa
元音（5 个）	a	i	u	e	o	

注：①以上“藏语字母”（亦可以被称为“藏文字母”），系印度梵文系藏文字母的拉丁转写，采用的是国际上通行的拉丁转写法，并非传统的梵文系藏文字母，如此转写便于历史比较。②传统认为，藏语有 4 个元音字母（书写显示），实际上“a”属于暗含的元音字母，但是在梵文系藏文字母表中没有书写显示，因此本书定藏语元音字母为 5 个。

第一，古藏语的分期、语言史的材料区分。

以上藏语字母系按照传统呼读形式列出，辅音字母如果把呼读的元音“a”去掉，剩下的就是辅音字母。字母的音值系按照书面语确定的，不是按照今方言确定的，因此，这里的藏语音系格局属于“古代书面藏语”，简称为“古藏语”，亦即历史时期的古藏语。历史时期的古藏语中最古阶段属于吐蕃藏语。

“原始藏语”同样属于古藏语，是史前时期的古藏语，是比吐蕃藏语还要早的古藏语，据此，古藏语可以区分为两个阶段，如图 4-61 所示。

古藏语
- 史前时期古藏语（从原始汉藏语分化到吐蕃藏语）
- 历史时期古藏语（从吐蕃藏语到公元9世纪藏语）

图 4-61　古藏语分期图

“史前时期古藏语”（从原始汉藏语分化——原始汉语与原始藏语阶段，即原始汉藏语分化与原始汉语、原始藏语是同步时期）这一阶段属于无文字时期。其分化演变没有文字及其记录的“文字证据”，词根“核音义”及“类音义”的分化演变是探讨的唯一依据。据此，语言史的讨论所依据的材料，可以区分为如图 4-62 所示的类型。

语言史
- 依据词根类音义的语言史（书面语、口语）
- 依据词根核音义及其类音义的语言史（书面语、口语）

图 4-62　语言史材料分类图

本书对汉藏语言史尤其是对词根演化的讨论，一是依托于书面语，二是依托于词根的核音义（包括类音义）。历史时期的语言史可以依托于书面语，也可以依托于词根的核音义及类音义；

但是，史前时期的语言史只能依托于词根的核音义及类音义。

传统对词根的分析基本上是把词根音义作为一个整体来处理的，并不进行核音义与类音义的划分，依托于词根音义的整体来讨论史前语言史，有一定的局限性。本书是把“史前语言史”与“历史时期语言史”相结合进行讨论的。

第二，“文字证据”。

“文字证据”是相对于“语言证据”而言的，本书的文字证据包括两类，如图 4-63 所示。

文字证据
- 汉字（汉文）证据
- 藏文证据（拉丁转写）

图 4-63　文字证据分类图

文字尽管是人工约定的第二符号系统，但是与语言具有密切的联系，因此，文字是本书的重要参照点。“语言证据”是本书的根本材料，尤其是词根的音义材料更是本书的基本依据。本书对词根的音、义及其核音义、类音义均加以详细辨析。

第三，古藏语的音节结构及其与古汉语音节结构类型的一致性。

古汉语与古藏语词根音义的比较在音节结构上属于同类项比较，这是形式词源学与形式历史比较法的数学基础音节，属于音系学的范畴，汉语传统音韵学的“声韵”二分音节学说具有普遍性，不但适合汉语，而且还适合藏语，这为汉语与藏语词根音义的谱系比较奠定了同类项可比的基础，格桑居冕说：“藏文字性法和正字法基本上比较完整地反映了九世纪前后的古藏语语音面貌。音节拼合中的基字、上加字、下加字、前加字 4 种字母反映的是古藏语纷繁的声母系统。靠挂在基字上下的 4 个元音符号和暗含的元音 a 与后加字、再后加字结合所反映的是古藏语复杂的韵母系统，这与现今藏语各方言音系差别较大。”[①]可见，古藏语的音节结构与古汉语的音节结构在类型上是一致的，即“声韵二分”。声韵二分是声韵二维几何空间的前奏。声韵表示如图 4-64 所示。

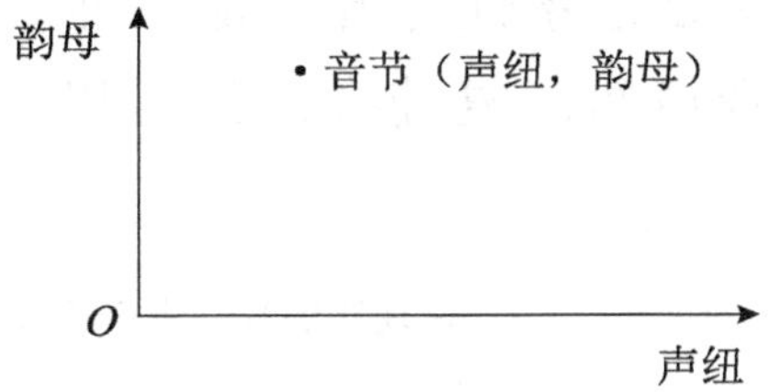

图4-64 音节的二维几何图

这为古汉语与吐蕃藏语的词根音义谱系性的考辨奠定了同类项可比的基础，这是汉藏词根音义谱系性考辨与论证的可靠性基础之一。

从图 4-64 可以看出，音节的声、韵二维几何空间正好与音节意义的核、类二维几何空间形成对应，这揭示了“音节”及其组成“声纽”“韵母”“核义”“类义”处于一个音义统一的几何空间，这也是形式词源学与形式历史比较法的事实基础与数学基础。

2）藏语“双唇 b-/遮蔽”系声纽的分类、声纽音姿谱系性的证明，藏语“双唇 b-/遮蔽”系词根音义谱系性的考辨与论证

古藏语有着复杂的复声纽系统。格桑居冕说：“由 30 个单一辅音（即 30 个字母）、115 个二合复辅音、69 个三合复辅音和 6 个四合复辅音组成，共 220 个声母。复辅音很丰富，复辅音中的每个辅音都发音。”“单一辅音声母——不带上下加字、仅作基字的那 30 个辅音。”[②]本书以单辅音声纽为基础，因为单辅音声纽是构成复辅音声纽的基元单位，所以单辅音声纽的词根

① 格桑居冕：《藏文字性法与古藏语音系》，《民族语文》，1991（6）：18.

② 格桑居冕：《藏文字性法和古藏语音系》，《民族语文》，1991（6）：18-19.

音义是藏语词根音义的基础，这是研究的重点和出发点。

复辅音声纽与单辅音声纽具有音姿谱系性与音义谱系性，只要论证了单辅音声纽的音姿谱系性与音义谱系性，就等于论证了相应复辅音声纽的音姿谱系性与音义谱系性。本书如有必要，也会涉及现实的复辅音声纽。复辅音声纽可以作如图 4-65 所示的区分。

复辅音声纽音姿、音义
- 现实的复辅音声纽音姿、音义
- 构拟的复辅音声纽音姿、音义

图 4-65　复辅音声纽音姿、音义分类图

“现实的复辅音声纽音姿、音义”与“构拟的复辅音声纽音姿、音义”之间具有谱系性，二者的演化属于谱系演化，当然其中也蕴含着类型的因素。

第一，藏语“b 组”声纽的分类、音值及其代表字母。

藏语辅音双唇音声纽有如下四个：

p/p/、ph/ph/、b/b/、m/m/①

格桑居冕构拟的古藏语字母音值，代表了公元 9 世纪前后藏语的语音面貌，较为接近公元 7 世纪藏文创制时期的音值。

以上四个藏语辅音字母（因为藏文是音位拼音文字，“藏文字母”有时候也指称藏文字母所表示的音值），当其为“基字”时，可以被称为“双唇/遮蔽”系声纽，要补充一点，藏语双唇音辅音与“遮蔽”系意识的组配仅仅是音姿/意识组配中的一

① 注：双斜杠之外的符号表示藏文字母的拉丁转写，之内的符号表示相应藏文字母的音位及其音值。至于古藏语字母音值的确定，参照格桑居冕的意见。（格桑居冕：《藏文字性法与古藏语音系》，《民族语文》，1991（6）：12-22，35.）

种，不排除其他种类组配的可能性。其理据已经详细地陈述于前文，此不赘。

按照“音姿谱系”这一标准，四个藏语单辅音声组（简称“藏语声组”）可以区分为“双唇 b-/遮蔽”系声组与“双唇 m-/遮蔽”系声组两类，如图 4-66 所示。

藏语“双唇/遮蔽”系声组
- “双唇b-/遮蔽”系声组
- “双唇m-/遮蔽”系声组

图 4-66　藏语“双唇/遮蔽”系声组分类图

“双唇 b-/遮蔽”系声组包括 p/p/、ph/ph/、b/b/三个声组，b/b/是该组声组的代表字母及其代表音值。

以上是藏语的两组即“双唇 b-/遮蔽”系与“双唇 m-/遮蔽”系的四个基元声组。属于派生复辅音声组的基础。

第二，藏语“b 组”声组的音姿谱系性分析。

以上如此分类的音姿理据的表示如图 4-67 所示。

核音姿　　类音姿

/p/=（口腔，双唇，塞；清，不送气）

/ph/=（口腔，双唇，塞；清，送气）

/b/=（口腔，双唇，塞；浊）

图 4-67　藏语“b 组”声组的音姿谱系性分析图

“p”“ph”“b”三个声组具有共同的核音姿（口腔，双唇，塞），这是三者共同的遗传成分。三者的差别成分即变异成分为（清、浊，送气、不送气），可见，这三个辅音声组属于谱系音姿。音姿谱系的属性属于物理谱系，它们被共同的遗传成分即“塞”成分滋生出具有物理意义的“遮蔽”意义。因此，“p”“ph”“b”三个声组可以被称为“音姿谱系声组”，简称为“谱系声组”。

第三，藏语“b 组”声组词根的音义谱系性分析。

藏语的“p”“ph”“b”三个声组，除了具有音姿谱系的属性之外，还有词根的“音义谱系”，今列举同源词证明于下：

核音义　　类音义

p/p/

pa tsar［名］遮蔽下体的小布片。[①]

（p/遮蔽，a/能遮蔽的）[②]

ph/ph/

pha gu［名］1.墙。2.边。3.瓦。[③]

核音义　　　　类音义

（ph/遮蔽，a/遮蔽之物（墙、边、瓦））

pha li［名］藤牌；盾。[④]

（ph/遮蔽，a/遮蔽之物（藤牌，盾））

b/b/

ba gam［名］阁；圆屋顶；楼台；台级；塔级；底座。[⑤]

核音义　　　　类音义

（b/遮蔽，a/遮蔽之物（圆屋顶））

可见，以上“b组”的三个声组“p”“ph”“b”词根音义，其核音义均具有“双唇/遮蔽”音义的谱系性，因此，该“b

---

① 西北民族学院藏文教研组：《藏汉词典》，兰州：甘肃人民出版社，1979，第510页.

② 藏语“p”具有“双唇/遮蔽”音义的同类例词还有许多，可参看词典。例词最少一例，仅限于说明问题即可。本书举例不是“孤证”，系范例，是对系统或子系统性质的说明，余同，不再赘言。

③ 西北民族学院藏文教研组：《藏汉词典》，兰州：甘肃人民出版社，1979，第541页.

④ 西北民族学院藏文教研组：《藏汉词典》，兰州：甘肃人民出版社，1979，第542页.

⑤ 西北民族学院藏文教研组：《藏汉词典》，兰州：甘肃人民出版社，1979，第575页.

组”属于具有“双唇/遮蔽”音义谱系性的声组。

第四，藏语“b 组/遮蔽”声组与“m 组/遮蔽”声组的音姿谱系性。

第五，藏语“b 组/遮蔽”声组词根与“m 组/遮蔽”声组词根的音姿谱系性。其分析如图 4-68 所示。

类音姿　　核音姿

b=（口腔；双唇，塞，浊）

m=（鼻腔；双唇，塞，浊）

图 4-68　藏语“b 组/遮蔽”声组与“m 组/遮蔽”声组词根音姿谱系性分析图

可见，“b 组”声组与“m 组”声组的音姿中核音姿为（双唇，塞，浊），（双唇，塞）是核音姿的核心成分；类音姿为（口腔，鼻腔），因此，“b 组”声组与“m 组”声组属于谱系音姿。

第六，藏语“b 组/遮蔽”声组词根与“m 组/遮蔽”声组词根的音义谱系性。

b

ba gam［名］阁；圆屋顶；楼台；台级；塔级；底座。[①]

核音义　　类音义

（b/遮蔽，a/遮蔽之物（圆屋顶））

m

ma the［名］门槛。[②]

（m/遮蔽，a/遮蔽之物（门槛））

ma［副］1.未；不曾；没有；2.勿；莫；别；甭；不要。[③]

---

① 西北民族学院藏文教研组：《藏汉词典》，兰州：甘肃人民出版社，1979，第575页.

② 西北民族学院藏文教研组：《藏汉词典》，兰州：甘肃人民出版社，1979，第 649 页.

③ 西北民族学院藏文教研组：《藏汉词典》，兰州：甘肃人民出版社，1979，第 648 页.

（m/遮蔽，a/遮蔽之抽象引申）

可见，“b 组”声纽与“m 组”声纽在音义上具有谱系性，因为它们均具有共同的核音义“双唇/遮蔽”音义。

3）原始藏语“双唇 mb-/遮蔽”系词根声纽核音义的逆推求

依据古藏语“b 组”声纽与“m 组”声纽的音义谱系关系，可以逆推求出原始藏语“双唇 mb-/遮蔽”系词根声纽核音义，逆推求如图 4-69 所示。

图 4-69　从古藏语逆推求原始藏语“双唇 mb-/遮蔽”系词根声纽核音义图

逆推求的理据是词根声纽的音姿谱系与音义谱系，详情见前文，此不赘言。

7. 原始汉藏语“双唇 mb-/遮蔽”系词根声纽核音义的逆推求

原始汉藏语“双唇 mb-/遮蔽”系词根声纽核音义可以进行逆推求，其逆推求过程如图 4-70 所示。

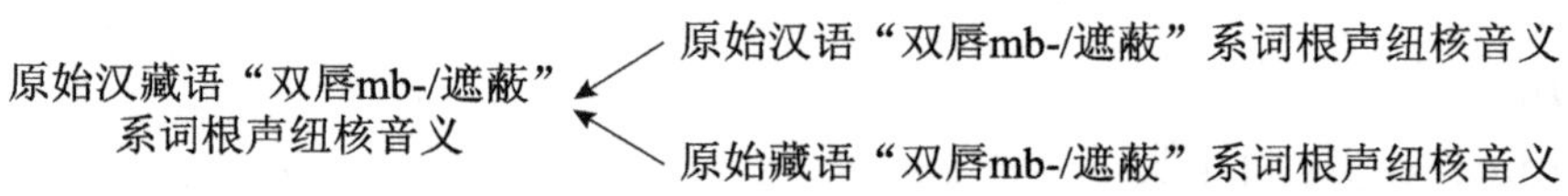

图 4-70　原始汉藏语与原始汉语、原始藏语“双唇 mb-/遮蔽”系词根声纽核音义逆推求图

可以看出，原始汉语、原始藏语与原始汉藏语在时间上是同步的，处于同一共时状态层次之中。即原始汉语不但是原始汉藏语的直接继承者，汉族也是原始汉藏族群的直接延续。藏语系原始汉藏语的青藏高原区域性分支，同时藏族也是原始汉藏族群的青藏高原区域性分支。

8. 古汉语、吐蕃藏语词根音义谱系性的系统确证意义

以上，我们仅仅从语种的“三大词根音义系统”（声纽音义子系统、韵部音义子系统、音节音义子系统）之一——声纽音义子系统的“双唇/遮蔽”系口腔音姿与口腔意识组配这一次子系统出发，系统考辨、论证了古汉语与吐蕃藏语词根音义的谱系性问题，从词根音姿方面、词根音义方面论证了古汉语与吐蕃藏语的谱系性，证明了汉语与藏语具有同源分化关系，即汉语与藏语同出一源，均产生于既往的原始汉藏族群所操持的原始汉藏语。同时也从语种上证明了华夏族与藏族（尤其是吐蕃藏族）的种族同源关系，可以说，汉族、藏族均属于华夏族的分支。

可以看出，即使在词根的音姿谱系与词根的音义谱系性中，谱系性也是一个封闭系统。这一封闭的谱系系统决定了词根音姿的谱系性，更决定了词根音义的谱系性。

当然，如果时间允许，古汉语与吐蕃藏语词根音义的声纽音义其他次子系统、韵部音义子系统以及音节音义子系统的谱系性都可以得到考辨与论证。从这里的考辨与论证也可以窥见汉藏词根音义具有谱系性之一斑。

第三部分　汉藏语历史分析语法

题记一：

句就是“句函项”（单位与关系的统一）；历史语法学就是探讨句函项的谱系性及其历史变迁的轨迹与动因的。

题记二：

汉语句函项与藏语句函项的谱系性是汉藏语同源的柱石之一。

题记三：

词序也是函项，被称为“词序函项”（关系与单位的统一），词序函项是历史分析语法的重要内容之一；汉藏语词序函项的谱系性是以汉藏语同源词的谱系性作为条件的。句法同源属于词根音义谱系的映射同源。

第五章　汉藏语的“同源形态”（词形态音义谱系）、“同源语法范畴”（语法范畴音义谱系）考证

第一节　“汉藏语历史分析语法”的界定及其基本理念

一、“汉藏语历史分析语法”的界定及其性质

（一）界定

“分析语法”是一种逻辑语法、通用语法，按照结构主义的观点即共时与历时（历史）的区分，分析语法可以区分为“共时分析语法”与“历史分析语法”，如图 5-1 所示。

图 5-1　分析语法分类图

“汉藏语历史分析语法”就属于历史分析语法之列。汉藏语历史分析语法是将“分析语法”的基本理论与方法应用于“汉藏语语法”的历史演化与变迁的研究中所形成的历史语法研究路径。

（二）共时与历时的相对性与绝对性，二维时空属性

结构主义语法的共时是相对的，但是历时却是绝对的，因为

时间永远是一维性的。严格地讲，时间永远是历时的，因为时间就是延续，所谓时间的共时，其实就是对时间的横截面予以定格，即可以是一秒钟定格、一分钟定格、一小时定格、一天定格、一个月定格、一季度定格、一年定格等的横截面定格。历史学的通史与断代史的区分是比较合理的，如此讲来，"共时语法"可以被称为"断代语法"，"历史语法"可以被称为"通史语法"，不过，有的族群由于没有建立过王朝，也无所谓断代史（朝代史）与通史之分，因而还是共时语法与历史语法要通用一些。至于没有建立过王朝的族群语种，其共时语法、历史语法的时间分期可以采取"语言分期标准"。

人们常说的"四维时空"，意思是空间是三维的，如果把一维的时间与三维的空间加以整合，就可以构成四维时空。其实，为了便利，可以把三维空间处理为一维的，如此，时空表示如图 5-2 所示。

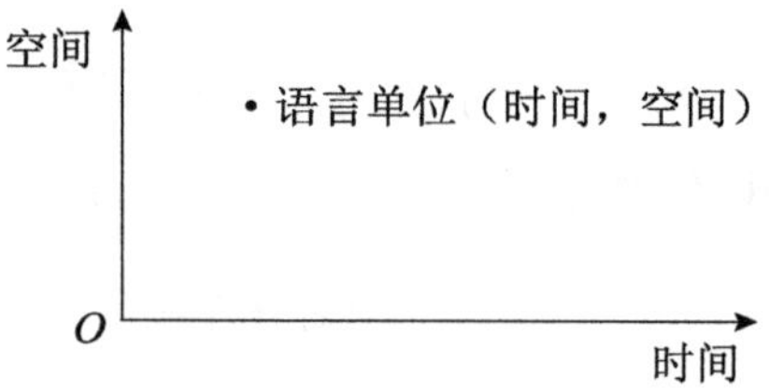

图 5-2　语言单位的二维时空属性图

这里的"语言单位"包括"音位""义位""音义位""词""形态""语法范畴""句法位"等，即是说，每一种语言单位都处于时空的二维语境之中。语境的最小自由运用的语言单位是词单位，语境的最小自由表达单位是句单位。即是说，语种的词单位、句单位等始终是处于二维时空的物理时空中。

任何一个语言单位都是三维语境的，如图 5-3 所示。

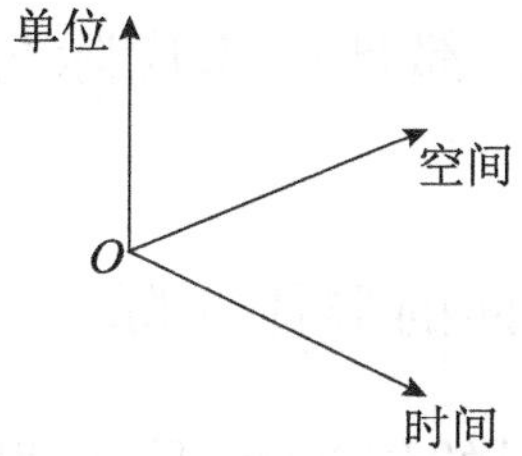

图 5-3　语言单位的三维语境图

即语言单位=（时间，空间，单位），如此看来，所谓共时就是对时间、空间因素在处理上的忽略不计，每一个共时都是（时间，空间，单位）的集合。例如，“黔首”（《汉书·艺文志》）这一词单位是在秦代出现的，产生地是秦国，该词的共时态就可以表示为（秦代，秦地，黔首），文字的时空属性也可以作如此表示，例如，小篆是属性（战国，秦地，小篆）的集合。

时空因素的忽略不计不等于没有时间、空间因素，可以这样说，共时就是一种“时空凝聚态”，即时间、空间的定格态，时间、空间的定格的连续就构成时空的连续态，即时空的历史状态。关于历史分析语法，其时空态就是由连续的“时间-空间”定格构成的。也就是说，历史分析语法就是讨论语言单位在连续时空定格中的变迁问题的。

（三）历史分析语法的时空属性

历史分析语法是建立在自然语言的离散性、递归性与层次性三个基本属性之上的，这是历史分析语法之所以成立的内在属性机制。自然语言的词单位也具有离散性、递归性、层次性三个基本属性，离散性构成词演化的变异机制，递归性则构成了词演化的遗传机制，因此，词单位的演化就是变异与遗传的统一。变异给词演化注入新的要素，遗传则维系词演化新要素之间的连续，变异与遗传共同分布于词演化的层次性中。层次性是时间与空间的统一，具体到自然语言，词的层次性则表现为词的代际滋生与空间分域，即每一个词，都是群体代际与群体分域的集合，可以表示如下：

词的层次性=（词的群体代际，词的群体分域）

例如，“官话”一词的层次性是（明代，公职群体与官话区群体）；“吐蕃”一词的层次性是（公元 7 世纪，雅隆河谷吐蕃部落）。“官话”的指称对象是汉语语种的标准语，官话一词的层次性就是其指称对象汉语语种的标准语的层次性，这是一种外延真值的判断；同理，“吐蕃”一词的层次性是其指称对象吐蕃语语种，这也是一种外延真值的判定。

（四）历史分析语法时空属性的表征

语言是人类的生物机能、自然属性，语种则是某一群体的语言属性，因此，语种总是为某一群体所操持，语种时间、语种空间总是由群体构成的，它们可以分别被称为“群体时间”与“群体空间”。历史分析语法的时空表征可以表示如下：

历史分析语法时空=（群体时间，群体空间）

“群体时间”可以是代际，可以是王朝，还可以是公元纪年，群体时间的计算单位以代际计算为标准比较合适，因为语种是随着族群而出现的，族群是可以划分为代际的，这是一种相对计算标准。为了横向比较，群体时间还可以以公元纪年作为标准，这是一种绝对计算标准。群体时间可以采取代际计算与公元纪年计算相结合的方式。

“群体空间”可以是村寨（百户宗族），也可以是村寨间（千户氏族），还可以是千户联合体（万户部落）。关于群体空间的计算，村寨空间可以表示村寨内部口音差异；千户空间可以表示“十里乡谈不一般”的土语差异；千户联合体空间可以表示方言的差异。群体空间可以表示语种之间的差异。群体空间还可以以诸侯国、现代国家的国境空间予以表征。

（五）历史分析语法讨论的对象，族群和语种系统的佐证与证明

汉藏历史分析语法所讨论的对象主要有词形态音义的谱系性、语法范畴音义的谱系性以及句法位音义的映射谱系性，无论哪种谱系性，音义的谱系性都是谱系性的根本标志，如图 5-4 所示。

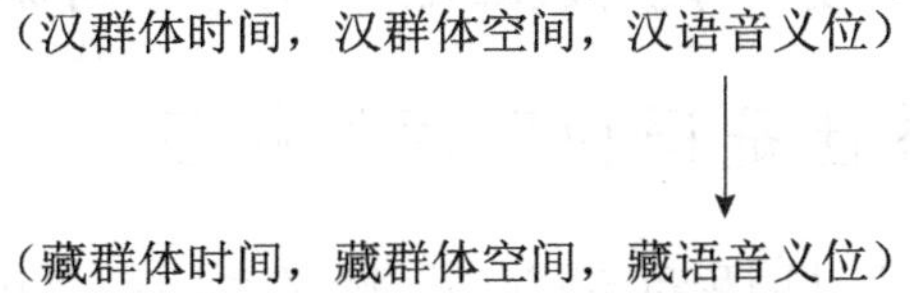

图 5-4　汉藏语音义的谱系性图

“汉语音义位”与“藏语音义位”之间是否具有谱系性，主要看汉语的核音义位（词根核音义位）与藏语的核音义位（词根核音义位）是否具有对应关系。汉语、藏语的谱系性亲缘与二者的群体空间可以有联系（学界认为汉藏族群有生物谱系联系），也可以没有谱系联系，即是说，语种的亲缘关系与所操语种的群体之间没有必然的生物谱系联系，可以说，语种的语言基因（词根基因）与群体 DNA 之间没有必然的对应关系，二者仅仅是两个不同的谱系系统之间的平行映射，其关系如图 5-5 所示。

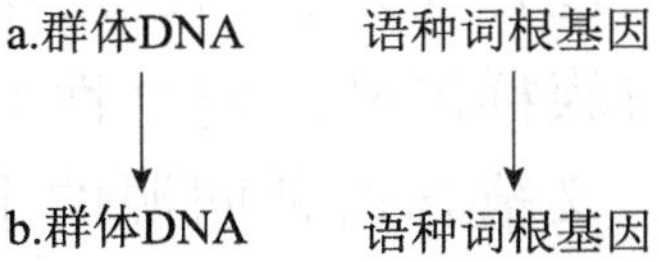

图 5-5　群体 DNA 与语种词根基因的平行映射图

从图 5-5 可以看出，群体 DNA 与语种的词根基因分别属于两个不同的谱系系统，就 DNA 分子水平而论，全世界的人类具有高度统一性，这是一种生物的谱系类型学的统一性；就词根基因

音义位而论，人类所有语种都具有音义位这一核基因成分，这也是一种谱系类型学的统一性，但是具体到语种，其词根核基因的构成（核音与核义）会有所不同。俞敏主张的汉藏两族人和话的同出一源，是两个不同系统的分别亲缘，其价值就在于可以从汉藏两族的同出一源来印证汉藏两语的同出一源，但是不能从生物的同出一源来直接证明语种的同出一源，因为，不同系统之间的间接“佐证”关系不等于同类系统之间的直接“证明”关系。

二、“音义谱系性”是汉藏语“语法同源”的基本理念

（一）音义谱系性是语种同源的柱石

“音义谱系性”是语种词汇同源的柱石，也是语种语法同源的柱石。但是在不同语种的语法领域，除了谱系成分以外，类型学的因素也占据相当的比例。

（二）“语言同源”与“语种同源”——同源共性与同源个性的统一

“语言同源”就如同“人类同源”，这是一种类型学的同源共性现象，即是说，从起源的角度讲，人类的语言同出一源。“语种同源”是不同于语言同源的，语种同源是指某些族群所操的语言同出一源的现象，例如，汉语、藏语的同源就属于语种同源，但是语种同源是被包含在语言同源之中的，因此，语种同源是人类语言同源共性与族群语种同源个性的统一，即语种同源既蕴含语言同源的共性，又蕴含语种同源的个性，是共性与个性的统一。

如图 5-6 所示，“词根同源”也叫作“词基因同源”，即词的音义同源。这是语种同源的基础与根本。词的形态同源包括“词根屈折形态同源”（简称“词根屈折同源”）与“词根黏着

形态同源”（简称“词根黏着同源”）。形态同源横跨词汇同源与语法同源，与词基因同源和语法范畴同源相联系，即是说，“基因同源词”与“形态同源词”之间具有内在的音义谱系联系。由此看来，传统历史比较的形态同源词与基因历史比较的基因同源词有着极为密切的联系，二者之所以成为不同的同源词类型，是因为判定同源切入的角度不同，即形态同源词切入的角度是形态音义的谱系性，基因同源词切入的角度是词基因音义的谱系性，词基因音义谱系可以涉及词形态音义谱系，也可以不涉及词形态音义谱系，即是说，词基因同源词可以区分为两类，如图 5-7 所示。

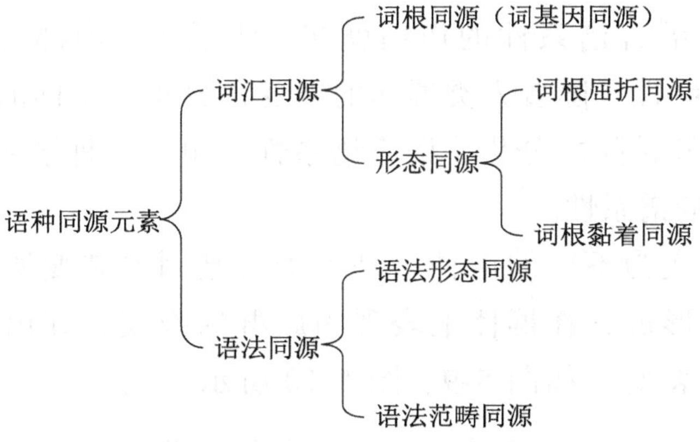

图 5-6　语种同源元素分类图

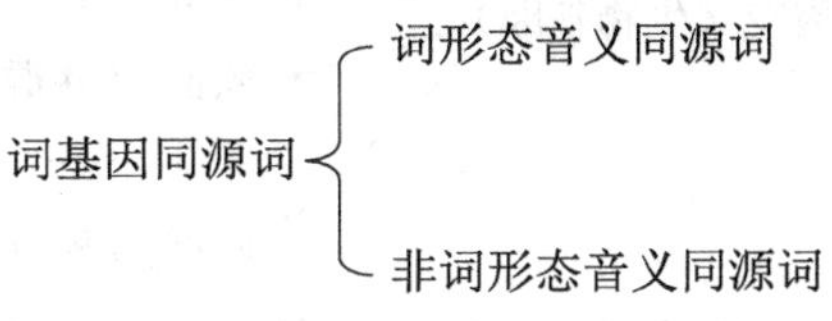

图 5-7　词基因同源词的形态同源与否分类图

（三）“谱系”与“类型”并不对立，二者是交集关系；谱系与类型的数学机制；“音义亲缘遗传”与“音义平行传播”

谱系是人类语言音义亲缘（语言基因）遗传的产物，语言音义亲缘在不同族群语种中连续遗传，就构成了语种之间的谱系性。谱系性可以在时间、空间中连续遗传并持续扩散，这就构成了同一语种之内与不同语种之间的音义谱系（语言基因）联系，如果按照是否是单一语种的标准，谱系性（语言基因）可以进行如图 5-8 所示的区分。

图 5-8　语言谱系性的单语种与跨语种分类图

“语言谱系性”就是人类语言生物机能内部的音义统一性及其遗传性。语言谱系性的作用就在于维系语言内部的统一性、稳定性以及连续性。随着人类群体的裂变，分化为不同的族群，语言的谱系性也开始随之分化，语言谱系性由单一语种谱系性分化为不同语种之间的谱系性。

语言裂变为不同的语种，是由语言基因的裂变所致。如此讲来，语种的形成，在群体上表现为族群的裂变，在语言上表现为语言基因的裂变，如图 5-9、图 5-10 所示。

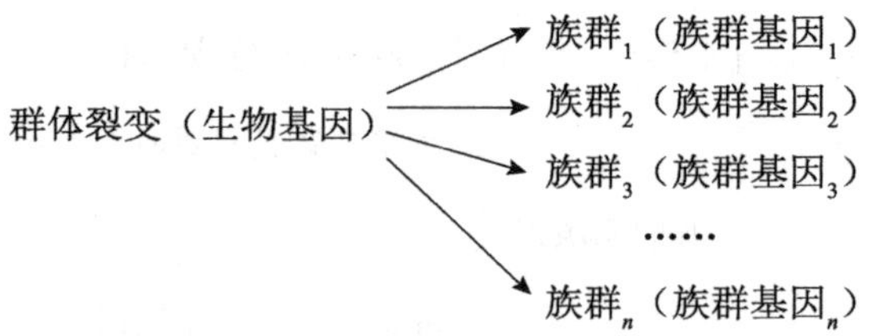

图 5-9　语言裂变为语种的群体裂变机制图

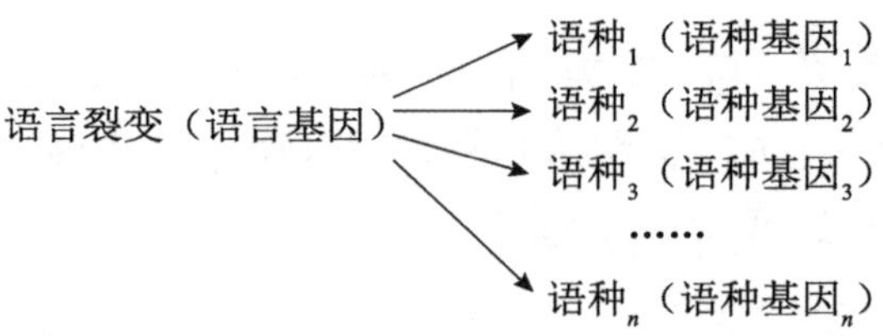

图 5-10　群体裂变条件下的语言基因裂变图

音义谱系是发生学性质的，会持续演化；类型同样也是发生学性质的，也会持续演化，类型与谱系相伴而生。发生学并不是音义谱系与类型学的不同之处，而是它们的共同之点，区分就在于音义谱系的裂变属于词基因遗传，音义谱系在裂变的同时也会产生音义平行传播，因此，音义谱系的裂变是音义亲缘遗传与音义平行传播的统一，二者不可分离，这也是学术界往往把音义遗传与音义传播混为一谈的原因所在。这里要指出的是，一词多义的引申法则与同源词词义的裂变法则是一致的，但是这是一种词义的平行传播法则，是词义裂变的类型学属性。

音义谱系与类型学的发生学差异，在于音义亲缘的遗传性、类型学的非音义亲缘遗传性以及类型学的平行演化特征。因此，音义谱系是遗传演化的产物，类型学是平行演化、非音义遗传的产物，二者是交集关系，不是对立关系。

“音义亲缘遗传”与“音义平行传播”，背后都隐藏着统一的数学机制——离散性、递归性、层次性。层次性是离散性与递归性的共同存在层次，每一层次都是离散单位与遗传单位的存在场所；离散性在演化中形成变异与区分——这是语种产生的机制，也是语种的差异所在；递归性在演化中形成遗传与连续——这是语种保持共性的机制，也是语种同源的原因所在。可见，语言的裂变是谱系即遗传与类型即平行传播的统一体，是共性的词核基因遗传与个性的词类基因变异的统一，据此，词基因可以区分为两类，如图 5-11 所示。

图 5-11　词基因构成分类图

语言学界的音义谱系即同源研究，追求的是同一语种之内或不同语种之间（跨语种）的音义亲缘遗传共性的词核基因成分。语种的特征或个性，就是词核基因成分与词类基因成分的统一体所形成的。

语言起源与人类起源，是息息相关的两个问题。按照现代分子生物学的观点，人类起源于远古非洲某一部落的一对男女，然后在漫长的历史与广阔的空间中逐渐向其他大陆移居蔓延。如此讲来，人类具有共同的起源——人类都是一对男女的后裔，全世界的人都具有或远或近的亲缘关系。人类从本质上讲，是同出一源的。

照此推论，人类的不同人种（蒙古利亚人种、欧罗巴人种等）、不同族群（汉族、藏族、印欧诸民族等）都是同出一源的。从常识判断，这种说法也能成立。按照现状，每一个自然人，不论男女，甚至性别畸型患者，都是一对自然人男女结合的产物，古老的亚当夏娃说、伏羲女娲说与现代分子生物学的研究及常识的判断高度吻合。

然而人类学的真正难题是：产生人类（生出自然人）的第一对自然人男女是怎么来的。话题转到人类的生物机能——语言即自然语言，人生来就有说话的能力，随着不同人种、不同族群的形成，语言由人类的能力也逐步分化蔓延为不同的语种。任何语种都是人类的语言能力的具体表现，如此讲来，人类的语言同出一源也是不争的事实。语言的音义谱系与语言类型学，追根究底，事实上，都是人类语言能力的表现，一种是音义亲缘遗传表现，一种是不计音义亲缘遗传与否的类型学表现，如此，类型学与音义谱系就构成一种交集关系，你中有我，我中有你，你我相互交叉依存。

语言学界如同人类学界，也有真正的难题，即语种是怎样从语言分化演变而来的，语种与语种之间具有怎样的谱系关系。这一问题有点类似于确认人类某一家族的遗传基因，确认这一家族何以不同于另一家族。“汉藏历史比较语言学”要探讨的就是这类问题：汉语、藏语何以同出一源，汉语、藏语的语言遗传基因即音义亲缘何在，汉语、藏语何以异何以同。

印欧诸语种谱系关系的确立，靠的是形态亲缘，并没有依靠词根音义亲缘的谱系性。这是因为印欧诸语种是屈折语，具有丰富的内部屈折形态。人们不会舍易求难，词形态亲缘的确立要比词根音义亲缘的寻求容易得多，因为词形态亲缘凭借视觉就可以观察得到，词根音义亲缘不仅看不到，甚至于考辨都是一件很困难的事情。如此看来，“语种音义亲缘”可以区分为如图 5-12 所示的类型。

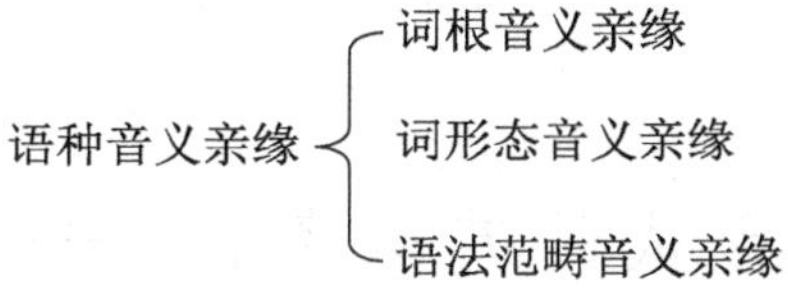

图 5-12　语种音义亲缘全方位类型图

语种音义亲缘，是三种音义亲缘的全方位亲缘，不可能仅仅有其中一种音义亲缘所支持的语言亲缘类型。这是判断语种亲缘的标准，也是本书所追求的汉语、藏语的全方位亲缘，本书“汉藏语词源学”“汉藏语历史分析语法”内容的设置就体现了这一思路。

在图 5-12 中，“词根音义亲缘”具有根本的意义，是其他亲缘类型的基础，语种之间的亲缘关系的确定，主要依靠词根音义亲缘的确定，因此，词根音义亲缘可以被称为“词基因亲缘”。

以往的汉藏语同源研究，主要集中在词根的音义亲缘的考证上，没有把词形态音义亲缘、语法范畴音义亲缘加以全盘考虑，更缺乏三者之间音义亲缘的贯穿探讨，这是其不足之处，也是本书着力改进之处。

此外，“句法位音义亲缘”不具有必然性，有的句法位音义具有音义亲缘性，有的句法位音义仅仅是一种类型学的平行关系，不具有音义亲缘，具体怎样，要经过考证才可以得知，此不赘。据此，语种音义亲缘的必然性与或然性类型的区分如图 5-13 所示。

- 语种音义亲缘
  - 必然性音义亲缘
    - 词根音义亲缘
    - 词形态音义亲缘
    - 语法范畴音义亲缘
  - 或然性音义亲缘（句法位音义亲缘）

图 5-13　语种音义亲缘的必然性与或然性分类图

有学者单纯从语法角度讨论汉语、藏语的谱系关系，但是所得结果仅仅是一些类型学的现象，其甚至把类型当作了谱系，殊为不可取。

（四）语言能力形成的基本条件——“意识”与“音姿”函项；“命名”是语言能力形成的标志

语言能力的形成，需要两个基本条件，即意识与音姿函项，意识函项是指对外界事物的意义分类与对内在心智的意义分类，如图 5-14 所示。

- 意识函项
  - 意识（外界）
  - 意识（心智）

图 5-14　意识函项分类图

音姿函项是指对外在世界的音素分类与对内在心智的音素分类，如图 5-15 所示。

- 音姿函项
  - 音素（外界）
  - 音素（心智）

图 5-15　音姿函项分类图

以上“意识函项分类图”与“音姿函项分类图”是语言产生的必备条件，也是语言具有外延性与内涵性的必备条件，可以说，人类的自然语言就来自这两个函项图。自然语言符号的离散性、递归性与层次性都是建立在外延性与内涵性基础之上的，据此，自然语言符号在本质上就是外延性与内涵性构成的函项，表示如下：

自然语言符号=内涵性（外延性）

这一函项贯通于语言符号的所有层次，即词根层次、词层次、句法层次、词形态层次、语法范畴层次。

由于自然语言符号是音义体，因此自然语言符号又可以表示为如下形式：

自然语言符号=内涵性音义（外延性音义）

该函项式同样贯穿于自然语言的所有层次，即词源音义层次、词音义层次、句法音义层次、词形态音义层次、语法范畴音义层次。

“命名”就是意识函项与音姿函项相结合的产物，因此，可以说语言产生于“命名”。国外学者从发音器官的进化推测出语言产生于距今约 5 万年，这是有道理的，可以说，一旦发音器官足以构成表达意识的音姿类型（音素类型），一旦心智器官足以构成适配音姿的意识类型（类义与核义类型），就是语言形成之时。

当然，儿童的意识函项与音姿函项的形成，需要一个漫长的过程。旧石器时代长达 300 万年，实际上就是意识函项与音姿函项形成的漫长历程。但是随着群体的裂变，语言裂变产生的语种并不需要太长的时间，在通解度之内（基本听懂）的方言、语种的形成也就是 200 年（10 代人）到 300 年（15 代人）之间；在通解度之外（基本听不懂）的方言、语种的形成则需要 500 年（25 代人）及以上。

（五）意识的构成——群体外在物理与群体内在心智的统一

意识是属于群体的意识，一方面是群体外在物理世界的表征，另一方面又是群体内在心智世界的表征，如图 5-16 所示。

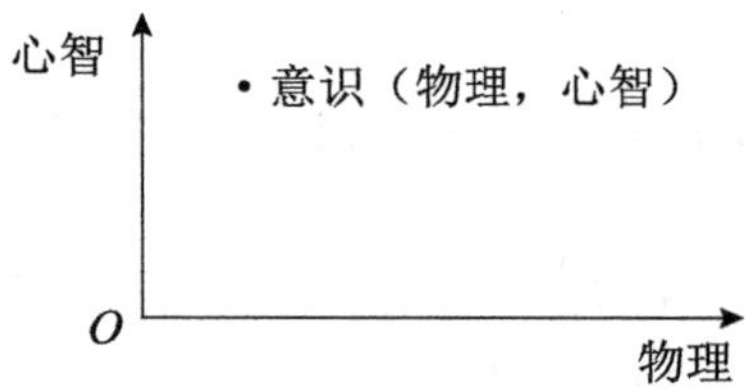

图 5-16　意识的构成几何图

这是意识的组成共性。“意识”是自然语言实词词义、逻辑概念的共同来源，即是说，语言与逻辑有着共同的来源，这也是自然语言与逻辑具有内在统一性的原因所在。

“自然语言逻辑”这一分支学科的存在有着客观的基础，可见，“分析语法”既是“自然语言语法”，又是“自然语言逻辑”，是语法与逻辑的合一。分析哲学的创始人、德国数学家弗雷格把自然语言与数学语言融为一体的思想具有客观的根据。

但是，不同群体对同一外在物理的内在心智意识不一定相同，例如，同样是“聪明”意义，汉族群体把“窗”（户）、（烟）“囱”、“聪”（明）这一组不同的外在物理对象归纳为同一个内在心智意识“中空系”，并不是所有语言都一样，这种不同群体意识的外在物理类的不同与内在心智意识类的统一，或同一外在物理的统一与不同心智意识的分离现象，就构成了方言、语种的语义差异。

（六）音姿的构成——群体生物物理与群体生物心理的统一

音姿的构成既是群体生物物理的表征，又是群体生物心理的表征。音位是群体生物物理与群体生物心理的产物，如图 5-17 所示。

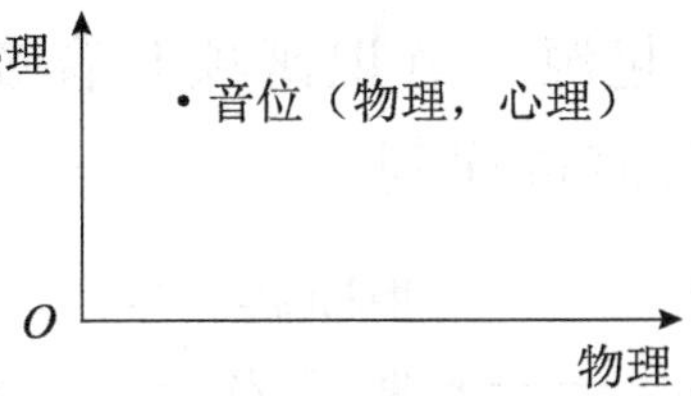

图 5-17　音位构成几何图

例如，在北方官话区，音素[n]与[l]是两个不同的物理音素，同时也是两个不同的心理音位，这是物理音素与心理音位的统一。但是在长江流域，例如成都话中，这两个不同的物理音素就是一个群体心理音位，这是物理音素与心理音位的分离，可见，同一个物理音素不一定在不同群体中就具有相同的心理表征。这是方言（不同区域群体土语）与语种（不同区域群体语言）差异形成的原因。因此，音位是依据群体语音心理的标准而确定的。据此，音位可以区分为物理音位与心理音位两类，如图 5-18 所示。

图 5-18　音位分类图

“物理音位”是物理音素与心理音位的统一，“心理音位”是物理音素与心理音位的分离。物理音素与心理音位的统一与分离是方言语音与语种语音形成差异的根本原因。

（七）从旧石器时代“工具函项”可以探讨“意识函项”的起源与形成，从意识函项可以探讨“音姿函项”的起源与形成

1. 旧石器时代劳动工具促进意识函项与音姿函项的产生

人类的生存需求促进了旧石器时代打制石器的产生，这意味着意识函项的萌芽与起源；打制石器与意识函项同步萌芽，紧接

着音姿函项也萌芽与起源，意识函项与音姿函项的萌芽与发展，构成如图 5-19 所示的演进序列。

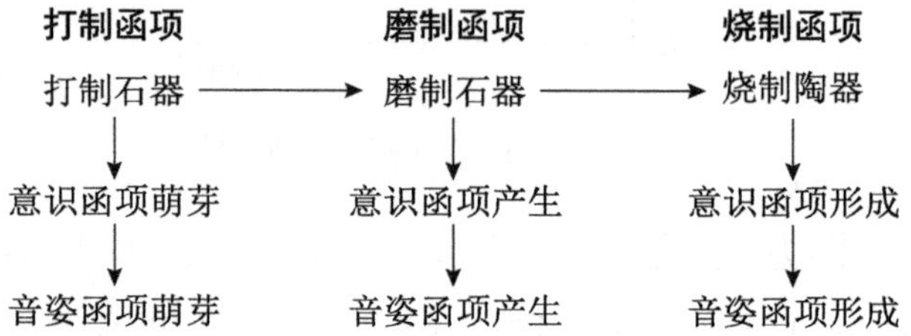

图 5-19　劳动工具的演进促进意识函项、音姿函项的产生与演进序列图

“打制石器”（打制函项）、“磨制石器”（磨制函项）、“烧制陶器”（烧制函项）的“打制”“磨制”“烧制”，可以概括为“形塑”函项关系，如此，便构成“形塑（石头，泥土）”这一统一的“工具函项”。其中便蕴含着“意识（外界）函项”与“意识（心智）函项”，这就是语言意义的萌芽与产生。这一工具函项的演进序列说明意识函项、音姿函项也是一个同步的演进序列，从打制函项到烧制函项，意识的强度在逐渐地增强，到旧石器时代末新石器时代初期，人类进入了农耕文明时代，自然语言已经进入形成期。

2. 旧石器时代的艺术作品——“艺术函项”，是意识函项、音姿函项形成的一个标志

关于旧石器时代的艺术作品类别，考古学家裴文中从造型的角度归结为“雕刻”、“彩画”和“塑像”三大类[①]，这三大类可以概括为“艺术函项”——形塑（外界），这一艺术函项与工具函项没有本质的差别，即都属于“意识（外界）函项”。可见，工具函项与艺术函项在构造上是一致的，但是，艺术函项的造型意识更为成熟，也更为细腻，促进了人类意识的细化——对

① 裴文中：《旧石器时代之艺术》，北京：商务印书馆，1999，第 22-24 页.

外界意识的细化与对内在心智意识的细化，这也促进了对音姿的细化，因为意识的细化与音姿的细化是同步对应的细化关系。

从旧石器时代的打制石器，到新石器时代的磨制石器，再到新石器时代的烧制陶器，这一劳动工具的演进序列促进了意识函项的萌芽、产生与形成。在交流、传播的驱动下，意识函项借助于音姿函项得以交流、传播，于是音姿函项由此而萌芽、产生和形成。

从断代的角度看，旧石器时代的早期距今约 300 万年。即是说，人类意识的萌芽与人类音姿的萌芽出现于距今约 300 万年，但是意识的形成期与音姿的形成期估计在距今 5 万—2.7 万年的旧石器时代晚期。这与国外学者估计的人类发音器官的形成断代以及我国裴文中对旧石器时代艺术的形成断代大致是吻合的。

在新石器时代，生产工具演进到一个新阶段，生产力发展，土地载能提升，人口快速增长并裂变为不同的群体，族群批量形成，语言也随之而裂变为方言，进而演进为语种。中国古代文献记述的大的群体，例如北狄、西戎、东夷、南蛮的出现，已经意味着不同“族群-语种统一体”的产生。考古学家苏秉奇的“六大文明区系说”的提出，也意味着六大文明区系即六大族群-语种统一体的出现。

3. 意识函项的传播促进音姿函项的产生；在同一群居协作体内，音姿函项因协作、传播而产生

人类是一个群居协作体，意识函项需要音姿函项的传播，由此看来，意识函项是被传播函项，音姿函项是传播函项，因为自然语言就是一个表达-传播函项。

从起源上讲，意识函项产生于音姿函项之前，即内容产生于形式之前。当然，在意识函项与音姿函项的共同协作演进中，有时也会出现意识函项与音姿函项同步产生的情况，有时还会出现音姿函项先于意识函项的情况，即是说，在因义生音的总体情况下，也会有局部性的音义共生，甚至因音生义。意识函项促进音姿函项的演进如图 5-20 所示。

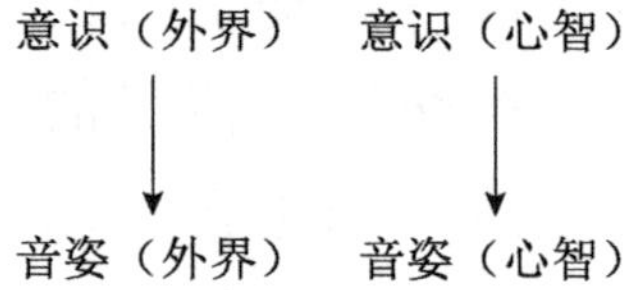

图 5-20　意识函项促进音姿函项演进图

总之，劳动工具的演进促进了意识的产生，意识是促进发音器官演化的动力。可见，人类语言（意识、语音）的萌芽产生于旧石器时代，形成发展于旧石器时代末期、新石器时代初期。

（八）本书力图借助三个板块的组合讨论，推进汉藏历史比较语言学

“汉藏历史比较语言学研究”的内容分为三个板块，即“形式词源学”（基因词源学）、“汉藏语词源学”与“汉藏语历史分析语法”，是为探讨以上汉语、藏语的难题而设置的，力图能够达到音义亲缘在汉藏语语言符号事实上与三个板块理论上的一以贯之的效果。任何研究都是探讨，任何探讨都是过程，本书借助于三个板块的组合探讨，以便把汉藏历史比较语言学这一领域推进一步。

由于形式词源学是分析语法的有机组成部分①，因此，研究汉藏语的历史分析语法也会引入形式词源学的基本理念——音义亲缘所形成的直接谱系性，例如，“汉藏语的同源形态”“汉藏语的同源语法范畴”都属于语法领域音义构成的直接同源谱系关系。

词根基因亲缘与词形态亲缘、语法范畴亲缘之间具有内在的

① 杨光荣：《论“词源的递归生成机制”——词源的可计算性及其形式理论》，《山西大学学报（哲学社会科学版）》，2019（1）：13.

联系。汉藏语历史分析语法不但要考察汉语、藏语的形态亲缘、语法范畴亲缘，还要考察汉语、藏语的词根基因亲缘与词形态亲缘、语法范畴亲缘之间的关系。

第二节　汉藏语的同源形态（词形态音义谱系）

一、形态、黏着与语法范畴等基本概念

这里首先对词根与词缀、屈折与非屈折、黏着与非黏着、词汇词与语法词、词汇意义与语法意义等基本概念作一番集中讨论，因为这些概念是从不同的标准加以区分的，在研究中往往交叉使用。如果不作一番总的讨论，有可能在研究中混淆不清，影响研究的精准性。

（一）“形态”、“黏着”与“语法范畴”等基本概念的区分标准

这里将“形态”、“黏着”与“语法范畴”等所涉及基本概念的区分标准表述如下：词根与词缀；黏着与非黏着；屈折与非屈折；内部屈折与外部屈折；词载体与非词载体；词汇与语法；词汇意义与语法意义；范畴意义与非范畴意义；共时语符与历史语符；单语种与跨语种（祖语种与分支语种）；同一语种的单个词与跨词；祖语种与分支语种的跨语种词；词原形与词变形等。

以上这些区分标准在本书中往往结合使用，但是在使用时，应遵守外延逻辑的分类法则，即每一次划分仅使用一个标准。

（二）基本概念分类大纲

基本概念有多种分类方法，如共时语符的形态与非形态分类、语法意义载体的分类、语言符号意义的分类、屈折形态的分类、黏着成分的分类、语言粒子单位的分类等等。

（1）共时语符的形态与非形态分类，如图 5-21 所示。

- 共时语符
  - 形态
    - 屈折形态
    - 非屈折形态（黏着形态）
  - 非形态（无元音、辅音交替，无黏着成分）

图 5-21　共时语符的形态与非形态分类图

在历史演化条件下，在祖语种与分支语种分化条件下，在同一语种跨词条件下，没有音段（元音、辅音）交替的语种是不存在的；同样地，没有黏着成分的语种也是不存在的，绝对的无形态语言即零形态语言是不存在的。确切地讲，只有“形态丰富的语种”与“形态贫乏的语种”之分。

（2）语法意义载体的分类，如图 5-22 所示。

- 语法意义载体
  - 词载体（词音节载体）
  - 非词载体（非词音节载体）

图 5-22　语法意义载体分类图

（3）语言符号意义的分类，如图 5-23 所示。

- 语言符号意义
  - 词汇意义（词根核义，词根类义）
  - 语法意义（语法核义，语法类义）

图 5-23　语言符号意义分类图

（4）屈折形态的分类，如图 5-24 所示。

- 屈折形态
  - 词根内部屈折
  - 词根外部屈折（词缀屈折）

图 5-24　屈折形态分类图

（5）黏着成分的分类，如图 5-25 所示。

- 黏着成分
  - 黏着词（词音节，有内部屈折）
  - 非黏着词（非词音节，有外部屈折）

图 5-25 黏着成分分类图

（6）语言粒子单位的分类，如图 5-26 所示。

- 语言粒子单位
  - 词根（词根内部屈折）
    - 词汇词内部屈折
    - 语法词内部屈折
  - 非词根（词缀，词缀外部屈折）

图 5-26 语言粒子单位分类图

（三）原形与变形的基本法则

在历时条件下，不论形态语言还是无形态语言，均有原形与变形之分，即形态可以区分为历时原形与历时变形。历时原形与历时变形可以分布于语种，也可以分布于语种的方言以及语种的分支语种之中。本书的汉藏语词根屈折形态就属于历时的原形与变形之列，二者具有音义谱系性。

在共时条件下，只有无形态变化的“词根词”才没有词的“原形”与“变形”之分，但是对于形态语言而言，却有着原形与变形之分。形态语言的共时原形与变形之分，有的属于历时的遗存，具有一谱系关系，有的属于共时的变异，也属于谱系变异，有的则属于历时遗存与共时变异的混合。此外，原形与变形也有因接触而产生的因素。

二、“形态”的界定

（一）形态的界定、类型与词根的函项关系

语言的形态就是以音义结合体的形式来表达“语法意

义”的词根形式变化，或表达词根的黏着词缀（含词缀屈折变化），或表达语法意义的词形式或语法词（含语法词屈折变化）。词根可以独立自由运用（限于词根语或孤立语），词缀不具有独立性，只有黏附在词根上，才可以前缀，可以后附，可以中置；“词形式”或“语法词”不能独立使用，只能与外延词或内涵词配合使用。

1. “词根（屈折）”函项

词根与其内部屈折变化，可以构成“词根（屈折）”函项关系，屈折形态变化，词根的语法意义会相应改变。

从理论上说，“词根（屈折）”函项的屈折自变元可以分为两种类型，如图 5-27、图 5-28 所示。

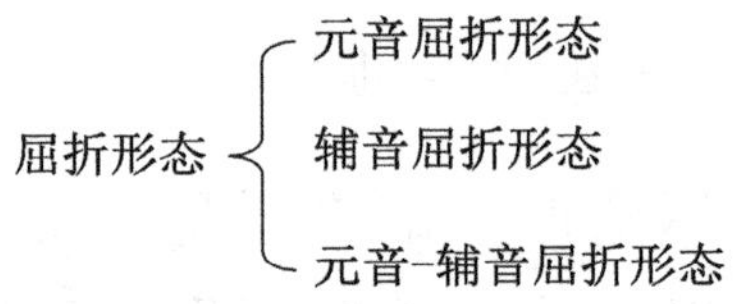

图 5-27　屈折形态的语音学分类图

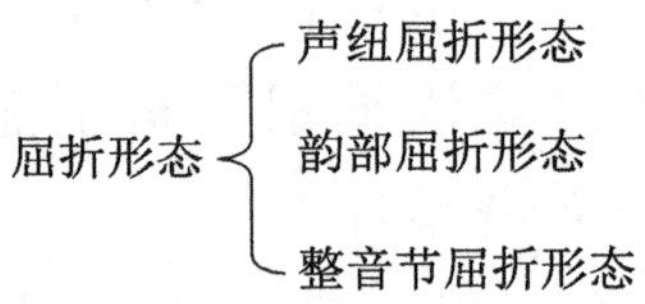

图 5-28　屈折形态的音系学分类图

以上屈折形态的语音学、音系学分类，具有类型学普遍性，不受语种、载体（词根或词汇词载体、词缀载体、形式词与语法词载体）的限制。

1）屈折形态的词分布——同词分布与跨词分布

屈折形态的分布属于“词分布”，既可以分布于同词（同一个词）上，也可以分布于跨词（形态同源词）上，如图 5-29 所示。

- 屈折形态的词分布
  - 同词分布
  - 跨词分布

图 5-29　屈折形态的词分布分类图

要指出一点，“声纽屈折”“韵部屈折”属于“近程屈折”（音节内的变异属于近程变异），可以分布于同语种的同源词上，也可以分布于分支语种的分支同源词上。“整音节屈折”属于“远程屈折”（音节变异属于远程变异），多数分布于分支语种的分支同源词上，只有少数分布于同语种的同源词上。

据此，同源词可以依据语种及其分化标准区分为如图 5-30 所示的类型。

- 同源词
  - 祖语种同源词
  - 分支语种同源词

图 5-30　同源词分类图

“汉藏语同源词”即为祖语种同源词，“汉语同源词”“藏语同源词”即为分支语种同源词，简称为“分支同源词”。据此，本书所考辨的同源词的范围如图 5-31 所示。

- 本书同源词的范围
  - 汉藏语同源词（祖语种同源词）
  - 分支语种同源词
    - 汉语同源词
    - 藏语同源词

图 5-31　本书同源词的范围分类图

2）传统词源学概念“音转”与历史比较概念“语音交替”的对接与通约

“声纽屈折”、“韵部屈折”、“整音节屈折”（异音节、同音节为零屈折或无屈折）符合词根的音段内部词形变化的特征与定义，所以把汉语词源学的“音转”（包括“声转”“韵转”）学说概念，与西方历史比较的“语音交替”概念进行对接，把“声转”称为“声纽屈折”，把“韵转”称为“韵部屈折”，术语不同，但是其“屈折概念”则是相同的。二者之间具有通约性。

3）内部屈折的范围仅限于［同词或跨词（同源词）］音节的音段范围

音节是由“音段”与“超音段”两部分组成的，这是由语音的四个要素——音色、音频、音强与音长形成的。音频、音强与音长构成超音段，附着在音段之上，不具有独立性。音段具有离散性，是音节的离散单位；超音段是音段的属性，不具有离散性。音段具有递归性，超音段不具有递归性属性。

关于超音段的韵律成分的改变，例如轻重音的改变，其性质是轻重音分布的不同，而且只有“轻”“重”两类变化，不会构成轻、重的递归关系，这是一种类型的分布变化。

同样地，声调的改变不属于屈折变化之列。汉语语言学传统的“四声别义”不属于词根的词形屈折变化之列，因为词根的内部词形屈折变化，仅仅按照词根的音段成分的变化来计算。再者，词的韵律形式的变化，也是一种韵律的类型变化，不属于递归变化的范围，因为韵律不是离散单位，没有递归性；而单位的离散性是递归的必要条件。

2. “词根（词缀）”函项

词根与词缀构成“词根（词缀）”函项关系，即词缀变化可以表达不同的词根语法意义。

词缀可以是音节形式，也可以是非音节的音位形式，如图5-32所示。

图5-32　词缀的音节与非音节分类图

无论是“音节词缀”还是“非音节音位词缀”，一旦作为词缀出现，即一旦出现在词缀位置上，即丧失了其独立性，获得了黏着性，这是一种功能制约形式属性的理论。

这即是说，词缀的“黏着性”与“独立性”是有条件的，条件即“词缀位置”，可见，词缀的判定标准不是词缀自身的音节性与非音节性，而在于词缀的分布位置。要指出一点，“词缀”与“附加成分”、“前缀”与“后缀”、“前加成分”与“后加成分”术语的提出，是因为研究者搞不清楚它们之间的关系而为之。词缀是相对词根而言的，二者属于同一层次的分类概念；前缀、前加成分是同一概念，后缀、后加成分是同一概念，它们分别属于同一层次的分类概念。

（二）形态的层级分布

语言的形态是由“音”“义”合成的，据此，语言形态可以区分为音位序列的“单音位形态”“复合音位形态”“音节形态”与音系序列的“声纽形态”“韵部形态”“词音节形态”几个层级，如图 5-33 所示。

图 5-33　形态层级分布图

三、形态的分类

（一）语言形态的类型

语言内部屈折形态可以作如图 5-34 所示的分类。

在内部屈折形态中，“词根内部屈折”就是指词根音段音位的变化，词根超音段音位的变化（轻重音变化、声调变化）不属

- 内部屈折形态
  - 词根内部屈折
  - 非词根内部屈折
    - 词根附缀词音节内部屈折
    - 词根黏着语法词内部屈折

图 5-34　内部屈折形态分类图

于词根内部屈折，具有此类形态变化的语言叫作屈折语。“词根附缀词音节内部屈折”是指黏着于词根前或后，或嵌入词根中的非独立使用的词音节形式的内部屈折，具有此类形态变化的语言叫作黏着语。此外，词根附缀也有非词音节音位变化，这叫作外部屈折，具有此类形态变化的语言也叫作黏着语，如此，黏着语的词根附缀的形态变化有两种，如图 5-35 所示。

- 黏着语词根附缀形态变化
  - 词根附缀词音节内部屈折
  - 词根附缀非词音节音位外部屈折

图 5-35　黏着语词根附缀形态的内部屈折与外部屈折变化分类图

图 5-34 中，“词根黏着语法词内部屈折”是指附着于词根前后的非独立的词形式或语法词的内部屈折，具有此类形态变化的语言叫作词根语或孤立语。

无论以上哪一种形态（内部屈折或外部屈折），其都是音义结合体，音是形式，义（语法意义）是内容，因此，形态是语音形式与语法意义的统一。“词形态音义”是指词的形态与其语法意义的结合。

（二）词根内部屈折的类型

词根内部屈折一般是“音段音位”的形态变化，可以是声组音段音位的形态变化，也可以是韵部音段音位的形态变化，可以是辅音的变化，也可以是元音的变化，也可以是辅音元音结合体的变化，因此，“复声纽前缀音”（前置辅音）的变化（发音方法的清浊交替、送气不送气交替）都属于音位的形态变化。如果从汉语词源学“音转”的角度来看，复声纽前缀音的清浊交替、送气不送气交替属于声纽通转之列，可见，声纽通转与复声纽前缀音的清浊交替、送气不送气交替本质上都是音节音段成分的改变，不同的是，声纽通转的指称范围较大，不如复声纽前缀音指称精准精细。因此，汉语词源学的音转与历史比较法的语音交替可以结合使用，可收取长补短之效。音转可以揭示音义演化，语音交替可以揭示语音的物理演化。

复声纽前缀音的变化可以是同一词根内（同一核义同一类义）的变化，也可以是不同语种（分支语种）之间同源词（同一核义同一类义，或同一核义不同类义）之间的变化，因此，复声纽前缀音的形态变化可以区分为如图 5-36 所示的类型。

复声纽前缀音形态变化
- 同一词根内的变化
- 不同词根之间的变化（同源词根之间的变化）

图 5-36　复声纽前缀音形态变化分类图

（三）词根附缀的类型

词根附缀不能单独使用，可以是词音节形式，也可以是非词音节的音位形式，即非词音节的音位或音位组合或词音节形式与语法意义的结合，因此，词根附缀可以区分为两种类型，如图 5-37 所示。

词根附缀
- 词音节形式附缀
- 非词音节的音位或音位组合附缀

图 5-37　词根附缀的音节性质与非音节性质分类图

以上区分说明，词根附缀也具有音节性与非音节性的属性，发生在音节性词根附缀内部的屈折变化叫作内部屈折，发生在非音节性词缀上的变化叫作外部屈折。如此说来，区分内部屈折与外部屈折就具有了统一的标准——“音节性词音节”内部的形态变化叫作内部屈折，不论词音节分布于词根位置还是词缀位置，或黏着语法词位置；“非音节性词音节”外部的形态变化叫作外部屈折。即是说，内部屈折一定发生在音节性的词音节内部，外部屈折一定发生在非音节性词音节的音位或音位组合之上。这就是内部屈折与外部屈折的根本区分。

如果把祖语种与分支语种的因素考虑进去，内部屈折可以发生在祖语种、分支语种之内，也可以发生在祖语种与分支语种之间，也可以发生在分支语种之间。祖语种与分支语种之间的音义遗传形态是祖语种与分支语种之间同源的证据；分支语种之间的音义遗传形态是分支语种之间同源的证据。这是本书要予以考辨的同源形态，其可以进行如图 5-38 所示的区分。

语种同源形态
（原始汉藏语与汉语、藏语的同源形态）
- 祖语种与分支语种同源形态（父代子代）
- 分支语种同源形态（子代之间）
（古汉语与吐蕃藏语的同源形态）

图 5-38　语种同源形态分类图

“祖语种与分支语种同源形态”属于父代与子代语种之间的同源形态，分支语种之间的同源形态属于子代之间的同源形态。

（四）词根黏着语法词的类型

词根黏着语法词是指词根黏着的是单音节词形式，也可以是多音节词形式，可以叫作“语法词”，它不是词汇词（具有内涵词义与外延词义），即它是仅仅具有语法意义（体范畴、方向范畴等语法意义）的词形式，不能独立使用，汉语的"着""了""过"就属于语法词或单音节词形式。词根黏着语法词的分类如图 5-39 所示。

词根黏着语法词
- 单音节黏着语法词
- 多音节黏着语法词

图 5-39　词根黏着语法词分类图

（五）语种的混合形态的类型

语种的单一形态，即纯粹的词根语、纯粹的黏着语、纯粹的屈折语是不存在的，语种的形态本质上都是混合的，区分就在于混合的程度有所不同罢了。我们可以依据混合程度的权重来加以区分。

1. 权重不均衡的混合形态

语种的形态不是纯粹单一的类型，往往是多种形态的混合，但以一种形态为主，这属于权重不均衡的混合形态。汉语的形态属于词根型，但是混合有黏着形态，同时混合有内部屈折形态。如果就主要倾向而言，语种的形态类型可以区分如下。

1）语种的屈折类型

语种的屈折类型，如图 5-40 所示。

语种的屈折类型
- 词根型语种（词根非屈折型语种）
- 词根屈折型语种

图 5-40　语种的词根屈折与否分类图

"词根型语种"可以被称为"词根非屈折型语种"，即同一词根仅仅有原型，没有元音、辅音屈折变化，即为词根零屈折变化型。凡是分词语言，其任何语种均有词根。

2）语种的黏着类型

语种的黏着类型，如图 5-41 所示。

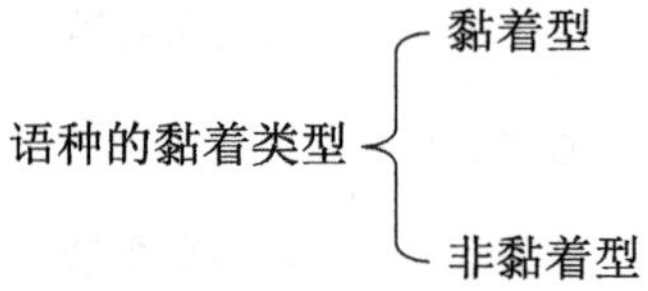

图 5-41　语种的黏着与否分类图

“黏着型”即在词根前、后或中间可以插入附加成分，反之则为非黏着型。

可以看出，词的形态表义成分，可以是用“词音位（元音、辅音）”无变化表义，属于词根无形态或零形态，这就是词根语；可以是用“词音位（元音、辅音）”有变化表义，属于词根有形态或非零形态，这就是屈折语；还可以是在词根前、后或中间插入“附加成分”或“词缀”，这就是黏着语。

3）词单位的形态音义成分

词单位的形态音义成分可进行如图 5-42 所示的区分。

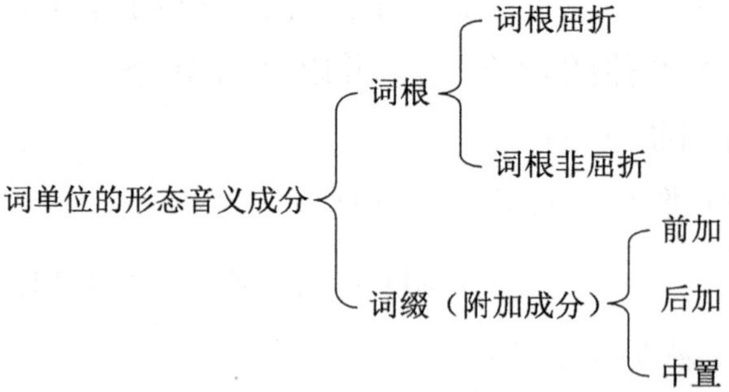

图 5-42　词单位的形态音义成分分类图

从以上分类图中可以得出以下结论：第一，词单位的形态也是由音义成分所构成的，这叫作“词单位形态音义”。第二，词单位形态音义成分可以区分为“词根”与“词缀”两部分，词根负担词汇意义（非语言符号的外延意义、内涵意义）与语法意义（语言符号的外延语法意义、内涵语法意义），词缀仅仅负担语法意义。第三，词的形态包括屈折形态、零屈折形态（无屈折形态）与黏着形态（非屈折形态）三种。第四，词缀或附加成分的性质即词单位或非词单位，系由词缀的位置所决定的，同样一个音节性成分，一旦附加在词根上（进入词根语境）就成为一个非词单位成分，即词根的黏着成分；一旦脱离词根语境（进入句法语境）就成为一个句法成分，即成为一个词单位成分。第五，语境可以区分为句法语境与词根语境，句法语境的单位性质属于词单位；词根语境的单位性质属于“词根附加成分”，不属于词单位成分。第六，句法语境与词根语境的构造是一样的，具有相同的逻辑属性。

2. 权重均衡的混合形态

有的语种具有权重大致均衡的混合形态，川西民族小语种例如雅砻江上游的却隅语，为却隅藏族小群体所操的一种地脚话，使用人口约 5000 人，不同于藏语康方言、卫藏方言与安多方言，却隅语主要分布于四川省甘孜藏族自治州的雅江县、理塘县、新龙县。却隅藏族不同于起源于西藏山南泽当雅隆河谷的吐蕃部落，却隅语不属于藏语支语种，学界认为其属于羌语支。在形态类型上，却隅语属于屈折形态与黏着形态的混合体，屈折形态与黏着形态在川西民族小语种尤其是北支小语种中具有重要作用，所占的比例大致均衡。当然，形态权重的计算是一个有待探讨的问题。据此，语种混合形态可以作如图 5-43 所示的区分。

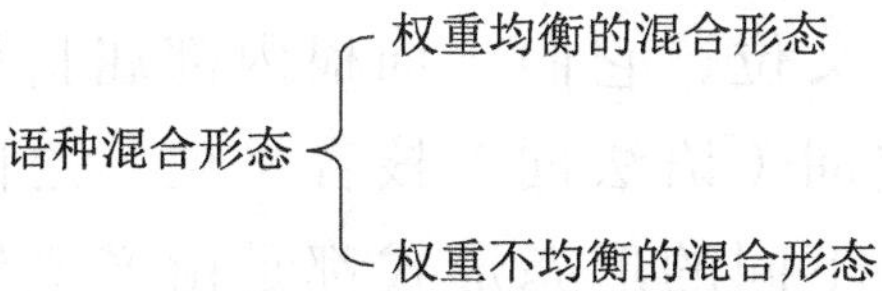

图 5-43　语种混合形态的权重分类图

语种的形态往往是变化的，原始汉语即史前时期（甲骨文产生之前）的汉语，具有复声纽前缀音位屈折形态，历史时期（甲骨文产生之后）的汉语已经不具有该种形态。即史前时期的汉语具有复辅音，复辅音前缀音具有屈折变化，历史时期的汉语已经由具有复辅音变为不具有复辅音了。即史前时期的汉语是具有内部屈折变化与词根词缀的屈折、黏着的混合语，历史时期的汉语已经成为词根语与黏着语的混合了。

四、形态核音义位的类型、裂变及其效应

（一）形态核音义位的类型与其遗传

形态也是音义结合体，这是自然语言符号的音义组合法则表现之一，简称为“形态音义”。形态音义的构成也有“形态核音义位”，表示如下：

形态音义=形态核音义（形态类音义）

这可以被称为“形态音义函项”。形态音义函项是词源函项（词汇意义函项）与句法函项（语法意义函项）的一种过渡与联系形式。

如果是同源形态，就具有“形态核音义位”，如图 5-44 所示。

形态核音义位
- 词根内部屈折核音义位
- 黏着词缀核音义位
- 形式词（语法词）核音义位

图 5-44　形态核音义位分类图

以上形态核音义位，它们［词根内部屈折核音义位、黏着词缀核音义位、形式词（语法词）核音义位］之间可以形成音义遗传关系，因为这些不同的形态形式都是由音义组成的。

（二）“词根内部屈折核音义位”的类型及其裂变效应——滋生“祖语种同源词”与分化为“分支语种同源词”

1. “词根内部屈折核音义位”的类型

“词根内部屈折核音义位”可以区分为如图 5-45 所示的类型。

词根内部屈折核音义位
- 声纽屈折核音义位
- 韵部屈折核音义位
- 整音节屈折核音义位

图 5-45 词根内部屈折核音义位音系学分类图

2. “词根内部屈折核音义位”的裂变效应

“词根内部屈折核音义位”的裂变效应可表述如下。

（1）“声纽屈折核音义位”屈折变化的结果，就是“声纽系核音义位”，在同一语种内，会形成“声纽裂变式同源词”，在分支语种中，会形成“声纽裂变式分支语种同源词”。

（2）“韵部屈折核音义位”屈折变化的结果，就是“韵部系核音义位”，在同一语种内，会形成“韵部裂变式同源词”，在分支语种中，会形成“韵部裂变式分支语种同源词”。

（3）“整音节屈折核音义位”屈折变化的结果，就是“整音节系核音义位”，在同一语种内，会形成“整音节裂变式同源词”，在分支语种中，会形成“整音节裂变式分支语种同源词”。

可见，关于祖语种的词根谱系滋生、祖语种分化为分支语种，其动力均源自“词根内部屈折核音义位”的裂变效应。即是说，祖语种随着群体的分化而分化，随着群体的裂变而裂变，均源自词根的音义分化与裂变，因为分支语种也是由音义合成的，这是一条千古不变的法则，即语种的分化都是语种的音义在裂变分化，如果语种的音义不裂变不分化，就不会产生新语种。

世界上不存在不裂变不分化的语种（语种裂变是永恒的，这是语种遗传同源的永恒法则），因为世界上不存在不裂变不分化的群体，这是由群体活力无限增长与土地载能有限性之间的矛盾造成的。如果语种不裂变不分化，就意味着操该语种的群体不繁衍，就意味着操该语种的群体生命力走向衰竭与终止。因此，群体人口的增长与裂变是息息相关的，与语种的裂变与分化同样息息相关。据此，中华民族的人口保持适度增长，是中华民族生生不息的动力，是中华民族通语（史前时期为“华夏语”，历史时期的春秋为“雅言”，秦汉为“书同文”，明清为“官话”，民国为“国语”，中华人民共和国为“普通话”）生命活力的源头活水。

总之，关于人类自然语言以及“语种”的裂变与分化，其本质都是词根音义的裂变与分化，这是语言与语种的裂变与分化的深层原因与动力所在。

第三节　汉藏语形态的同源考证

一、“汉藏语形态”的界定及其分类

所谓“汉藏语形态”，是指“原始汉藏语”形态以及来自“原始汉藏语”这一祖语种的分支语种汉语与分支语种藏语的形态。汉藏语形态的分类如图 5-46 所示。

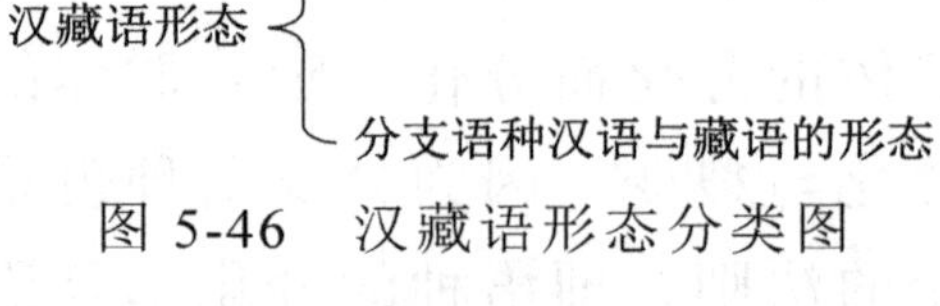

图 5-46　汉藏语形态分类图

由于语言或语种形态的特征是音义组合体，所以由祖语种裂变

而成的分支语种的谱系关系除了表现在词汇（同源词）上，在词形态上也有所表现，我们把这种具有音义谱系性的形态叫作“同源形态”。因此，分支语种的形态可以据此区分为“同源形态成分”与“非同源形态成分”（自源形态成分）两类，如图 5-47 所示。

分支语种形态
- 同源形态成分
- 非同源形态成分（自源形态成分）

图 5-47　分支语种形态的同源成分与非同源成分分类图

“同源形态成分”就是其音义具有谱系关系的形态成分，“非同源形态成分”即自源形态成分，就是其音义不具有谱系关系的形态成分。

一种语种有来自祖语种的同源形态成分，这叫作“分化同源形态成分”，意思是由于语种发生分化演化而产生的同源形态成分，也有来自分支语种自身滋长产生的自源形态成分。自源形态成分只能遗传给该分支语种的后裔分化方言，或后裔分化方言的土语，或后裔次分支语种等，即形态的遗传方向只能是后向性遗传，不会逆向性反遗传。

“同源形态成分”的音义谱系性来自祖语种的遗传；“自源形态成分”的音义谱系性是由各自分支语种自身滋长而成的，非祖语种遗传而成的。但是，分支语种的自源形态成分又可以作为次祖语种遗传给次分支语种，一直遗传下去，据此，同源形态的祖语种与分支语种区分具有相对性，绝对、唯一的祖语种同源形态在理论上是存在的，这就是人类语言产生的第一源头。

“原始汉藏语形态”仅仅是相对于“分支语种汉语与藏语的形态”而言的，这是就“汉藏语系”这一语系范围而言的。“原始汉藏语”的概念有点类似于数学上的公理，是研究汉语、藏语谱系性的出发点，舍此别无他途，这是探索中元语言系统设立的需要。

自然语言或语种的裂变与分化，除了群体裂变与分化的动力之外，尚有自然语言符号本身的递归性动力系统在起作用，可以说，自然语言就是一个复杂的递归裂变与分化体系，这是自然语言自身的生命活力所在。自然语言的递归动力，可以区分为同源递归与类型递归，如图 5-48 所示。

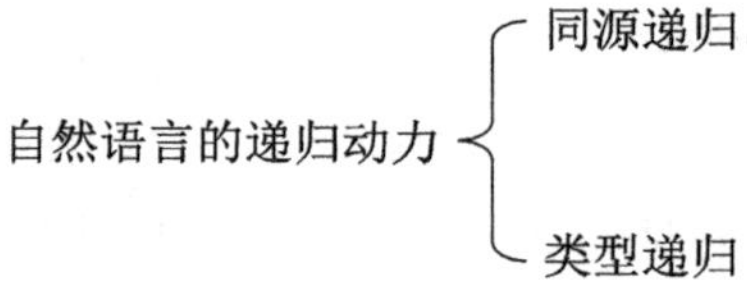

图 5-48　自然语言的递归动力分类图

无论同源递归还是类型递归，其深层都统一于“逻辑递归”，因此，逻辑法则是自然语言的根本法则。

本书的任务之一就是要揭示汉语、藏语的词根音义、形态音义以及语法范畴音义背后的逻辑法则。

同源递归与类型递归，是一对纠缠在一起的动力系统，有点类似于量子纠缠。

二、形态同源是“形态历史比较法”的柱石

分支语种的同源形态是分支语种具有同源性的证据，形态历史比较法就是建立在形态的同源关系之上的，可以说，形态同源是形态历史比较法的柱石。

由于分支语种的同源形态系来自祖语种，因此，研究上就有确定“源”与“流”的要求，可以由源而推流，也可以由流而溯源。如此讲来，由源及流的方法叫作“推求”，由流溯源的方法叫作“逆推求”，因为同源遗传是后向性的，从后向性的遗传成分探求所出，只能叫作“逆推求”。这也是学界常说的“重建”，或“构拟”，或“复原”。重建在考古学、历史学、人类学中具有重要的作用，是探求业已消失的既往事实真相，或语

言、语种符号真相的一种重要手段。

要指出一点，重建，或构拟，是一种复原的技术手段，其重建、构拟结果存在一个“逼真”的问题，即所重建或构拟出的“事实”或“语言、语种符号”应当最大限度地接近其原貌。由于事实原貌或语言、语种符号原貌业已消失，因此，重建或构拟的“重建事实”“重建语言、语种符号”与业已消失的事实原貌或语言、语种符号原貌的逼真度，就要依靠事实或语言、语种符号之间的内部联系法则来确定了，“逼真度”仅仅能做到框架或格局的逼真，不可能在细枝末节上处处吻合，处处逼真。无论是考古学的“复原”，历史学的“重建”，还是历史比较的“构拟”，都是在框架或格局上逼真。

况且，业已消失的“原貌”没有标准，究竟何为业已消失的原貌也没有记录，没有任何人亲眼看见，因此要求复原、重建、构拟结果的逼真度符合业已消失的“原貌”，这本身就是一个“虚幻问题”。任何问题，无论历史的、现实的，还是未来的，都应当是曾经存在的，或现实存在的，或未来可能存在的。

三、词根音义谱系性演化的动力学方程

（一）词根及其词汇、语法的演化类型

这里的“词根”是指词单位范围的音义结合体。任何语种都有一个音节单位与一个意义单位相组合的词根，词根的数量不会太多，却是滋生非词根词单位的基础。这里的词根包括“词汇意义的词根”与“语法意义的词根”，如图 5-49 所示。

词根
- 词汇词根（词汇词）
- 语法词根（语法词，形式词）

图 5-49　词根的词汇与语法演化分类图

据此，“词根屈折形态”是指词汇词的屈折形态与语法词的屈折形态。由于语法词往往来自词汇词，或者说，语法词往往是词汇词演化的结果，因此，语法词与词汇词之间具有内在的音义谱系联系，语法词的屈折形态与词汇词的屈折形态也具有内在的谱系联系。即是说，“音义形态”是词汇词与语法词的统一体。

（二）传统词源学的音转刻画

在刻画词根演化的“音转”（属于音义演化范畴）与“语音交替”（属于语音演化范畴）的通约性时，不是同类项的“音转”与印欧语历史比较法的“语音交替”并不矛盾，二者不是对立的关系，也不是同类项的关系，是依据不同标准区分出的具有交叉关系的分类项；但是二者是可以通约的，即二者之间存在内在的沟通性，可以结合起来加以使用。音转可以区分为“声转”、“韵转”与“声韵混合转”，如图 5-50 所示。

传统词源学“音转”
- 声转（部位与方法的演化）
- 韵转（舌位高低与前后，唇形圆展，或部位与方法的演化）
- 声韵混合转

图 5-50　传统词源学“音转”分类图

传统词源学的音转是立足于音系学的角度，把语言演化从音节的角度加以分析，并结合声纽的发音部位、发音方法与韵部的韵腹、韵尾来予以刻画的。印欧语的“语音交替”系直接切入构成音节的音素、音位成分，立足于音素、音位的元音、辅音类型性质来刻画语言的演化。如果说二者真有什么区分的话，音转的立足点是音节这一“音义行为”的基元运行单位，语音交替的立足点是音素、音位这一“语音行为”的基元运行单位。即是说，音转侧重于音义演化，语音交替侧重于语音演化，而且语音演化属于物理演化行为。本书采取的是音义演化与语音演化并重的方式，即以刻画音义演化的音转为经，以刻画语音演化的语音交替为纬，形成一个音转刻画与语音交替刻画相结合的二维空间刻画，如图 5-51 所示。

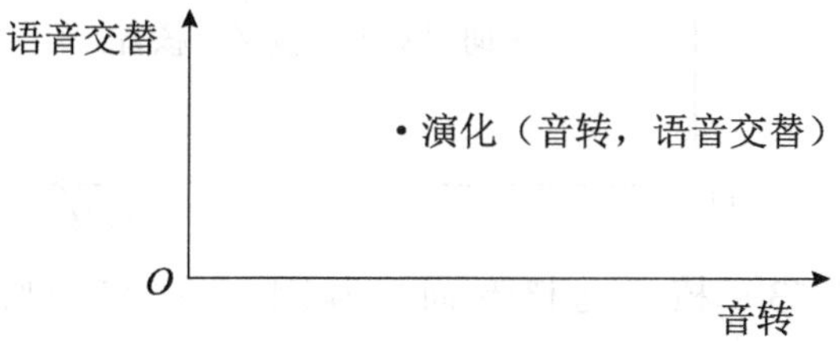

图 5-51 音转与语音交替二维刻画图

图 5-51 的实质是音义演化与语音演化，如图 5-52 所示。

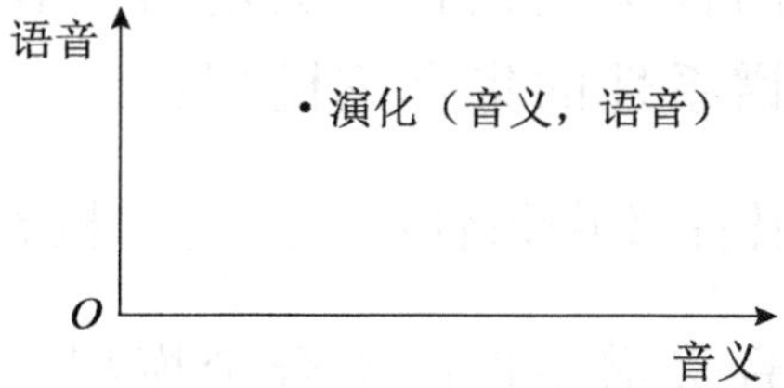

图 5-52 音义与语音演化二维刻画图

如此结合使用，可以做到宏观刻画与微观刻画相结合、音义演化刻画与语音演化刻画相结合，以收取长补短之效。

本书的声纽词源、韵部词源、整音节词源这一考辨框架下的“声纽系交替”“韵部系交替”的概念就是在这种背景下提出的混合概念。声纽系交替就是“辅音交替”的音义演化，韵部系交替包括元音交替或辅音交替或元音辅音交替的音义行为。这些音转或语音交替可以涵盖词根（词汇词与语法词）的内部屈折变化。

（三）词根音义谱系性的动力学方程——刻画原始汉藏语演化为分支语种古汉语与吐蕃藏语的根本方法论

从图 5-51、图 5-52 的二维刻画图可以看出，音转与语音交替不是按照外延逻辑法则严格区分出来的类型，因为二者之间有交叉。有鉴于此，笔者在进行音义谱系考辨时，是以核义与核音的二维空间刻画为总体框架的，如图 5-53 所示。

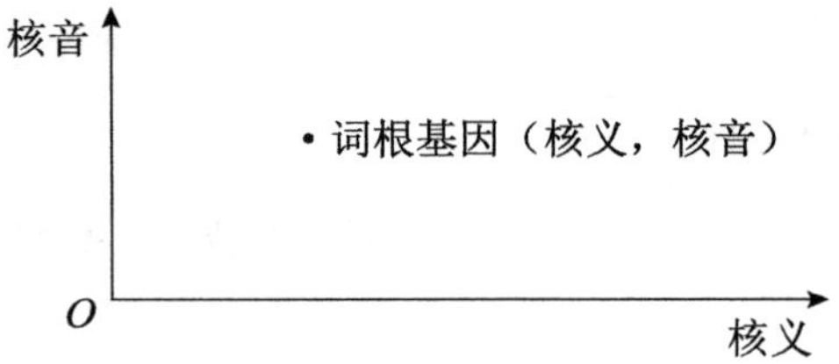

图 5-53　核义与核音词根基因二维空间刻画图

这里的“词根基因”简称为“词基因”。本书之所以采取这一框架来刻画词根音义的谱系性，是因为语言、语种的谱系关系最终是由词根音义的核义、核音所决定的，表示如下。

（1）词根音义谱系性的集合论模型：

词根音义谱系性=（核义，核音）

（2）以上词根音义谱系性的集合论模型，可以改写为词根音义谱系性的动力学方程：

动力学方程之一：词根音义谱系性=核义（核音）

动力学方程之二：词根音义谱系性=核音（核义）

这即是说，核义可以作为“核义算子”施用于核音上进行演算（演化），核音也可以作为“核音算子”施用于核义上进行演算（演化）。

在语言或语种的演化中，“核义算子”或“核音算子”都可以作为演化的动力促使新语种的产生。这是我们刻画原始汉藏语演化为分支语种古汉语、吐蕃藏语的根本方法论。相比较而言，音转对音义演化的刻画、语音交替对语音演化的刻画都属于比较表层的刻画方法。

“词根音义谱系性”的实质就是词根具有共同的音义位，可以说，共同的音义位就是谱系性的标志、标准。音转就是用来刻画音义位的演化的，包括共时音义位的演化与历史音义位的演化，如图 5-54 所示。

词根音义位的演化
- 词根音义位的共时演化
- 词根音义位的历史演化

图 5-54　词根音义位的演化的共时与历史分类图

以上词根音义位演化的共时与历史分类，适合同一语种之内的词根演化，或分支语种之间的演化。

（四）词根音义位与意识、音姿的联系，刻画词根音义位的探索历程——从“板块语言史”走向“演化语言史”

语音、语法、词汇的演化是板块语言史的基本组成部分，是板块语言史的驱动器。

在板块语言史中，对于语音、语法与词汇三者之间的内在联系基本上不予顾及和讨论；在语言学概论甚至普通语言学之类的著作中，语音、语法与词汇也是各自为政的、相互独立的，缺乏一以贯之的阐释，之所以如此，是因为学界没有找到语音、语法与词汇三者之间的基本单位。

“词根音义位”是语音、语法与词汇之间的基本单位，词根音义位的谱系递归、类型递归及其谱系与类型的纠缠递归则是演化语言史的演化驱动器，语音、语法与词汇的板块演化仅仅是词根音义位及其谱系演化、类型演化和纠缠演化的外在表征而已。

词根音义位直接与意识、音姿相联系，词根音义位就是意识与音姿的统一体。意识与音姿的类型就是声纽意识音姿、韵部意识音姿与整音节意识音姿，或元音意识音姿、辅音意识音姿与元音辅音混合意识音姿。如果把意识音姿分解到生物物理的层面，就是部位意识音姿与方法意识音姿。部位意识音姿包括双唇意识音姿、唇齿意识音姿、舌尖意识音姿、舌面意识音姿、舌根意识音姿、喉意识音姿，舌位高低意识音姿、舌位前后意识音姿、唇形圆展意识音姿。方法意识音姿包括塞意识音姿、擦意识音姿、塞擦意识音姿、边意识音姿、鼻意识音姿、清意识音姿、浊意识音姿、送气意识音姿、不送气意识音姿。以上都是“意识音姿”的基元单位与基元方法。这些意识音姿要素的复杂组合构成了复合意识音姿。基元意识音姿与复合意识音姿，就可以表征无限复杂的人类意识及其复合意识。这也是语种如此多的原因所在。

19 世纪—20 世纪，国际语音学协会的创始人、法国语音学家帕西与英国语音学家琼斯等人制定了国际音标，以有限的物理音素刻画人类语言复杂的语音现象。20 世纪，俄罗斯语言学家雅各布森进一步以 12 对区别特征来刻画人类语言的复杂语音现象。在人类语言复杂的意义现象方面，我们力图以一对核义、类义的意义基元单位来刻画人类语言的深层语义结构及其演算。这里试图以意识音姿的基元单位来刻画语言或语种的演化以及产生新语种的现象。至于意识音姿的复合组合法则还是一个尚待探讨的问题，估计这是解开人类语言分化为众多语种的机制所在。这也是构建“演化语言史”（区别于“板块语言史”）的核心内容。

在刻画原始汉藏语演化为分支语种古汉语、吐蕃藏语时，我们拟采取以词根音义谱系性的动力学方程为经，以音转、语音交替为纬的原则，把“深层动力刻画”与“表层形态演化刻画”相结合进行研究。

四、汉藏语“词根屈折形态”（音义形态）的同源考辨

关于分支语种的词根音义系统性谱系及其分类，这里拟从古汉语与吐蕃藏语的声纽同源形态、韵部同源形态以及整音节同源

形态着手，分别对古汉语与吐蕃藏语的形态同源进行论证与考辨，从“声纽义位”“韵部义位”“整音节义位”三个方面对古汉语与吐蕃藏语的音义系统进行系统的论证与考辨。这与传统的词根对词根（例如古汉语词根韵部对吐蕃藏语词根韵部，如俞敏的《汉藏同源字谱稿》）的同源词考辨有较大的不同，这里的“声纽义位”是以声纽为核义载体的核音义位，“韵部义位”是以韵部为载体的核音义位，“整音节义位”是以整音节为载体的核音义位。这种考辨具有范例性，可以做到从音义的系统谱系性上论证古汉语与吐蕃藏语的同源分化性质，而非以词根个体的音义谱系集成古汉语与吐蕃藏语的谱系性。据此，语种的“同源谱系性”可以从音系学角度区分，如图 5-55 所示。

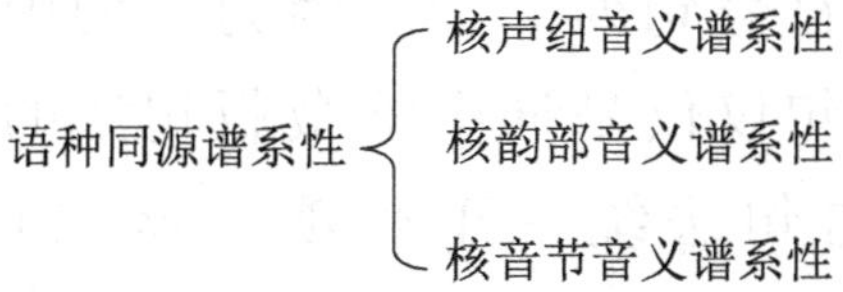

图 5-55　语种同源谱系性分类图

以上可以被称为“音系学音义谱系性”的三个子系统，这三个子系统的音义谱系性可以纵贯词根、形态与语法范畴以及句法位的映射谱系性。下面，拟对汉藏语的系统音义谱系同源加以考辨，这部分内容按照历史语言学的区分，属于“历史形态学”与“历史句法学”的范畴，但是本书不作这样的区分，而是站在系统音义谱系性的立场上，力图打通原始汉藏语与其分支语种古汉语、吐蕃藏语的“词根”、“形态”、“语法范畴”与“句法”的历史演化关系。因为在笔者看来，句法是词的展开，词是句法的压缩，二者具有统一的内在逻辑结构。但是在具体考辨时，则是从词单位着手，以句法为归宿的，梳理词与句法的内在统一性，以便贯彻“句法是词的展开”的法则。

至于“词”与“句”孰先孰后的问题，这是历史语言学中类似于先有蛋还是先有鸡的问题。我们的初步看法是，“词法”（不是“词”，词是词法的表征）与“句法”（不是“句”，句是句法的表征）是同步产生于大脑的，均来自脑神经函项，因此，词法与句法同出一源，二者属于函项的“同源异派”。即是说，词法与句法是一个来源，即函项来源，仅仅在音义的符号外在表征（外化为符号）上才区分开，二者都经历了同步的萌芽、形成与演化历程，才走到“成词”“成句”的阶段。即使是从现实的“词”与“句”的形成来看也是这样的，可以说，没有内在的“词法”就没有被表征为符号的“词”，没有内在的“句法”就没有被表征为符号的“句”，内在的词法就是内在的句法，内在的句法就是内在的词法，词与句的区分仅仅出现在“物理符号词单位”与“物理符号句列”上。因为，词中就蕴含着句法，隐藏着缩微版句法；句仅仅是词中缩微版句法的展开版本。

因此，词法与句法统一于函项，函项可以演化为词法与句法，如图 5-56 所示。

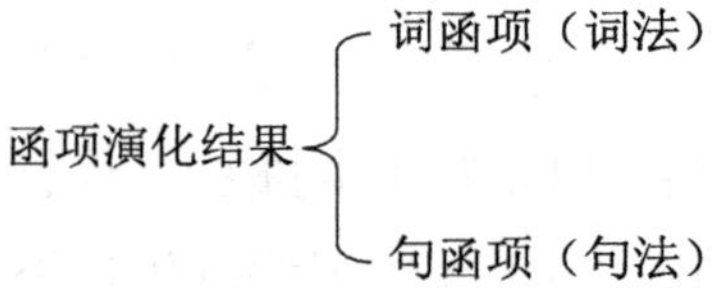

图 5-56　函项演化结果分类图

从以上角度来分析，原始汉藏语分化为古汉语、吐蕃藏语也属于函项的分化，“原始形式”也不过是所从出的函项，即语种的演化，属于一系列的函项演化。因此，所谓“同源演化”，就是函项的谱系演化。因为函项都是“核音义（类音义）”的形式，所以，词根演化、形态演化、语法范畴演化等的本质均属于“核音义（类音义）”的函项演化。

由上可以推知，句法同源是由词法同源所决定的，脱离词法同源的句法同源是不存在的。本书的形态同源考辨、语法范畴同源考辨以及句法位的映射同源考辨，都离不开词根词法的同源考辨。

也许有人说，这部分内容与目前的“语法化”似乎有关系，都属于历史语言学之列。其实它们之间有着原则性的理念区分，本部分研究在理念上属于“演化语言史”的范畴，属于从词法到句法的音义演化史讨论之列。“核音义（类音义）”函项演化（函项演算）是本部分考辨的根本方法。当然，从大的方面看，其也属于历史语言学之列，可以称之为“演化（演算）历史语言学”，以区别于“板块历史语言学”，据此，历史语言学可以区分为两类，如图 5-57 所示。

历史语言学
- 板块（非演算）历史语言学（分科历史语言学）
- 演化（演算）历史语言学（系统历史语言学）

图 5-57　历史语言学分类图

“板块历史语言学”区分为语音、语法、词汇的分科子系统演化史，“演化历史语言学”追求立足于词根音义系统谱系性的词与句法的一体化演化史；在方法论上，前者讲究子系统的分科独立研究，后者讲究综合集成研究。

这里讨论的是属于元语言方面的内容，俗话说：“工欲善其事，必先利其器。”要做好研究这一砍柴工作，花点时间磨磨刀还是值得的。况且，研究要有针对性，不仅要讲究方法论原则的针对性，还要讲究技术细节的针对性——尤其是讲究分析对象的针对性，如此结合使用，才可以达到预期目标。

第四节　汉藏语词根屈折形态音义谱系考辨（上）

本节内容主要为古汉语的“不/否定”系词与吐蕃藏语的“mji，mje/否定”系词的同源考辨。

古汉语的“不/否定”系词与吐蕃藏语的“mji，mje/否定”系词，属于汉藏语的“否定式语法范畴”（简称“否定式范畴”），为汉藏语“式范畴”之一。语法范畴（可以简称“范畴”），是自然语言的普遍属性之一，同时也是自然语言或语种音义谱系性的分布形式之一，据此，语法范畴的区分如图 5-58 所示。

- 语法范畴
  - 同源语法范畴（同源范畴）
  - 非同源语法范畴（非同源范畴）

图 5-58　语法范畴的同源与非同源分类图

“同源语法范畴”即音义同源的语法范畴，可以是形态音义屈折同源，也可以是形态黏着成分音义同源，还可以是词形式（语法词）形态音义同源，总之，语法范畴的形态音义的同源关系，是语种同源的支柱之一。

“自然语言句法”是由三大计算子系统集成的，即“主干成分计算子系统”（主谓计算子系统）、“附加成分计算子系统”（定状计算子系统）、“范畴协同计算子系统”集成为“句法计算”这一综合集成计算系统。据此，汉藏语的句法同源可以区分为“语法范畴同源”与“句法位同源”，如图 5-59 所示。

- 句法同源
  - 语法范畴同源
  - 句法位同源（映射同源）

图 5-59　句法同源分类图

可见，只要求得语法范畴的同源关系以及句法位的同源关系，就可以得到句法的同源关系。如果加上词根音义的同源关系，语种的同源关系就是确定无疑的了。

“汉藏语历史分析语法”部分（包括第五章、第六章）拟以考证“汉藏语句法同源”为任务，力图把“词根音义同源”（这是本书第二部分“汉藏语词源学”的主要任务）与“句法音义同源”（语法范畴音义同源、句法位音义同源）相结合，从而求证汉藏语的语种系统的同源性。

本书侧重从形态、黏着、形式词（语法词）以及逻辑语义的角度来考辨“汉藏语否定式范畴”的谱系性。

在古汉语的“不/否定”系词中，“不”是古汉语否定词系列的代表词，“否定”表示“不”系词的核义，“系”表示该类词是一个子系统，属于系列词，不是单个词，意为这是一种系统性、系列性的考证；吐蕃藏语的“mji，mje/否定”系词也具有同样的含义。

古汉语与吐蕃藏语的“不/mji，mje/（否定）”系词［该称呼的结构为“古汉语代表词/吐蕃藏语代表词/（共同核义）”］，一旦被证实为同源系统，就可以证明古汉语的“不/否定”系词与吐蕃藏语的“mji，mje/否定”系词具有系统同源关系，二者就是“汉藏语同源词”——分支语种古汉语与分支语种吐蕃藏语的派生同源词。然后依据考证所得的汉藏语派生同源词就可以逆推求“原始汉藏语原词”——原始汉藏语“否定系原词”。现在予以分别讨论如下。

从语法形态形式的角度来看，古汉语的“不/否定”系词与吐蕃藏语的“mji，mje/否定”系词的同源考辨，属于汉藏语的“式范畴”形态的同源考辨。所谓“式范畴”形态，就是指以动词为载体或分布于动词之上的语法范畴形态之一。以动词为载体或分布于动词之上，是指或动词音节有内部屈折变化，或词根前、后、中黏着附加成分，如图 5-60 所示。

- 动词式范畴的语法形态
  - 内部屈折形态变化
  - 黏着形态附加成分变化

图 5-60　动词式范畴的语法形态分类图

“内部屈折形态变化”可以区分为元音、辅音内部屈折变化，或声母、韵母屈折变化。“黏着形态附加成分变化”可以区分为词根前、中、后黏着形态附加成分。

从语法形态意义的角度看，式范畴可区分为陈述式（肯定、否定）、命令式、祈使式、疑问式四种。这里所讨论的汉藏语的“不/mji，mje/（否定）”系式范畴，属于“陈述式范畴”中的否定式范畴，可以简称为“否定陈述式范畴”。要补充一点，《现代汉语》之类的教材把句子按照功能区分为陈述、命令、祈使、疑问四种，不如按照“式范畴”的概念来分类，如此可以取得语法范畴的统一性，以便于同类项作比较。

该项考辨有以下一些考虑。

一、同类项可比原则——“核义”同类项与“词单位”同类项，以及“式范畴”同类项

这里涉及的语种有“古汉语”［举古汉语以赅汉语，中古汉语、近代汉语、现代汉语（包括普通话以及七大方言）是古汉语的同源演化阶段与区域演化］与“吐蕃藏语”［举吐蕃藏语以赅藏语，吐蕃后藏语（指书面语）、现代藏语（拉萨话、康方言、安多方言、拉达克方言、巴尔蒂斯方言）属于吐蕃藏语的演化阶段与区域演化）］，二者均属于历史时期（甲骨文、吐蕃藏文及其以后）的语种，这两者属于研究对象，是“对象语言”；用来陈述、分析对象语言古汉语和吐蕃藏语的“元语言”则是现代汉语。现代汉语在这里是一种研究的陈述语言，因为本书属于跨语种历史比较研究，明确用来陈述研究对象的工具语言是十分必要的，以免造成不必要的混淆与误解。“‘不/否定’系词”与“‘mji，mje/否定’系词”的称呼，属于同类项之间的比较。这里的“同类项”有三个标准，第一是“核义”标准，属于同一个系统；第二是词单位标准，都属于“词根”（包括词汇词、语法

词）；第三是语法范畴——式范畴标准。“核义”的标准，如果其意义属于属性意义，则为核心意义；“词”的标准，如果其单位属于词根词或语法词，则为词根。

古汉语的“不/否定”系词都具有共同的“否定系”核义；同样地，吐蕃藏语的“mji，mje/否定”系词也具有“否定系”核义。如果单看语义类型，古汉语的“否定系”核义与吐蕃藏语的“否定系”核义具有类型学共性——即核义的类型学具有同构对应关系，如图 5-61 所示。

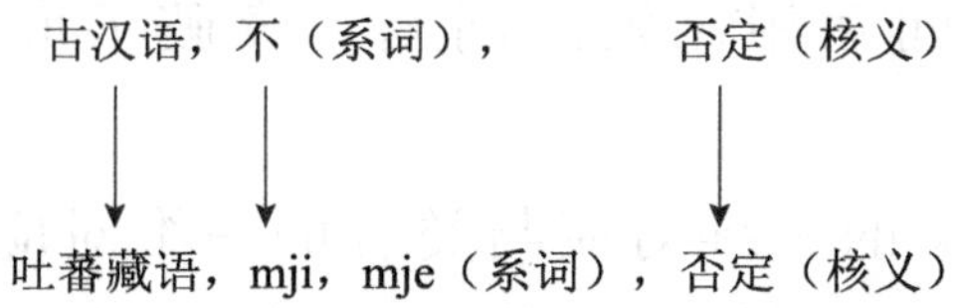

图 5-61　古汉语“不/否定”系词与吐蕃藏语“mji，mje/否定”系词核义同构对应图

要说明一点，图 5-61 仅仅是“核义同构对应图”，仅仅属于核义的语义类型学共性对应，属于式范畴音义系统的核义对应。尽管语义（核义）类型学也属于发生学的范畴，但是仅仅依靠核义的发生学类型对应还不足以说明古汉语的“不/否定”系词与吐蕃藏语的“mji，mje/否定”系词具有确定的谱系关系，只能说明二者之间具有谱系的可能性（核义谱系可能性），即二者有可能具有谱系性。这表明，在同源词包括汉藏语同源词考辨中，单纯依靠核义的一维对应或核音的一维对应，只能获得同源的可能性；只有依靠核义与核音的二维对应才可以获得同源的必然性。

要指出一点，“式范畴同类项”是指式范畴音义的同类项可比问题，而不是指式范畴的语法形式的同类项可比；恰恰相反，语法范畴形态的比较是语法形态音义谱系下的比较，据此，语法形态的形式可以变化，如图 5-62 所示。

语法形态音义谱系性
- 语法形态形式相同
- 语法形态形式不同

图 5-62　语法形态音义谱系性的语法形式可同可异分类图

这即是说，语法形态音义谱系性与其语法表达形式（屈折形式或黏着形式）不具有必然联系，语法形态的谱系是由其形态音义的谱系所决定的。由此可知，形态同源词的根本还是形态的音义同源，而不是形态形式的相同。该理论解决了词根语、黏着语、屈折语之间互相比较的问题，突破了形态历史比较法的局限。

单纯依靠类义的一维对应与类音的一维对应，或者依靠类义与类音的二维对应，同样不可能获得同源的必然性，因为类义、类音不具有发生学关系。汉语词源学界或汉藏历史比较学界的同源考辨，往往不区分核义与类义、核音与类音，因此，考辨所得仅仅是同源的可能性而非必然性。

二、“否定系词”的语法词性与其逻辑词性的统一——算子词词性、否定函项的句法表征、否定算子的逻辑词位——否定陈述式范畴的逻辑性质

关于古汉语“否定系词”（意为“核义”为“否定”系统的词）的语法词性（指经验语法标准），杨伯峻[①]将其归入“否定副词”。

关于吐蕃藏语“mji，mje（否定）系”之类词的语法词性，格桑居冕[②]将其划入“表否定语气的副词”之中。

① 杨伯峻：《文言文法》，北京：中华书局，1963，第 90 页.

② 格桑居冕：《实用藏文文法》，成都：四川民族出版社，1987，第 322 页.

这是古汉语与吐蕃藏语“否定系词”语法词性划分的一致之处。要指出一点，杨伯峻、格桑居冕的古汉语语法体系和藏语语法体系（包括对吐蕃藏语语法的处理）均属于传统语法体系，属于语法体系的同类项可比范畴；其不同之处在于，格桑居冕认为吐蕃藏语“mji，mje（否定）系”之类词属于“表否定语气的副词”，增加了“语气”元素。副词（包括古汉语副词与吐蕃藏语副词）的传统语法词性元素的区分如图 5-63 所示。

“否定词”语法词性元素 { 副词元素 / 语气词元素 }

图 5-63　“否定词”语法词性元素分类图

图 5-63 也可以表示为集合论形式，如下所示：

“否定词”语法词性元素=（副词，语气词）

可见，副词在传统语法中，既可以处理为否定性成分，也可以处理为语气性成分。按照分析语法的观点，“副词”“语气词”均属于“算子词”，二者带有附加性内涵成分——修饰、限制内涵词（动词、形容词）的次内涵成分，即二者在逻辑词性上有一致之处，因此，传统语法体系把否定词归入副词或语气词在逻辑词性上是一致的。

但是，何为“否定副词”，其划分的深层理据性何在，杨伯峻、格桑居冕并没有予以界定。我们以为，“否定”的对立面是肯定，否定就是对对象持有不肯定的言说者的主观态度（式范畴的核心内容），“否定副词”就是对相关行为、性状施加不肯定态度的态度行为词。据此，可以断定，否定副词有两个特征，即“不肯定”与“针对行为、性状的”，这两个特征可以概括为否定函项，即“否定（行为或性状）”。这就是“否定系词”的深层含义。可见，即使是具有否定意义的一个词单位，其蕴含的内容实际上是一个句法关系，这就是词与句的辩证统一性。否定副词在本质上表达一种对行为或性状的否定态度或不肯定态度，这就是否定副词的逻辑本质。

如果把否定副词的这种“否定函项”关系表征为句符列，则为“否定副词+动词或形容词”。否定副词的“句符位”除了前置以外，也可以后置，即为“动词或形容词+否定副词”，还可以是中置。可见，古汉语否定词“不”、吐蕃藏语否定词“mji，mje”的句符列分布与其谱系关系没有联系，无论怎样分布，其逻辑属性是不变的，因此，单纯从“语符列”（语符的物理线性排列）来考察语种的同源关系，是注定靠不住的。

如果从逻辑词位的角度入手考察语种的谱系关系，其获得的结果，也许是谱系的，也许是非谱系的——类型的，至于何种情况下为谱系，何种情况下为类型，要加以具体考辨才可以得知，关于这一点，详见本书第六章，此不赘。

无论是古汉语的“不/否定”系词，还是吐蕃藏语的“mji，mje/否定”系词，其逻辑词性都是一致的，即为“算子词”，其逻辑词位、逻辑函项均可以表示如下：

古汉语逻辑词位、逻辑函项：不（内涵词）

吐蕃藏语逻辑词位、逻辑函项：mji（内涵词），或 mje（内涵词）

可见，古汉语与吐蕃藏语“否定系词”的逻辑性质（包括逻辑词性、逻辑词位、逻辑函项）是相同的，即古汉语、吐蕃藏语的“否定系词”具有相同的逻辑谱系深层。如果能够给这种相同的逻辑谱系深层赋以音义谱系值，就可以证实古汉语与吐蕃藏语“否定系词”具有谱系性。

古汉语的“不/否定”系词的句法表征，例证如下：

《礼记·礼运》：“犹耕而弗种也。”

《论语·学而》：“人不知而不愠，不亦君子乎？”

句符列“弗种”“不愠”“不亦君子”，可以抽象为下列句法函项：

不（内涵词）

以上句符列可以表征为：弗（种）、不（愠）、不（亦（君子））。

吐蕃藏语的“mji，mje/否定”系词句法函项可以表示如下：

mji（内涵词），或 mje（内涵词）

吐蕃藏语的“mji，mje/否定”系词，同样具有“否定系”核义，这是一种具有核义共性的类型学现象。如果能够证明古汉语与吐蕃藏语的共同核义具有共同的核音，就可以证实古汉语的否定副词与吐蕃藏语的“mji，mje/否定”系词具有谱系性。

三、古汉语“否定系”算子词的功能分类与其语法词词义的组成

按照杨伯峻的观点，笔者把古汉语“否定系”算子词归入“否定副词”之列，其区分为三类，如图 5-64 所示。

杨伯峻对古汉语“否定系”算子词的分类，属于功能分类，即属于句法语境条件下的分类，其中蕴含了“式范畴”的意义。

“否定系”算子词
- 叙述否定：非（匪）；无（亡，罔，靡）；不，弗，未
- 命令否定：毋（无），勿，莫，休
- 疑问否定：把“不”，“否”，“无”，“未”置于句末

图 5-64　古汉语“否定系”算子词之杨伯峻分类图[①]

① 杨伯峻：《文言文法》，北京：中华书局，1963，第 90-94 页.

从分析语法来看，这是语法核义“否定”（语法内涵义）统摄下的语法类义（语法外延义）的分类。

我们提出同源词的词义组成模式：同源词词义=（核义，类义）。这是“词汇词”的“同源词根词”的词义组成模式。相对于词汇词的是“语法词”的“同源语法词”，其组成模式是：同源语法词词义=（核义，语法类义）。即是说，“同源词”可以区分为两类，如图 5-65 所示。

同源词
- 同源词根词（同源词汇词）
- 同源语法词（同源形式词）

图 5-65　同源词的词汇与语法分类图

这里对同源词作了“词汇词”与“语法词”的区分，就等于把同源词作为“词汇”与“语法”之间的纽带。以往谈词汇与语法之间的联系，没有明确从谱系的角度来谈词汇与语法之间的内在联系，事实上，同源是词汇与语法之间谱系性的纽带。这是贯通词汇与语法的脉络与线索。

据此，同源词词义模型也可以区分为词汇与语法两类“谱系元素”，如图 5-66 所示。

同源词词义模型
- （核义，词汇类义）
- （核义，语法类义）

图 5-66　同源词词义模型分类图

这就是说，同源词词义的“核义”具有高度的统一性，无论词符号表达实体世界还是表达（句法符号列），其核义都是一致的，即同源词的核义无论在词汇语境还是在语法语境中均具有统一性，这是联结词汇与语法的纽带。但是，其类义不相同：当词符号表达实体世界时，其类义为“词汇类义”——指向实体世界的类别意义；当词符号表达语言符号（句法符号列）时，其类义则为“语法类义”。可以看出，词符号连接着词汇以指称世界意义，连接着句符列（句法符号列）以指称语符意义（语法意义），因此，以上词符号的“否定系”核义是语种谱系性的纽带与柱石。

以往学界也谈词的词汇意义与语法意义，但是所谈比较含糊，边界不分明，更缺乏可操作性。这里基本上梳理清楚了词汇意义与语法意义的联系与区分，而且易于操作。

四、古汉语“否定系”算子词词根语法意义的构造分类，“否定系”算子词的句法功能——叙述、命令与疑问功能的获得机制

从“谱系”即从“核音义位”的角度来看，以上分支语种古汉语的算子词都属于核义“否定系”的范畴，至于以上分支语种古汉语的“否定系”算子词的“叙述否定”“命令否定”“疑问否定”的区分，则属于“句法类义”（句法语符列的指称意义，即句法外延义）的区别，如此，以上“否定系”算子词词根语法意义的构造可以表示为如图 5-67 所示的类型。

“否定系”算子词词根语法意义构造
- （否定核义，叙述类义）
- （否定核义，命令类义）
- （否定核义，疑问类义）

图 5-67　“否定系”算子词词根语法意义构造分类

“否定系”词根属于“语法词”，之所以这样判断，是因为其词根义的构造虽然属于（核义，类义）的一般类型，但是，其具体的构成与一般的有所不同，即“核义”“类义”均属于“语法意义”的范畴，即属于句法语符列自身的组成意义的范畴，“否定核义”是对句法语言符号行为词或性状词的否定，这是其否定性叙述类义获得的机制，不是对外在世界的否定；“叙述类义”“命令类

义”“疑问类义”属于句法符号列的句法意义，因此，“否定系”的词根意义均属于语法意义的范畴，不属于词汇意义的范畴。

这里要指出一点，“否定系”核义的否定“疑问类义”既来自“不”“否”“无”“未”否定系词的自身核义，又来自这些“不”“否”“无”“未”否定词的句符列的句法位所赋值的疑问类义。这也就是说，古汉语“否定系”算子词的句法类义，是由“否定系”词自身与其句法位所共同赋值的，其赋值机制如图 5-68 所示。

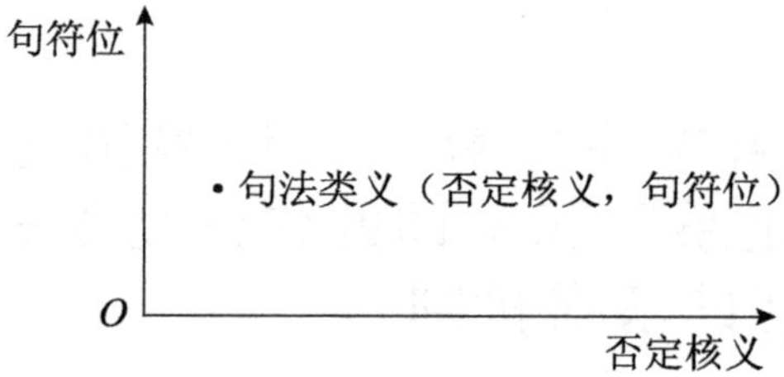

图 5-68　“否定系”算子词句法类义赋值机制图

从图 5-68 可以看出，来自“否定系”算子词的词根核义与语法词的句符位两个因素决定了“否定系”算子词的句法功能类义（简称“句法类义”）。

要补充一点，传统语法的“叙述”“命令”“疑问”这些句法功能，实际上属于语法意义的范畴，是语法词来自词根词的否定核义的句符列的不同语法类义。“句符列”属于句法的物理符号的线性排列，与“逻辑句法”不同，但是与“语法句法”有一致之处，它们都遵循物理的线性原则，但是语法句法除了包括物理的线性原则之外，还包括语义的非线性原则，句法分类如图 5-69 所示。

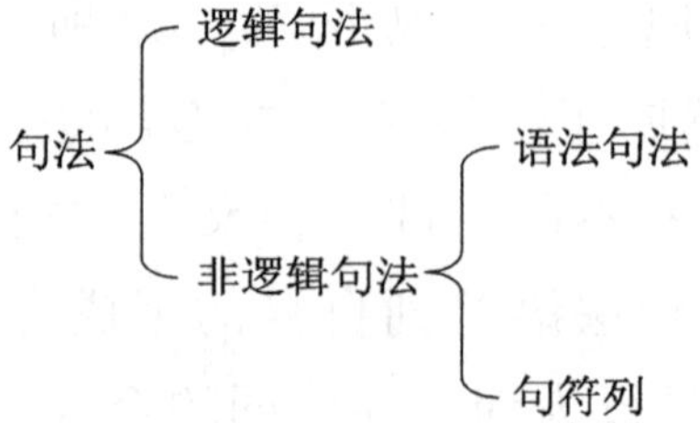

图 5-69　句法分类图

可见，“句符列”仅仅指句法的语音符号的物理线性排列。句法的叙述、命令、疑问这些句法功能或句法类义，是由否定系词根词的核义与来自词根词的语法词的核义及其句符列的物理现象排列顺序所共同决定的。即是说，“否定系”词根核义属于逻辑句法的范畴，“否定系”词根演化为语法词的语法类义又取决于该语法词的句符列位因素。自然语言就是一个奇妙而复杂的系统，有许多未知有待于揭示。

从分析语法来看，“否定系”核义的“语法核义”与其所辖“语法类义”（自变元）及其函项，如图 5-70 所示。

“否定系”核义 {
- 内涵词核义（外延词类义）
- 算子词核义（内涵词所辖类义）

图 5-70　“否定系”核义“语法核义”及所辖“语法类义”分类图

“否定系”核义是指一种逻辑核义，相对于逻辑类义而存在。“算子词”与“内涵词”的共同点是都属于“否定系”核义。其区分是，算子词可以被称为“内涵词的内涵词”或“二重符号内涵词”，其函项结构为“算子词核义（内涵词所辖类义）”；内涵词相应地可以被称为“一重符号内涵词”，其函项结构为“内涵词核义（外延词类义）”，可见，算子词的自变元与内涵词的自变元不同。例如，一个现代汉语的句子：他们都吃了。其逻辑函项式为

。（了（都（吃（他们））））

内涵词“吃”的自变元为外延词“他们”，算子词“都”的自变元为内涵词“吃”，或内涵词“吃”的函项“吃（他们）”。可见，以往大家认为副词“都”仅仅限制“他们”的看法是不妥当的，遗漏了关键信息。事实上，“都”限制的是行为

函项“吃（他们）”，而不是单纯的外延词“他们”。

对于以上“否定系”核义的语法核义区分，格桑居冕基于藏语材料有很好的经验认识，他说：书面语里一共有四个否定词，其中[ma]和[mi]是表否定语气的副词。置于被否定的动词或形容词的前面。[min]和[med]是表否定语气的动词，置于被否定的词语的后面。否定副词[ma]在特定的条件下还可以做中嵌成分。[mji]和[mjed]是古藏语的否定形式。[①]格桑居冕把藏语的否定词区分为“表否定语气的副词”（句法位置为前置型）与“表否定语气的动词”（句法位置为后置型），如图 5-71 所示。

否定词
- 表否定语气的副词+动词或形容词
- 表否定语气的动词+被否定的词语

图 5-71　格桑居冕藏语书面语否定词语法分类图

格桑居冕把藏语否定词区分为“否定副词”与“否定动词”，二者尽管具有相同的否定语气（否定核义），但是二者否定的语符列对象（语法对象）是不同的，二者的句法位置也不相同，否定副词前置，否定动词后置。

这表明，具有逻辑谱系性的否定词（藏语书面语的四个否定词，即否定副词与否定动词），其经验语法词性、经验语法分布不尽相同；同样地，具有逻辑谱系性的否定词，其逻辑词性也不尽相同，一为算子词（副词），一为内涵词（动词），但是其逻辑词位与逻辑函项在形式上是相同的，即“否定（内涵词），或否定（外延词）”，据此可知，逻辑谱系与语言谱系具有深层统一性，其表层语法特征或表层逻辑特征则是丰富多样的，即不可以单纯依据表层语法特征或表层逻辑特征来考证音义谱系或逻辑谱系。

---

① 格桑居冕：《实用藏文文法》，成都：四川民族出版社，1987，第 322 页.

仅仅依据经验语法来探讨汉藏语语法的亲缘关系是不妥当的。

关于上文“逻辑语义”，有必要补充一点，逻辑语义可以被称为“逻辑谱系语义”，逻辑谱系语义可以区分为如图 5-72 所示的类型。

逻辑谱系语义
- 逻辑核义
- 逻辑类义

图 5-72　逻辑谱系语义分类图

逻辑谱系语义与传统的逻辑内涵、逻辑外延的分类理据有所不同，逻辑内涵与逻辑外延是把事物加以属性与对象的二分，逻辑核义与逻辑类义的区分理据在于把事物加以谱系区分——核义属于遗传因素，类义属于变异因素，因此，逻辑语义的谱系分类可以被称为“逻辑基因分类”。“逻辑基因分类”与“语言基因分类”有一致之处，即都属于语义基因分类；不同之处是逻辑基因分类属于纯语义基因分类，语言基因分类属于音义基因分类。据此，人类的世界观可以进行区分，如图 5-73 所示。

世界观
- 逻辑世界观
- 语言（语种）世界观

图 5-73　世界观分类图

“逻辑世界观”即“语义世界观”，包括哲学世界观、科学世界观、政治意识形态等，易于传播，易于后天形塑，逻辑世界观是全世界的，不受种族、族群、国度的限制，这就是哲学、科学、政治意识形态等易于传播（流行）的道理。“语言（语种）世界观”即“音义世界观”，人在八岁以前依靠族群遗传与传承获得“语言（语种）世界观”，在八岁以后仅能依靠后天习得。语言（语种）世界观是族群的，在一定条件下是国度的。语言

（语种）世界观是人的根本世界观，哲学等逻辑世界观是表层世界观。

要指出一点，自然语言逻辑蕴含逻辑，因为逻辑仅仅是语义的逻辑；而自然语言逻辑不仅蕴含语义逻辑，而且是由音义构成的逻辑，即音义逻辑。

五、“否定系”核义的“词汇类义”与“语法类义”的逻辑断代

从谱系分化的角度看，“否定系”核义的“词汇类义”与“语法类义”孰先孰后的问题，通过逻辑断代的标准，可作如下分期。

（1）“否定系”核义产生在前，其后才有“否定系”核义的“词汇类义”与“语法类义”的出现，这是由意识函项的关系决定的，也就是说，概念的内涵义产生在前，外延义产生在后。这种观念的本质是，先有概念的内涵义、心智义，后有概念的内涵义所约束的外延义、对象义。这种看法符合语言符号的心智属性，可以说，没有人类的心智，就谈不上人类心智的语言符号的产生。语言就是人类心智的产物。心智之外无语言。

（2）词汇（词单位）与句法（词关系）的生成具有同步性，“否定系”核义的“词汇意义”与“语法意义”可以说是同步产生的。因为自然语言，一旦当它作为人类的自然语言出现时，就是“词单位”与“词关系”的统一体，这就是说，“词单位”与“词关系”构成的“词句法”（词单位与词关系的统一体）具有生成上的同步性。德国数学家弗雷格的观点即概念是命题的压缩，命题是概念的展开，就说明了概念与命题产生的同步性。由此推知，词是句子的压缩，句子是词的展开，这是就语义深层结构（概念与命题的深层结构）而论的，“核义（类义）”这一函项运算是词单位与词关系（统一于词句法）的深层结构，可知，

词单位与词关系在产生上具有同步性，即“词汇类义”与“语法类义”是同步产生的。人们常说“组词成句”，这种句符列的先后顺序给人的印象好像是先有词后有句似的，其实不然，这仅仅是“词符”物理排列的表面现象而已，“组词成句”之所以能够实现，是因为“词”本身就蕴含着“句”，这就像一粒玉米种子本身就蕴含着一株玉米一样，这是一种先天设计的观念，因为语言本来就是人与生俱来的生物机能。

（3）关于“否定系”核义的“叙述类义”“命令类义”“疑问类义”孰先孰后，可以说，肯定函项语法类义在先，否定函项语法类义——否定叙述类义、否定命令类义在后，否定疑问类义是后产生的，因为否定疑问类义是“词位”发生“位移”而形成的，“不位移”在先，“位移”在后，否定疑问类义是句符列上的“位移赋值”的。可见，“词符赋值”具有不同类型，如图 5-74 所示。

词符赋值
- 逻辑赋值（非物理句符位赋值）
- 非逻辑赋值（物理句符位赋值）

图 5-74　词符赋值分类图

“物理句符位赋值”简称为“句符位赋值”。

以上所述对象产生的先后分期，属于“逻辑断代”的范畴，其依据是意识函项与音姿函项的同步性、概念与命题的同步性、词与句的同步性等原则。

汉语甲骨文的产生距今大约 3300 年，吐蕃藏文的产生距今大约 1400 年，要探讨原始汉藏语，其断代仅仅依靠文字（甲骨文与吐蕃藏文的产生）是不够的，单纯依靠朝代也是不够的，因为人类语言的产生距今至少也有 2.7 万年（笔者依据旧石器时代艺术与语言同出一源进行断代，详情见前文）。因此，依据语言的逻辑断代是比较可行的办法，因为文字断代（史前时期与历史时期比较粗糙，甲骨文与吐蕃藏文产生不同步，不符合同类项可比原则）、朝代断代（华夏族、汉族王朝与藏族王朝不同步不对应，不符合同类项可比原则）毕竟属于语种的外部断代，况且文字属于人工约定符号，文字与语种的演化没有必然的系统性联系；王朝属于族群社会，其更迭与族群语种的演化同样没有必然的内在的系统性联系。

如果依据人种即“原始蒙古人种”形成距今约 5 万年的时间尺度进行断代：“大约在距今 5 万年前，地质年代进入晚更新世晚期，人类体质也发展到晚期智人阶段。与此同时，世界上三大人种基本形成。中国境内的人骨化石全都属于原始蒙古人种，而现代中国人基本上都属于蒙古人种，因此可以说中国的晚期智人乃是我们的直系祖先。这时的文化也有较大进步，进入了旧石器时代晚期。”[①]显然这一断代尺度（原始蒙古人种距今约 5 万年的人种断代尺度）过大，降低了断代的可靠性，一些中间环节无法落到实处。

人类群体及其语种的急剧分化，大多是发生在距今 1.2 万年的新石器时代及其以后，一个新语种的形成多则 500 年，少则 200—300 年（例如海南等地“军话”方言岛的形成，产生于明代），原始吐蕃藏族的分化距今不过 5300—4100 年（考古学年代断代），这大致相当于河南龙山文化时期[②]。可见，原始汉藏语的断代下限——以距今 5300 年左右为宜。

距今 5300 年之前为原始汉藏语时期，之后为分支语种古汉语与吐蕃藏语分化时期。

这也就是说，甲骨文产生以前的史前汉语与原始汉藏语比较接近。如此，我们在进行汉藏语同源成分的论证与考辨时，就把

① 苏秉琦主编，张忠培，严文明撰：《中国远古时代》，上海：上海人民出版社，2017，第 29 页.

② 王仁湘，贾笑冰：《中国史前文化》，北京：商务印书馆，1998，第 231 页.

该时间作为断代指标的上限，即是说，原始汉藏语的分化时间为距今 5300 年；同时辅之以语言的逻辑断代。如此，语种的内部断代与语种的外部族群考古学年代分化断代相结合，比较接近于实际。人们常说，中华有 5000 年文明史，这是从“五帝”（以黄帝开始，距今约 5000 年）说起的，原始汉藏族群与原始汉藏语语种的分化断代标准也符合这一历史断代标准。这是原始汉藏族群、原始汉藏语语种相统一的时代，是中华民族与华夏语（原始汉藏语）形成的时代。

汉藏语同源成分的考辨与断代，要坚持“语言逻辑同类项可比”的原则，这一逻辑同类项不是以朝代为标准的，而是以汉藏语自身演化的逻辑顺序与分期作为标准的，逻辑断代分期可进行如下划分：原始汉藏族群与原始汉藏语开始分化时代（距今 5300 年），之前为“原始汉藏语时代”（尚未分化的语种统一时代），之后为分支语种古汉语与吐蕃藏语形成时代，其中“语法逻辑分期”与“音系逻辑分期”都是指分支语种形成时代的演化时期，如表 5-1 所示。

表 5-1　分支语种古汉语与吐蕃藏语形成时代的分期演化表

序号	分期名称	分期时代
1	语法逻辑分期	内涵词（外延词）函项时代 算子词时代 格助词时代 联结词时代
2	音系逻辑分期	多音节时代 重唇音时代 复声纽时代 轻重音与固定音高时代 轻重音与声调混合时代 单音节时代 声调时代 轻唇音时代

"语法逻辑分期"的各个时代，大致具有演化的先后顺序，其中的演化时代的分期稍微严格一点。"音系逻辑分期"的各个时代，也大致具有演化的先后顺序，其中的演化时代的分期稍微宽松一点，不是很严格，尚有待于进一步探讨。

但是，对于"语法逻辑分期"与"音系逻辑分期"，暂时不加以确定演化的先后顺序，之所以如此做，并不意味着"语法逻辑分期"与"音系逻辑分期"之间没有演化的关联性，而是目前的研究尚不具备这方面的足够认识，因此只好存而不论，以俟来者。

分支语种古汉语与吐蕃藏语的"语法逻辑分期"演化与"音系逻辑分期"演化，各自在时间上并不同步，这是由语种演化的不平衡性所决定的，这是由各自语种内部的因素制约所决定的。因此，学界的吐蕃藏语在时代上只相当于古汉语的中古时期的说法是没有道理的，这是以朝代断代标准来衡量语种的演化历程，事实上，语种演化与朝代更迭之间没有必然的联系，这是两个不同系统的分属语种演化与社会制度的更迭，二者的演化与更迭之间没有系统上的内在联系，一个属于生物机能的系统演化，一个属于社会组织形式的系统更迭。

六、分支语种古汉语的"否定系"词根语法意义与英语"否定系"词汇前缀语法意义的类型学一致性

关于分支语种古汉语的"否定系"词根，其语法意义的功能与屈折语例如英语的"否定系"词汇前缀[non-/不]具有同样的性质，均属于"语法词"（古汉语为单立语法词，英语为非单立语法词的词缀）的范畴，但是作为语法词的"存在形式"则有可能不同。如此看来，语法词的存在形式的区分如图 5-75 所示。

这说明，同样（同核义）的语法词，在不同的语种之中，其存在形式有可能不同，可以是单立语法词形式即词根形式（非词缀），也可以是非单立语法词形式即非词根形式（词缀）。这即

- 同核义语法词
  - 单立语法词（非词缀，词根形式）
  - 非单立语法词（词缀，非词根形式）

图 5-75　语法词存在形式分类图

是说，语法词的核义不变，但是其核义的存在形式可以变化，可以是词根，也可以是词缀，这也是构成语种不同的内在机制之一。所有语种，归根结底，都是音义的合一，但是音义的存在形式可以有各种变化，其音义存在形式的区分如图 5-76 所示。

- 语种音义存在形式
  - 词根形式
  - 词形态形式（屈折、黏着）
  - 语法范畴协同形式

图 5-76　语种音义存在形式分类图

语种构成的元素大概不出以上音义存在形式。可见，语种的构成差异就在于以上音义存在形式的不同及其组合的变换，“演化语言史”的任务就在于探讨以上语种音义存在形式的组合、演化，以及其复杂的组合形式的复杂演化。

梁实秋说：“non-【字首】表‘无’；‘不’；‘非’之义。”又说：“non【拉】adv.不；非（=not）。”[①]可以看出，在英语中，字首即词汇前缀[non-/不]来自拉丁语的副词“non 不”，即为“not 不”义。从演化遗传的角度看，拉丁语的单立副词“non 不”演变为英语的非单立的词汇前缀[non-/不]，尽管语言的“形式性质”发生改变，一为词根，一为词缀，但是其“核义”并没有改变，如图 5-77 所示。

① 梁实秋：《远东英汉大辞典》，台北：远东图书公司，1977，第 1407 页.

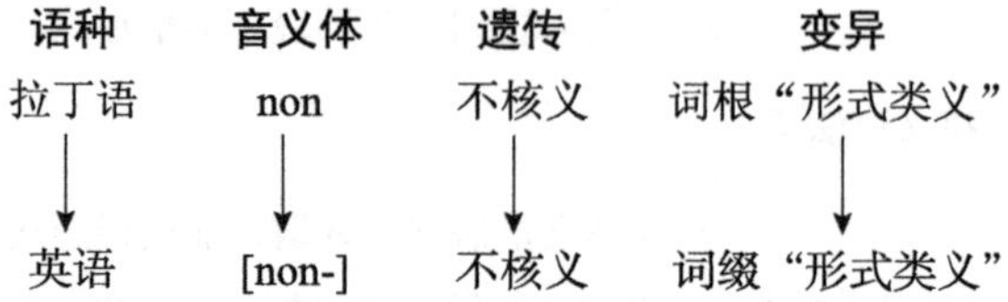

图 5-77　拉丁语（non）、英语（[non-]）音义体遗传与变异图

可以看出，从拉丁语演变为英语，演变的是语种，从拉丁语的词根形式演变为英语的词缀形式，这是“词形式类义”的演变，但是，不变的是词根的“否定核义”，这就说明，词根的核义具有相当的稳固性，在拉丁语种中是以词根形式类义加以表征的，演化到英语中却以“词缀形式类义”来表征，可见，“语言形式类义”（包括“词根形式类义”与“词缀形式类义”，不是“词根指称类义”）的改变是新语种形成的重要动力之一。要指出的是，拉丁语的 non 词根形式类义尽管演变为英语的词缀形式类义[non-]，但是却保持了形式的遗传成分“non”；不同（变异）的是，遗传成分“non”在拉丁语中为词根形式类义，在英语中演变为词缀形式类义，即是说，[non/不]属于拉丁语与英语的“核音义位”（即核音义形式与内容的统一体，遗传的是音义的内容与形式），这是拉丁语与英语具有谱系性的证据之一。这也表明，词根的核音义位在拉丁语与英语中具有统一性。这一演化路径属于语种的类型学演化路径，也适合古汉语与吐蕃藏语的演化情况。可见，语种演化中“语言形式类义”的演化也是遵循遗传（核音义位）与变异（类音义位）的法则的。

在印欧语系语言中，其“否定系”的表达形式，既有词形式即语法词，又有词根的否定前缀形式，还有词根的内部屈折形式（英语的“no/不，否定”，韵尾[-n]脱落，为辅音屈折）。

英语的“否定系”词汇前缀，与古汉语的以上三类“否定词根”，尽管语法性质不同，一为词根黏着前缀，一为句法否定词根词或形式词，但是其语法意义的功能是相同的——均表示对语言符号的否定语法意义。这是一种人类自然语言的功能类型学共性，尽管它们构造不同，一个是词单位的词根的否定前缀，具有黏着性，一个是句法单位的否定副词（否定算子词），具有非黏着性，但这可以说是殊途而同归。

这即是说，自然语言的“否定系”意义，既可以在词汇层面上以词汇前缀的形式予以表征，还可以以语法词的形式予以表征，又可以在句法层面上以算子词（副词）的形式予以表征。表征形式如图 5-78 所示。

- 否定系核义
  - 词汇形式类义（非词根指称类义）
    - 语种变异（否定核义，词根表征形式类义）
    - 语种变异（否定核义，词根屈折形式类义）
    - 语种变异（否定核义，词缀表征形式类义）
  - 句法形式类义
    - 语种功能共性（否定核义，叙述形式类义）
    - 语种功能共性（否定核义，命令形式类义）
    - 语种功能共性（否定核义，疑问形式类义）

图 5-78　否定系核义的词汇形式类义与句法形式类义分类表征图

由此可见，关于“否定系”核义（逻辑核义），其“词汇形式类义”（“非词根指称类义”）可以形成语种之间的语法差异（变异），导致新语种的产生。这说明，新语种的“新”，主要表现在“词汇形式类义”的变异上，但是词汇形式类义的“新”并没有改变其“核义”这一遗传成分；同时，也可以构成语种之间的“句法形式类义”的功能分类共性。可见，不变的是核义与句法的功能共性类型，因为语种的根本属性是“表意”，核义与句法的功能共性类型都属于表意之列，这是它们不变即遗传的共性特征，其中的核义共性如果赋值相应的音系值，就成为谱系性成分；句法的功能类型共性则属于类型学共性。这就是语种的个性与共性的统一性。可见，分支语种的演化也是一个动态的个性与共性相关联的过程。

如此讲来，词汇意义具有如图 5-79 所示的类型。

- 词汇意义
  - 词根意义
    - 词汇核义（词根核义）
    - 词汇指称类义（词根类义）
  - 词汇形式类义（词根形式类义、词根屈折形式类义、词根词缀形式类义）
  - 句法形式类义（叙述形式类义、命令形式类义、疑问形式类义）

图 5-79　词汇意义分类图

“词汇意义”的演化是新语种形成的根本动力。词汇意义的演化可以区分为三种类型，第一种是“词根意义”在新语种中的演化，祖语种的“词汇核义”在分支语种中可以整体遗传，可以分化遗传，但是祖语种的“词汇指称类义”则是以类型不变的形式被分支语种的遗传核义所约束。第二种是“词汇形式类义”的演化，祖语种的“词汇形式类义”在分支语种中演化，其类型有三种，即“词根形式类义”“词根屈折形式类义”“词根词缀形式类义”。第三种是“句法形式类义”的演化，在分支语种中，祖语种的“句法形式类义”演化为分支语种的句法形式类义，其类型有三种，即“叙述形式类义”“命令形式类义”“疑问形式类义”，句法形式类义的演化，其形式类义的类型是不变的。可见，语种的演化是“不变”与“变”的统一，不变的是词根核义的遗传成分与词汇指称类义的类型，以及词根的形式类义的类型与句法形式类义的类型。

要指出一点，“词根类义”（词汇指称类义）与“词根核义”相对，都属于“实体世界”的意义范畴；“词汇形式类义”又与“词根核义”相对。这就是说，同样的“词根核义”既可以与实体世界的意义范畴“词根类义”相关，又可以与“语言符号世界”范畴的词汇形式类义相关联，如图 5-80 所示。

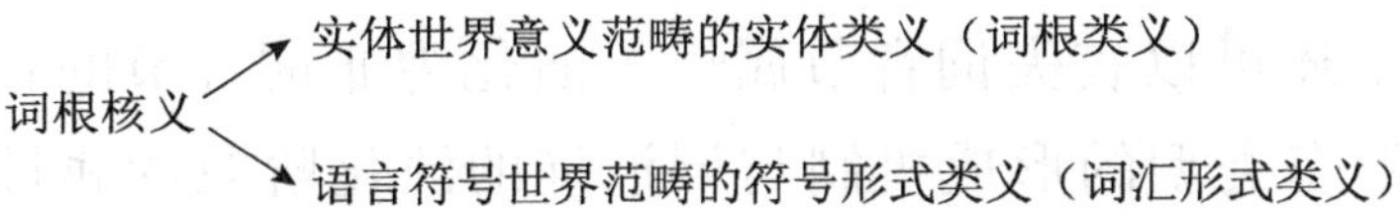

图 5-80　词根核义与实体世界、语言符号世界的关联性示意图

这就是说，词符号的意义既可以指向实体世界（词根义），又可以指向语言符号世界（词汇形式类义），即语言符号既可以取值世界实体值，又可以取值语言符号的形式值。“形式值的变异”可以导致新语种的产生。

分支语种古汉语与吐蕃藏语之间的“否定系”核义的语种变异（词汇形式类义的变异）与语种共性（核义与句法功能共性的类型）的形成同样遵循这一法则。

以上提到的“语法词”的区分如图 5-81 所示。

图 5-81　语法词分类图

把“语法词”区分为单立与非单立两类，有助于观察语法词的统一性，也有助于看到语法词是怎样遗传的——拉丁语的单立语法词演变为英语的非单立语法词（词缀）。同时，语法词的单立与非单立属性也可以把语法词与词汇词区分开来，如图 5-82 所示。

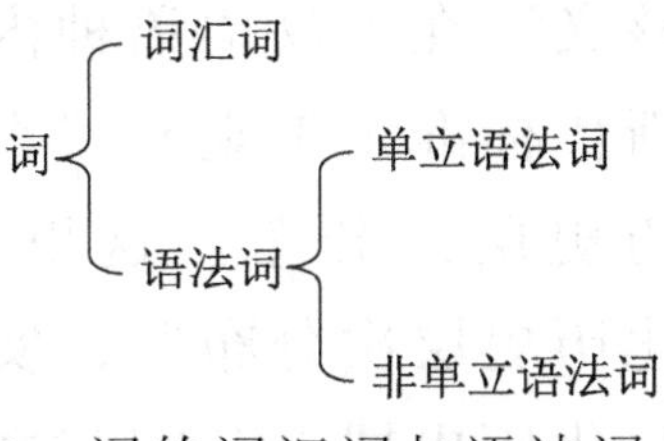

图 5-82　词的词汇词与语法词分类图

可以看出，“词汇词”具有单立性（构成词根语的必要条件），但是当词汇词演化为“语法词”时，可以保持单立性（单立语法词），亦可以丧失单立性（成为词缀、黏着语的必要条

件），甚至还可以丧失词音节属性（演化为非词音节的音位）。如此看来，形态类型的形成机制与词汇词的演化阶段的属性有着密切的联系。从语种谱系性遗传的角度来看，词汇词的词根音义位可以遗传给语法词，也可以遗传给非语法词音节的音位单位。这就是说，词汇词在祖语种演化为方言、新语种时，其演化路线如下：

词汇词→单立语法词→非单立语法词（词缀）→非词音节的音位

在演化中，词汇词的词根核音义位可以一直遗传到“非词音节的音位”。也就是说，词汇词的词根音义可以分布于词汇词、语法词、词缀、音位之上。

由上述词汇词的演化-遗传路线可以看出，语种的分化在数量上是没有止境的，全世界的语种有 7000 种之多就说明这一问题；但是语种词汇词的演化遗传是有限度的，即从词汇词演化遗传到非词音节的音位为止。这说明，词根语与屈折语、黏着语之间没有绝对的界限与不可逾越的鸿沟，它们之间是可以在演化中发生形态类型的转换的。

七、分支语种古汉语“否定系”三类算子词“核义”谱系性的“文献历史层次分布”（按照朝代断代标准，起于先秦历史时期，止于民国历史时期）

以上，我们已经从理论上阐释了分支语种古汉语“否定系”三类算子词的“否定核义”在古汉语语种内的谱系性。下面拟从文献历史角度（朝代断代标准）来观察“否定系”三类算子词的“否定核义”的文献历史层次分布。这里的“文献历史层次分布”并不是“语言演化历史层次分布”，实际上是文献文字书写历史层次分布，语言演化历史层次分布与文献文字书写历史层次分布不是完全对应的。[①]

① 以下所引虚词材料均来自谢纪锋：《虚词诂林》，哈尔滨：黑龙江人民出版社，1992. 均不标页码，读者可依书末索引翻检。

（一）叙述否定“非（匪）；无（亡，罔，靡）；不，弗，未”的“否定核义”的文献历史层次分布

1. 非（匪）

汉代：

《说文》非，违也。（按：“非，违也。”“非”属于内涵词动词，表明算子词副词“非”为后起，与先起内涵词动词“非”具有起源上的逻辑谱系性、逻辑同源性。）

（《说文》为东汉许慎撰，《说文》开始编撰于东汉永元八年，即公元 96 年。）

《汉书》非犹“无”也。（按：“非”，语助也。说明“非”已经由内涵词动词演化为算子词副词，这属于逻辑词性的历史演化。）

南朝梁：

《玉篇》非，不是也。（按：“非，不是也。”说明“非”具有了联结词即系词性质。）

（《玉篇》为南朝梁顾野王编纂，编纂于梁武帝大同九年，即公元 543 年。）

北宋：

《广韵》云：不是也。

（现通行的《广韵》为宋陈彭年、丘雍等的重修本，宋真宗景德四年，即公元 1007 年曾加刊定。）

清代：

《经词衍释》衍曰：非犹“无”也。非，犹“匪”也。

（《经词衍释》，清同治刻本。）

民国：

《古书虚字集释》非，不也。

（《古书虚字集释》民国年间由裴学海撰，见中华

书局 1954 年本。）

按：“非”的词性演化途径如图 5-83 所示。

非
- 否定性内涵词动词（一重函项）
- 否定性内涵词系词（一重函项）
- 否定性算子词副词（二重函项）

图 5-83　“否定系”词“非”的词性演化分类图

可见，关于同一否定核义的“非”，其词性演化是由其否定核义与句符列两种因素所决定的，如图 5-84 所示。

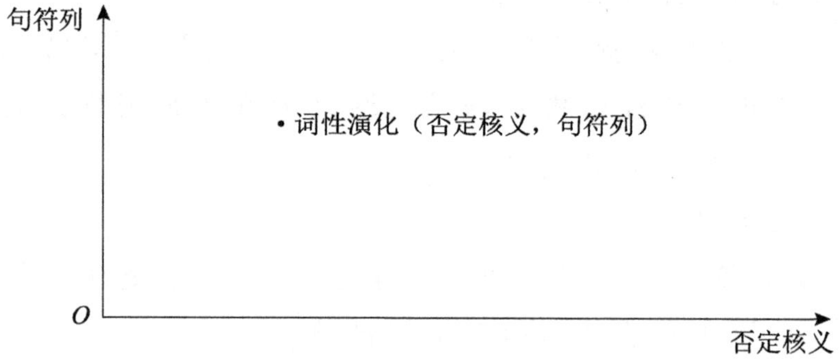

图 5-84　同一否定核义的“非”的词性演化二维机制图

可见，关于“非”的词性演化，其否定核义是不变的、可遗传的；其词性是变异的，但是无论怎样变，其核义保持稳定性。这表明，语法演化的制约因素隐藏在词义与语符列的二维制约中。算子词即副词由于属于二重函项，因此算子词的产生不会先于内涵词，这是由内涵词与算子词的数学性质所决定的。

2. 无（亡，罔，靡）

先秦：

无，不也。《老子》“其无正”注。

无与勿同也。《诗·采苓》“苟亦无与”传。罔，无也。《诗·民劳》“以谨罔极”笺。

靡，罔，无也。《诗·国风》："三岁为妇，靡室劳矣；夙兴夜寐，靡有朝矣。"

汉代：

《尔雅》云：靡，罔，无也。疏云：无，不有也。

《说文》云：亡也。

清代：

《助字辨略》：无，有之反也。无，与亡通，与毋通，禁止辞也。

《经传释词》：无，毋，勿也，常语。无，转语词也，字或作"亡"，其义一也。

《经词衍释》：无，毋通。

民国：

《古书虚字集释》：无犹莫也。无犹未也。

亡，否也。

《词诠》：亡，同动词，与"无"同，有之反。

按："无"的词性演化路径也是先内涵词动词（"无，不有也"），后算子词副词。演化机制同"非"。

3. 不，弗，未

先秦：

不，弗也。《书·西伯戡黎》篇："我生不有命在天？"

不，禁止副词，勿也。《孟子·滕文公上》："我且往见，夷子不来。"弗，不也。《周礼·诸子》："司马弗正"注。

弗者，不之深也。《公羊传·桓公十年》"其言弗遇何"注。

弗，《词诠》："否定副词，不也。"《论语·公冶长》篇："弗如也。"

未，《经籍纂诂》未，犹不也。《仪礼·乡射礼》："众宾未拾取矢"注。未，《词诠》："否定副词，不也。"

汉代：

不，《说文》不，鸟飞上翔不下来也。（按："不，鸟飞上翔不下来也。"表明"不"为内涵词动词。）

不，否定副词，作"否"字用。《汉书·于定国传》："公卿有可以防其未然救其已然者不？各以诚对！"（按："公卿有可以防其未然救其已然者不？"表明"不"已经演化为算子词副词。）

南朝：

《玉篇》曰：不，词也。

宋代：

不，《广韵》云：与弗同。

清代：

不，《助字辨略》：愚按：弗也，莫也。

《经传释词》不，弗也。常语。

《经词衍释》不，否，非也。丕，否，无也。不，毋也，勿也。

（按："不"的常用词性是否定算子词副词，其内涵词动词意义不是常用词性。）

（二）命令否定"毋（无），勿，莫，休"的否定核义与命令否定算子的逻辑词位

（1）毋，无也。《礼记·檀弓下》"其毋以当巧着乎"注。勿，无也。《诗·东山》"勿士行枚"笺。

莫，无也。《书·伊训》“亦莫不宁”传。

汉代：

《说文》毋，止之也。

北宋：

毋，《广韵》云：止之辞。

勿，《广韵》云：“无也。”莫，《广韵》云：“无也。”

清代：

休，《助字辨略》：方言莫也。李义山诗：“西来双燕信休通。”温飞卿诗：“休向人间觅往还。”（按：刘淇说，休为方言词。休的上古音为晓纽幽部，其声纽与其他否定词的两个声纽分支系统有异，另有来源。）

（2）《词诠》。

毋，无指指示代名词。同动词，有之反。与“无”同。禁戒副词，莫也。

勿，否定副词，不也。禁戒副词，与“莫”同。

莫，无指代名词，为“无人”“无地”“无物”之义。（按：“莫，无指代名词”，表明“莫”为否定性的内涵词，因为“莫=无（人）”，或“莫=无（地）”，或“莫=无（物）”，可见，“莫”属于否定性内涵词动词，应该属于“无指代动词”。）

（三）疑问否定，即把“不”“否”“无”“未”置于句末的否定核义，否定算子疑问性的逻辑机制——后置句尾，同疑问语气的获得机制相同——来自否定系词根核义与其句法位的二维定位

从以上古汉语“否定系”核义的三类否定词词根来看，可以得出下列法则：

（1）无论否定词根的核义深化，还是否定词根的核义分化，其“否定”这一核义始终未变，都作为一个遗传成分被保留在三类“否定系”算子词中的各个文献历史层次之中。

（2）否定词根的词形式类义、句法形式类义（叙述形式类义，命令形式类义，疑问形式类义）都蕴含着词根核义即“否定系”核义，这表明，不变的是“否定系”核义，改变的是句法形式类义。

（3）“否定系”与内涵词动词的核义，具有源流谱系性，即“否定系”算子词副词核义是内涵词动词核义的语言符号形式类义方向的分化。同样地，吐蕃藏语的“否定系”算子词副词核义也是否定系内涵词动词核义的分化，这是一种否定系核义的逻辑词性分化，属于逻辑谱系的分化。

（4）关于内涵词的梯级断代分期，按照语法逻辑断代，原始汉藏语内涵词“动词”与“形容词”可以进行如下梯级断代分期：

原始汉藏语早期（距今约 2.7 万年，与旧石器时代艺术同步，属于旧石器时代晚期），无甲骨文史前时期，属于原始汉藏语[*mb-/莫不]复声纽时期，分布区域为中原地区与渭河流域。

原始汉藏语中期［距今约 5800（汉语同源词年代断代）—5000 年（考古学年代断代），新石器时代中期，黄帝时代］，分支语种华夏语（古汉语）与吐蕃藏语开始分化时期。

原始汉藏语晚期（距今约 3000 年，青铜器时代），有甲骨文历史时期，属于古汉语时代，西周早期传世文献产生时代，雅言开始形成时代。

（5）从传世文献来看，“否定系”算子词在西周初期（距今约 3000 年）已经产生。原始汉藏语[*mb-/莫不]复声纽已经分化，单辅音声纽[m-][b-]已经产生，音节处于向单音节过渡阶段，韵律处于固定音高与声调混合阶段，“否定系”算子词已经出现字形分化，“字形分化”意味着古汉语区域分化、方言分化。

八、古汉语的“不/否定”系词与吐蕃藏语的“mji, mje/否定”系词的“词根音义位与词根音义位谱系演化”考证

（一）音系（语音）的历史层次与文字的历史层次

语言或语种划分出音系（语音）历史层次（包括共时分布，共时分布即零历史层次，如此，可以把共时分布与历史层次加以统一）。

（1）“分节音”（人类语音，非动物“连续音”）可区分为“复辅音历史层次”与“单辅音历史层次”，复辅音历史层次与单辅音历史层次之间存在演化关系，如图 5-85 所示。

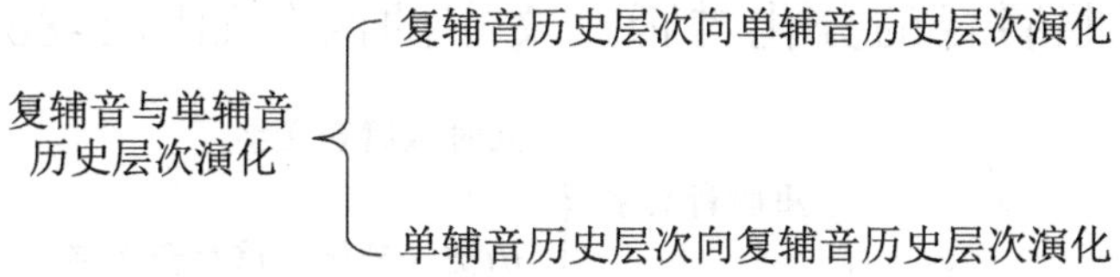

图 5-85　复辅音与单辅音历史层次演化分类图

（2）“单辅音历史层次”可区分为“重唇音历史层次”与“轻唇音历史层次”、“舌头音历史层次”与“舌上音历史层次”、“泥纽历史层次”与“娘日历史层次”等。

（3）重唇音历史层次可区分为“全浊声母历史层次”与“清化声母历史层次”。

（4）音节可区分为“无介音历史层次”与“有介音历史层次”。

（5）元音（韵母）可区分为“单元音历史层次”与“复元音历史层次”等等。

（6）文字可以区分为“音位文字”（连续音文字）与“音节文字”（非连续音文字）。

（7）音节文字可以区分为“重唇音文字”与“轻唇音文字”等。

要指出的是，其一，各个音系历史层次之间属于“共时变

换”或“历史变迁”的关系，即音转或语音交替的关系，据此，音转或语音交替有共时音转或共时语音交替与历史音转或历史语音交替之分。其二，“连续音文字”指字母文字，其离散字母之间的增音、减音、滑音等非必须连续音的现象非常多；“非连续音文字”指音节文字，其音节之间的增音、减音、滑音等非必须连续音的现象相对少一些。其三，“重唇音文字”指实际读音为重唇音的文字，即重唇音、轻唇音分化之后读音为重唇音的文字，或共时重唇音文字；“轻唇音文字”指实际读音为轻唇音的文字，即重唇音、轻唇音分化之后读轻唇音的文字，或共时轻唇音文字。在重唇音、轻唇音未分化之前，一律为重唇音文字。如此看来，按照唇音的分化与否，文字的区分如图 5-86 所示。

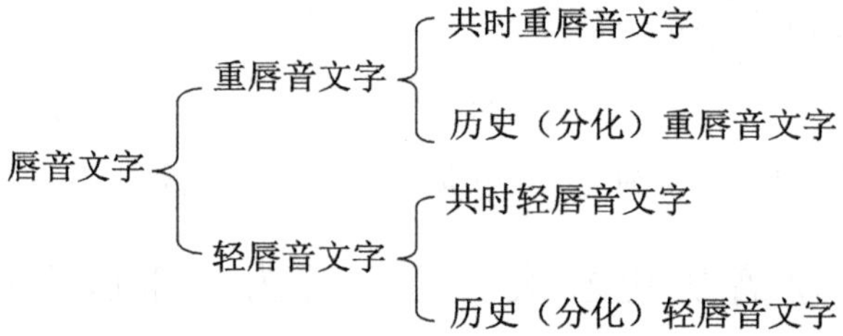

图 5-86　唇音文字的重唇音文字与轻唇音文字分化分类图

（二）古汉语“不/否定”系词与吐蕃藏语“mji，mje/否定”系词的音系（语音）历史层次

1. 古汉语“不/否定”系词与吐蕃藏语“mji，mje/否定”系词的核声纽音义位载体及其演化

（1）古汉语“不/否定”系词的核声纽音义位载体。

古汉语“不/否定”系词的核声纽音义位可区分如下：

甲类核声纽音义位[重唇音声纽/不核义]

乙类核声纽音义位[轻唇音声纽/不核义]

丙类核声纽音义位[心纽/不核义]

甲乙丙之间存在共时方言演化、历史演化；声纽之间存在复辅音单辅音演化、单辅音清化、单辅音声纽屈折（共时屈折、历史屈折），如图 5-87 所示。

核音义位遗传演化
- 核声纽音义位的遗传演化
- 核韵部音义位的遗传演化
- 核音节音义位的遗传演化

图 5-87　核音义位遗传演化分类图

（2）吐蕃藏语“mji，mje/否定”系词的核声纽音义位载体。

吐蕃藏语“mji，mje/否定”系词的核声纽音义位可以表示如下：

[重唇音腭化声纽/否定核义]

可见，吐蕃藏语“mji，mje/否定”系词与古汉语“不/否定”系词有着共同的祖语词根遗传核声纽音义位[重唇音声纽核音义位]。区分就在于古汉语分化出[轻唇音/不核义]，其条件就是出现了三等[i]介音；吐蕃藏语则未分化出[轻唇音/否定核义]，但是重唇音声纽却出现了腭化现象，这主要是与元音[i]或[e]组合的缘故。

2. 古汉语“不/否定”系词与吐蕃藏语“mji，mji/否定”系词的“词根音义位谱系”考证

古汉语“不/否定”系词的核音义声纽载体分类如下。

（1）“帮系/否定”核音义声纽载体如下：

“帮纽 b-/否定”核音义声纽载体：

不[帮之]，弗[帮物（广分勿切）]，非（匪）[帮微]

“明纽 m-/否定”核音义声纽载体：

未勿[明物]，莫[明铎]，无（亡，罔，靡）毋[明鱼]

（2）“晓纽 x-/否定”核音义声纽载体：

休[晓幽]

可以看出，由于“休”是在唐代产生的，因此“休”不被列入古汉语“不/否定”系词的范围。据此，古汉语“不/否定”系词的核音义分化演变及其逆推求原始汉语形式如图 5-88 所示。

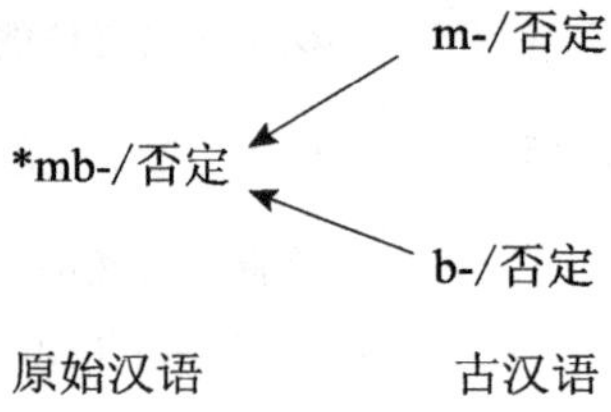

图 5-88　原始汉语“*mb-/否定”式范畴逆推求图

图 5-88 表示，“*mb-/否定”式范畴从原始汉语演化为古汉语，系由鼻冠复辅音声纽分化为帮系单辅音声纽的演化过程。在这一演化过程中，“否定”核义作为遗传成分未发生变化，但是原始汉语“否定”核音由复辅音核音演化为单辅音核音，即发生了由复辅音到单辅音的屈折形态的历史变化。要指出一点，“*mb-/否定”作为原始汉语的形式，在现存的语料中是找不到的，是依据现存的语料加以逆推求而得出的，是一种历史的复原与重建，是一种理论现实的存在。

下面可以从吐蕃藏语的“mji，mje/否定”系词的词根音义位逆推求出原始藏语的“否定式范畴”的声纽载体，如图 5-89 所示。

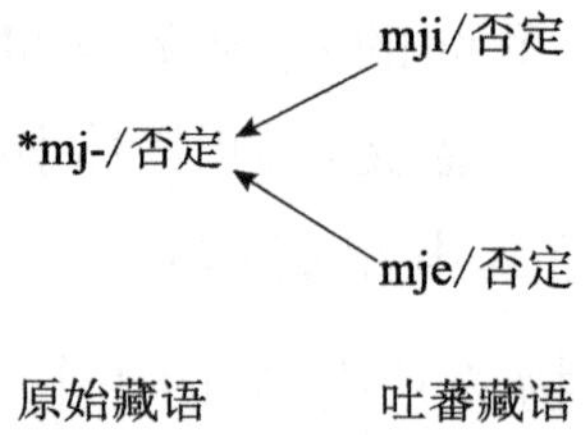

图 5-89　原始藏语“*mj-/否定”式范畴逆推求图

综上，可以依据原始汉语的“*mb-/否定”式范畴、原始藏语的“*mj-/否定”式范畴，逆推求而得原始汉藏语的“*mbj-/否定”式范畴，如图 5-90 所示。

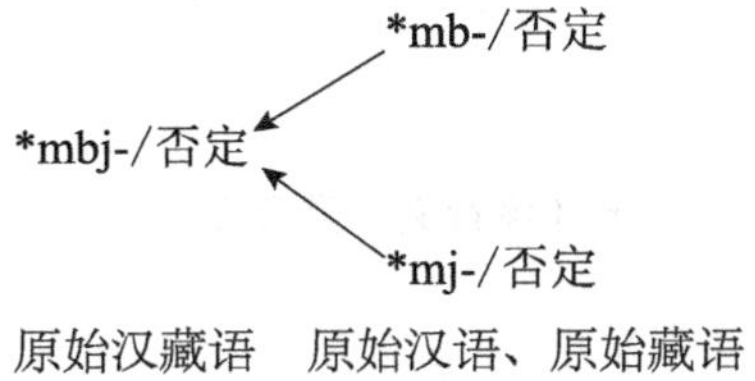

图 5-90　原始汉藏语“*mbj-/否定”式范畴逆推求图

这里的逆推求属于“二重逆推求”，即在一重逆推求的基础上再进行逆推求。无论是一重逆推求还是二重逆推求，其依据都是词根形态音义的历史屈折变化法则。这种逆推求是建立在分支语种词根核音义的遗传演化法则基础之上的，是以有着客观的语言符号的音义事实作为基础的，是遵循词根核音义的遗传法则的。

事实上，不仅词基因是遗传与变异的统一，而且词根核音义同样是遗传与变异的统一，即词根核音义之中也存在遗传与变异。原始汉藏语词根核音义“*mbj-/否定”演变为原始汉语词根核音义“*mb-/否定”就是一个遗传（“*mb-/否定”保留）与变异（“-j-”脱落）的过程。同样地，原始汉藏语词根核音义“*mbj-/否定”演变为原始藏语词根核音义“*mj-/否定”，也是一个遗传（“*mj-/否定”保留）与变异（“-b-”脱落）的过程。因此，“逆推求”就是演化的逆演化推求。

可见，从原始汉藏语到分支语种古汉语，其“不/否定”系词的演化路径有“帮纽”与“明纽”两条；从原始汉藏语到分支语种吐蕃藏语，其演化路径仅仅有“明纽”一条。至于吐蕃藏语的“mji，mje/否定”系词为何仅仅保留了一条遗传途径，这是一个有待探讨的问题。

这里的原始语的“逆推求”方法，实际上也是一种“构拟”即重建的方法，与传统构拟不同的是，传统构拟对词义的处理是遵循一维语义学的法则，本构拟则遵循二维语义学的法则，不但如此，还把词基因、词根核音义置于“遗传”与“变异”的二维法则之下。

词基因“遗传”与“变异”二维法则如图 5-91 所示。

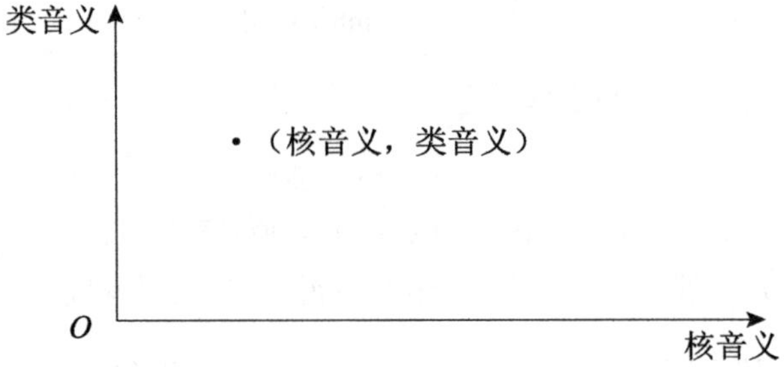

图 5-91　词基因“遗传”与“变异”图

词基因遗传与变异还可以表示为如下形式：

词基因=核音义（类音义）

词根核音义“遗传”与“变异”二维法则如图 5-92 所示。

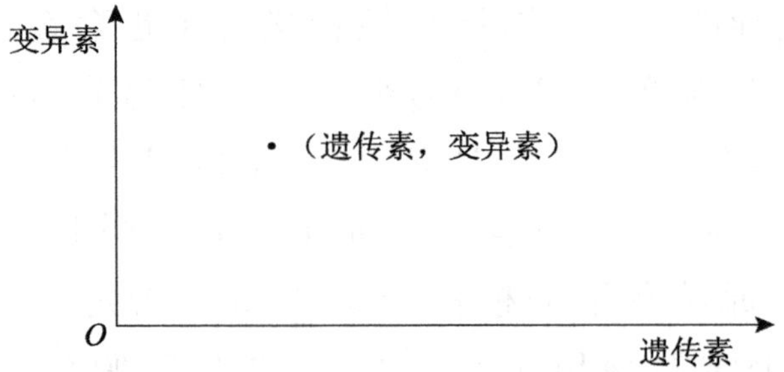

图 5-92　词根核音义“遗传”与“变异”图

词根核音义遗传与变异还可以表示为如下形式：

词根核音义=遗传音义素（变异音义素）

综上，本书的原始语构拟属于“词基因遗传与变异”二维构拟。

3. 古汉语“不/否定”系词用字复杂的原因——古汉语的方言分区演化，用字的音系分化——重唇音字与轻唇音字，字源的歧异

（1）古汉语“不/否定”系词用字复杂的原因。

古汉语“不/否定”系词用字复杂的原因可以归纳为以下三种。

第一，否定式范畴字的方言分化。

从雅言（官话或标准语）与非雅言（方言）的角度来看，可以区分为“雅言”否定式范畴用字与方言否定式范畴用字，前者如帮纽“不”、明纽“莫”否定式范畴用字，后者如晓纽“休”否定式范畴用字。即是说，否定式范畴的核音义载体发生了群体的空间分布分化，这是否定式范畴的群体空间差异。

第二，否定式范畴雅言唇音的分化。

在雅言音义格局中，出现了重唇音字否定式范畴与轻唇音字否定式范畴的分化，依据黄侃的古本纽学说，这是由于重唇音属于古本音，轻唇音属于今变音，因此在雅言音系群体时间格局的条件下，重唇音否定式范畴（“不”“莫”）产生在前，轻唇音否定式范畴（“非”“匪”“无”“勿”“毋”）产生在后。这是由音系格局的古今历史演变所造成的否定式范畴的时间差异。

第三，否定式范畴字源的分化与同源字的差异。

在同样的雅言音义格局中，在同样的雅言重唇音字音义格局中，由于用字（字源）的不同，出现了帮纽字（例如“不”）否定式范畴与明纽字（例如“莫”）否定式范畴的分化，这是由汉字字源的不同即表意的差异所引起的差异。

（2）古汉语“不/否定”式范畴的分类。

当然，即使在今变纽（例如“非”纽）的条件下，“非”否定式范畴与“匪”否定式范畴的差异也不是字源不同的差异，而是同源字之内的同源字之间所形成的差异，即“非”字否定式范畴与“匪”字否定式范畴均属于同源字否定式范畴。同源字否定式范畴的意义，除了字源的意义之外，尚且具有文字修辞学的意义，因为汉字属于表意文字，同样具有修辞功能，可见修辞也是汉语汉字演化的动力之一。

据此，古汉语“不/否定”式范畴可以作如图 5-93 所示的区分。

- 否定式范畴
  - 用字否定式范畴
    - 异源字否定式范畴
    - 同源字否定式范畴
  - 用词否定式范畴
    - 雅言否定式范畴
      - 重唇音否定式范畴
      - 轻唇音否定式范畴
    - 非雅言（方言）否定式范畴

图 5-93　古汉语“不/否定”式范畴分类图

九、传统语法的“副词”的词性属性及其认识的真理性

关于传统语法的副词的性质，我们将其定位为“算子词”，它是具有“二重函项”功能的词类，是表达函项的函项关系的一类词。这与“内涵词”具有一定的共性特征，而且二者之间具有谱系关系。不同的是，内涵词是居于句法的内涵词位的函项词，其“施用”的计算对象是句法的外延词位（主语位、宾语位）；副词这一算子词“施用”的计算对象则是处于句法的内涵词位（谓语位）的内涵词。确切地讲，算子词副词的施用计算对象属于内涵词所辖的类义对象，表示如下：

古汉语：不（内涵词所辖类义）

吐蕃藏语：mji（内涵词所辖类义），或 mje（内涵词所辖类义）

内涵词的施用计算对象属于外延词指称对象，可以表示如下：

古汉语：内涵词（外延词指称对象）

吐蕃藏语：内涵词（外延词指称对象）

算子词的来源是属于内涵词的动词，其演化途径是：

内涵词/动词→算子词/副词

传统上有人认为，副词属于“半实半虚”，这是有道理的，这看出了副词与动词、形容词之类内涵词具有一定的共性关系及

来源关系，这是其“实”的一面；但是它又与动词、形容词之类内涵词具有不同的一面，这是其“虚”的一面。可以说，感觉到的往往具有正确性的一面，不足之处就在于缺乏理性的、抽象的认识与解释。

第五节　汉藏语词根屈折形态音义谱系考辨（下）

本节主要内容为古汉语的“其［群之 gǐ］/属格”系词与吐蕃藏语的“gji/属格”系词的同源考辨。

古汉语的“其[群之 gǐ]/属格”（简称“其 gǐ/属格”）系词与吐蕃藏语的“gji/属格”系词，均属于语法范畴中的格范畴，具体来讲属于格范畴的属格范畴。“其”为古汉语属格范畴的代表词，“其”的“语法核义”为“属格（领属）”，“其/属格（领属）”系表示“代表词、语法核义”之意义；“gji/属格（领属）”系词表示吐蕃藏语属格范畴的“代表词、语法核义”之意义。

格范畴是自然语言的普遍性之一，可以作如图 5-94 所示的区分。

格范畴的语法类义
- 主格
- 宾格
- 属格

图 5-94　格范畴的语法类义分类图

格范畴是以“称代词”（简称“代词”）为载体的。代词的格范畴音义（主格范畴音义、宾格范畴音义、属格范畴音义）载体形式，或者是代词自身的屈折形态变化，或者是代词的黏着形态变化，或者是代词形式词（语法词）的形式变化。主格、宾格、属格属于格范畴的语法类义，其语法核义为“称代或领属”。

就格范畴的表征而言，主格、宾格属于“外延格”表征，属格属于“内涵格”表征，据此，格范畴的表征可作如图 5-95 所示的区分。

格范畴表征
- 外延格（主格、宾格）
- 内涵格（属格）

图 5-95　格范畴的外延格表征与内涵格表征分类图

可见，格范畴与相应词根音义是通过内涵与外延两条途径来联系的，因此，可以从内涵与外延两条途径来考察格范畴与相关词根音义的内在联系，从而求得汉藏语格范畴的谱系联系；尤其是“属格范畴”，它的表征本身就是“内涵表征”，以上途径对考辨汉藏语属格范畴的谱系性是十分方便的。既然“格范畴词”（形式词、语法词）也是音义体，它与相应“词汇词”的音义就存在谱系联系的可能性，只要证实了这种谱系联系，就求得了格范畴的同源性。

俞敏选择汉藏语的属格范畴来论证汉藏语的谱系关系，在方向上这是正确的，不足之处在于论证未着力于语法词与相应词汇词的音义谱系联系，仅仅是截取语法词（虚字）而撇开相应词汇词（本字）说事，俞敏说：“‘其’字儿又是虚字。凡是虚字，往往都没‘本字’，写的人常爱随便写个声音差不多的字就行了。”[①]俞敏这句话不够妥当。语言是音义结合体，文字是记录音义的，汉字记录汉语，记义记音都有轨迹可循，虚字即使纯记音，也有理据可循，不然，藏文记录的藏语也就无理据可考了。汉字是表意文字，也杂有记音文字，均有理据可循；同样地，藏文是记音文字，不表意，同样有理据可循，这是汉藏语同源论证

① 俞敏：《俞敏语言学论文集》，北京：商务印书馆，1999，第168页.

的符号事实基础。

格范畴可以依据句法函项区分为三类格范畴函项（简称“格函项”），表示如下：

主格函项：主格=称代（主位）

宾格函项：宾格=称代（宾位）

属格函项：属格=称代（领位）

可见，格范畴的“称代”属于“语法核义”，是格范畴演化的遗传成分；主位、宾位、领位属于格范畴的变异类型学成分，即是说，格范畴的同一语种或跨语种演化、变异，不会超出主位、宾位、领位三种类型的“语法类义范围”。可见，语法类义的演化、变异也是有规则的。据此，格范畴的函项结构还可以表示如下：

主格=称代（主语语法义）

宾格=称代（宾语语法义）

属格=称代（领属定语语法义）

自然语言的格范畴还可以依据谱系性进行区分，如图 5-96 所示。

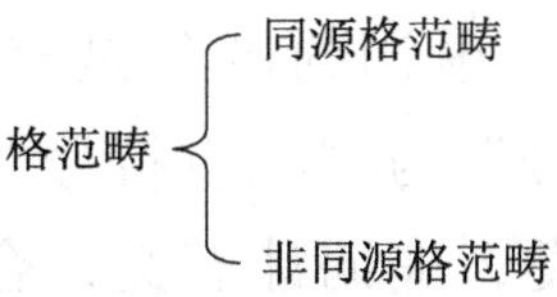

图 5-96　格范畴的同源与非同源分类图

如果能求得古汉语、吐蕃藏语属格范畴具有“同源格范畴=称代核音义（称代类音义）”的“称代核音义位”的同构对应关系，则“汉藏语的属格范畴”就具有同源关系，就可以为汉藏语的系统同源性添加一子系统同源证据。

从上文可以看到，格范畴在本质上也是一种函项结构，这与句法结构的“主谓主干结构”“定状附加结构”的性质是一致的。关于这一点，详见后文，此不赘。

格范畴与上文的“否定式范畴”一样，均属于“二重符号范畴”，即格范畴与否定式范畴都属于句法符号（句法列符号）系统的语法范畴，其同源性自然也是由“核音义”“类音义”所组成的词基因决定的，但是这是属于符号系统机制内所形成的同源关系，其音义同源具有很强的约束性（强约束性）。据此，语言同源可以进行区分，如图 5-97 所示。

语言同源
- 一重符号同源（弱约束性）（名词、动词、形容词、叹词同源）
- 二重符号同源（强约束性）（代词、副词、连词、介词、语气词同源）

图 5-97　语言同源的一重符号与二重符号分类图

可以看出，名词、动词、形容词、叹词构成了句法的主谓主干成分（举主谓以赅主谓宾），数词、量词可归入形容词（静词），这是马建忠的看法，此外，象声词也可归入形容词。代词、副词、连词、介词、语气词都属于在一重符号词基础上产生的“符号词”（虚词），其功能是用来处理（采用“称代”“修饰”“联结”“介绍”“疑问”等算子）一重符号词（实词）的。可见，传统的实词、虚词的区分是有着事实与符号依据的。

如果依据“一重符号”与“二重符号”的标准，经验语法的词类可区分为（实词计四类，虚词计五类，合计九类）：其一，实词（一重符号词）包括名词、动词、形容词、叹词；其二，虚词（二重符号词）包括代词、副词、连词、介词、语气词。

这里的“经验语法”是一个相对于“分析语法”（形式语法）的概念，与“传统语法”等经验语法不尽相同。经验语法可以被称为"初等语法"，便于初等教育阶段运用；分析语法可以被称为"高等语法"，是针对高等教育阶段而言的。

"二重符号同源"与"一重符号同源"可以概称为"句法同源"，因此句法同源的区分如图 5-98 所示。

句法同源
- 一重符号同源（实词同源映射为、隶属于句法位范畴同源）
- 二重符号同源（虚词同源属于语法范畴同源）

图 5-98　句法同源的一重符号与二重符号分类图

依据符号及其组合关系的标准，句法同源还可以进行如图 5-99 所示的区分。

句法同源
- 句法符号同源（直接同源）
- 句法符号组合关系同源（映射同源）

图 5-99　句法同源的句法符号及句法符号组合关系同源分类图

"句法符号同源"属于直接同源；"句法符号组合关系同源"属于映射同源。映射同源与直接同源具有同等的价值。要指出的是，映射同源是以直接同源为基础的，没有直接同源就不会有映射同源。单纯从句法成分出发，是不会获得映射同源这一句法同源的；只有从一重符号的直接同源出发才可以获得映射同源。

古汉语的"其"，在传统语法中被定性为"虚字"，由于汉字是音节文字，虚字（单音节文字）就是虚词（单音节词根），这里按照现代的说法，把虚字称为虚词。古汉语的"其"作为虚词，是"属格词"，属于"语法词"（共时角度）之列，但是其意义复杂，用法多样（历史角度）。这里把古汉语的"其"作为一个"属格系"核音义位的代表来看待，以便与吐蕃藏语的"属格系"（gji）核音义位的代表词加以比较，进行同源考辨，从而从一个子系统（属格子系统）来证实分支语种古汉语与吐蕃藏语的系统谱系性。这里在共时同类项可比的同时，坚持把共时置于历史的演化系统当中加以观察，梳理古汉语的“其/属格（领属）”系词与吐蕃藏语的“gji/属格（领属）”系词的同源演化谱系。

一、俞敏的相关研究及其未予着力之处

语言学家俞敏较早进行古汉语的“其”与藏语的“gji”的同源考辨[①]，开创之功不可没。笔者这里关于古汉语第三人称“其/属格（领属）”系词与吐蕃藏语“gji/属格（领属）”系词的同源考辨，是俞敏相关研究的继续。

首先，这种考辨是置于格范畴的“属格系”的子系统之中的，俞敏的考辨未置于格范畴的视野中；其次，这种考辨是置于格范畴（属格范畴）的“核音义位”的音义系统之中，俞敏的考辨侧重于汉语的“其”与藏语的“gji”的“音”的对应（汉语中古音与书面藏语的对应），未着力于汉语的“其”与藏语的“gji”的“音义”的谱系对应；最后，这种考辨是置于贯通“词汇词”与“语法词”的历史演化谱系之中的，俞敏的考辨未着力于汉语的“其”与藏语的“gji”的词汇词与语法词之间的历史演化，他把汉语的“其”视为一个单纯的记音字，有点类似于国际音标的记音，这是不够妥当的，因为汉语的“其”尽管已经演化为一个虚字（虚词），即演化为一个二重符号词，但是其演化的基础是一重符号词，即汉语的“其”作为一个语法词，是有着词汇词基础的。即是说，汉语的“其”有词汇词与语法词的演化阶段。以上这三点是为了贯彻语言演化史的想法而为的，是针对俞敏研究的未予着力之处而为的，是对前人探索的深化与系统化讨论。

---

① 俞敏：《汉语的“其”跟藏语的 gji》，见俞敏：《俞敏语言学论文集》，北京：商务印书馆，1999，第 167-183 页.

俞敏撰有《汉藏语史蠡测》[①]，实际上，“语言史”（包括汉藏语言史）就是一部语言或语种音义演化史，就是词根的核音义遗传演化及其所制约的词根词汇类音义、词根语法类音义的变异演化史，即词根核音义遗传演化、词根词汇类音义变异演化、词根语法类音义变异演化的一部变迁史，也就是语音、语义、词源、词汇、语法、甚至文字的综合集成演化史。以往语言史的讨论，采取语音、语法、词汇的板块发展策略，缺乏一种一以贯之的内在系统性，而本书中无论语言或语种怎样演化、变迁为方言，演化、变迁为分支语种，语言或语种的词根核音义（系统核）是相对不变的，是相对守恒的，这叫作“语言或语种演化的系统守恒性”，这一观点符合当代的系统论精神，也符合毛主席《矛盾论》的精神。

要指出的是，谱系性在本质上都是历史演化的谱系关系，这里专门指出这一点，一来意在强化这一意识，二来意在强调笔者力图贯彻“演化语言史”的探索路径。就汉字与汉语而言，笔者尽力打通词根单位的形音义三者之间的内在谱系性联系，以及与句法的内在逻辑谱系性，在此基础上，探讨古汉语与吐蕃藏语的音义谱系性联系，并借助数学模型的手段重建原始汉藏语的“称代系”，探索原始汉藏语称代系的起源与演化机制。

二、古汉语“其”词汇词的词根核音义位与“其”属格词语法词的词根核音义位的谱系性及其词汇类义、语法类义的变异性——方言产生、分支语种分化的内在机制之一

这里，就讨论的对象——古汉语的“其”而论，可以把“其”区分为两个演化阶段，如图 5-100 所示。

① 未发表，笔者未睹，见俞敏：《俞敏语言学论文集》，北京：商务印书馆，1999，第 167 页.

“其”的演化阶段
- “其”的词汇词阶段
- “其”的语法词阶段

图 5-100　“其”的演化阶段分类图

由于汉语与汉字的单音节性（单音节词根对应单音节文字），无论是“词汇词阶段”，还是“语法词阶段”，古汉语“其”词根都属于“单音节词根词”，据此，“其”词根的演化的区分如图 5-101 所示。

“其”词根的演化
- “其”词汇词词根
- “其”语法词词根

图 5-101　“其”词根的演化分类图

“其”作为词根，一定具有词根核音义位，即“词基因”（词基因的构造类似于人类的生物基因），据此，“其”的词根核音义位（词基因）集合也可以区分为两组，如图 5-102 所示。

“其”词根核音义位
- a.“其”词根核音义，“其”词根词汇类音义
- b.“其”词根核音义，“其”词根语法类音义

图 5-102　“其”词根核音义的“类音译”演化集合分类图

a 组“演化集”与 b 组“演化集”可以分别被称为“词汇类音义位集”与“句法类音义位集”。这表明，词根的演化是一个系统的行为，词根的词汇类音义演化为语法类音义，始终是在词根的核音义位的约束之下进行的，即是说，词根的演化具有意向性或方向性，这种意向性或方向性是由相对不变的词基因与相对可变的词汇类音义位所制约的。总之，词根的演化就是变与不变的统一。依据这种词汇词的词根核音义位的遗传稳定性及其类音义位的变异性理论，“其”作为词汇词的词根核音义位遗传给

“其”的语法词的词根，但是“其”的词汇类音义位与“其”的语法类音义位是不尽相同的，前者为实体世界（非语符世界）的指称类音义位，后者为非实体世界的符号世界（语符列世界）的语法类音义位。如果证实了这一点，意义重大：一是可以解释古汉语的“其”属于固有词而非外来词或借词，这是梳理“其”作为词汇词与语法词的音义谱系性的基石；二是意在表明，“其”作为语法词与“其”作为词汇词之间没有联系的说法是站不住脚的；三是可以梳理出“其”的词汇词与语法词的历史演化谱系性。

（一）“其”词汇词（词根核音义位，词汇类音义位）的谱系性

“其”是一个复系词源，“其”的复系词源性质及其形音义来源如图 5-103 所示。

“其”复系音义源
- “基址”核音义位（见纽之部）：丌，基，旗，“己”义，“之”义
- “簸散”核音义位（群纽之部）：（簸）箕，其，淇，萁，欺，棋，惎，骐，僛

图 5-103　“其”的复系词源及其形音义来源图

朱骏声列出“其”的五个古文形体“”“”“”“”“”①，解释说“其”的古文“”从“八”，是“簸散之意”，“”下从“丌”，是“荐物”（蕴含有“支撑”核义）之基，据此，“其”有两个音义来源，属于复系词源。笔者在这里将“其”的两个核音义位进行概括，如图 5-104 所示。

“其”的复系核音义位 ← 其[见纽之部/支撑]
“其”的复系核音义位 ← 其[群纽之部/簸散]

图 5-104　“其”的复系核音义位复合图

① （清）朱骏声：《说文通训定声》，武汉：武汉市古籍书店，1983，第 181 页.

这是两个韵部[之部/支撑]与[之部/簸散]核音义位，韵部“之部”为核音义位的载体，“见纽”“群纽”构成复系词源的清浊交替，或清浊声转。这属于复系词源内部的声纽形态交替变化。从语音的角度来看，二者的声纽系辅音的清浊交替。

“[核音/核义]”是核音义位的表征形式、刻画方法。这是以韵部为载体的核韵部音义位。

“其”的复系词源表明，声纽交替形态可作如图 5-105 所示的区分。

声纽交替形态
- 复系词源声纽交替形态
- 单系词源声纽交替形态

图 5-105　声纽交替形态的复系与单系词源分类图

复系词源声纽交替形态的功能在于明确“其”的“支撑”核义与“其”的“簸散”核义的核义差异。

“其”的“支撑”核义与“其”的“簸散”核义的核义谱系则由“之部”这一核音义位载体来维系。可见，复系词源核音义内部的构造都是共性与个性的统一。

（1）“其”词汇词的（词根核音义位，词汇类音义位）如下：

丌=（支撑，牺牲）
基=（支撑，墙壁）
旗=（支撑，军队）
期=（约定或支撑，日期）
其=（支撑，己）

（2）“其”词汇词的（词根簸散核音义位，词汇类音义位）如下：

其=（簸散，米糠）
箕=（播散，簸箕器物）

淇=（簸散，水势）（按：《诗经·卫风·氓》“淇水汤汤”，“淇水”得名之由来自该河流水势簸扬之状。）

萁=（簸散，火势）（按：豆萁燃烧时火势大，噼啪作响，火星四迸，此系萁得名之由。）

欺=（播散，气势）=（播散，言语）

惎=（播散，怨心）

棋/群纽之部=（播散，棋子）

骐=（像博棋散开，青骊文）

僛=（播散，舞姿）（按：跳舞姿势不正，东倒西歪。）

其=（播散，播散者——己，第一人称）

其=（播散，被播散者——他物——彼——他人，第三人称）

（二）“其”语法词（词根核音义位，语法类音义位）的谱系性

（1）非句境条件如下：

其=（播散，米糠（属于一重符号词，指称实体世界））

其=（播散，彼物（属于二重符号词，脱离实体世界，进入符号世界））

（2）句境条件如下：

其=（播散，被播散者（他物，他人）），其=（播散，播散者）

其（彼）=外延词位（其），条件：被动者。其

（己）=外延词位（其），条件：主动者。彼的=领属词位（其），条件：领属意识。

以上属于“其”的形音义演化谱系。

“其”的传统语法属性，属于第三人称称代与领属，即“其”=（第三人称称代，领属），可见，“其”是一个二元元素语法词。这叫作“其”的称代与领属同形（共一词），即外延格与内涵格同形、共形——这取决于逻辑词位（外延词位，即主词或宾词与领属；内涵词位，即偏词）。

“其”从词汇词到语法词的演化途径如下：

“其”作为词汇词的词根核义“簸散出去”（远簸出，远离簸出者，簸出者之外——演化为“第三人称”）→又演化为语法词词根核义“他的”（第三人称远指的领属）。

（三）“其”复系词源的背后真相

“其”复系词源的背后真相——方言产生的征兆词（字）的产生，总是先有“基元单位”，即不可以再加以区分的单位，后有基元单位的复合。“其”复系词源的形成也是如此。这是由语言、文字的递归属性所决定的。

人类语言的产生距今约 2.7 万年，与旧石器时代艺术的产生同步。人类文明演进到农耕时代，生产力提高，土地载能提升，人口迅速增长，聚落群体增长迅速与聚落土地载能有限的矛盾，导致群体裂变与迁移，从而促使语种的差异（个体差异）走向系统化（群体差异），走向“群体分化”，方言（语种区域性差异构成）的产生势在必然。如果王权的大一统意识没有出现，方言演化为新语种也是情理之中的。

随着王权的出现与文字的产生，“通语”的产生也势在必然。华夏族历经五帝时代（900 年）、夏王朝时代（470 年）、商王朝前期时代（300 年），三个王朝合计 1670 年，在如此漫长的历程中，由于五帝、夏王朝、商王朝前期的地理分布区域主要是中原地区（今陕西关中，山西河东临汾运城，河南西部、北部、东部，河北南部），地域广阔平坦，中原地区尽享黄河灌溉之利，人口密集，但华夏语的区域差异依然是存在的。甲骨文出现后，由于其属于表意文字（至今未释读的估计属于记音字），各地以意制字的现象是普遍存在的，这是甲骨文字形异体字繁多的原因所在，不同方言区的词或文字的复合造成了复系词源（复系字源），“其”（）的两个来源“”与“”（丌）各有各的核音义位，二者看不出有什么内在的联系，似乎是异源复合的可能性更大一些。从记录单一语种标准音（通语）的需要出发，没有必要兼容两个核音义位为一体，唯一的解释是出于兼顾不同方言区的目的而制字，以便促进交流，甲骨文正好是融合了方言音义的产物。由此可知，从甲骨文的核音义位着手，也可以探讨甲骨文时代方言的分歧状况。

要指出一点，在甲骨文的通行区域，其方言尚在通解度（可以沟通的程度）之内，因此，甲骨文是记录当时通语的文字，这也是“其”复系词源产生的原因。

殷商王朝甲骨文就是在王权与通语的双重动力的驱动下出现的。“其”的三部分成分——象形的簸箕本体“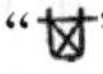”、表示分散之意的“”上部的“八”、表示音义的“（丌）”，就是方言分歧的折射；尤其是表示分散之意的“八”与表示音义的“（丌）”，更表明了“其”的音义是来自两个不同的方言区域。这是一种异源词基因的复系词源，类似于生物基因的杂交基因。这是“其”复系词源的方言机制。据此，复系词基因可以区分为两类，如图 5-106 所示。

“同源复系词基因”是指来自同源系统的词基因的复合基因。

图 5-106 复系词基因分类图

（四）“其”系字的断代分期

1. “其”字及其“词根核音义位”的断代分期

“其”，甲骨文一、二、三、四、五期均出现，仅仅是一个象形字。但是任何文字都是记音与记义的统一体，甲骨文时期，“其”字的“簸散”义就产生了。

春秋时代，“其”的字形已经具备，“其”上的“八”已经出现，“其”下的“丌”已经具备，“其”的复系词源开始形成。

“其”下的“丌”一直到战国时还可以单独出现。这表明，“其”在春秋时代依然处于单系词源与复系词源并存的阶段。

到小篆时代，“其”的复系词源已经形成，进入稳定期，但是“丌”作为单系词源依然一直延续下来。[①]

“其”产生之后，作为“声母”（朱骏声术语，实际上是核形音义位）滋生出“簸散系”与“支撑系”两个分支核音义位子系统，其中，“其”的称代性外延义与称代性内涵义就是由“簸散”核音义位滋生出的。

2. “其”的语法类义的断代分期

（1）“其”的外延性第一人称称代性语法意义即语法类义，在西周文献《诗经》中就已经出现，阮元《经籍籑诂》：“《诗·羔裘》‘彼其之子’，《韩诗外传》作‘彼己之子’。”[②]

① 以上“其”的文字断代分期材料来自高明：《古文字类编》，北京：中华书局，1980，第 89 页.

② 谢纪锋：《虚词诂林》，哈尔滨：黑龙江人民出版社，1992，第 314 页.

（2）“其”的外延性第三人称称代性语法意义，在西周文献《礼记》中就已经出现，刘淇《助字辨略》：“《礼记·月令》：‘其日甲乙，其帝太皞，其神句芒。’其，指物辞也。”[①]“指物辞”即“他指”，这是外延性第三人称称代性语法意义的先驱。

3. “其”的内涵性第三人称称代性语法意义产生的时代

战国时，“其”的内涵性第三人称称代性语法意义就已经产生了，裴学海《古书虚字集释》指出：“其，指事之词也。（口语谓‘其’曰‘他’）《孟子·滕文》篇：‘他日归，则有馈其兄生鹅者。’字或作‘期’，（古字‘其’‘期’通用）。”[②]

“字或作‘期’，（古字‘其’‘期’通用）”，实际上这种文字“通用”现象可依据所记录的词的谱系音义与非谱系音义标准进行区分，如图 5-107 所示。

文字通用
- 同源通用（同源字词通用或同源词通用）
- 异源借用（同音字借用或近音字借用）

图 5-107　文字通用分类图

“同音字借用”或“近音字借用”不属于同源字词通用或同源词通用。“古音通假”的范围大概不出此。“其”“期”通用属于同源字词通用。

① 谢纪锋：《虚词诂林》，哈尔滨：黑龙江人民出版社，1992，第 314 页.

② 谢纪锋：《虚词诂林》，哈尔滨：黑龙江人民出版社，1992，第 318 页.

（五）“其”语法意义的复合性

关于古汉语的“其”，“其”语法类义的构成是一个二元集合（外延称代，内涵领属），这就是“其”兼具外延性第三人称称代语法意义与内涵性第三人称领属语法意义的机制。所有的人称代词（包括第一、第二、第三人称代词），都是“外延性称代”与“内涵性领属”的统一体，这是由于词（包括实词、虚词）均由外延义与内涵义所组成的机制决定的，据此，代词的语法类义与语法核义区分如图 5-108 所示。

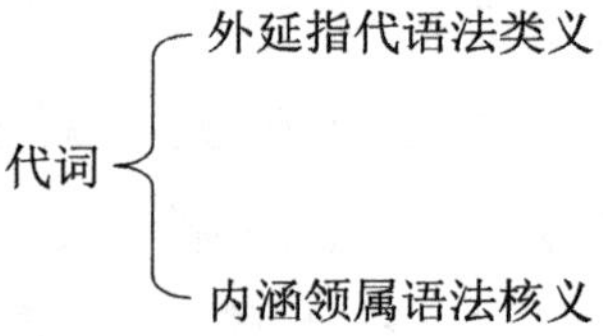

图 5-108　代词的语法类义与语法核义区分图

所有语种的代词的意义均是如此构成的，区分就在于有标记与无标记，即屈折形态表征、黏着形态表征，还是形式词形态（零屈折形态、零黏着形态）表征。

三、吐蕃藏语的属格助词“gji”的（核音义位，语法类音义位）的谱系性、汉藏语属格范畴的谱系性

（一）藏语“格助词”的范围与藏语的主格、宾格、属格“格范畴”

在藏语语言学界，传统“格助词”的范围比较宽泛，格桑居冕把藏语传统“格助词”区分为“属格助词”“具格助词”“la 类格助词”“从格助词”“呼格”五种[①]。胡坦把传统藏语

① 格桑居冕：《实用藏文文法》，成都：四川民族出版社，1987，目录第 1-4 页.

语法格助词分为“属格助词”“作格助词”“方位格助词”“从格助词”“比较格助词”五种[①]。胡坦的传统藏语语法格助词的内容与格桑居冕的不尽相同，例如格桑居冕的格助词包括“呼格”，但是胡坦就没有把它列入格助词的范围，这种不同术语造成的歧异不利于进行谱系比较。为了进行汉藏语的属格范畴谱系比较，有必要对汉藏语的格范畴以及属格范畴进行统一处理。

（二）藏语属格助词的五种变体及其屈折形态变化

格桑居冕说：属格助词有 gji，kji，gi，hi，i 五个变体形式。[②]在这五种形式中，不变的是韵部核音义“i/领属”，可变的是声纽类音义“gj-，kj-，g-，h-，o-”。因此，藏语属格助词自身具有声纽屈折形态变化的特征，但是其语法核音义在共时状态下是不变的。

（三）藏语“属格助词”的“物理句符列分布”与“属格函项”

藏语语言学家胡坦说：“虚词的位置，藏语虚词，数目有限，使用频繁，功能多样，但位置多为后置型的。它们附着在名、动等实词语后面表达各种语法关系和语法意义。例如：1.格助词/后置词 gi-（-gi）属格助词 blobzang-gi ama‘洛桑的母亲’。”[③]

---

① 胡坦：《藏语研究文论》，北京：中国藏学出版社，2002，第533页.

② 格桑居冕：《实用藏文文法》，成都：四川民族出版社，1987，第9页.

③ 胡坦：《藏语研究文论》，北京：中国藏学出版社，2002，第533页.

胡坦的这段文字准确地刻画了藏语“属格范畴”的物理分布特征：把“gi-（-gi）”[①]认定为“属格助词”，即表示“属格范畴”的属格词，其物理的线性句符列分布属于后置型，表示如下：

名词+“-gi”。[②]

至于“-gi”物理分布的语法意义，格桑居冕说：“定语是修饰名词的一种成分。属格助词用在名词、代词、名词性短语之后，构成属格助词结构，放在另一名词之前做定语，表示与中心词之间的修饰、领属和复指关系。相当于汉语的结构助词‘的’。其中属格助词可视为前置定语的结构标志（形容词、数词、形容词性短语修饰名词时，放在中心词后面做后置定语，其间不用格助词，故从略）。”[③]

可见，属格助词“gi-（-gi）”的结构可表示为如下集合形式：

“gi-（-gi）”=（指称或称代对象，领属）

还可以表示为如下函项结构：

“gi-（-gi）”=属格（领属位）

可见，古汉语的“其”与藏语的“gi-（-gi）”，二者的语法类义不同，一为第三人称属格代词，一为属格内涵性标记，但是，二者具有相同的函项结构，即均为“格函项”。而且二者均有“属格（领属）”的语法核义，这是保障二者均有逻辑谱系性的条件。

---

① 胡坦的属格助词音系是按照拉萨话得出的。

② “+”表示线性物理排列。

③ 格桑居冕：《实用藏文文法》，成都：四川民族出版社，1987，第 11 页.

（四）藏语的“gji”属格助词与古汉语的“其”的“领属”函项

藏语的“gji”属格助词与古汉语的“其”的“领属”函项，可以表示如下：

“gji”=领属（外延性指称语法类义）

“其”=领属（外延性第三人称代词语法类义）

可见，关于藏语的“gji”与古汉语的“其”，二者的语法核义具有对应关系，但是二者的语法类义均为外延词，藏语“gji”的外延性指称语法类义包括名词与外延代词，“其”的语法类义仅仅为外延性第三人称代词语法类义。这是古汉语与藏语在语法类义上的变异演化。

（五）从古汉语“其[群之 gǐ]/属格”系词与吐蕃藏语“gji/属格”系词逆推求原始汉藏语的属格范畴

原始汉藏语的属格范畴可以从分支语种古汉语、吐蕃藏语出发进行逆推求，如图 5-109 所示。

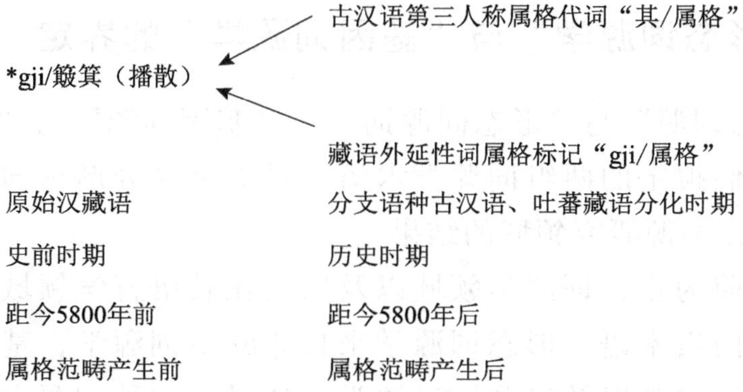

图 5-109　原始汉藏语及其分支语种“属格范畴”演化图

原始汉藏语的“*gji/播散”词汇词核音义[gi/播散]遗传给了

古汉语，并一直保存至今，但是并没有遗传给吐蕃藏语。这表明，古汉语与吐蕃藏语开始分化之时，原始汉藏语的“*gji/播散”词汇词核音义已经进入了“*gi/领属”语法词核音义时代，即进入了分支语种古汉语与吐蕃藏语分化的时代。这个分化时代在距今 5800—5000 年。可以说，“*gi/领属”语法词核音义的产生，也是原始汉藏语分化的一个标志与分水岭。

“*gji/播散”词汇词核音义分化出“*gi/领属”语法词核音义，这一核音义的分化，制约着语法词类音义分化的方向，可见，语义、语音、语法的演化都来自核音义的制约与驱动。

综上，古汉语的“其/属格”系词与吐蕃藏语的“gji/属格”系词具有谱系性。

要指出一点，汉藏语同源能追溯到历史的或现实的“音义格局”的“音义”谱系阶段，但是原始汉藏语可以追溯到重建的“音姿/意识”阶段。

第六节　形态词源与基因词源、形态同源词与基因同源词

一、“形态词源学”与“基因词源学”的界定

“形态词源”与“形态同源词”、“基因词源”与“基因同源词”是我们拟定的两组词源学术语，目的是区分形态词源学与基因词源学在词源研究领域的结果。

到目前为止，词源学领域以及历史比较语言学领域尚未见有人提出这两组术语。形态词源学来自印欧语词源学，基因词源学来自汉语词源学以及汉藏语词源学，通过这两种词源学路径所取得的研究结果尚未见有人进行分析比较，孰是孰非、优劣长短，并没有清楚的认识。这里提出这两对术语，目的在于分析形态词

源学与基因词源学研究结果的异同，取长补短，肯定真理，辨析谬误，以便推进词源学的演进与发展。

关于“形态词源”与“形态同源词”、“基因词源”与“基因同源词”的区分，前者是形态词源学的术语，后者是基因词源学的术语。形态词源与基因词源究竟有何不同？

二、形态词源学与基因词源学的价值

形态词源学与基因词源学的价值这一问题很重要，汉藏语系的同源词基本上都是借助于形态词源学加以辨析的，尽管汉藏语系中的上古汉语、苗瑶壮侗语缺乏形态。如果不解决这一问题，这些辨析出的同源词的可靠性就难以确定，汉藏语系的成立与否就是一个问题。

第七节 汉藏语的同源语法范畴（语法范畴音义谱系）及其考证

我们在上面讨论了“同源形态”（词形态音义谱系）问题，该问题包括形态的屈折、黏着以及形式词的性质，下面将讨论同源语法范畴（语法范畴音义谱系）的系统协同性质，将语法范畴作为一个互为协调的协作体系，从而把汉藏语的语法范畴置于一个同源系统之中。

一、“语法范畴”的界定

“语法范畴”就是“词”（“词汇词”即具有词汇意义的词，不是指“形式词”或“语法词”即具有语法意义的词）用来表示“态”“时”“体”“式”（这些语法范畴一般与动词、形容词等谓词有关）“格”“人称”（这些语法范畴一般与代词有关）“数”（该语法范畴一般与代词、名词有关）等这些语法意义的语法形式（语音形式）。语法范畴是由语法意义与语法形式所组成的，是一种语音形式与其所表示的内容——语法意义组合而成的音义结合体。

词根音义与形态音义相关，语法范畴也与形态音义相关，因此本节也会涉及形态音义，因为形态系联系词根与语法范畴的枢纽；不过本节系以语法范畴为立足点与讨论重点，尤其是以语法范畴的比较系统的理论阐释与汉藏语“使动态”语法范畴的同源论证作为主要内容。

汉藏语“使动态”语法范畴属于一重符号即内涵词领域的语法范畴，这与汉藏语的“否定式范畴”、“属格范畴”分别属于否定副词、代词二重符号范畴是不同的。

二、语法范畴的载体——“词”及其分类

语法范畴的载体是“词”，但不是词汇中所有的词都可以充当语法范畴的载体。首先要按照词汇意义与语法意义对词进行区分，如图 5-110 所示。

词 ┌ 具有词汇意义的词（词汇词，即三维词）
　 └ 具有语法意义的词（语法词，即三维词）

图 5-110　词的词汇意义与语法意义分类图

关于一种语言的词汇，其“意义”可以区分为“词汇意义”与“语法意义”，词汇意义就是指词的内涵义与外延义，是指向语言符号以外的世界，具有词汇意义的词叫作“词汇词”，也叫作“三维词汇词”，其构造如下：

词汇词=（词音，词内涵义，词外延义）

“语法意义”可以区分为语法范畴的语法意义，即态、时、体、式、格、人称、数等所表达的相关意义与形式词所表达的联结、介绍等非词汇意义，因此，语法意义有语法范畴的语法意义与形式词的语法意义。具有语法意义的形式词，叫作“语法词”，也叫作“三维语法词”，其构造如下：

语法词=（词音，语法核义，语法类义）

对词的这种词汇意义与语法意义的分类，有助于解释语法范畴及其形态变化的功能。

根据以上分析，语言的意义可以表示为如图 5-111 所示的类型。

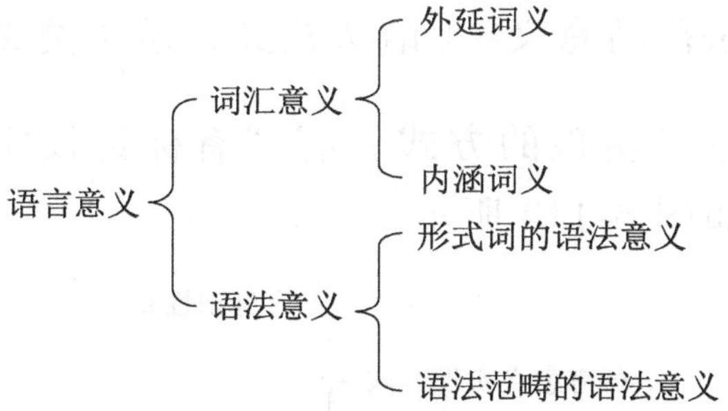

图 5-111　语言意义分类图

从图 5-111 可以看出，语言的意义非常复杂，“词汇意义”的“外延词义”的功能是表征指称对象，系指向世界的；“内涵词义”的功能是表征人的心智认知意义（行为、性状意义），即心智对世界的建构性分类意义。

“二维语义学”就是由词的外延词义与内涵词义所组成的，表示如下：

词汇词=（外延词义，内涵词义）

可以看出，如果词汇词在孤立条件下，其意义是二维构造；如果把形式（词音）与意义综合考虑，则是三维构造。

“二维语义学”也包括语法意义，是对“词汇词”的“符号赋值”意义，表示如下：

语法词=（语法核义，语法类义）

“形式词”的语法意义是语符列之间的运算所产生的意义，可表示如下：

形式词=（语法核义，语法类义）

语法范畴的语法意义是对词汇词各自赋值的意义，有态赋值意义、时赋值意义、体赋值意义、式赋值意义、格赋值意义、人称赋值意义、数赋值意义等，可以统一表示如下：

语法范畴意义=（语法核义，语法类义）

至于语言意义实现的方式，有“有标记性实现”与“无标记性实现”，如图 5-112 所示。

语言意义实现方式
- 有标记性实现
- 无标记性实现

图 5-112　语言意义实现方式分类图

“有标记性实现”的词叫作“形态词”，以形态词为主的语言叫作形态语言；“无标记性实现”（零标记性实现）的词叫作“无形态词”，或零标记词，或词根词，以无形态词为主的语言叫作无形态语言或形态贫乏的语言。

如果以标记为标准，语言标记的区分如图 5-113 所示。

语言标记
- 有标记
- 零标记

图 5-113　语言标记分类图

依据以上对标记的分类，按照标记的统一标准对语种加以统一处理。

关于词汇意义、语法意义，以形式词表征语法意义是自然语言的语义类型学特征，是任何语言都有的。不同的是，有的语言以词形式表征词汇意义与语法范畴的语法意义，例如汉语；有的语言以词形态标记表征词汇意义与语法范畴的语法意义，例如英语。

以词形式表征词汇意义的语言，是依靠句境来区分词外延义与词内涵义的，是依靠语法词来表征、区分词汇词的语法范畴的语法意义的。

三、语种谱系关系的分布、类型及其求证途径

（一）“自然语言语种谱系性”的界定

自然语言语种谱系性是指分支语种来自“祖语”，其音义及其音义组合具有遗传性。语种谱系性一定是指语种的音义及其组合关系，这也叫作“语言基因”。因为自然语言的词是音义结合的初始单位，所以音义及其组合也叫作“词基因”。考辨词基因，是求证语言谱系关系的基本手段。关于词基因的一般理论，本书在第一部分“形式词源学”对其进行了分析；本书对分支语种古汉语、吐蕃藏语词基因的考辨主要放在第二部分“汉藏语词源学”中进行，本部分仅仅在有必要时予以涉及。

词基因的构造可以表达为二维空间形式：

词基因=（词核音义，词类音义）

这是词基因的基本构造，也叫作“词基因的通用构造”。古汉语、吐蕃藏语的词基因同样遵循这一法则。

（二）语言基因的分布或语言谱系性的分布

自然语言中，凡是音义结合的词单位（包括词汇词、形式

词）、词形态标记、语法范畴、句法位，都体现出语言音义的谱系性。因此，语言音义谱系性按照其分布可以区分为如图 5-114 所示的类型。

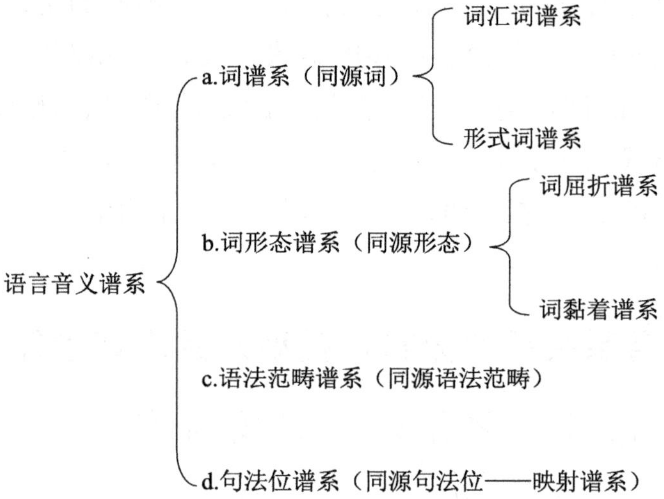

图 5-114　语言音义谱系分布分类图

从图 5-114 可以看出，a、b、c、d 四项之中，a、b、c 三项属于“音义符号本体谱系”，d 属于“音义符号本体的映射谱系”。所谓“音义符号本体谱系”，就是指音义符号自身所构成的谱系关系；所谓“音义符号本体的映射谱系”，是指由音义符号映射而成的，以区别于音义符号直接构成的谱系关系。句法位属于类型学范畴，凡是人类语言均有，谱系性属于语种之间的遗传音义关系，只有充当外延词（位于外延句法位）、内涵词（位于内涵句法位）的词汇词的音义被证实具有谱系关系时，才可以证实该语种的句法位具有映射谱系性。况且，句法位的音义谱系是附丽于相应的词汇词的，其谱系性永远是相应词汇词的谱系性的附庸，不像相应词汇词的谱系性具有独立性。

因此，句法位的映射谱系性是语言谱系性的辅助证据、间接证据，不是语言谱系性的直接证据。如果单纯依靠句法位的关系即映射谱系性来证明语种谱系性，只能得到一些类型学的结果而非谱系性的结果。

（三）“语言谱系”之间的谱系联系

语言的同源词（词根核音义基因）、同源形态（核音义基因）、同源语法范畴（核音义基因）三者之间，会构成谱系之间的谱系联系。因为这三种直接谱系关系都具有共同的核音义基因，三者之间的谱系关系是统一的。川西民族小语种（羌语支语种）的动词有趋向范畴与方位词，二者之间具有音义谱系关系。

（四）语言谱系关系求证的途径

语言谱系关系的求证，有三种直接渠道，即求证同源词（见本书第一部分“形式词源学”、第二部分“汉藏语词源学”）、同源形态与同源语法范畴（见本书第三部分“汉藏语历史分析语法”第五章）；有一种间接渠道，即求证映射同源句法位（见本书第三部分“汉藏语历史分析语法”第六章）。

四、语法范畴的逻辑属性分类与赋值运算

（一）语法范畴的逻辑属性分类

语法范畴的载体是具有词汇意义的词，即“词汇词”。如果按照词汇意义的内涵意义与外延意义进行区分，语法范畴可以区分为“内涵性语法范畴”与“外延性语法范畴”，如图 5-115 所示。

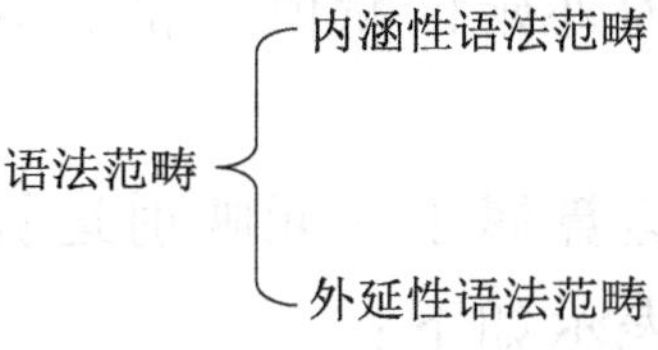

图 5-115　语法范畴的逻辑属性分类图

“内涵性语法范畴”是指以内涵词（动词、形容词）为载体的语法范畴，态、时、体、人称、数、式等均属于内涵性语法范畴；“外延性语法范畴”是指以外延词（名词、人称代词）为载体的语法范畴，格、人称、数等均属于外延性语法范畴。

要指出的是，人称范畴、数范畴可以分布于内涵词上，也可以分布于外延词上，即是说，有的语法范畴的逻辑属性是取决于其所分布的载体词的逻辑属性的。有的语法范畴的逻辑属性，例如态范畴、时范畴、体范畴等，是取决于语法范畴自身的逻辑属性的。如此，语法范畴逻辑属性的来源区分如图 5-116 所示。

语法范畴逻辑属性的来源
- 自属性
- 自-他混合属性
- 他属性

图 5-116　语法范畴逻辑属性的来源分类图

像“数范畴”的逻辑属性，就比较复杂，当以外延词“人称代词”为载体词，其语法意义域一般是（单数，双数，复数），当以英语 be 动词为载体词，其语法意义域是（单数 is，复数 are），可见，数范畴就是一个“自-他混合属性”语法范畴。

估计语种不同，语法范畴的逻辑属性来源也有所不同。

（二）语法范畴的赋值运算

对语法范畴的这种逻辑属性进行区分，可以显示语法范畴的性质与功能，即语法范畴一是为内涵词赋值（态、时、体、式、数、人称等），一是为外延词赋值（格、人称、数等），其作用是表达语法意义。

语法范畴的赋值运算属于一元映射运算，表示如下。

（1）赋外延值，表示如下：

外延语法意义=外延性语法范畴（外延词）

例如“格”范畴运算：施为者=主格（外延词）。其他外延性赋值运算以此类推。

（2）赋内涵值，表示如下：

内涵语法意义=内涵性语法范畴（内涵词）

例如“态”（互动态）范畴运算：互相施为=互动态（内涵词）。其他内涵性赋值运算以此类推。

如此讲来，在“语法范畴运算”中，词汇词充当自变元，语法范畴充当函项关系，“语法范畴（词汇词）”整体表示依变元。

语法范畴的赋值有外延值与内涵值之分，这构成了语法范畴的值域（外延值，内涵值）。本小节集中阐释关于语法范畴的逻辑属性与语法范畴赋值的抽象理论，之所以如此，是因为理论分析富有推导性，在某一部分进行集中推导，更易于获得对理论的透彻理解，更易于获得对事实的清晰认识。如果采取一边理论一边事实的二结合策略，需要事先对理论有成熟的思考，但是这不符合本书的探索性性质。至于实例分析，散见于本书内有关部分，此不赘。

五、语法范畴表示“词汇词”之间的语法意义照应关系——“语法范畴照应运算”羡余现象

语法范畴除了给“词汇词”（外延词、内涵词）赋值（外延值、内涵值）以外，还表示词汇词之间具有语法范畴的照应关系。例如英语的 be 动词，当外延词第三人称作主语用“数”范畴表示单数复数之分时，be 动词也有相应单数 is 或复数 are 形式，即动词 be 也进行“数”范畴运算。这可以被称为“语法范畴照应运算”。这在语言表达上属于“羡余”现象。

汉语外延词作主语，也有“数”范畴运算，例如：“他来了。”“他们来了。”外延词“他”的数范畴是零标记（他=单

数（他）），外延词“他们”的数范畴是形式词“们”标记（他们=们（他）），但是相应的内涵词动词“来”没有单数、复数之分，没有数范畴照应，即汉语内涵词动词“来”没有“语法范畴照应运算”，没有羡余现象。

汉语内涵词动词“来”没有单数、复数词形式变化，也没有单数、复数形式词来表示，“来”可以与单数外延词主语、复数外延词主语相配，即内涵词“来”的外延词义既可以是单数也可以是复数，表示如下：

“来”外延词=（单数外延词，复数外延词）

这就是汉语内涵词动词“来”没有数范畴标记但是却可以与单数外延词主语、复数外延词主语相配的深层机制——“来”具有单复数外延词域，表示如下：

（单数，复数）。

作为词根语，汉语内涵词动词“来”没有数范畴标记，即其数范畴属于零标记，也可以称之为“默认值”。

语法范畴的表层范畴照应运算，有的语言有，有的语言没有，该运算不具有普遍性，这是一种语法范畴的形式羡余现象。

六、语法范畴的深层普遍性

不管具不具备语法范畴的照应运算，自然语言都可以表示“数范畴”，有的属于表层形式数范畴，有的属于深层语义数范畴。据此，语法范畴的区分如图 5-117 所示。

语法范畴
- 有标记语法范畴（表层语法范畴）
- 无标记语法范畴（深层语法范畴）

图 5-117　语法范畴分类图

有了这种语法范畴的新理解，就可以解释语法范畴的有无，以及不同语种语法范畴的对比关系了，因为从数学上讲，不是同类项不能比，有了这种语法范畴的新理解，就可以做到同类项相比了，可以把有标记语法范畴与无标记语法范畴作统一处理，把“有标记语法范畴”视为“表层语法范畴”，“无标记语法范畴”视为“深层语法范畴”。

这种对语法范畴的新解释也符合语言事实的实际情况，做到了理论切合事实。

七、语法范畴的类型学性质与谱系关系

（一）自然语言句法的三层次复合运算（逻辑句法分析法）

语法范畴是自然语言符号体系所具有的类型学特征，自然语言就是一个复合运算系统，其句法运算可以分为三个层次的子运算，表示如下：

（1）“内涵词（外延词）”运算（主干运算）。

（2）“附加内涵词（中心外延词）”运算（附加运算）。

（3）“主干内涵词态=态范畴（内涵词）”运算（范畴运算，以态范畴为例）；“主干外延词数=数范畴（外延词）”运算（范畴运算，以数范畴为例）。

可以看出，语言的句法运算包括三个层次的子运算，即主干运算、附加运算、语法范畴运算。

这种句法运算的三层次解释是分解的结果，在实际的句法运算中，三个层次的运算是融合为一体的，如图 5-118 所示。

态范畴（内涵词（附加内涵词（数范畴（外延词））））

图 5-118　句法运算通用逻辑表达式图

以上是句法运算的通用逻辑表达式，其不受语种的限制，系按照逻辑表达式给出的直观图，其中蕴含的是逻辑表达式的内在

理据："内涵词（外延词）"构成主干运算，"附加内涵词（外延词）"构成附加运算，"态范畴（内涵词）"与"数范畴（外延词）"构成范畴运算。

本书在汉藏语历史分析语法中贯彻了这一通用的句法运算的逻辑表达式。这一句法运算的逻辑表达式同时也是句法位映射同源求证的基本框架。该句法运算的逻辑表达式属于逻辑谱系的范畴，这是由人类语言普适谱系性所决定的，要证明分支语种例如古汉语与吐蕃藏语的语种谱系性，需要在该逻辑谱系性的基础上赋值以古汉语、吐蕃藏语的音义谱系关系即可。

这是就句法运算之内而言的，如果连上"联结词"运算，仅仅增加了句法运算式的长度，不增加其运算的复杂度。

如果这一逻辑表达式作为句法分析法则或方法来使用，则属于逻辑句法分析法法则，可以适合各语种的理论句法分析，也可以应用于母语习得或二语习得的应用句法分析。

要补充一点，逻辑句法分析与经验语法并不矛盾，也不是对经验语法的否定，而是对经验语法优良传统的继承与发展以及形式化提升。马建忠《马氏文通》对句法理据的阐释极为深刻，与本逻辑句法分析具有内在理据的通约性。本书中句法运算的三层次理论深受其精神影响。该句法运算理论（也是句法分析法）体现出传统语法中心词分析法与结构主义语法层次分析法的优点与长处，直观地、较好地体现出自然语言符号句法运算的递归性与层次性。

（二）形态标记的分布与语法范畴的类型学共性

形态标记可以分布在"主干运算""附加运算""语法范畴运算"三个层次上。标记可以是词根内部屈折、词根前后附加词缀，词根前或后增加形式词。

任何语法范畴都是语法形式（零形式与标记形式，或有标记形式与无标记形式）与语法意义所组成的音义合一体。语法范畴的逻辑类型在各语种中完全一致，即其功能都可以区分为外延性语法范畴与内涵性语法范畴。语法范畴的运算在各语种中都完全一样，均属于类型学共性现象。

（三）祖语与分支语种语法范畴的谱系性

语法范畴又都是由各语种的“音义”要素构成其形式与内容，从而与其语法意义相组合而形成的，因此，在同一祖语下的分支语种，其语法范畴又具有谱系性，即音义的发生学关系。

要指出一点，语言符号就是类型学与谱系性的统一体，二者互相缠绕。类型学是指各语种之间的共性特征，谱系性是指具有发生学关系的语种之间具有音义来源关系。亲属语言之间一定具有类型学共性特征，但是具有类型学共性特征的各语种之间不一定具有谱系性，因为谱系性是由语种之间的音义亲缘关系所决定的。

自然语言是人的生物机能，无论是类型学共性特征，还是谱系性，都是人类自然语言符号的生物机能。如此说来，类型学也是发生学的，不过该发生学的共性特征不一定具有谱系关系。只有具有语种音义谱系关系的类型学共性特征，才是具有亲缘关系的类型学特征，这种关系可以进行表征，如图 5-119 所示。

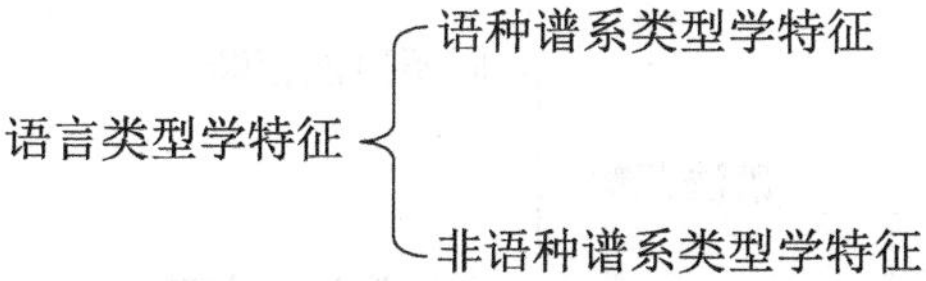

图 5-119　语言类型学特征分类图

可以看出，只有“语种谱系类型学特征”才可以作为语种谱系关系的依据。泛泛地谈论人类语言的类型学特征（非语种谱系类型学特征），是不可以作为语种谱系关系的依据的。在目前的语言学界，把人类语言的类型学特征作为语种谱系关系看待的不在少数，这是一个语种谱系关系与语言类型关系认识上的误区。

八、汉藏语语法范畴的类型

汉藏语的语法范畴可以区分为“形态音位”与“非形态音位”两大类，形态音位又可以区分为“单声纽形态音位”与“复声纽形态音位”，如图 5-120 所示。

图 5-120　汉藏语语法范畴分类图

“复声纽形态音位”有“前缀复声纽形态音位”与“后缀复声纽形态音位”之分。“单声纽形态音位”有“清浊交替声纽形态音位”与“送气不送气交替声纽形态音位”之分。

九、语法范畴同源的判定标准

语法范畴可以依据谱系性区分为“同源语法范畴”与“非同源语法范畴”两类，如图 5-121 所示。

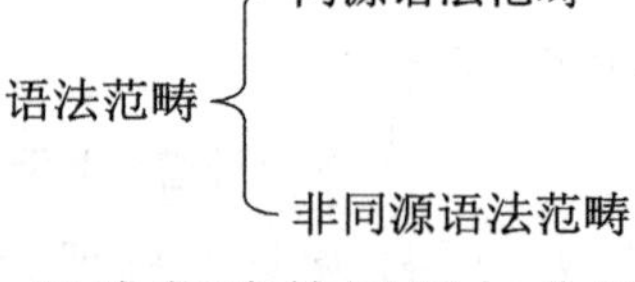

图 5-121　语法范畴的同源与非同源分类图

“同源语法范畴”就是指语音形式与其意义内容之间具有谱系关系的语法范畴。因此，判断不同语种之间语法范畴的语音形式与其意义内容之间具有谱系关系，就成为同源语法范畴的判定标准。

十、汉藏语“使动态”态范畴的同源考辨

（一）“使动态”态范畴意义的逻辑来源、分类，“使动核音义”

“使动态”态范畴简称为“使动态”范畴，其逻辑属性属于“内涵语法范畴”，简称为“内涵范畴”，使动态范畴的载体为“动词”即内涵词，内涵词可以与施为者或受为者或施为者兼受为者组合，如图 5-122 所示。

使动态范畴组合对象
- 施为者（主格）
- 受为者（宾格）
- 施为者兼受为者（主格兼宾格）

图 5-122　使动态范畴组合对象分类图

格范畴的本质在于分布即马建忠的“次”。“主格兼宾格”属于“兼格”。

使动态范畴意义的逻辑来源主要有两类，一类是来自内涵词自身的使动意义，另一类是来自对外延词赋值以使动义，如图 5-123 所示。

使动态范畴意义
- 内涵词使动义
  - 复辅音内涵使动义分化
  - 单辅音赋值以内涵使动义
- 外延词赋值以使动义

图 5-123　“使动态”范畴意义的逻辑来源分类图

可见，使动态范畴的意义，在本质上是一种逻辑谱系性意义，即使两种语种没有音义谱系关系，也有具有逻辑谱系关系的使动态范畴意义。因此，单靠使动态范畴的使动意义是证明不了跨语种之间的使动态范畴的音义谱系性的，只有证明了跨语种之间使动态范畴的“使动核音义”具有对应关系，才可以证明跨语

种之间的使动态范畴具有谱系性。据此，使动态意义的区分如图 5-124 所示。

使动态意义
- 逻辑谱系性使动态意义
- 音义谱系性使动态意义

图 5-124　使动态意义的逻辑与音义谱系性分类图

可见，古汉语与吐蕃藏语使动态范畴的谱系性考辨与论证，就是确定古汉语与吐蕃藏语的使动态范畴的音义谱系性。

“使动核音义”就是具有“致使性”的核音义。据此，核音义可以区分为两类，如图 5-125 所示。

核音义
- 使动核音义（驱动核音义）
- 非使动核音义（自动核音义）

图 5-125　核音义的驱动与自动分类图

使动核音义的对应关系是确定使动态范畴谱系性的唯一标准。

（二）使动态范畴核音义的赋值形式

使动态范畴核音义的赋值形式可以作如图 5-126 所示的区分。

使动态范畴核音义赋值形式
- 词根核音义赋值
- 形态核音义赋值

图 5-126　使动态范畴核音义的赋值形式分类图

关于“词根核音义赋值”，例如，古汉语使动态范畴核音义的赋值主要就是这种形式的赋值，因为古汉语属于词根语，其词根语属性制约着使动态范畴核音义的赋值形式。关于“形态核音义赋值”，例如，古藏语、现代藏语（如拉萨话）使动态范畴核音义的赋值形式主要是前置辅音置换为“s-”从而获得“s-/致使”形态核音义。

要补充一点，使动态范畴核音义的谱系性与其赋值形式没有关系，其谱系性完全取决于“使动核音义”的对应关系，即古汉语使动态范畴的词根使动核音义可以与古藏语使动态范畴的形态使动核音义构成谱系性。如此看来，使动态范畴核音义的谱系性类型的区分如图 5-127 所示。

使动态范畴核音义谱系
- a.词根使动核音义 ⟶ 词根使动核音义
- b.词根使动核音义 ⟶ 形态使动核音义
- c.形态使动核音义 ⟶ 形态使动核音义

图 5-127　使动态范畴核音义的谱系性分类图

a、c 属于同类赋值形式对应谱系，b 类属于异类赋值形式对应谱系。古汉语与古藏语的使动态范畴核音义属于异类赋值形式对应谱系，这是由各个分支语种内部演化机制所决定的。

（三）古汉语使动态范畴词根使动核音义的谱系考辨与论证

1. “使动”态范畴

“使动”属于“态范畴”，此外，态范畴还有“被动态”“互动态”等范畴，按照理论划分，态范畴的区分如图 5-128 所示。

这里仅就古汉语的使动态范畴与吐蕃藏语的使动态范畴的谱系性进行考辨与论证。余暂不赘言。

态范畴的机制取决于“态行为”的性质及“态行为者”的性质（主格、宾格、主格兼宾格）。

a.态范畴
- 自动态
- 使动态

b.态范畴
- 主动态
- 被动态

c.态范畴
- 互动态
- 单动态

图 5-128　态范畴分类图

2. “使动”的核义性质与类义范围

“使动”属于内涵意义范畴，即表达使动意义的“使动词”是动词的一个子类，是属于“内涵词”的范畴。使动就是指，施为者促使、教使、命令受为者做某事，因此，使动的类义范围就是指“受为者做某事”，可见，使动的类义是一个“行为函项”，而不是一个单立的外延对象。据此，类义的区分如图 5-129 所示。

类义
- 单立的外延对象（外延词）
- 行为函项

图 5-129　类义分类图

可见，“类义”即逻辑上概念的外延，可以区分为“外延词”与“行为函项”两类。

3. “使动”的经验结构与逻辑表征

“使动”的经验结构可以用自然语言刻画如下：“施为者”使“受为者”做“某事”。

以上“使动”的经验结构还可以表示为下列逻辑表达式：

“施为者”使“受为者”做“某事”=使（施为者，做（受为者，某事））

可以看出，在使动结构（包括经验结构与逻辑结构）中，其组成有三个外延词即“施为者”“受为者”“某事”、两个内涵词“使动”“非使动”，以及两个行为函项及其嵌套结构。这就是说，使动态范畴是一个复杂的函项结构，例如“使动句”——司令员命令士兵杀敌人，可以写成下列嵌套函项式：

命令（司令员，杀（士兵，敌人））

（四）古汉语使动态范畴的类型——历史时期古汉语使动态范畴与史前时期古汉语使动态范畴

1. 历史时期古汉语使动态范畴

历史时期古汉语使动态范畴主要有如下几种类型。

1）古汉语及物动词自身具有使动核音义

原始汉语的“使动核音义”可以分化为历史时期的“使动词支系”——“命”“令”“使”，原始汉语复辅音使动核音义分化为单辅音使动核音义。古汉语、吐蕃藏语使动态范畴的谱系性主要集中在此类使动态范畴之上。分化过程如图5-130所示。

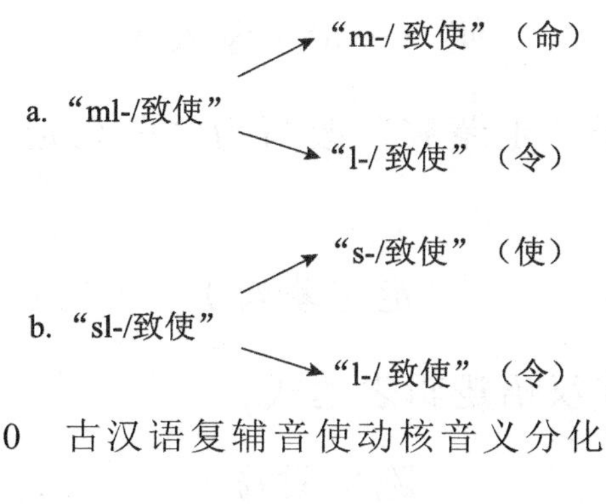

图5-130　古汉语复辅音使动核音义分化分类图

以上“ml-/致使”“sl-/致使”复辅音使动核音义可以分化为“命 m-”“令 l-”“使 s-”三个内涵使动词的核音义。“命”“令”“使”三个古汉语使动词的使动态范畴具有谱系性，其使动核音义的对应关系如图 5-131 所示。

使动核音义	使动类义
耕部致使（命）	m-/行为函项
↓	↓
耕部致使（令）	l-/行为函项
↓	↓
之部致使（使）	s-/行为函项

图 5-131　古汉语使动词“命”“令”“使”词根使动核音义对应图

注：“使 s-”的声纽拟定为/s/，系出于汉语、藏语的“使动核音义”的语种事实。从韵部考虑，命、令均为耕部，属于韵部核音义谱系字，二者的谱系性更为近一些。可见，无论是从古汉语的分化来看还是从使动词的词根使动核音义的对应关系来看，命、令、使三个使动词均具有谱系性。

2）古汉语不及物动词与形容词赋值以使动核音义

此类使动态范畴的自源类型性质比较强，古汉语、吐蕃藏语的使动态范畴在此类词上分布微乎其微。

例如：《史记·魏公子列传》中“走蒙骜”。该使动句的文言逻辑表达式如下：

走（蒙骜）

可以写为现代汉语逻辑表达式：

使……走（蒙骜）

如果文言句子“走蒙骜”改写为“蒙骜走”，其文言逻辑表达式如下：

走（蒙骜）

可以写为现代汉语逻辑表达式：

跑（蒙骜）

可见，文言不及物动词“走”的使动核义赋值机制的出现是由于外延词（蒙骜）后置于内涵词（走）。据此，内涵词“走”具有两个内涵词义：其一，跑（施为者），条件：施为者居于主格。其二，使……跑（受为者兼施为者），条件：受为者居于宾格兼主格。

可见，文言不及物动词赋值以使动核义，其关键在于外延词（名词）作为“受为者”出现——作为“宾格-主格”出现，即一方面蒙骜是宾格；另一方面蒙骜又是主格。

从文言词“走”的核义来看，“走”作为不及物动词出现时仅仅有一个核义，这一核义可以被称为“单核义”；但是作为及物动词出现时，就有两个核义，即“使……跑”，这叫作“复核义”，据此，文言词“走”核义的区分如图 5-132 所示。

走 ┌ 跑（单核义）
　 └ 使……跑（复核义）

图 5-132　文言词“走”核义分类图

如果从文言词“走”的逻辑性质来看，“走”包含两个行为函项：其一，跑（施为者）；其二，使……跑（受为者-施为者）。

3）古汉语外延词（名词）赋值以使动核音义（此类也可以归入史前时期）

古汉语与吐蕃藏语使动态范畴的谱系性在此类词上分布微乎其微，此类使动态范畴基本上是自源性的类型成分。例如：《史记·淮阴侯列传》中“推食食我”。其逻辑表达式如下：

推（食 d-）食 sj-（我）

“食 sj-”被赋值以使动核音义“sj-/致使”，是出于外延词（代词“我”）居于宾格即受事格这一原因，当且仅当如此。这是由使动核音义的逻辑机制所决定的。

这里“古汉语外延词（名词）赋值以使动核音义”的提法，

是建立在词相变换理论之上的，既不同于词类活用的提法又不同于词的兼类提法。

2. 史前时期古汉语的使动态范畴

史前时期古汉语的使动态范畴有以下几种。

1）原始汉语“使动核音义”的重建

原始汉语复辅音使动核音义分化为单辅音使动核音义。古汉语、吐蕃藏语使动态范畴的谱系性主要集中在此类使动态范畴之上，如图 5-133 所示。

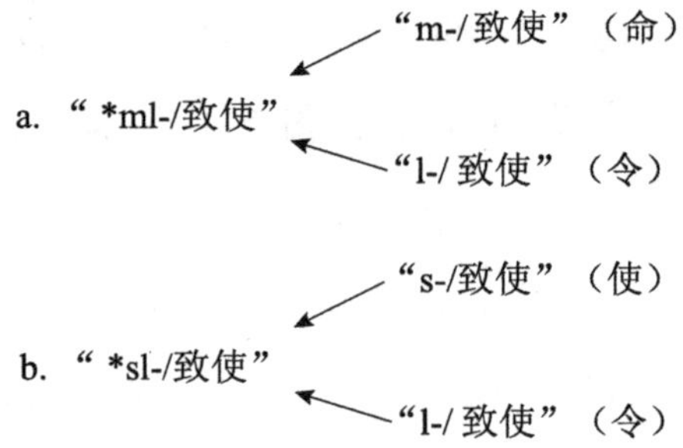

图 5-133　原始汉语复辅音使动核音义逆推求图

以上原始汉语“*ml-/致使”“*sl-/致使”复辅音使动核音义的重建，是依据历史时期古汉语“命 m-”“令 l-”“使 s-”三个内涵使动词的使动核音义加以谱系逆推求而获得的，这里省略了逆推求的过程，逆推求的理据在有关部分已有论述，此不赘。

2）原始汉语的“构成式使动词”（形态音义使动词）、原始汉语的形态与历史时期汉语四声的谱系演化关系

关于历史时期汉语的四声，《诗经》时代属于声调的萌芽时期，隋代《切韵》时代属于四声的成型时期。

前边所谈的基本上是古汉语“词根音义使动词”，这里拟讨论原始汉语的“形态音义使动词”，汉学家雅洪托夫称之为“构成式使动词”，雅洪托夫说：“在汉语的历史上，还存在过一个远古（前文字）时期，上述情况多半不为这个时期的汉语所有。

在远古汉语中，还存在另外一种大约更为古老的表示使动的方式，这就是‘构成式使动词’，这种使动词是借助于形态手段或语音交替构成的，使动词作为历史的遗迹保留了下来。使动词与相应的非使动词可以使用以下手段中的一种来加以区分：有后缀-s，或者有介音-j-，或者是浊送气音与浊或清的不送气音交替。这种构词手段给人一种无秩序的印象。”[①]

雅洪托夫这里所说的“构成式使动词”，亦即“形态音义使动词”，大量产生于原始汉语时期，亦即原始汉语无声调时期。在原始汉语无声调时期，别义的声调尚未产生，但是作为音段的超音段成分由于其物理属性而客观存在，后世的声调是以“固定音高”的形式黏附于音段之上的，一旦音段开始简化（多音节简化为单音节，繁复音节简化为简单音节），形态便开始解体，形态音义便开始被四声音义所取代。在声调产生之后，“形态音义使动词”便被“四声别义使动词”取代。

这表明，原始汉语的“形态”（“后缀-s”“介音-j-”“浊送气音与浊或清的不送气音交替”，此外还包括“前缀（前置辅音）s-”）与“四声”有着谱系性的因果关系，即四声是原始汉语形态简化、解体、消失的产物。

在上文，提起过使动态范畴核音义可以区分为“词根使动核音义”与“形态使动核音义”，其实二者不是对立的类型，而是互为交叉的，是从不同的标准加以区分的。

（五）吐蕃藏语使动态范畴形态音义的谱系考辨

1. 古汉语与藏语使动态范畴的“音义分布形式”

格桑居冕说：“就藏语来说，不论书面语还是口语方言，屈

① ［苏］谢·叶·雅洪托夫：《汉语史论集》，唐作藩，胡双宝选编，北京：北京大学出版社，1986，第 112-113 页.

折形式的使动范畴主要是通过声母辅音的交替来表示的，韵母除个别外，一般很少变化。”①

古藏语（以书面语为代表）使动态范畴主要表现为“词缀s-”，现代藏语例如拉萨话使动态范畴主要表现为声韵调的屈折变化，因此，对于藏语使动态范畴主要讨论其声纽形态音义（包括词缀形态音义与屈折形态音义）。这与古汉语使动态范畴的主要讨论对象（词根音义）有所不同。当然，古汉语使动态范畴的词根音义与藏语使动态范畴的形态音义也具有谱系性，只是谱系成分的分布形式不同罢了。

2. 从古藏语到现代藏语“使动态范畴”的谱系演化

从古藏语到现代藏语（例如拉萨话），使动态范畴的核音义分布形式发生了演化，这种演化有两个特征：一是使动态范畴的“致使”核义保持不变，即从古藏语遗传给了现代藏语；二是使动态范畴的核音表征方式发生了变化，即从“前缀s-”形式（前缀s-/致使）变为屈折形式（声韵调交替/致使）。其致使核音义的谱系性保持不变（致使核义保持遗传不变，致使核音保持遗传不变，但是致使核音的类音却发生了变化），如图5-134所示。

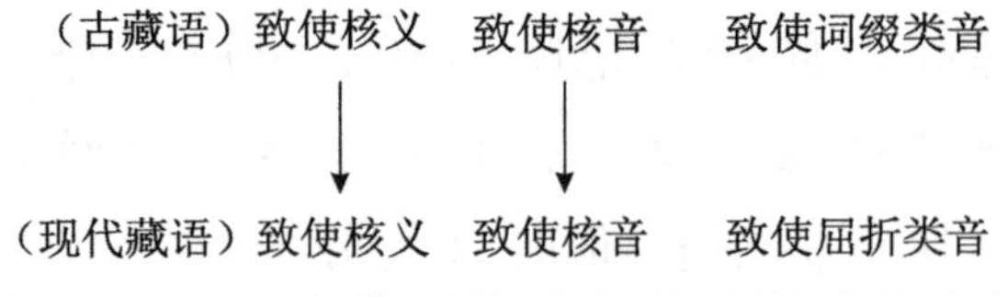

图5-134　古今藏语使动态范畴谱系演化图

以上从理论上论证了古今藏语使动态范畴的谱系演化关系。

3. 自动词赋值以“致使核音义”

无论是古藏语还是现代藏语，使动音义的获得机制即使动态

① 格桑居冕：《藏语动词的使动范畴》，《民族语文》，1982（5）：31.

范畴的获得机制都是在自动内涵词上加以使动赋值形成使动内涵词，表示如下：

使动词=使动核音义（自动词）

这一逻辑表达式揭示了古今藏语的使动态范畴的形成机制，即使是古汉语，其使动态范畴的形成机制也是如此。据此，可以概括出使动态范畴的一般性构成机制，表示如下：

使动态范畴=使动核音义（非使动）

“非使动”的范围包括非使动词（自动词）、不及物动词、形容词以及名词。这是一条类型学的普遍法则。

至于使动核音义的赋值形式，一言以蔽之，无论古汉语还是古藏语、现代藏语均为“词赋值形式”。具体而言，可以是直接给非使动词（自动词）赋值，可以是给不及物动词赋值，可以是给形容词赋值，也可以是给名词赋值。

胡坦在《藏语研究文论》中说：“使动范畴是古今藏语共有的语法范畴。古代藏语主要利用前缀（s 及其他）把自动词变为使动词。此后由于历史音变，古今形式有所变化。现代拉萨方言已由古代的附加型变为现代的屈折型（用声韵调交替）。”下面举例说明[①]，如表 5-2 所示。

表 5-2　声纽前置辅音“s-/致使”的“自动词”与相应“使动词”对照举例表

序号	自动		使动		屈折型
1	ɦkhol	“沸”	skol	“使沸”	前置辅音 ɦ/s 浊（自）清（使）交替，基辅音 kh/k 送气（自）不送气（使）交替
2	ɦkhor	“转”	skor	“使转”	同 1

① 此例的拉丁转写系笔者所为，“屈折型”材料系笔者添加。

续表

序号	自动		使动		屈折型
3	ŋ̥al	“睡”	sŋ̥al	“使睡”	前置辅音 0/s 零（自）清（使）交替型
4	ɦkhur	“带”	skur	“使带”	同 1
5	ɦphel	“发展”	sphel	“使发展”	同 1
6	nub	“沉”	snub	“使沉”	同 3
7	ɦgub	“完成”	sgub	“使完成”	前置辅音 ɦ/s 浊（自）清（使）交替，基辅音 g 不变
8	grol	“解脱”	sgrol	“使解脱”	同 3
9	ɦgrel	“关联”	sgrel	“使连接”	同 7
10	ɦgrul	“动”	sgrul	“使动”	同 7
11	ɦbar	“燃”	sphar	“使燃”	前置辅音 ɦ/s 浊（自）清（使）交替，基辅 b/ph 浊（自）清送气（使）交替
12	ɕor	“散”	ghor	“使散”	前置辅音 0/g 零（自）浊（使）交替
13	tɕhad	“断”	btɕad	“使断”	前置辅音 0/b 零（自）浊（使）交替
14	tɕhag	“碎”	btɕag	“使碎”	同 13

从以上 14 对“自动词”与相应“使动词”可以看出，声纽前置辅音“s-/致使”核音义是赋值使动态范畴的主要方式。

“前置辅音 s-/致使”是一个使动核音义，基辅音“不送气/使动”也是一类核音义。即使动核音义可以分布于前置辅音 s-上，也可以分布于不送气基辅音上。

关于原始汉语的使动态范畴，其复辅音“*sl-/致使”核音义与吐蕃藏语的前置辅音“s-/致使”核音义具有谱系关系，因为二者构成了“核音义”的对应关系，如图 5-135 所示。

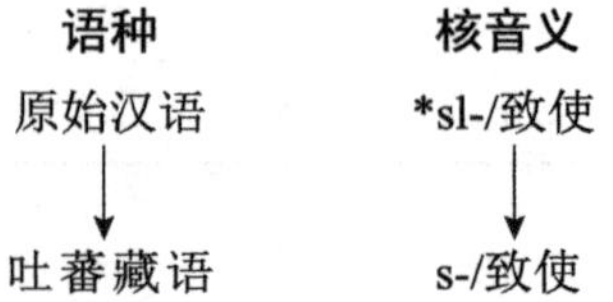

图 5-135　原始汉语“*sl-/致使”与吐蕃藏语“s-/致使”核音义谱系对应图

总而言之，原始汉语与吐蕃藏语的使动态范畴，有分支语种之间谱系性的一面，也有原始汉语自身自源性的一面。究其原因，主要是“致使”核音义是一个内涵性范畴，即表达主观动机的因素，其赋值具有类型学性质与广阔的范围。

第八节　汉藏语的“基元语法范畴”求证及其演化

一、求证“基元语法范畴”的可行性及其求证理据

（一）“基元语法范畴”求证的严格理据

这里的汉藏语包括原始汉藏语及其分支语种汉语、藏语。所谓汉藏语的基元语法范畴，是指原始汉藏语、汉语、藏语的最低限度、最少数量句法范畴。

“基元语法范畴”求证的严格理据问题在以往的历史语法学中没有提出过。我们讨论该问题的策略，是从类型出发，由今及古地逆推以求得出发点。如果能够逆推求出汉语、藏语的基元语法范畴，这一基元语法范畴同时就是原始汉藏语的基元语法范畴。这是基于语言的符号性质所为。然后再给类型赋值以谱系性，就会获得原始汉藏语及其分支语种的共同基元语法范畴。

（二）美国格林伯格的观点

格林伯格说：“在一个语族的至少两个不同分支中出现，是赋予整个语族原始语言以特征的共同理由。”[①]这是以语族下位分支的同源性隶属于上位语族的同源性为理据的，其背后隐藏的是上位命题统摄下位命题的必然性，以及数学的充分必要条件。

---

① [美]屈承熹：《历史语法学理论与汉语历史语法》，朱文俊译，北京：北京语言学院出版社，1993，第 18 页.

这可以作为从分支语种汉语、藏语中共同存在的语法现象出发，逆求证原始汉藏语基元语法范畴合理性的依据之一，但是我们不将其作为唯一标准，还要赋值以谱系性加以证实。详情见上文有关汉藏语“否定式范畴”“属格范畴”的同源考证，此不赘。

二、基元语法范畴的始点——语法范畴与逻辑范畴

（一）语法范畴的构造

语法范畴，为了简便，可以简称为“范畴”。语法范畴包括不止一种关系类型，例如“态”“格”关系等。语法范畴按照词汇词的逻辑属性，可以区分为内涵性与外延性的语法范畴。由于语法范畴是音义统一体，所以内涵性语法范畴是由“内涵性音”与“内涵性义”即“内涵性音义”组成的；外延性语法范畴是由“外延性音”与“外延性义”即“外延性音义”组成的。

关于屈折语的语法范畴，其“内涵性音”与“外延性音”一般都具有“语音（形式）标记”，可以听音以知义；词根语的“内涵性音”与“内涵性义”一般都不具有“语音标记”，要靠语境来判断意义的内涵与外延属性。

语法范畴可以表示为函项式运算，这里以“态”范畴为例表示如下：

语法范畴=态（词汇词）

再进一步表示如下：

“态”内涵性语法范畴=内涵性范畴关系（内涵词）

“态”外延性语法范畴=外延性范畴关系（外延词）

“词汇词”可以区分为外延词、内涵词，“态”函项还可以更换为时、体、式、格、人称、数等，这些具体的范畴表示不同

的关系，可以被视为"函项"，或"函数"。

（二）逻辑范畴的构造及其高度统一性

逻辑范畴，为了简便，也可以简称为"范畴"，逻辑范畴就一种，即"概念"范畴，其构造可以表示为下列函项式运算形式：

逻辑范畴=内涵（外延）

由此可以看出，语法范畴与逻辑范畴的关系，语法范畴与逻辑范畴的构造是相同的，都是函项式构造形式；但是，语法范畴可以区分为两类数种，逻辑范畴仅仅有一种，即"概念"这一种。可以看出，逻辑范畴具有高度统一性，是人类共同的深层范畴，不受语种限制；语法范畴要受语种限制，人类语言的语法范畴虽然其种类具有类型学共性，但是却没有逻辑范畴的高度统一。这是人们普遍认为逻辑是人类共有的原因之一。

这里要补充一点，"逻辑范畴的自然语言表征形式"要受语种或语种的语体的限制，例如同样的逻辑范畴，"文言逻辑范畴"与"白话逻辑范畴"不尽相同，这是语言世界观或语体世界观的不同所致。

（三）逻辑范畴的类型学性质与语法范畴的谱系性共性

从上文可以看出，逻辑范畴即概念具有高度统一性，所以逻辑范畴是类型学的全人类共有的。

数学基础中的逻辑主义学派代表人物弗雷格、罗素认为，逻辑是数学的基础，可以从逻辑推导出数学，逻辑范畴的高度统一性使数学没有国界，成为人类思维的共同产物。波兰形式语法学派列斯涅夫斯基和爱裘凯维茨的范畴语法、美国形式语法学派乔姆斯基语法（转换生成语法）和蒙太古语法，以及中国的分析语法，目的都是建立一种“通用语法”，也是基于逻辑范畴的高度统一性的。

虽然语法范畴具有类型学的共性，但是就语法范畴的音义结合共性而言，人类语言没有类似于逻辑范畴高度统一的语法范畴。同一祖语下分支语种的语法范畴，具有遗传上的音义谱系性，但是逻辑范畴没有语种音义谱系性，仅仅有语言逻辑语义的谱系性。这即是说，无论是语法范畴还是逻辑范畴，“谱系性”是其深层共性，据此，谱系性的区分如图 5-136 所示。

谱系性
- 语法范畴的谱系性
- 逻辑范畴的谱系性

图 5-136　谱系性的语法范畴与逻辑范畴分类图

可见，类型学共性要大于音义谱系性。音义谱系性也要遵循类型学的共性法则，但是音义谱系性不等同于类型学。语言学界有人把类型学混同为音义谱系性，把词义引申（包括多义词与同源词的词义引申）的共性法则混同为音义谱系关系，这是不妥当的。

三、自然语言与逻辑都具有递归性，原始汉藏语心智的构造及其演化的逆推求

（一）递归性与谱系性

递归性，通俗地讲，就是以有限的原始单位或基元单位、有限的法则生成无限的派生单位。递归的能力在于用有限的语句来定义对象的无限集合。

递归论是数理逻辑的一个分支，也是词源滋生的法则，但是只有语言中的音义结合体即音义位递归地生成同源词，才可以被称为音义谱系性。即是说，谱系性的区分如图 5-137 所示。

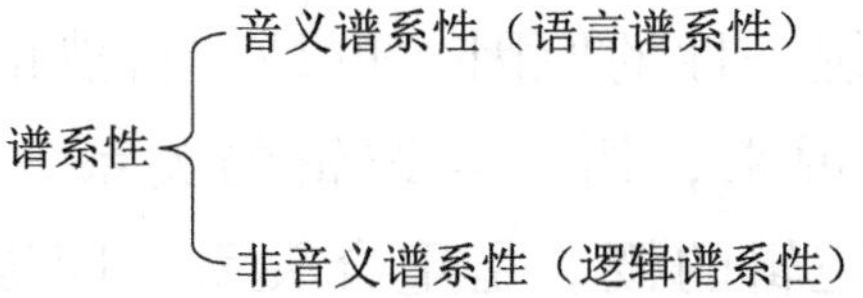

图 5-137　谱系性的语言与逻辑分类图

可见，谱系性是语言学与逻辑学的共性特征，逻辑谱系性表现为非音义的语言类型学的共性特征，也表现为语言音义谱系性的共性特征。这也是类型学与谱系性常常被混为一谈的原因所在。

（二）自然语言词单位的词义（外延词义，内涵词义）与逻辑的概念（外延，内涵）具有构造上的一致性

语言学的基本单位是词，逻辑学的基本单位是概念，而词的构造是三维构造，表示如下：

词=（词音，词外延义，词内涵义）

词义的构造是二维构造，表示如下：

词义=（词外延义，词内涵义）

概念的构造是二维构造，表示如下：

概念=（外延，内涵）

可见，词的词义构造与概念的构造形成对应关系，如图 5-138 所示。

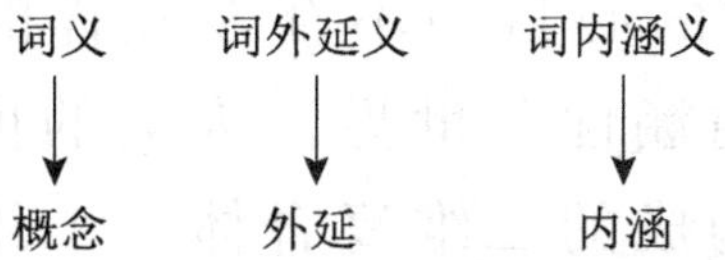

图 5-138　词义构造与概念构造二维对应图

可见，词义的构造与概念的构造是一致的，因此，词义与概念是相同的，无论在构造成分上还是在构造形式上均如此。这是语

言学与逻辑学具有统一性的原因，也是“自然语言逻辑”分支学科成立的原因。这样说来，语言与逻辑的关系，如果撇开语言的词音，语言的词义与逻辑的概念是重合关系，即语言的词义属于逻辑语义，从这一点出发，逻辑可以说是语言的组成部分。同时，这也是蒙太古把他的语法称为逻辑语法、逻辑语义学的缘故。分析语法事实上也是逻辑语法、逻辑语义学。汉语与藏语在语义上具有共性，而且汉语与藏语的语义同样具有谱系性，只要能够证明汉语与藏语逻辑语义的“音系赋值的谱系性”，二者的分支语种谱系性就可以得到证实。上文对古汉语与吐蕃藏语“否定系”词的同源论证贯彻了这一思想，此不赘。

（三）词义构造与概念构造的深层心智抽象，心智的构造及语种演化、逻辑演化

如果对词义构造与概念构造作进一步的抽象，可以抽象出更高一层的表达式：

心智=（外延性，内涵性）

“词义”“概念”都属于“心智”的范围，是心智的不同表现形式。可以看出，“外延性”与“内涵性”都是人类“心智”的组成部分，即语言与逻辑都是人类心智的产物。分支语种汉语与藏语的外延性、内涵相同源属于原始汉藏语的类型学共性与谱系遗传属性。这是本书观点之所以能成立的柱石之一。

由此可见，人类的心目中不存在纯粹的“外延性”世界，也不存在纯粹的“内涵性”世界。人类的世界就是由外延性世界与内涵性世界所构成的二维复合体、二维复合空间，分支语种就是在这个人类二维复合空间中加以演化的，即汉语、藏语是在原始汉藏族群的汉族、藏族二维复合族群空间中加以演化、裂变的。

由此可见，马赫的著名观点即事物是感觉的复合的确符合实际，可见笛卡儿哲学“二元论”的道理所在。

词义与概念具有统一的运算模式，这就是“心智计算”，表示如下：

心智=内涵性（外延性）

计算是人类心智的功能，“心算”即心智计算之意。据此，我们可以看到语言学与逻辑学的分化，如图 5-139 所示。

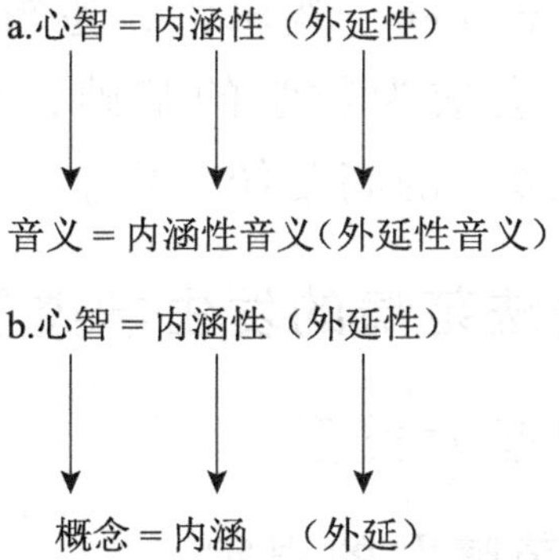

图 5-139　语言学与逻辑学分化图

从以上集合论表达式之间的映射关系，我们可以看到语言与逻辑、语言学与逻辑学具有共同的起源，即人类的心智及其演算。由于学者不同的研究策略，才产生了学科的差异，语言学与逻辑学二者是同源异派的关系。语言的音义、逻辑的概念都来自人类的心智，是心智的产物；语言的内涵性音义、逻辑的内涵都来自人类心智的内涵性函项关系；语言的外延性音义、逻辑的外延都来自人类心智的外延性对象。因此，逻辑有语言的一面，即“词义=概念”；逻辑学是语言的一部分，语言与逻辑形成交叉关系，即“概念=词义”。所谓“逻辑语义”这一术语，即指词义为概念，词义具有逻辑属性，或具有逻辑属性的语义。“逻辑语义学”既是逻辑学，又是语言学，是二者的交叉学科，但是不能说逻辑学就是语言学，因为二者的研究对象不完全重合。“逻辑分析语言学”与逻辑语义学不同，逻辑分析语言学是基于逻辑的理论与方法来建构语言学，展开对语言的研究，不仅研究语义，而且研究语音，研究语言的音义结合，因此，逻辑分析语言学不仅可以建构逻辑分析的构造语言学（结构语言学），而且还可以建构逻辑分析的历史语言学（历时语言学，包括历史比较语言学）。

语言学与逻辑学具有统一性的基础即词义基础、词义组合基础，但是语言学不完全等同于逻辑学，逻辑学可以被视为数学的基础，但是语言学不会成为数学的基础，因为“音义”（非概念）不具有词义（概念）的高度统一性。

四、汉藏语同源语法范畴的发生学类型及其演化

（一）语法范畴的基元类型

1. “基元语法范畴”的界定

“基元语法范畴”是指最基本的语法范畴，从演化上说，是指自己不能被滋生的原始语法范畴。

2. “基元语法范畴”的类型

语法范畴可以区分为“原始语法范畴”与“派生语法范畴”两类，如图 5-140 所示。

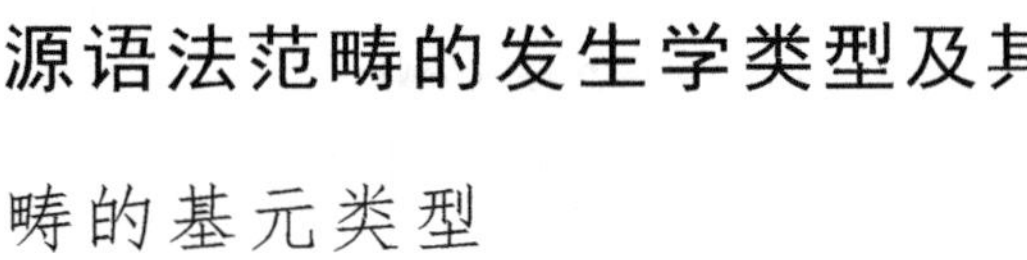

图 5-140　语法范畴的原始与派生分类图

“内涵性语法范畴”与“外延性语法范畴”构成了“基元语

法范畴”，即原始语法范畴，是其他具体语法范畴的出发点。内涵性语法范畴与外延性语法范畴属于语法范畴的逻辑属性分类，这是一种类型学的类型。

（二）语法范畴的谱系类型

语法范畴还可以按照是否具有谱系性进行区分，如图 5-141 所示。

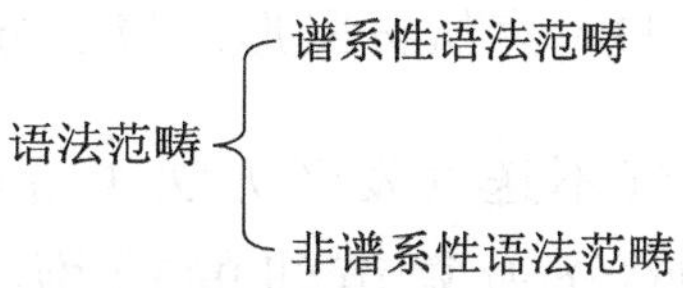

图 5-141　语法范畴的谱系与非谱系分类图

“谱系性语法范畴”是指音（形式）义（语法意义）具有亲缘关系的语法范畴；反之，则为“非谱系性语法范畴”。

五、语法范畴的音系结构类型

（一）形态音位语法范畴

汉藏语的语法范畴可以按照音系的结构区分为“形态音位”与“非形态音位”两大类，形态音位又可以区分为“单声纽形态音位”与“复声纽形态音位”，如图 5-142 所示。

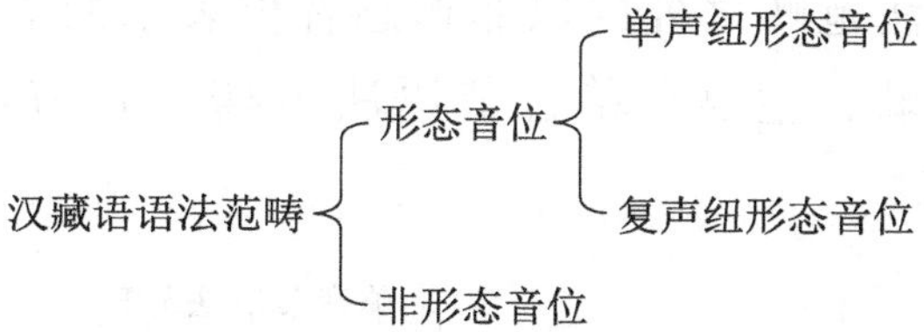

图 5-142　汉藏语语法范畴分类图

“复声纽形态音位”包括“前缀复声纽形态音位”与“后缀复声纽形态音位”。“单声纽形态音位”包括“清浊交替声组形态音位”与“送气不送气交替声组形态音位”。单声组的屈折变化包括清浊交替、送气不送气交替。

声组按照形态属性，可区分为“内涵性声组”与“外延性声组”，这也是一种形态音位，如图 5-143 所示。

声组
- 内涵性声组
- 外延性声组

图 5-143　声组按照形态属性分类图

单声组的清浊、送气不送气发音方法（音法），具有形态功能。复声组的屈折变化可区分为复声组的前缀、后缀的屈折变化，如图 5-144 所示。

复声组屈折变化
- 复声组前缀屈折变化
- 复声组后缀屈折变化

图5-144　复声组屈折变化分类图

复声组屈折变化具有形态功能。

谐声字声旁的构形作用与原始汉语的复声组有关。

（二）非形态音位语法范畴

形态音位语法范畴之外的以非形态音位表示的语法范畴，叫作非形态音位语法范畴，主要有单音节语法范畴、音节组合语法范畴，如图 5-145 所示。

非形态音位语法范畴
- 单音节语法范畴
- 音节组合语法范畴

图 5-145　非形态音位语法范畴分类图

六、基元语法范畴的层次类型与范围——“一重语法范畴”与“二重语法范畴”（以“抽象代词”为例）

（一）基元语法范畴的层次类型

“基元语法范畴”可以区分为两个层次类型，如图 5-146 所示。

基元语法范畴
- 一重语法范畴（词类范畴）
- 二重语法范畴（一般语法范畴）

图 5-146　基元语法范畴层次类型图

（二）基元语法范畴的运算与形成

“范畴”具有概括抽象之意，“一重语法范畴”是范畴对对象的初级概括与抽象，“二重语法范畴”是范畴对一重语法范畴的概括与抽象。例如，“第一人称”“第二人称”“第三人称”是分别对对象“我”“你”“他、她、它”的概括与抽象，属于一重语法范畴；“人称”是对“第一人称”“第二人称”“第三人称”的概括与抽象，属于二重语法范畴，可以用集合论表示，如图 5-147 所示。

范畴
- 一重语法范畴，人称
  - a.第一人称 =（我）
  - b.第二人称 =（你）
  - c.第三人称 =（他，她，它）
- 二重语法范畴，人称 =（第一人称，第二人称，第三人称）

图 5-147　一重语法范畴与二重语法范畴分类图

如果以函项式来表达，可以表示如下：

- 范畴
  - 一重语法范畴，人称
    - 第一人称 $=f_1$（我）
    - 第二人称 $=f_1$（你）
    - 第三人称 $=f_1$（他，她，它）
  - 二重语法范畴，人称 $=f_2$（第一人称，第二人称，第三人称）

可以把以上函项式写成如下嵌套函项式：

人称 $=f_2$（第一人称，第二人称，第三人称）

$=f_2$（f_1（我），f_1（你），f_1（他，她，它））

可见，作为一重语法范畴的词类范畴是对对象的函项式运算，作为二重语法范畴的一般语法范畴则是对一重语法范畴的函项式运算。如果把一重语法范畴与二重语法范畴嵌套起来，就是对对象的复杂函项式运算。

由此可见，词类范畴与一般语法范畴在本质上是一样的。把词类列入语法范畴的范围在事实上是有根据的，在理论上是合理的。

从数学的角度来看，“一重语法范畴”是第一层次的集合，“二重语法范畴”是第二层次的集合，二者构成了二重集合。随着集合层次的增加，范畴概括与抽象的程度越来越高，语法范畴的抽象度可以进行如图 5-148 所示的排序。

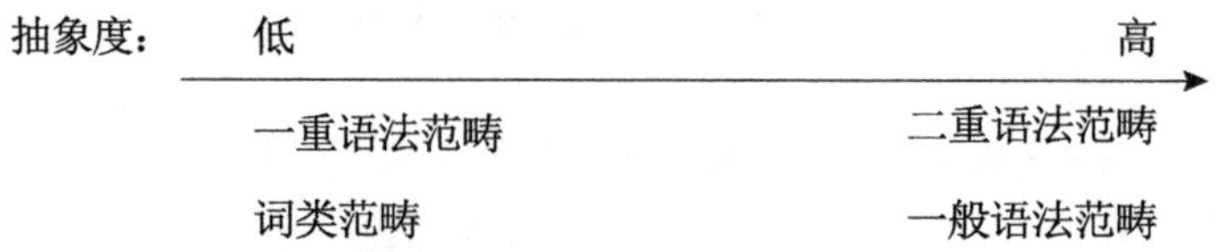

图 5-148　一重语法范畴与二重语法范畴抽象度排序图

（三）自然语言的函项运算系统

自然语言就是一个复杂的函项运算系统，包括以下内容：

（1）“词源范畴”构成词源单位的函项运算系统；

（2）“词类范畴”构成词单位的函项运算系统；

（3）“内涵词（外延词）”构成句法函项运算系统；

（4）“一般语法范畴”构成词类复杂函项运算系统；

（5）此外，还有“语法范畴照应函项运算系统”。

以上函项运算系统具有普遍性，词源函项运算系统与句法函项运算系统之间具有准确的同构对应关系。

七、汉藏语逻辑属性视野下的词类范畴

（一）逻辑属性的制约作用——逻辑与语言同出一源

1. 逻辑属性的来源

逻辑属性即内涵性属性与外延性属性，具有广泛的制约作用，其制约的范围包括词类、形态、语法范畴、词义、音位等领域。

逻辑属性之所以具有如此广泛的制约作用，是因为其来自人类认知的复合性，即“复认知”。可以说，复认知是人类认知的生物机能，人类一方面总想辨别对象，达到心中有数；另一方面总想在辨别清楚对象的同时又掌控对象，这是人类认知的一对孪生子，是一个硬币的双面，相辅而相成。这大概就是逻辑学上概念内涵与概念外延的起源。

2. 逻辑与语言同出一源——语言脱去语音外衣就是逻辑

逻辑（概念）是脱去语音外衣的语义（词义），语言（词）是披上语音外衣的语义（概念）。可以说，逻辑与语言同出一源即语义（概念）。据此，概念=词义。

3. 音义融合为一体即为词源——群体在语种范围内，获得了“听音以知义”“听话要听音”的便利

逻辑是语言的组成部分，又在深层次上支配语言；语言的语音从物理的声学进入了音义融合为一体的词源领域，音义作为整体获得了逻辑属性——内涵性与外延性，这既是语义的逻辑属

性，又是语音的逻辑属性，如此，人类在交际时便获得了“听音以知义”“听话要听音”的便利。

（二）汉藏语的基元词类范畴——内涵词与外延词

内涵词与外延词及其函项运算法则，构成了自然语言的递归性。

1. 内涵性与外延性是人类语言范畴的出发点

内涵性与外延性是人类语言范畴的基本出发点。词类作为语法范畴，其基元单位仅有两个——内涵词与外延词，而且，内涵词与外延词的表现形式是合二为一的，内涵词蕴含外延词，例如动词、形容词；外延词蕴含内涵词，例如名词、代词。

在分析语法的四种逻辑词类中，内涵词与外延词是最为基本的，理由有二：一是内涵词与外延词数量最少，少到不能再少；二是内涵词与外延词的组合规则仅有一条，即函项运算法则，少到不能再少。两个基元单位、一条基元运算法则，就构成了自然语言的递归性。

可见，汉藏语的基元语法单位是由语言符号的递归性所决定的，不是由研究者随意指定的。

2. 原始汉藏语的最低限度词类

1）语言之所以成为语言的标志——外延词与内涵词

我们在前文对语言的产生进行了断代，距今 5 万—2.7 万年的旧石器时代末期出现了“语言”。但是语言成为语言的标志是什么，语言学界从未提起。

从理论上说，语言作为符号体系，是逐渐形成的，不是一蹴而就的。就整个符号体系的角度而言，“外延词”“内涵词”的出现可以被视为语言产生的标志。外延词与内涵词是人类心智的外延性与内涵性从词源层次映射到词汇层次的产物，这两类词是一个语言符号的枢纽，上承词源，下探句法与篇章，可以说，没有外延词与内涵词，就没有语言，更没有语种。

外延词与内涵词也是语言与逻辑的交会点，外延词义（概念外延）与内涵词义（概念内涵）是逻辑的基元单位。如此说来，外延词与内涵词也是逻辑的生长点。外延词与内涵词体现了语言与逻辑的内在统一性。

2）外延词与内涵词孰先孰后

从产生上说，外延词与内涵词是一个硬币的双面，二者的关系是：一个产生的同时另一个也就产生了。从逻辑上说，外延产生的同时，内涵就产生了；内涵产生的同时，外延就产生了。例如，生物学上的基因，尽管在孟德尔时代没有找到具体的物理对象，但仅仅是没有找到的问题，并不是不存在的。

从语种的消亡来看，一种语种并不是所有成分一起消失，而是有先有后。多续语的外延词（名词、人称代词等），除了亲属称谓基本保存完好以外，其他的名词残缺不全，数量也不多；而内涵词（动词、形容词）保存完好，基本没有消失。如果一定要说外延词、内涵词产生孰先孰后，可以说，内涵词在先，外延词在后。内涵词是属性，人类对属性的获得在先，外延词是具有属性的对象，先有了属性才会有具有属性的对象。

从以上分析可以看出，人类语言，其词类数量的最低限度就是两类，即外延词与内涵词。这背后的决定因素是自然语言符号的数学法则、逻辑法则以及认知法则。

据此，原始汉藏语的基元词类仅有两类，即“原始汉藏语内涵词”与“原始汉藏语外延词”，但是当原始汉藏语演化为古汉语与吐蕃藏语时，其词类就进入比较完备的逻辑词类阶段，即内涵词、外延词、算子词、联结词阶段。

3）外延词与内涵词是语言递归性的依托

就句法结构而言，其递归性有三层，主干成分（主谓）的递归是最基本的，如果没有外延词与内涵词，自然语言的递归属性就不能成立，没有了递归属性，其就不能成为语言。

4）原始汉藏语最早“三类词”的滋生过程

“名词”“属性词”是原始汉藏语最早的词类，属性词再分化出“动词”“形容词”，名词、动词、形容词这三类词构成了原始汉藏语最早的三种词类，其滋生过程如图 5-149 所示。

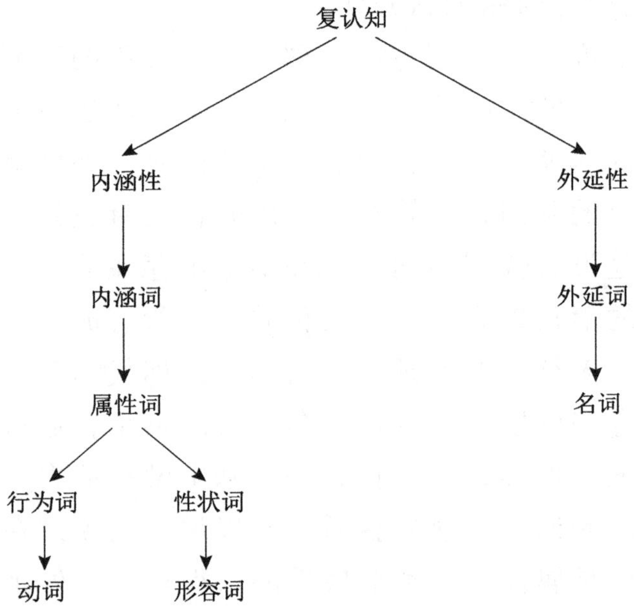

图 5-149　原始汉藏语最早三类词“名词、动词、形容词”滋生图

3. 原始汉藏语的原生与派生词类范畴

分析语法共区分出四种逻辑词类，即外延词、内涵词、算子词、联结词。当时的研究者限于研究目标，对这四种逻辑词类未作发生学讨论。

从这四种逻辑词类出发，可以推导出原始汉藏语的发生学词类范畴。如果从滋生先后顺序的角度看，这四种逻辑词类具有产生上的先后关系，即内涵词、外延词是原生词，算子词、联结词是派生词。

印度语言学、藏语语言学也存在着类似的思想，被称为“随欲名”与“随立名”的理论。随欲名就是事物最初的名称，即随心所欲给出的名称，似乎没有理据；随立名就是后成名，即在随欲名基础上滋生的名称。关于随欲名与随立名，胡坦综合各家意见作了介绍。①

关于名称的起源及其理据，我们在前文已经进行了深入探讨，此不赘。

汉藏语的词类范畴的区分如图 5-150 所示。

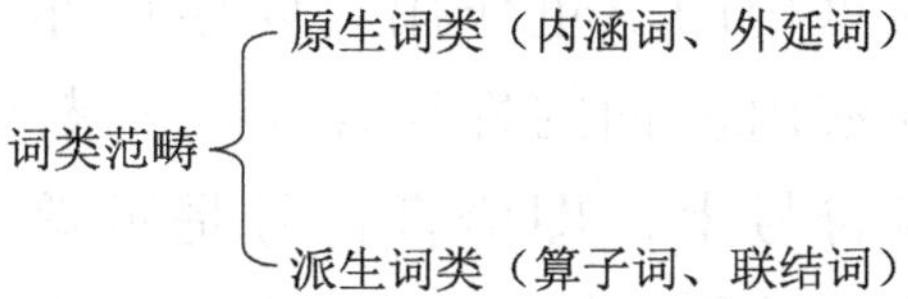

图 5-150　词类范畴分类图

其实，这四种发生学的逻辑谱系的逻辑词类，也可以被视为其他原始语的词类范畴，因为这是类型学的发生学逻辑词类。

至于这四种逻辑词类范畴产生顺序的确定，从词类的符号性质也可以得到论证。从符号与对象的关系层次上可以观察到逻辑词类的产生的先后，外延词、内涵词与对象直接发生联系，是最早产生的，被称为“一重符号词”；算子词、联结词与对象间接发生联系，即算子词、联结词直接与外延词、内涵词这些符号发生联系，是晚于外延词、内涵词而产生的，被称为“二重符号词”，是符号的符号。

这就意味着，语言符号是一个多种类、多层次符号的符号体系，里边蕴含着复杂的符号滋生的生物机制。

这里不能不提到哲学家维特根斯坦的先期哲学思想“图像论”（《逻辑哲学论》）。该学说认为，命题（亦即有真假可言的语句）是现实的图像。维特根斯坦认为这是语言的本质，罗素认为

① 胡坦：《藏语中的随欲名和随立名》，见胡坦《藏语研究文论》，北京：中国藏学出版社，2002，第 291-301 页.

图像论是正确的命题重现事实的结构。人们一般认为，“图像论”解开了语言与世界的复杂关系，语言与世界具有一种表达与被表达的图像同构关系。从总体上看是如此，但是如果从以上对语言符号的发生学解析来看，从语言与世界的关系及其语言符号之间的组合关系来看，语言与世界不是简单的表达与被表达的同构关系，而是语言既有表达世界的一面，又有重构世界的一面——外延词主要用于表达世界，内涵词除了表达的一面还有重构世界的一面，算子词也具有表达与重构的双重作用，联结词亦如此，其作用随着联结对象即外延词或内涵词的性质而定。马赫的事物是感觉的复合也可以用在语言符号上，即语言符号是感觉（对象，认知）的复合，这是与信号（对象，标志）的复合不同的复合。

逻辑词类范畴的发生学层次，如图 5-151 所示。

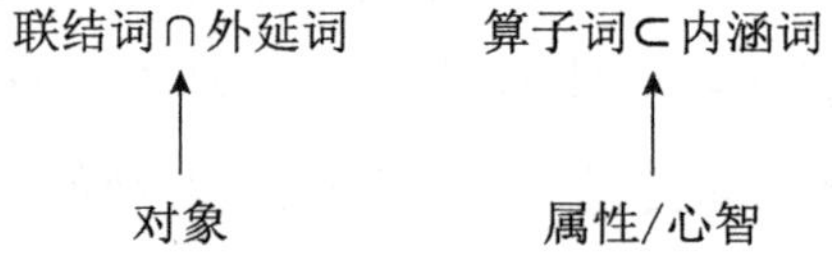

图 5-151　逻辑词类范畴的发生学层次图

可以看出，外延词是世界对象映射的产物，内涵词是世界属性或人类心智映射的产物，它们构成了一重符号词。算子词是约束内涵词的，联结词是联结外延词的，二者与世界的对象、属性没有直接的映射关系，是一重符号词的产物。

此外，形态范畴（屈折、黏着、词形式）、一般语法范畴（态、时、体、式、人称、数等）都是语法化的产物，即都是一重符号词的抽象产物，是符号（一重符号词）的符号化。

第六章　基于汉藏语同源词（词根音义谱系）的汉藏语同源句法位——“映射同源句法范畴”求证、汉藏语“基元句法位”的逆演化求证

第一节　句法位的类型学性质及其赋值

一、句法位的类型学性质

（一）词序范畴——“词序函项”与词序变化

1. “词序”是一种语法范畴

词序与其他语法范畴一样，有结构、类型、赋值的功能。词序是自然语言的运算形式之一，就像其他语法范畴是自然语言的运算形式一样。

2. “词序”的界定、构造、类型及其条件

1）界定

词序就是在语境（语符列）中词单位的排列顺序（词单位的时间排序）。

2）构造——词序函项

词序的构造可以表征为如下外延集合：

词序=（词单位，排列顺序）

该表达式也可以写为下列更为严密的集合形式：

$$词序=（词单位，排列顺序（词单位））$$

这一“外延-内涵”集合表达式表示词序是由词单位、词单位所具有的排列顺序这一属性所组成的。可见，词序是由单位与单位的关系（排列顺序）所构成的。该表达式还可以写成下列函项式：

$$词序=排列顺序（词单位）$$

可见，词序也是一种函项结构，简称为“词序函项”。

3）类型

词序即词的“排列顺序”，其区分如图 6-1 所示。

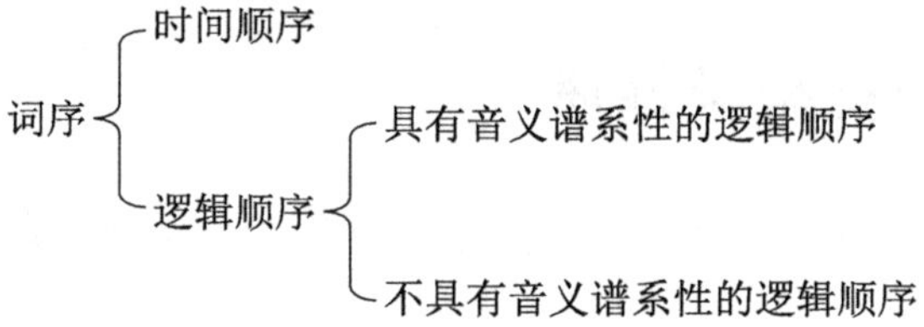

图 6-1　词序分类图

可以看出，逻辑顺序要大于音义谱系性关系，音义谱系性关系一定被包含于逻辑顺序之中，即有音义谱系性关系就一定具有逻辑顺序，音义谱系性关系是逻辑顺序的必要条件。

4）词序的语境条件、语境的界定及其类型

词序的产生是有条件的，即“语境”（语符列）条件，孤零零的一个词单位是没有语境的，或者这可以被称为“零语境”。语境就是两个或两个以上的词单位的组合顺序，语境的区分如图 6-2 所示。

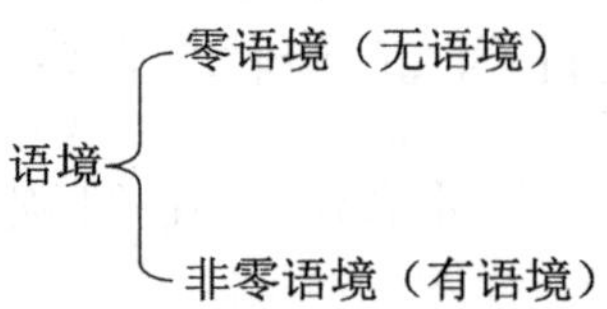

图 6-2　语境分类图

（二）物理词序的类型与逻辑词序的一般化

1. 物理词序的分类

词序按照物理标准，可以进行区分，如图 6-3 所示。

- 词序
  - 非物理词序（逻辑词序）
  - 物理词序
    - 主干词序（主谓词序）
    - 非主干词序（附中词序）

图 6-3　词序分类图

2. “非物理词序”——逻辑词序

“非物理词序”（逻辑词序）仅有一种，即函项词序=内涵词（外延词）。“物理词序”即词单位线性的音序排列顺序，又可以区分为两种，一种是“主干词序”，一种是“非主干词序”，即“附中词序”（附加语中心语词序）。

3. 逻辑词序的一般化

逻辑词序可以进一步扩展抽象为“f（x）”函项关系，这是对逻辑词序的一般化，即是说，逻辑词序可以统一于数学的函项关系。

（三）物理词序与物理词序变化的逻辑统一性及其制约法则

1. 物理词序的逻辑统一性

所有的物理词序，包括主谓词序与附中词序，都可以统一于逻辑的函项词序，即主谓词序与附中词序均可以表示为下列逻辑函项词序：

主谓词序=谓语（主语）

附中词序=附加语（中心语）

2. 词序与词序变化的制约法则

逻辑函项词序遵循“适配法则”（内涵对外延的约束与被约束关系法则），由此可见，物理词序同样也遵循适配法则，无论是主谓词序还是附中词序，都是如此。因此，外延性与内涵性的适配法则是词序的深层制约法则。无论外延词还是内涵词，只要“位移”，就会引发相应的词的“位变”。这大概是词序的总原则、总机制。

词的排列与组合，一方面受词单位的外延性与内涵性的约束；另一方面又受词形态的外延形态与内涵形态的约束，该机制如图 6-4、图 6-5 所示。

（1）词内涵性，如图 6-4 所示。

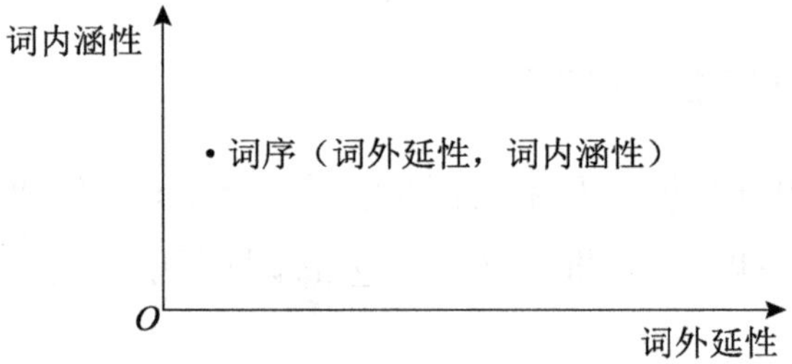

图 6-4　词序的词外延性与词内涵性约束与被约束机制图

（2）词内涵形态，如图 6-5 所示。

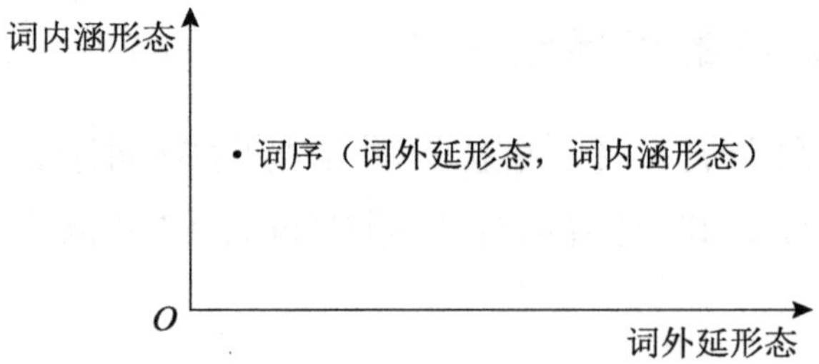

图 6-5　词序的词外延形态与词内涵形态约束与被约束机制图

至于词逻辑属性与词形态的逻辑属性的关系，词外延属性对应词外延形态，词内涵属性对应词内涵形态。如果词形态繁复，词序就自由，但是词逻辑属性与词形态的逻辑属性的对应关系则不会改变。如此讲来，词逻辑属性有两种表达形式，如图 6-6 所示。

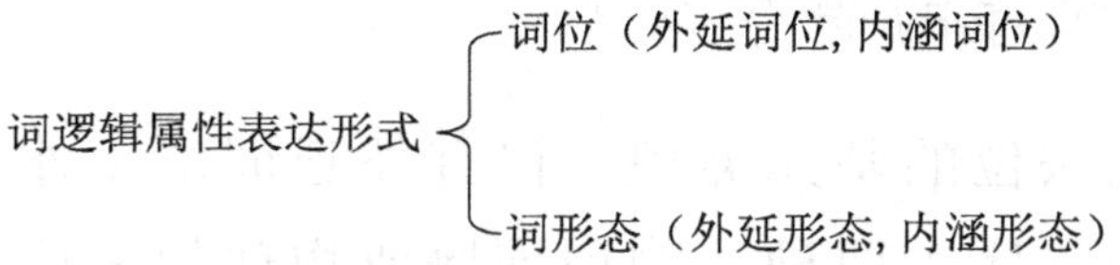

图6-6　词逻辑属性表达形式分类图

“词位”是本，“词形态”是表，词形态可有（有标记）可无（无标记），但是词位不可无。词位是语种的类型学共性，词形态则不是语种的类型学共性。

3. 词序变化——词的位移（主动变）与位变（制约变）

词序变化即词位移动，就是指词单位排列顺序的改变。由于词单位是处于语境中的，所以词序的变化会产生牵一发而动全身的效应，这可以被称为词序变化的“蝴蝶效应”。词序的变化可以区分为如图 6-7 所示的类型。

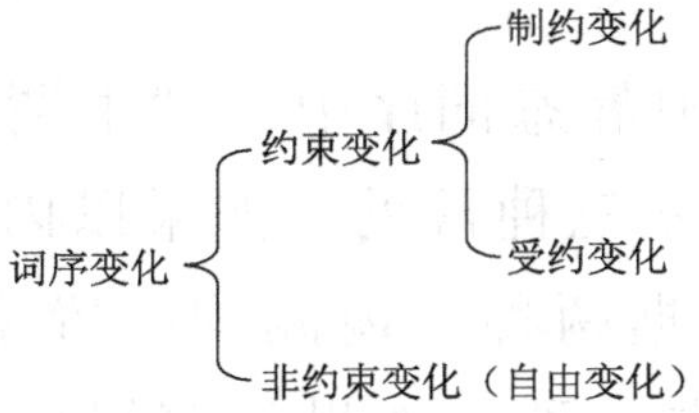

图 6-7　词序变化分类图

词序的“非约束变化”就是自由变化，即无条件的变化；词序的“约束变化”包括“制约变化”与“受约变化”，前者是制约其他词单位的变化，是主动变；后者是受其他词单位制约的变化，是被动变。

词序的自由变化是受到人类语言的机制制约的；词序的约束变化是受到语种（有形态与无形态）与语境（外延语境与内涵语境）制约的。

二、物理词序的静态类型及其变化类型

（一）物理词序的静态类型

词序或句法位的基元类型，仅有外延词位（外延词序）与内涵词位（内涵词序）两种，物理词序或物理句法位可作区分，如图 6-8 所示。

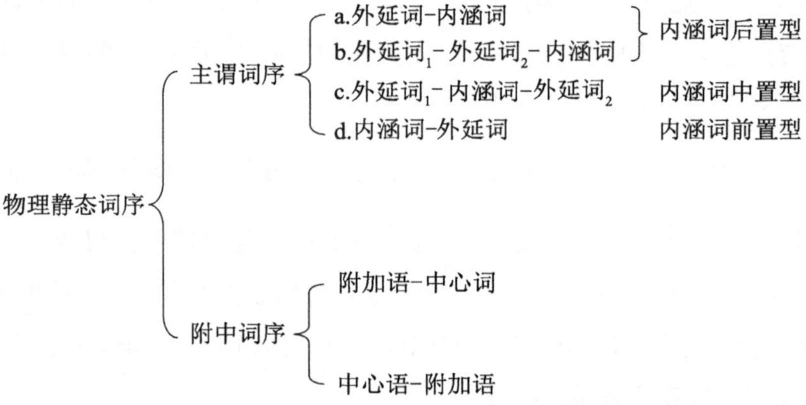

图 6-8　物理静态词序分类图

可以看出，在物理静态词序中，“主谓词序型”总计出现四种词位，其中 a、b、c 三种常见。如果以内涵词为观察点，内涵词后置型（a、b）占据两种，内涵词中置型（c）占据一种，内涵词前置型（d）占据一种。如果从逻辑词位的角度来看，两种内涵词后置型占优势。

在物理静态词序中，内涵词后置型占据优势，是因为内涵词具有单向约束作用（约束他词）。

从逻辑概念内涵与外延的关系来看，外延是松散型的个体

对象的集合，内涵是具有约束（聚拢）作用的属性的集合。内涵词是具有逻辑内涵属性的词，因此，后置型内涵词在前置外延词没有主格标记的情况下，对前置外延词具有一种约束作用。“客人来了。”与“来了客人。”相比，光杆名词“客人”的有定来自完成体内涵词“来了”的单向强约束作用（有定约束作用）；“来了客人。”中“客人”的无定来自完成体内涵词“来了”对后置外延词“客人”的弱约束作用（无定约束作用）。

这就是说，内涵词后置与前置具有“强约束”与“弱约束”的作用，会使前置外延词有定与后置外延词无定。内涵词的强约束与弱约束作用也是词位变位的一个机制。

在物理静态词序中，中心词是外延词，附加语是内涵词。内涵词仅有两种词位，即前置型词位与后置型词位。无论是前置型内涵词还是后置型内涵词，都具有约束作用。由于外延词居于中心词位置，所以不管内涵词前置与后置，对居于中心词位置的外延词都具有约束即修饰限制作用。

（二）物理词序的逻辑变换机制类型

物理词序的变化就是指物理静态词序在语境条件下词位的改变。由于物理词序的变化是有范围的，因此物理词序的变化也可以叫作“物理词序的变换”。

从逻辑的角度来看，物理静态词位的改变或变换，实际上就是外延词、内涵词词位的变换，其变换域就是以上物理静态词序的类型范围。

物理词序的变换机制就隐藏在内涵词的约束作用与外延词的指称性之内，以及二者的关系之中。从理论上讲，物理词位的变换机制可作如图 6-9 所示的分类。

- 词位变换机制
  - 后置强约束性
  - 内涵词约束性
  - 前置弱约束性
  - 外延词指称性
    - 有定标记
    - 无定默认（无标记）

图 6-9　词位变换机制分类图

词位变换机制的类型限于以上逻辑类型。

但是，词位变换的机制大约是以上 4 种机制的乘积，有 16 种。

词位变换机制的作用形式，有单一机制作用，有合成机制作用；有以内涵词作用为主，有以外延词作用为主，有二者联合起作用。

（三）物理词序的逻辑性与映射谱系性

句法结构的物理词序都具有逻辑类型学的属性，这就是说，物理词序与逻辑词序具有统一性，其中有的具有映射谱系性，如图 6-10 所示。

- 物理词序
  - 逻辑类型学属性（无条件，全覆盖）
  - 映射谱系性（有条件，部分覆盖）

图 6-10　物理词序的逻辑性与映射谱系性分类图

以上物理词序的分类暗含着一个前提，即关于句法结构中排列组合的词，有的词间关系属于无谱系关系的逻辑类型学关系，有的词间关系属于有映射谱系性的逻辑类型学关系，如图 6-11 所示。

句法结构内词间关系
- 无谱系关系的逻辑类型学关系
- 有映射谱系性的逻辑类型学关系

图 6-11　句法结构内词间关系分类图

“有映射谱系性的逻辑类型学关系”是指句法结构之内有直接组合关系的两个词（主谓组合、动宾组合、附加语与中心词组合）具有直接同源关系，即属于同源词，二者的组合关系映射为句法关系，即为映射谱系性，以区别于词根音义的直接谱系性。

可以看出，句法结构内的词间关系都具有逻辑类型学性质，有映射谱系性的句法关系只有在得到考证时才可以成立，而且是间接的映射谱系性，与同源词之间直接的谱系关系有本质的不同。因此，仅仅依靠句法关系来判断语种的同源关系是不足为信的。因为句法关系的谱系性仅仅是一种音义谱系性的可能，在未得到考证以前是无法加以断定的。

（四）句法的词位物理嵌套结构

1. 词序的物理句法表征及其逻辑统一性

词序表现为词位，词位只有外延词位、内涵词位两种，其句法表征有物理并列式表征与物理限定式表征，现在介绍于下。

（1）物理并列式表征，表示如下：

a. 外延词位+内涵词位

b. 内涵词位+外延词位

以上 a、b 均为并列式，但是逻辑关系是内涵词位约束外延词位。

（2）物理限定式表征，表示如下：

a. 外延词位←内涵词位

b. 内涵词位→外延词位

以上 a、b 均表示内涵词位限制、约束外延词位。以上的词位约束、限制关系也可以表示为函项式：

内涵词位（外延词位）

可见，词位的物理并列式、物理限定式在逻辑上是统一的。

由此推知，尽管不同语种“句法成分”（句法词）的时序排列不同，但是其在逻辑组合上具有高度统一性，由此进一步推知，句法词在逻辑谱系性上、在音义谱系性上同样具有高度的逻辑统一性。

2. 基本句法位结构及其派生句法位结构，以及原始汉藏语的基元句法位结构

1）基本句法位结构

基本句法位结构——词位的物理并列式与物理限定式构成了词位的物理嵌套结构，表示如下：

a. 外延词位$_{\text{内涵词位前/后}}$+内涵词位

b. 内涵词位+外延词位$_{\text{内涵词位前/后}}$

可见，在句法结构之内，外延词位、内涵词位的逻辑关系只有一种，即内涵词位约束、限制外延词位。

2）派生句法位结构与原始汉藏语的基元句法位结构

派生句法位结构与原始汉藏语的基元句法位结构表示如下：

“外延词位$_{\text{内涵词位前/后}}$+内涵词位”＋“内涵词位+外延词位$_{\text{内涵词位前/后}}$”

合并同类项“内涵词位”，得：

“外延词位$_{\text{内涵词位前/后}}$+内涵词位+外延词位$_{\text{内涵词位前/后}}$”

例如：吾食矣。（我吃了。）

既食矣。（吃了饭。）

这两个文言句子可以合并为

吾既食矣。（我吃了饭。）

可见，原始汉藏语的基本句法结构为

外延词位$_{内涵词位前/后}$+内涵词位

如果添加上另一外延词位，则为

外延词位$_{1内涵词位前/后}$+外延词位$_{2内涵词位前/后}$+内涵词位

这就是藏语以及整个藏缅语的基本句法结构。

汉语在进入历史时期，或历史时期的汉语，例如甲骨卜辞的基本句法位已经是SVO型了。这是一种派生的句法位结构。

关于原始汉藏语即史前时期的汉藏语，其基本句法结构我们并没有看到过，但是从理论上可以推导出来。推导的依据就是追溯原始汉语、原始藏语所从出的基元句法位。

三、词位（词序）赋值

（一）词位的界定

“词位”是指词的词音单位（音节单位）的物理排列顺序（词序，线性结构）与词的词义单位（外延词义单位、内涵词义单位）的逻辑结构（非线性结构）所形成的句法空间的分布位置。

（二）句法空间

句法是一种空间结构，是词的音序的物理结构与词义的逻辑结构的统一空间结构，表示如下：

句法空间=（词音线性排列，词义非线性组合）

“词音线性排列”遵循词音的物理法则，所有语种的词音排列都是线性的，无一例外，这是由音节的时序法则所决定的。这是结构主义语法层次分析法的基本理据，据此，结构主义语法层次分析法也可以被称为“物理结构主义语法”。

关于“词义非线性组合”，所有语种的词义组合都是非线性的，都必须服从词音的线性时序排列法则。这是传统语法中心词分析法的基本理据，其可以被称为“心理结构主义语法”。

词音的线性排列与词义的非线性组合不矛盾，但是在结构主义语法与传统语法的视野中被视为水火不容。在结构主义语法视野中，传统语法被视为不讲究“层次性”，缺乏科学性；在传统语法视野中，结构主义语法被视为不讲究“意义”。事实上，“层次性”与“意义”都是自然语言语法离不开的要素，无视不讲究是难以做到的，也是不可能做到的，因为词义的组合有线性排列（挨词排列）的一面，又有非线性组合的一面，即隔词排列。句法空间属于三维几何空间，如图 6-12 所示。

可见，无论哪种主张的语法学说，其语法分析都离不开“三维几何句法空间”这一事实。“逻辑句法分析”较好地揭示了自然语言句法的空间结构，较好地处理了音节线性排列与词义非线组合列所造成的表层“矛盾”，把自然语言句法的递归性与层次性巧妙地加以协调，把结构主义语法与传统语法和谐地加以协同处理，因此，逻辑句法分析同样属于一种结构主义语法，可以被称为“数学结构主义语法”。

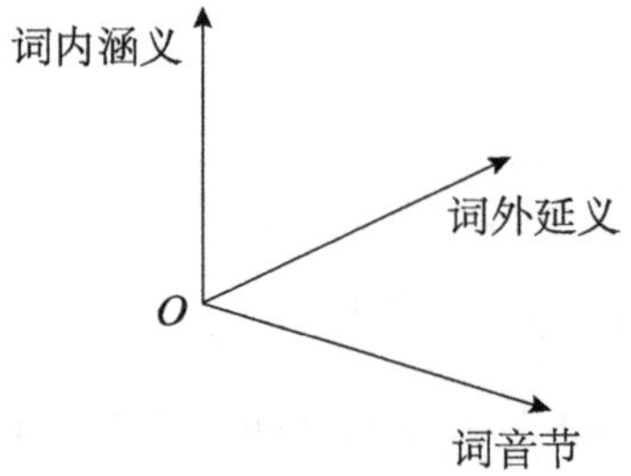

图 6-12　三维几何句法空间图

（三）词序的组成

词序是语法范畴之一，其组成与其他语法范畴一样，也是语法形式与语法意义的结合；词序的语法形式叫作“词位”，词位有外延词位、内涵词位；词位的语法意义有两种，即外延词义（外延语法意义）与内涵词义（内涵语法意义）。词序的组成表示如下：

词序=（词位（外延词位，内涵词位），语法意义（外延词义，内涵词义））

词序的外延词义、内涵词义在语境中就分别成为外延语法意义与内涵语法意义，由词汇意义变换为语法意义。

（四）词位赋值

词不进入句境（语符列）就不会赋值，仅仅体现为一个“值域”，因为词没有进入词位以占据词位空间；词一旦进入句境就会赋值，因为词进入了词位空间。

词的句法分布、位置叫作“词位”。词一旦获得词位，就意味着获得相应的语法意义，这叫作“词位赋值”，即词位可以赋予词以语法意义值。

词位赋值的法则是，外延词位赋外延词义值，简称“赋外延值”；内涵词位赋内涵词义值，简称“赋内涵值”。

（五）词位决定词相变换——在共时与历史演化语境中

“词相变换”的决定因素是词位的逻辑属性，词相可以区分为外延词相与内涵词相，外延词位决定外延词相，内涵词位决定内涵词相，一种词究竟属于何种词相，关键在于处于何种词位。

同样地，原始汉藏语分化为分支语种古汉语、吐蕃藏语，这也会产生词位变化与词相变换的现象，即词位变化与词相变换不但出现于共时的语言排列与组合中，而且也出现于语种的历史演化与变迁之中。据此，在语种的田野调查中，词类语法性质要依据被调查语种自身的条件，而不是依据被翻译的调查者元语言的意义性质来确定。有的人依据调查者翻译过来的汉语词的意义来确定被调查语种词的语法性质，这是不妥当的，因为不仅词的语法性质，就是词单位在被调查语种与所用来调查的语种之间也不是一一对应的。

四、原始汉藏语的基元词序及其逆推导、原始汉藏语基元音义集合

关于基元词序的界定与分类，“基元词序”就是最基本的词序，是能够派生其他词序而自己又不被派生的词序，即一切词序的出发点。如此讲来，所有语种即人类语言的基元词序如下。

（1）逻辑基元词序，表示如下：

内涵词音义（外延词音义）

（2）物理基元词序，表示如下：

a. 外延词+内涵词

b. 内涵词+外延词

可见，基元词序可以区分为逻辑基元词序与物理基元词序两类，二者的元素是相同的，区别就在于逻辑基元词序是非线性的组合，物理基元词序是线性的排列。分支语种古汉语、吐蕃藏语的基元词序同样属于这两大类，而且是来自原始汉藏语的两大基元词序。

由此又可以逆推导出人类语言的两大基元词类，即“内涵词”与“外延词”，这是语言之所以成为语言的最低限度词类，因为外延词与内涵词可以构成组合逻辑的基元演算单位——内涵

词（外延词）。这是自然语言交际、认知的基元单位。

以上逻辑基元词序与物理基元词序可以被称为人类语言的“基元词序”，这是最基本、最简单的词序，是生成其他词序而自己又不被生成的词序。

“原始汉藏语的基元词序”包括的逻辑基元词序、物理基元词序在类型学上一如上述。只要对以上类型学词序予以赋值（赋以基元外延音义、内涵音义），就求证了原始汉藏语基元词位。

这里要指出一点，原始汉藏语的基元音义（词基因）不是单一的音义出发点或音义孳乳点，而是一个“基元音义集合”，即最小（能够孳乳其他派生音义）的音义集合。关于这一音义集合，朱骏声与章太炎已经分别在《说文通训定声》《文始》中就汉语语种作了探索，由于标准不同，很难取得一致意见。不过原始汉藏语的“基元音义”数量越少越好，数量越少，滋生能力越强。

第二节　基于汉藏语同源词（词根音义谱系）的汉藏语“映射同源句法位”

一、“词根音义”“词形态音义”与“句法词音义”“句法位音义”等概念

（一）“音义”的界定及其分类与性质

“音义”就是“音”与“义”的结合，“音义”与分离的“音”“义”不同，是独立于分离的“音”与“义”的“音义”单位，即“音义单位”是独立于“音单位”与“义单位”之外的第三种语言单位。唐代陆德明的《经典释文》开创了“音义之学”，但是并没有找到明确的音义单位。

“音义”单位的分布，可以是凝结在同一个词单位上，叫作“词根音义”；也可以是分布在两个或两个以上的词单位上，叫

作“句法词音义”。因此，“音义”可以按照分布区分为如图 6-13 所示的类型。

- 音义
  - 单词分布音义（词根音义、词形态音义）
  - 句法词分布音义（句法词音义、句法位音义）

图 6-13　“音义”单位分布分类图

“单词分布音义”是指音义分布于单词之上而非分布于句子之内的词之上，包括词根音义、词形态音义。“句法词分布音义”是指分布于句子之内的词之上，即外延词与内涵词之上的音义，可以被称为“句法词音义”。句法词音义可作如图 6-14 所示的区分。

- 句法词音义
  - 外延词音义
  - 内涵词音义

图 6-14　句法词音义逻辑分类图

“词根音义”是表征世界与心智的音义，例如词根“正”的音义与“政”的音义，“词形态音义”是表征语言符号的音义，例如英文 man 的单数形态音义与 men 的复数形态音义，“句法词音义”是句法位成分的音义，例如古汉语句子“政者，正也。”中外延句法位“政”的句法词音义与内涵句法位“正”的句法词音义。

句法词音义与句法位音义属于不同属性的音义，如图 6-15 所示。

- 句法音义
  - 句法词音义（外延词与内涵词的音义）
  - 句法位音义（外延词位与内涵词位的音义）

图 6-15　句法音义的句法词与句法位分类图

“句法词音义”属于词实体单位的音义，“句法位音义”属于词关系的音义，前者属于词根的直接音义谱系，后者属于词根句法位的映射音义谱系；前者为后者存在的条件，后者是以前者为存在条件的。

语法范畴是人称、数、格、态等的概括。句法位包括逻辑词（外延词、内涵词）与逻辑词具有的逻辑谱系，有的具有音义谱系。

（二）“句法词”的谱系与非谱系分类

1. 句法词

句法词可以依据其音义是否具有谱系性加以区分，如图 6-16 所示。

句法词
- 具有音义谱系的句法词
- 不具有音义谱系的句法词

图 6-16　句法词的音义谱系与非音义谱系分类图

句法词包括外延词、内涵词，有的具有音义谱系性，有的不具有音义谱系性。

2. 句法词与句法位的同源法则

句法词是句法位的决定因素，句法位不是抽象的、脱离词单位的句法空间，句法空间不是绝对的，而是相对的，是与词单位结合在一起的，因此，句法空间是一种相对空间。有人追求一种脱离词单位的“抽象”句法空间（俗称为“构式”），其实这种绝对句法空间是不存在的。

同理，句法词与句法位是不可分离的，要求证句法位的谱系性，就要从句法词着手，因此，句法位同源的法则有两点：其一，句法词同源，映射为同源句法位，这被称为“映射同源”；其二，句法词异源，映射为异源句法位，这被称为“映射异源”。

（三）逻辑谱系词的音义谱系与非音义谱系分类

逻辑谱系词（外延词与相应、对应内涵词）可以依据其音义谱系加以区分，如图 6-17 所示。

逻辑谱系词
- 具有音义谱系的逻辑谱系词
- 不具有音义谱系的逻辑谱系词

图 6-17　逻辑谱系词的音义谱系与非音义谱系分类图

这表明，逻辑谱系与音义谱系并不具有一一对应关系。逻辑谱系词是否具有音义谱系的性质，还需要具体加以考证才行。不可以一概而论汉语、藏语的句法具有谱系性，因为句法在本质上是类型的，而不是谱系的，句法只有在谱系词的基础上才能成立。据此，句法可以作如图 6-18 所示的区分。

句法
- 谱系词句法
- 非谱系词句法

图 6-18　句法的谱系词与非谱系词分类图

只有一个句法结构或两个句法结构之间至少有两个词具有谱系性，才可以被称为“谱系词句法”，即“同源句法”；反之，则为“异源句法”。

（四）“句法位”的谱系与非谱系分类、句法位获得音义谱系性的条件及其机制

1. 句法位的谱系与非谱系分类

句法位可以区分为“音义谱系句法位”与“非音义谱系句法位”，如图 6-19 所示。

图 6-19　句法位的音义谱系与非音义谱系分类图

“音义谱系句法位”是以相应的“词根音义谱系词”作为条件的，一旦失去这一条件，音义谱系句法位就不存在了。可见，音义谱系句法位没有类推性，因而不具有普遍性，仅仅有个案性，即词根音义谱系词存在的句法才具有音义谱系句法位。

这就意味着，只有先考辨词根音义谱系词，然后才有音义谱系句法位。因此，同源词（词根音义谱系词）的考辨是整个历史比较大厦的根基。在缺了同源词考辨条件下的句法同源讨论，是难以站得住脚的。

2. 句法位具有音义谱系性的逻辑条件及其机制

在逻辑谱系词类即外延词与其相应内涵词的音义（句法词音义）具有谱系性的条件下，外延逻辑词位与其相应的内涵逻辑词位（句法位）才具有音义谱系性。因为具有逻辑谱系的外延词与其相应的内涵词构成“内涵词（外延词）”的逻辑函项关系，只要逻辑外延词的音义与其相应内涵词的音义具有音义谱系性，外延词位与其相应内涵词位之间就具有音义谱系性，如图 6-20 所示。

图 6-20　句法位具有音义谱系性的逻辑条件及机制图

3. 汉藏语同源句法位的条件

如果汉藏语外延词与其相应内涵词具有音义谱系性，那么相应地，汉藏语句法位也会具有音义谱系性，如图 6-21 所示。

汉藏语内涵词（外延词）　　音义谱系性

↓

内涵词位（外延词位）　　音义谱系性

（汉藏语句法位）

图 6-21　汉藏语句法位具有谱系性的条件图

二、映射同源与直接同源

（一）映射同源与直接同源的界定

语种的同源关系主要体现在音义的遗传性及其所形成的谱系性上，按照这个标准，同源词、同源语法形态、同源语法范畴才具有音义遗传性及其所形成的谱系性，这种谱系性叫作“音义直接谱系性”；相对于音义直接谱系性的是“音义间接谱系性”，即“映射谱系性”。如果解释得具体一点，一组同源词的直接音义谱系关系，通过“映射”的形式投射到另一组对象上，使得被投射的另一组对象也间接地获得了音义遗传的谱系性，这种谱系性就叫作“映射谱系性”。如此，音义谱系性可以作如图 6-22 所示的分类。

- 音义谱系性
  - 映射谱系性（句法位谱系性）
  - 直接谱系性
    - 同源词谱系性
    - 同源语法形态谱系性
    - 同源语法范畴谱系性

图 6-22　音义谱系性分类图

“映射谱系性”是被音义直接谱系性投射过来的，因此，映射谱系性没有音义遗传性，即不是音义遗传而形成的谱系性。投射而形成的映射谱系性自身也不具备遗传性，即映射谱系性不会再遗传为另一映射谱系性。即是说，映射谱系性是一次性的投射谱系性。映射谱系性也可以叫作“句法位谱系性”。

（二）句法位及其谱系性

1. 句法位

所谓“句法位”，就是由“外延词”“内涵词”的分布顺序构成的词序。由于语言的外延词、内涵词仅有两类，所以句法位也仅有两类，如图 6-23 所示。

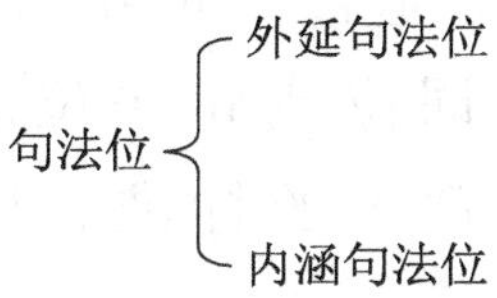

图 6-23　句法位逻辑分类图

“外延句法位”就是外延词分布的词位，“内涵句法位”就是内涵词分布的词位。这两种句法位可以分布于主干句法的主语与谓语之上，也可以分布于附中句法的中心词与修饰语之上。句法位映射同源的类型如图 6-24 所示。

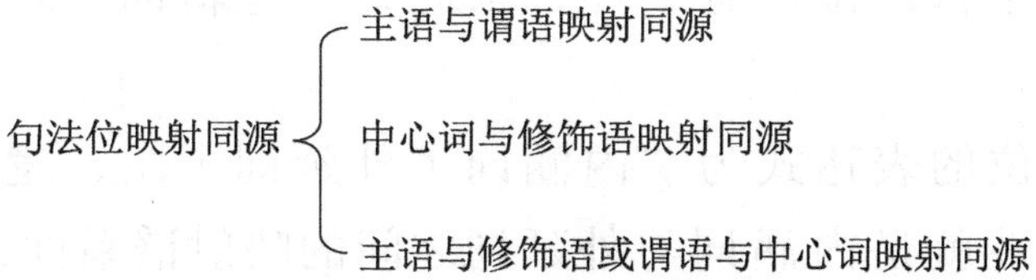

图 6-24　句法位映射同源分类图

总而言之，从逻辑谱系上看，句法位映射同源就是外延词位与内涵词位的被映射同源。

2. 词位与音义谱系性——词位（句法位）的映射谱系性

“词位”就是词单位的排列顺序，词单位的排列自身是没有音义谱系性的，但是词单位何以如此排列，是具有影响或决定因素的。这一影响或决定因素来自词单位之间的音义组合关系。这种“词单位之间的音义组合性及其理据”就是词位的映射谱系性，建立在音义谱系关系之上的词源学叫作“组合词源学”，因此，组合词源学就是“形式词源学”或“基因词源学”。

由于词位是处于语境之中的，所以词位又被称为“句法位”，词位的映射谱系性就是句法位的映射谱系性。

3. 词位（句法位）映射谱系性的类型

由于词位（句法位）是被“词单位之间的音义组合性及其理据”所决定的，所以词位或句法位的映射谱系性，就可以根据逻辑或非逻辑（物理）的标准，区分为两类，如图 6-25 所示。

图 6-25　词位或句法位映射谱系性的逻辑与物理分类图

语言的逻辑词位仅有一种，因此，“逻辑词位映射谱系性”也仅有一种。

逻辑词位的表达式为“内涵词（外延词）”，逻辑词位之间的映射谱系性就是内涵词与外延词之间的映射谱系性，如图 6-26 所示。

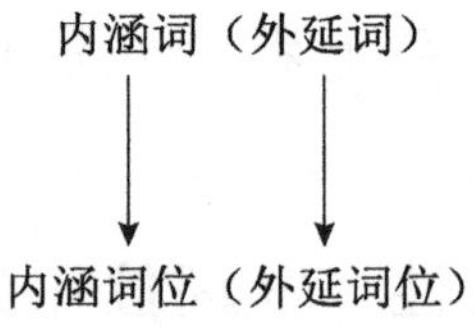

图 6-26　逻辑词与逻辑词位之间的映射谱系性图

如果语种中的外延词与内涵词或跨语种中的外延词与内涵词之间具有音义直接谱系性，那么，外延词与内涵词的这种音义谱系性就会分别映射到外延词位与相应的内涵词位上。由内涵词与外延词的音义谱系性所产生的二者之间的适配制约关系，就保障了这种映射谱系性的二维复合性，表示如下：

内涵词位-外延词位（映射谱系，制约谱系）

4. 句法位映射谱系性的可靠性条件

只有内涵词及其相应同源外延词之间才会构成映射谱系关系。如果内涵词及其相应的外延词之间不具备音义同源关系，就不会构成句法位的映射谱系关系。

5. 映射谱系句法位的个案性与不可类推性

映射谱系句法位不具有类推性，仅仅具有个案性，即是说，映射句法位仅仅是分布在某组同源词上，一旦离开了该组同源词，映射句法位便不复存在。这也就是说，映射句法位不具有独立存在的资格，只能依附于具体同源词上。由此看来，句法位可作如图 6-27 所示的区分。

句法位
- 映射句法位（谱系兼类型句法位）
- 非映射句法位（类型句法位）

图 6-27　句法位的映射与非映射分类图

6. 映射句法位的意义

映射句法位在确定语种的同源关系中，仅仅具有辅助作用。单纯依靠句法位的映射谱系关系的求证，是不足以证明语种的谱系关系的，因为句法位映射谱系性仅仅是一种皮附的谱系性，说到底，句法位的映射谱系性还有赖于同源词的直接谱系性才能存在。求证句法位的映射谱系性，是一件锦上添花的事儿，但是不具有独立证明的作用。

类型句法位即不是同源词映射而成的映射句法位，与语种之间的谱系性没有联系。那种单纯依靠句法位的类型学特征试图证明语种之间的谱系性的做法，是不足凭信的。据此，映射句法位可以进行区分，如图 6-28 所示。

- 映射句法位
  - 谱系映射句法位
  - 非谱系映射句法位

图 6-28　映射句法位分类图

可见，“映射”是句法的普遍机制，即所有句法（包括主干句法、附中句法）都是由词单位映射构成的。只有“谱系映射句法位”才可以形成同源句法。

三、映射词位（句法位）的物理排列类型及其逻辑属性

词位或句法位的映射谱系性，除了“逻辑词位映射谱系性”以外，还有“物理词位映射谱系性”一种。这种物理词位映射谱系性还可以作如图 6-29 所示的区分。

- 物理词位映射谱系性
  - 主干词位映射谱系性
  - 附中词位映射谱系性

图 6-29　物理词位映射谱系性分类图

“主干词位映射谱系性”即分布在主语位、宾语位与谓语位之间的映射谱系性，“附中词位映射谱系性”即分布在中心词位与修饰词位之间的映射谱系性。

物理词位映射谱系性可以归结为句法位，即外延词位（主语位、宾语位、中心词位）与内涵词位（谓语位、修饰词位）之间的映射谱系性的函项式，表示如下：

物理词位映射谱系性=内涵词位（外延词位）

四、求证古汉语、吐蕃藏语的外延词、内涵词（均为句法词）的直接谱系性以考证汉语、藏语的外延词、内涵词的“映射同源句法位”的基本概念

（一）“映射同源句法位”概念的产生机制

汉藏语的语法领域，除了音义直接谱系性成分以外，尚有“等比例”（指谱系成分与类型成分等比例）的类型学成分，即人类语言的共性成分，这就像人类家族一样，除了家族谱系基因成分以外，人类家族还有头、五官、四肢等人类肢体类型学共性成分。本书的目的是从汉藏语的类型学共性成分中区分出汉藏语的谱系性成分。

分析语法“句法位”的逻辑类型学性质[①]，就产生了“映射同源句法位”这样的概念。这是分析语法即逻辑分析语言学引入汉藏语历史语法领域的一项新拓展，其作用是最大限度地区分出汉藏语语法领域的谱系性因素，以便与汉藏语的同源形态与同源语法范畴结合，进而共同与汉藏语词源学构造汉藏语同出一源即原始汉藏语的谱系树语种家族同源体系，而不是去搞人类语言只有一个共同源头的亚当夏娃式的常识性判断，也不是去搞人类语言类型学与谱系统一体即人类语言同出一个源头的变相说法。

“映射同源句法位”明确表明，在汉藏语语法领域，除了语法形态、语法范畴以外，句法位即词序及其变化不蕴含直接的音义谱系关系，仅仅是具有直接音义谱系性的同源词关系的映射而已。由此说来，逻辑句法位可以区分为如图 6-30 所示的类型。

① 杨光荣：《论“分析语法”——自然语言的可计算性及其形式理论》，《山西大学学报（哲学社会科学版）》，2014（2）：52-71.

逻辑句法位
- 映射同源逻辑句法位
- 非映射同源逻辑句法位

图 6-30　逻辑句法位分类图

“逻辑句法位”是逻辑类型学句法位，其中蕴含着具有映射同源关系的逻辑句法位，可以说，类型学的关系要大于谱系的关系，即类型学中包含着谱系关系。语言同源要大于语种同源，语种同源被包含在语言同源中。

“非映射同源逻辑句法位”属于自然语言的逻辑类型学的句法位，这是人类自然语言的类型学共性句法位。“映射同源逻辑句法位”是指逻辑句法位中具有“映射同源关系”的句法位，即是说，这是类型学句法位与映射同源关系的对应结合体。

（二）“语言类型学”的演进及其分类，逻辑语言类型学（简称“逻辑类型学”）对自然语言符号可计算性的揭示与刻画；数学符号是自然语言符号的派生物，“自然语言组合逻辑”

语言类型学产生于 19 世纪中期的欧洲，语言类型学的第一阶段是“形态类型学”，这是由德国语言学家施莱赫尔在其所著的《印欧语比较语法纲要》（1876 年第四版）中提出的，即把自然语言区分为“孤立型”（词根语）、“黏着型”与“屈折型”三种类型[①]，与其后的编插语一起构成语言的四种类型，这是对自然语言形态共性普遍现象的第一次分类揭示；其后 20 世纪 60 年代，出现了美国语言学家格林伯格的“语序类型学”，这是依据各语族 30 种语种材料对自然语言词单位排列（词序）普遍现象的

① [丹麦]威廉·汤姆逊：《十九世纪末以前的语言学史》，黄振华译，北京：科学出版社，1960，第 87 页.

分类揭示（总结出 45 条语序普遍现象或趋势）。

形态类型学、语序类型学都属于自然语言的表层类型学，即基于自然语言词单位的视觉形态与词单位的线性排列的分类揭示。逻辑类型学则属于自然语言的深层类型学，即基于自然语言的逻辑单位及其组合计算关系对其深层普遍现象的分类揭示。如此看来，语言类型学经历了一个从表层共性揭示到深层共性及其组合计算关系揭示的演进历程，如图 6-31 所示。

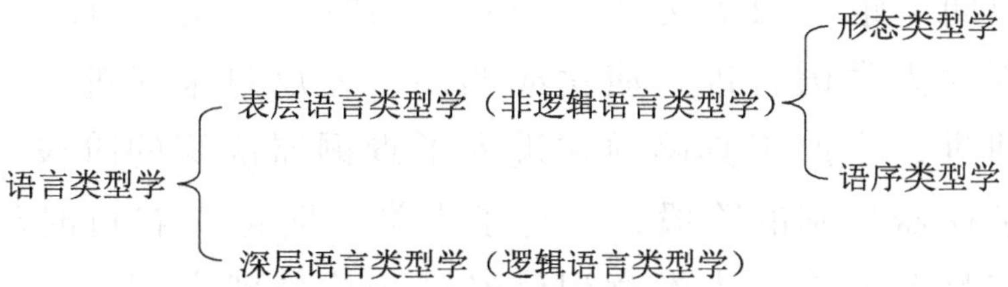

图 6-31　语言类型学演进分类图

自然语言的逻辑类型学以“（内涵词，外延词）集合”作为逻辑基础，以“内涵词、外延词，算子词、联结词”四大逻辑词类作为词单位基础，揭示了人类自然语言的数学共性——离散性、递归性与层次性，与其组合计算形式——“核义（类义）”，以及其嵌套计算的普适性。表明数学“$f(x)$”计算及其嵌套计算是以上这一计算形式的推广，这也揭示出“$f(x)$”计算形式的心智本质，可以说，数学计算本质上是人类心智的计算，数学计算与心智计算在本质上是相同的。

逻辑类型学是继德国数学家弗雷格第一次把自然语言与数学语言融为一体进行探讨后，对自然语言可计算性比较系统、比较深入的揭示与刻画，展示了人类自然语言在语义深层或逻辑深层的逻辑同一性，以及与组合逻辑的共性属性。一句话，自然语言是一个具有无限可计算性能力的生物符号体系，其自身蕴含着出自生物物理天然演进的组合逻辑——“自然语言组合逻辑”，其计算能力堪比数学符号的组合逻辑，其计算结构与数学符号是完全一致的。由此可见，数学符号是人类自然语言符号能力的派生物。自然语言符号作为一个演算系统，是在漫长的演化中进化而成的，其演化的内在动力是人类的意识，是人类意识对外在世界的分类细化，是人类意识内在心智的分类细化。这两大意识动力同步促进了音姿的演化，一方面促进音姿对外在世界的分类细化，另一方面促进音姿对内在心智的分类细化，最终导致“意识函项”与“音姿函项”的同步演化的成熟，这一成熟期是在旧石器时代晚期（距今 2.7 万年）与新石器时代（距今 1.2 万年）之间。正因为人类语言进入演化成熟期，才反过来促进了生产工具函项的演进，生产工具函项才进入了青铜器浇筑的阶段，才进一步进入了铁器打制的阶段，才有了人类文明进入农耕时代的快速发展。就目前而言，人类意识已经处于成熟状态期。

（三）自然语言组合逻辑“核义（类义）”演算是自然语言产生的直接动力

人类的自然语言起源于计算（思维），可以说，人类是一个具有计算能力的超级动物。德国哲学家卡西尔说，人是一个符号动物，这句话说对了一半。确切地讲，人是会思维（计算）的动物。思维（计算）的需要催生了自然语言符号，反过来说，自然语言符号的产生完全是为思维（计算）服务的。自然语言的计算形式就是自然语言组合逻辑“核义（类义）”计算及其嵌套演算，这是自然语言产生的动力，也可以称得上是一种大自然生物物理的天然设计。

（四）组合逻辑“f（x）”演算是自然语言组合逻辑“核义（类义）”演算的推广

组合逻辑“f（x）”计算及其嵌套演算是自然语言组合逻辑“核义（类义）”计算及其嵌套演算的推广与派生，因为数学符号及其计算是自然语言符号计算的推广与派生。

（五）“组合词源学”

这里的组合词源学的表达式为“核音义（类音义）”，这是自然语言组合逻辑的重要组成部分。如此看来，自然语言组合逻辑是由三部分组成的，如图 6-32 所示。

自然语言组合逻辑
- 组合语义学：核义（类义）演算，基元演算
- 组合词源学：核音义（类音义）演算，派生演算
- 组合句法学：内涵词（外延词）演算，派生演算

图 6-32 自然语言组合逻辑组成图

“施用演算”是自然语言组合逻辑的核心演算法则，其在语义学领域表现为“组合语义学”，在词源学领域表现为“组合词源学”，在句法学领域表现为“组合句法学”。此外，自然语言组合逻辑还可以包括“组合修辞学”（即分析修辞学，其演算法则为“修辞=修饰（文辞）”）、“组合语篇语法”（即分析语篇语法，其演算法则为“语篇=摹状（称呼）”）。其中“核义（类义）”演算属于基元演算，其余则属于派生演算。

（六）自然语言组合逻辑“核义（类义）”演算的断代及其计算单位的分期

1. 自然语言组合逻辑“核义（类义）”演算的断代

自然语言组合逻辑“核义（类义）”演算萌芽于旧石器时代初期，即萌芽于打制石器时代的初期（距今约 300 万年），成熟于旧石器时代后期——旧石器时代艺术产生的时期（距今约 2.7 万年，依据裴文中《旧石器时代之艺术》所测算的最远年代[①]）

① 裴文中：《旧石器时代之艺术》，北京：商务印书馆，1999，第 42 页.

与新石器时代初期（距今 1.2 万年）——自然语言的形成时期。

考古学家柴尔德把农业的产生作为划分旧石器时代与新石器时代的标准①，这一区分标准在自然语言组合逻辑“核义（类义）”演算的断代上，在群体分化为族群与语言分化为语种的断代上，具有重要意义。农业的产生意味着自然语言组合逻辑“核义（类义）”演算已经进入成熟期，意味着人类群体大规模地分化为族群与人类语言大规模地分化为方言、语种，可以说，族群的产生与方言、语种的产生，在总体上开始于农业的产生时期。这即是说，族群的产生与方言、语种的产生都集中在新石器时代，都是距今 1.2 万年之内的产物。因此，原始汉藏语、古汉语与吐蕃藏语都属于新石器时代之内的产物，都属于农业产生之后的产物。

因此，新石器时代、磨制石器与烧制陶器、农业产生、家畜家禽饲养、距今 1.2 万年诸项指标，就是族群、语种断代的标志。

旧石器时代晚期、旧石器时代艺术产生、距今 2.7 万年，就是人类自然语言产生的诸项指标，是人类自然语言产生的标志。

2. 自然语言组合逻辑计算单位的分期

1）自然语言组合逻辑计算单位可以分为四期

第一期，内涵词时期（旧石器时代初期，距今约 300 万年），产生于打制石器初期，人类尚处于动物与人类的过渡状态中。

第二期，外延词时期，亦可以被称为“内涵词-内外词初期”（旧石器时代中期，距今 150 万年），产生于内涵词之后。

第三期，算子词时期（旧石器时代晚期，距今约 2.7 万

① 陈文华：《农业考古》，北京：文物出版社，2002，第 13 页.

年），产生于内涵词、外延词之后。

第四期，联结词时期，产生于内涵词、外延词、算子词之后。语言进入成熟期，都具有产生联结词的条件。但是，联结词不是必需的词类，可以多，可以少，有文字的书面语，联结词就多，无文字的口头语，联结词就少。联结词属于二元运算，可以用一元运算来取代。

2）逻辑词类与原始语的分化，以及与语种谱系性的分化

原始汉藏语的分化、汉藏语的词根谱系性，主要分布在内涵词、外延词上，因为内涵词、外延词是语种之所以成为语种的充分必要成分，即必需成分，或不可缺少的成分，属于构成语种生命力的必备成分。

人之所以成为人，也是由于人具有了语言能力，即具有了内涵词与外延词，并能进行自然语言组合逻辑“核义（类义）”的演算。因此，语言之所以成为语言，语种之所以成为语种，内涵词、外延词及其组合逻辑演算的能力是不可缺少的，因此，语言的分化实际上是内涵词、外延词的分化，语种谱系性实际上是内涵词、外延词的谱系性。关于自然语言组合逻辑“核义（类义）”演算，其实质是自然语言的逻辑类型学的演算，属于自然语言逻辑的“基元演算”，与内涵词、外延词的谱系性没有必然的联系。映射同源句法位仅仅是一种可能性的分布，不具有逻辑必然性。单纯依靠句法位来论证语种之间的谱系性，缺乏可靠性；只有在考辨词根基因谱系性的基础上来探讨句法位的同源映射关系，才是可靠的。

3. 语种的断代原则与汉藏语的断代指标

1）语种的断代原则

（1）语种产生于语言（旧石器时代末期，距今约 5 万年）之后，语种是语言分化的产物；族群产生于群体之后，族群是群体

分化的产物；语言随族群的分化而分化。

汉语、藏语的出现是在农业文明产生之后，在土地载能提高与群体分化之后，属于新石器时代的产物。

新石器时代（距今 1.2 万年）是群体增长、分化的第一个高峰期，苏秉琦考古学所称的六大文化区系产生于新石器时代，“满天星斗”的现象就源于此；新石器时代以前就有群体的分化与迁移，但尚未达到高峰期。

（2）内涵词与外延词是语言的充分必要条件与必备成分，因此，凡是语种都有内涵词与外延词；内涵词与外延词最早出现；内涵词（外延词）的逻辑句法与内涵词、外延词同步产生。原始汉藏语产生于新石器时代，该时代属于无文字时期；原始藏语与原始汉语都属于无文字时期。

（3）算子词、联结词来自内涵词、外延词，产生于内涵词、外延词之后。

（4）人类语言由“连续音”（不分音节音）走向“分音节音”，由“多音节”走向“单音节”，由“轻重音”走向混合韵律，再走向“声调”；人类语言可以由“单音节音”复合为“多音节音”，可以既有声调又有轻重音。

2）汉藏语的断代指标

原始汉藏语（新石器时代汉藏语）已经进入“繁-单音节”时期，该时期属于无声调时期。甲骨文时期属于有文字时期，汉语尚无字声调的产生，韵律处于固定音高阶段。

《诗经》时期属于字声调萌芽时期，汉语由“繁-单音节”进入向“简-单音节”演化的时期。

《切韵》时期属于字声调形成时期，汉语属于“简-单音节”。

吐蕃藏语（公元 7 世纪）属于无声调时期，尚处于“繁-单音节”时期；公元 12 世纪，吐蕃藏语进入有声调时期，音节进入“简-单音节”时期。

3）汉语音节及其韵律形式的演进

现代汉语的韵律形式是“字声调”与“单音节复合词”轻重音的混合韵律形式，因此，现代汉语的音节性质属于“单音节复合词”，并不是什么真正的“双音化”，仅仅是单音节词根的复合，现代汉语的词是以“复合单音节词”为主，先秦汉语的词是以单音节词（非复合单音节词）为主，所以，汉语的单音节词性质，或词根语性质，或孤立语性质并没有发生改变，依然如故。据此，汉语音节演变历程可区分为两个阶段，如图 6-33 所示。

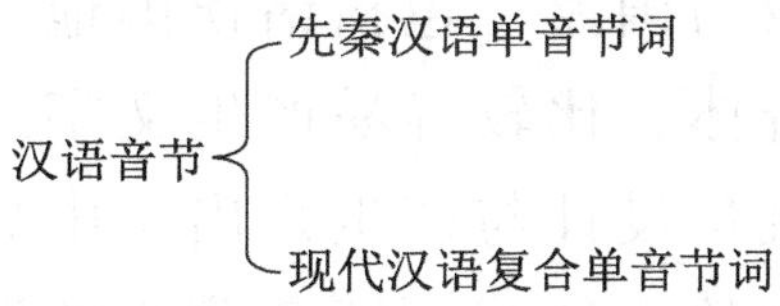

图 6-33　汉语音节古今应用与结构演变图

可见，从先秦汉语的结构-应用单音词演变到现代汉语的应用复合单音节词与结构单音节词的应用-结构分离局面，其内在机制就在于词的递归机制——现代汉语复合单音节词是先秦汉语单音节词的递归嵌套的结果，这才是汉语词汇演进的真相。

4）文字产生的动力来自人类语言与文字的递归属性

东汉许慎的《说文解字叙》中，把汉字的产生归结于八卦推演、结绳记事的局限性与其记录功能的不足等因素的推动，其实，汉字产生的真正原因是：“仓颉之初作书，盖依类象形，故谓之文；其后形声相益，即谓之字。字者，言孳乳而浸多也。”[①]许慎的这句话也可以简单地归结为“文者，字之本；字者，言孳乳而浸多也”的法则。这是对文字递归性的古代朴素认识。这是文字产生的真正机制。当然，八卦推演、结绳记事，以及绘图纪事等，对文字的产生都有一定的启示作用，但是真正导致文字产生

① 许慎：《说文解字·弟十五上》，北京：中华书局，1963，第 314 页．

的则是递归机制。许慎《说文》对 540“部首”（形符）的总结，遵循“分别部居，不相杂厕（徐锴曰：‘分部相从，自许始也。’）”[①]的法则，就是对文字产生递归机制的贯彻；清代朱骏声《说文通训定声》对 883“声母”（声符）的归纳，不但探讨了文字产生的法则，而且探讨了文字语言（汉字汉语形音义）递相滋生的内在机制。由此推知，甲骨文的产生也来自递归属性的作用。

世界上为何多数语言没有文字？这属于需要不需要的问题。这是一个需要不需要的概率问题，不是逻辑必然性问题。人口众多的群体、拥有王权与国家（包括诸侯国地方政权）的群体、接受外来文化影响的群体，比较容易产生文字。中华人民共和国成立后，民族文字的批量设计与产生是出于中央政府民族政策的需要，是中国革命事业的一部分。吐蕃藏文的设计与产生是出于吐蕃王权的需要与受印度文化的影响所致。

文字为何都是递归的？一言以蔽之，适应语言的递归性。唯有如此，才可以以文字的递归适应语言词的递归，达到文字递归同步对应语言词递归的效果，结绳记事、绘图纪事等都不具备与语言词的同步递归条件，这是这些纪事形式被淘汰的根本原因。

5）《圣经》“语言神授说”猜想与德国赫尔德《论语言的起源》猜想等合理观念

其一，《圣经》“语言神授说”猜想，是蕴含着内在机制的观念。《圣经》首先倡导语言神授的猜想[②]，称语言来自“神力”的创造。这种猜想曾经主导着欧洲 17、18 世纪的学术界。如果把这种“神力”理解为一种内在的机制力量的话，也有其合理性；不足的是，当时的欧洲学术界对这种“神力”为何尚不清

---

① 许慎：《说文解字·弟十五上》，北京：中华书局，1963，第 316 页.

② ［德］J. G. 赫尔德：《论语言的起源·译序》，姚小平译，北京：商务印书馆，1999，第 i 页.

楚。但这种猜想的思路无疑是正确的。

其二，普鲁士科学院院士苏斯米希提出了语言神秘主义猜想：“苏斯米希的推理是：人类语言具有异常复杂的机理和精巧的组织，可以归简为二十个左右的符号（即字母），这样一种神奇的机制不可能出自凡人之手，只有万能的上帝才能造出它来。”①如果把姚小平的转述视为苏斯米希的意思，其中蕴含着有限生成无限的合理观念。笔者要指出一点，这种神奇的机制不是来自上帝，而是来自人类意识与音姿的递归属性。

其三，赫尔德关于人类语言来自人类“心灵”的猜想是可取的。赫尔德说：“神造就了人类心灵，而人类心灵则通过自身的作用不仅创造出语言，而且不断地更新着语言。神的崇高本质映现在人类心灵之中，使之藉助理性而成为语言的创造者。所以，只有承认语言源出于人类本身，才可以说，语言在一定意义上是神的作品。”②赫尔德的这一猜想无疑是可取的，人类语言只能来自人类心灵自身。要指出一点，赫尔德猜想尽管是合理的，但是在数学递归论产生（产生于20世纪30年代）之前也仅仅是一个猜想，尚无条件从数学原理上、从技术上加以阐明。

其四，人类语言来自意识函项与音姿函项的演进，这一思路属于内在机制的范畴，如果说真有什么神秘力量，人类意识与音姿的数学函项的递归嵌套演算机制便是创造语言的内在的神秘力量，这也可以说是一种内在机制的力量创造了人类的自然语言。至于这种内在机制神秘与否，当未揭示出这种机制的数学本质时，人们视之为“神秘”也是情有可原的，不必苛求于古人。

笔者的语言起源说，与国外学者的观念，有着深层的共性，

---

① ［德］J. G. 赫尔德：《论语言的起源·译序》，姚小平译，北京：商务印书馆，1999，第 ii 页.

② ［德］J. G. 赫尔德：《论语言的起源·译序》，姚小平译，北京：商务印书馆，1999，第 iii 页.

一是人类语言是有限生成无限，二是人类语言的产生是一种内在机制推动的结果，三是人类语言来自人类心灵自身。但是，也有本质的不同之处，一是这种心灵内在机制经历了人类自身的漫长演进，即从旧石器时代人与动物的界限不分明算起，一直绵延到旧石器时代艺术的产生时期，二是与旧石器时代艺术（产生于距今 2.7 万年）的产生同出一源，三是揭示了这种“神秘”机制来自人类意识与音姿函项的同步无限递归属性法则，四是揭示了“工具函项”与意识函项、音姿函项的相互促进演化作用，不但论证了“劳动创造了人本身”的法则，证实了德国思想家恩格斯的猜想[①]，而且提出了“语言创造了人”的法则。

第三节　汉藏语句法位的映射同源求证

一、“句法位”的深层界定

“句法位”就深层而言，属于逻辑词位，即词单位在句法结构中的逻辑分布。句法位是“词位”的一种，词位是一种空间，由物理空间与心智空间构成，如图 6-34 所示。

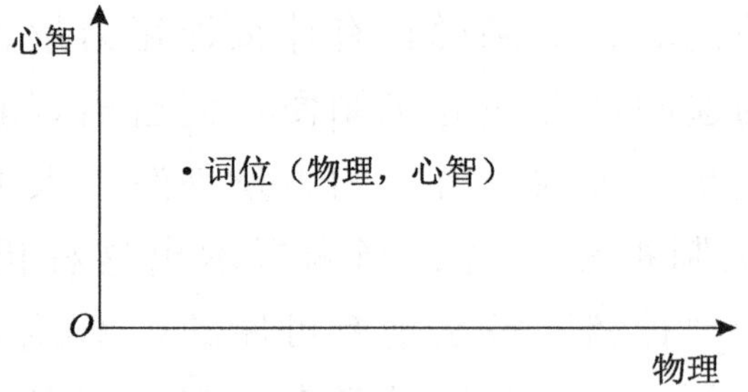

图 6-34　词位二维空间图

① [德]恩格斯：《劳动在从猿到人转变过程中的作用》，中共中央马克思恩格斯列宁斯大林著作编译局译，北京：人民出版社，1971，第 1 页.

句法位不同于词单位的“语符位”（语符列词位）的物理分布，前者属于逻辑非线性分布，后者属于词的物理线性分布。句法位的逻辑非线性分布也包含词的物理线性分布。据此，“词位”的区分如图 6-35 所示。

词位
- 语符位（物理词位，线性空间词位）
- 句法位（逻辑词位，非线性空间词位）

图 6-35 词位的物理与逻辑分类图

人类语言或语种的词位，从大的方面讲，不外乎以上两大类型，其中“逻辑词位”属于句法位这一深层词位，属于人类语言的普遍词位，而且人类语言也仅仅具有这一种深层词位。“语符位”属于人类语种的表层词位，而且仅仅为语种所具有，因语种不同而呈现表层的语序、形态类型学差异。

语符位的线性排列法则制约所有词位，是词位排列的总法则，句法位的非线性组合制约所有词位的深层组合，因此，词位就是表层线性排列与深层非线性组合的纠缠统一体。

二、“句法位映射同源”的界定与句法位的分类

“句法位映射同源”是指分布于句法位或句符位词位的词单位之间具有音义谱系关系，这种谱系关系的词位映射就构成句法位映射同源，因此句法位映射同源依然是由词单位的同源关系决定的，因为词位无论是语符位，还是句法位，都是属于类型学性质的，其自身不包含音义谱系关系，因此句法位自身不具备谱系性。

求证“汉藏语同源句法位”的映射谱系，即求证对应外延句法位与内涵句法位的映射谱系关系。只要求证外延词——名词、代名词与相应内涵词——动词、形容词之间存在着直接同源关系，就等于求证了外延句法位与内涵句法位之间存在着间接的映

射谱系关系。句法位的区分如图 6-36 所示。

句法位
- 外延句法位
- 内涵句法位

图 6-36　句法位分类图

要注意一点，外延句法位与内涵句法位之间具有逻辑谱系的必然性，也具有音义谱系的可能性，因此，单纯依靠句法位求证语种谱系性，得出逻辑谱系性是必然的结果，但仅仅有语种音义谱系性的可能性。可见，单纯从语法（特别是句法结构）论证语种谱系性的方法是不可取的，因为所得结果可能是一种逻辑谱系，也可能是一种音义谱系。

三、句法位的句法表征类型

“句法位的句法表征”是指词单位的句法分布，可以进行如图 6-37 所示的区分。

句法位的句法表征
- “动/名”系主干句法位
- “修饰/中心词”系附加句法位

图 6-37　句法位的句法表征分类图

可见，句法位这种逻辑句法与物理句法之间大致有着对应关系，即逻辑句法外现为物理句法时存在着对应法则。

四、汉语、藏语“动名”型核音义位的同源考辨

汉语、藏语“动名”型核音义位的同源考辨是论证汉语、藏语物理句法（“动名”型句法，“型”侧重于表达表层物理含义）之间具有映射谱系性的基础。“句法词组合”的不同命名形式有以下两种。

（一）“动/名”系核音义位的命名

这里所谓的“动/名”系（“系”侧重于表达谱系之意）核音义位的命名，其中的“动/名”意为“由名称造成的语句的范畴”之意，是一种逻辑命名形式。这种命名形式来自波兰的范畴语法，说得通俗一点，意为在主干句法结构中，动词与相应组合的名词之间存在着核音义位这一遗传成分，即存在着音义谱系性。“动/名”系核音义位不但贯穿于主干型句法结构，而且还贯穿于附中型句法结构，即是说，无论主干型句法结构还是附中型句法结构，其深层逻辑结构与表层物理结构都是一致的。据此，句法位的映射谱系性在主干型句法结构与附中型句法结构中表现也是一致的，只要证明其中一种成立就可以证明另一种也成立。因此，其可以表示为两条法则：其一，同一“动名”型同源词的主干型句法的映射同源成立，其附中型句法的映射同源同样成立；其二，同一“动名”型同源词的附中型句法的映射同源成立，其主干型句法的映射同源同样成立。

以上两条法则是句法位映射同源考证的基本准则。

（二）“名动组合”的命名

胡坦的“名动组合”属于一种句法的物理组合命名形式，胡坦说：“名词（N）动词（V）是藏语中两个最开放的词类，每类成员众多，能产性强。名·动组合表达事物的种种状态、事物与动作的各种关系，是一种最常见的句法组合。这种组合从语法上看，既非并列，亦非并重，而是以动词为核心、名词为补足成分的动词性短语。由于藏语属于动居句尾型语言，因此名词和动词的组合总是名前动后。”①

① 胡坦：《藏语中的名动组合》，见胡坦：《藏语研究文论》，北京：中国藏学出版社，2002，第 505 页.

可见，两种不同的命名法蕴含着不同的命名理据，因为各自的研究对象、研究目标不一致。

五、汉语、藏语、原始汉藏语“动名”型同源词的直接谱系性及其“动名”型句法位的间接映射谱系性（实证考辨与原理阐释）

（一）“主干句法位映射谱系性”的求证——古汉语“动/名”系核音义位

本小节研究“动/名”系内涵词、外延词核音义的同源问题，只要把对象确定为“同源函项”即可。

句法函项可以进行区分，如图 6-38 所示。

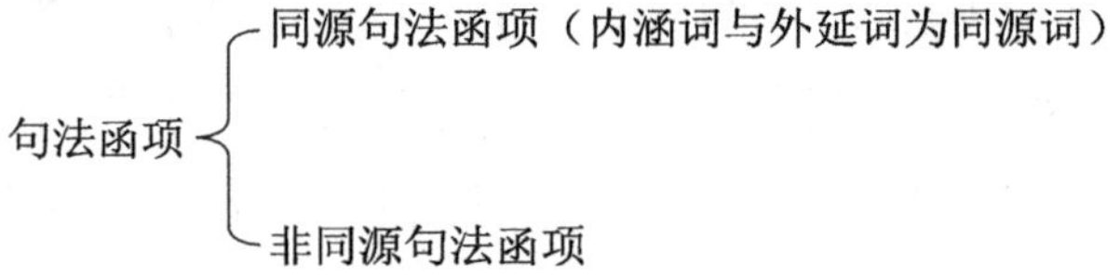

图 6-38　句法函项的同源与非同源分类图

“句法函项”属于一种逻辑函项，具有逻辑类型的性质。自然语言的句法函项是人类语言的一种普遍现象，“同源句法函项”是指如果句法函项的内涵词与外延词属于同源词，则该句法具有同源映射关系，属于同源映射句法。同源映射句法的决定因素是构成句法的内涵词与外延词之间具有同源关系，因为句法函项作为一种抽象关系式是语言的共性，但是语种之间的句法是否具有映射同源关系，则取决于内涵词与外延词的同源赋值。

（二）古汉语与吐蕃藏语“内涵词（外延词）”句法函项中的内涵词与外延词之间是否具有同源关系的考辨

由于“动/名”系核音义属于函项命名，这种命名法打通了词根、词形态、词关系之间的核音义关系。

如果能够考辨古汉语与吐蕃藏语“内涵词（外延词）”中的内涵词与外延词之间具有同源关系，就可以证实古汉语与吐蕃藏语的“句法函项”具有非类推性的个案性谱系关系。这是一种概率谱系，不是逻辑必然谱系。

古汉语与吐蕃藏语的内涵词与外延词，如果有 10%的同源关系，说明有 10%的古汉语与吐蕃藏语的句法有同源映射句法关系，如果超过 50%的句法有同源映射句法关系，说明古汉语与吐蕃藏语的句法是近源同源关系。

映射句法位同源关系属于同源词集合的映射谱系，完全遵守“动名”型同源词的两条映射法则，不属于同源词滋生的递归谱系。据此，同源词谱系性的区分，如图 6-39 所示。

同源词谱系性
- 同源词递归谱系
- 同源词映射谱系（句法位谱系）

图 6-39　同源词谱系性分类图

“同源词递归谱系”决定“同源词映射谱系”（句法位谱系）。

（三）汉语“动名”型同源词的直接谱系性及其“动名”型句法位的间接映射谱系性考辨

【例 1】《论语》子曰：“政者，正也。”（按：“孔曰：政谓法教”）

考证以上先秦古汉语句法“政者，正也”的外延词句法位“政”与内涵词句法位“正”是否具有映射同源关系，关键在于能够证明该句的外延词“政”与内涵词“正”是否构成词根音义谱系性（“动名”型同源词）。

现在分析如下。

（1）正、政属于同源词，其词源构造如下：

核音义　　**类音义**

正=（章纽耕部/立正，0/止足）

↓　　↓

政=（章纽耕部/立正，0/击打）

“正”与“政”，由于二者核音义属于“音节核音义”，即核音义为“章纽耕部/立正”，因此具有词根音义谱系性，属于同源词。在“政者，正也”句法结构中，“政”为“法教”，属于名词即外延词，“正”为动词即内涵词，二者为“动名”型同源词。

（2）“正/政”动名型同源词映射为“动名”型同源句法位“政者，正也”，表示如下。

“政”“正”构成同源词集合，表示如下：

（政，正）

同源词集合（政，正）映射为

（政，　　正）

↓　　↓

词类集合（名词，　　动词）

又映射为　　↓　　↓

逻辑词位集合（外延词位，内涵词位）

依据“核音义（类音义）”计算法则与“外延词+内涵词”物理分布法则，得：“政者，正也”为映射同源句法位。

该例子先是考辨“正，政”为“动名”型同源词，得出二者之间具有直接音义谱系性。然后再通过“正”与“政”之间的直接音义谱系性，映射“政”为外延词位与“正”为内涵词位，二者之间具有映射音义谱系性。

这种句法位映射的谱系性来自动词“正”与名词“政”具有共同的核音义位。这就是说，词基因核音义位在纵向上具有遗传性，在横向上具有组合制约性，可以表示为

被正者，可以正也。

因此，“政”的外延词位与“正”的内涵词位之间具有映射谱系性，这种映射谱系性是来自外延词“政”与内涵词“正”之间直接的、递归的谱系性。

名词是定位词，代名词是封闭词，语种之间的名词谱系、代名词谱系是最具有解释力的。这说明，汉语同源词“正/政”系的句法位具有映射谱系性。

由此看来，汉语具有名动组合关系的同源词，其句法位具有映射谱系性。这种映射谱系性来自具有组合关系的同源名词与同源动词，其深层机制可以表示为以下两条法则。

法则一：映射谱系句法位=名动关系（谱系音义位，组合性），即具有名动关系的一组词，如果具有音义谱系性，一旦组合，就会构成“映射谱系句法位”。

法则二：类型句法位=名动关系（非谱系音义位，组合性）。具有名动关系的一组词，如果不具有音义谱系性，一旦组合，就会构成“类型句法位”。如此讲来，汉语的主干句法位范畴，从历史时期的上古汉语（《诗经》时代汉语）到今天的现代汉语，只要是具有名动关系的同源词，其主干句法位就一定具有映射谱系性，同样地，其附中句法位同样具有映射谱系性。

这是就同一语种汉语之内而言的。

【例2】位者，立也。

这一文言句子是依据先秦文献《尚书》里的两句话拟定

的，文献材料依据如下。

依据之一是《书·顾命》："一人冕执刘，立于东堂屋。"俞敏注："动词。"依据之二是《书·盘庚上》："由乃在位。"俞敏注："名词。"[①]拟定的文言句子"位者，立也。"之所以成立，笔者将理据陈述如下。

（1）"立/位"属于"动名"型同源词，其音义具有谱系性的理由如下：

核音义　　　　类音义

立=（来纽/站立，缉部/人站立行为）

按："甲骨文、金文和小篆的指事字。象人（大字）正立在地上；下一横线表示地平面。站义。"[②]

位=（匣纽/站立，物部/人站立之处）

按："甲骨文和西周金文作立。立字象人正面立在地上，也就是有其位置。金文常说'即立（位）'，即各就各位、王就王位义。战国时有从鬼从立的。小篆隶楷加人旁作位。加人旁，即因立字显不出是人正立形。古音声母演变舌尖1-脱落……"[③]

可见，"立"在小篆隶家之前经历立了一个"动名"同字阶段，是一个复声纽，演变到"位"字，舌尖音1-脱落，分化为两个单辅音声母。

依据词源函项结构的法则"核音义（类音义）"，"动（立）名（位）"词可以表示为"立（位）"这一动名词的函项结构。可见，具有谱系性的"动名"词自身就蕴含着动名句法结构。

---

① 俞敏：《俞敏语言学论文二集》，北京：北京师范大学出版社，1992，第199页.

② 高景成：《常用字字源字典》，北京：语文出版社，2008，第144页.

③ 高景成：《常用字字源字典》，北京：语文出版社，2008，第281页.

（2）“立/位”映射为同源句法位“位者，立也”分析如下。

由于“立/位”动名同源词可以表示为“动名”函项结构：

立（位）

该函项结构又可以表示为内涵词外延词函项：

内涵词（外延词）

依据原始汉语的句法物理结构 OV 型语序，得下列文言文句子：

位者，立也。

其白话文意思为

位置，就是站立（于上）。

可见，外延句法位“位”与内涵句法位即“名动”型句法位具有映射谱系性。

总之，“动名”型同源词可以映射为“名动型”映射主干句法位与“附中型”映射附加句法位。

词的滋生，一般来讲，先有动词（包括形容词）后有名词，至于动词、名词的形式，可以采取动词、名词分别单立的形式表达，也可以采取动名同词的形式表达。

（四）藏语“动名”型同源词的直接谱系性及其“动名”型句法位的间接映射谱系性的考辨

【例 3】tɕhu［名］

A.水。B.河。[①]

ntɕhu［动］舀水。（胡坦注：现·未）

① 西北民族学院藏文教研组：《藏汉词典》，兰州：甘肃人民出版社，1979，第 269 页.

（1）“tɕhu”（水）、“ntɕhu”（舀水）属于藏语“动名”型同源词，其音义谱系性可证明如下：

核音义 类音义

tɕhu[名]（水）=（tɕhu/水，o/水体）

ntɕhu[动]舀水=（tɕhu/水，n/舀水行为）

按：这一组“动名”型同源词的滋生，其核音义均为“tɕhu/水”，形成对应谱系，这一核音义（词基因）的“核音”是由单辅音声/tɕh/与元音/u/构成的，其“核义”为“水”，这是“动名”型同源词“tɕhu”（水）、“ntɕhu”（舀水）的遗传成分。“tɕhu”（水）、“ntɕhu”（舀水）的变异成分为“类音”（o/n）与“类义”（水体/舀水行为）。

（2）藏语“动名”型同源词“tɕhu”（水）、“ntɕhu”（舀水）可以构成一个外延词、内涵词谱系集合。

“tɕhu”（水）、“ntɕhu”（舀水）这一“动名”型同源词集合，可以映射为外延词位、内涵词位句法集合，如图 6-40 所示。

词源 =（“tɕhu”（水），“ntɕhu”（舀水））

↓　↓

句法=（外延词位（水，名），内涵词位（舀水，动））

图 6-40　“动名”型词源结构映射为“动名”型句法结构图

可见，句法位或句法词的映射谱系性是由词源的递归谱系性所决定的。映射谱系性不可以类推，递归谱系性是可以类推的。

笔者早在《论“分析语法”——自然语言的可计算性及其形式理论》[①]一文中就从理论上阐释了“词源”与“句法”的深层谱系对应关系，详情见原文，此不赘。

① 杨光荣：《论“分析语法”——自然语言的可计算性及其形式理论》，《山西大学学报（哲学社会科学版）》，2014（2）：52-71.

至于汉藏语“动名”型同源词的直接谱系性及其“动名”型句法位的间接映射谱系性的考辨，这是一个概率极低的个案递归谱系对应问题，如图 6-41 所示。

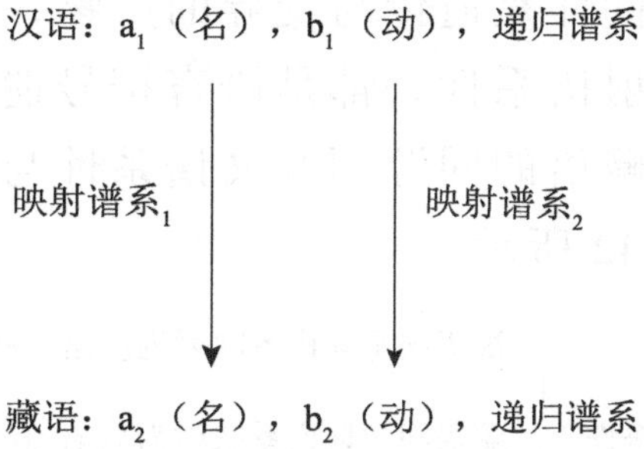

图 6-41　汉藏语“动名”型同源词与“动名”型句法位映射谱系图

针对这一问题，如果把汉语、藏语同源词分别设定为 a_1 与 b_1、a_2 与 b_2 两对，就会产生两个平行递归谱系、两个平行映射谱系，而且要求“同类核音义对应”“同类类音义对应”，符合这些条件的同源词在理论上也许存在，但是在实践上概率极低，寻找起来极为困难。即使能找到，其也就是映射谱系，不属于递归谱系，价值有限。

六、汉藏语谱系性的物理范围与分类

从以上先秦古汉语“正、政”的“动名”型同源词考辨与“立、位”的“动名”型同源词考辨，以及藏语“动名”型同源词“tɕhu”（水）、“ntɕhu”（舀水）的直接谱系性可以映射为“tɕhu”（水）、“ntɕhu”（舀水）的外延词、内涵词的间接句法位的映射谱系性考辨中可以看出，同源词只要符合“动名”型同源词这一条件，就具有映射为“动名”型间接谱系主干句法位、“附中型”映射谱系性的现实性。

不但先秦汉语的“动名”型同源词具有如此直接音义谱系现象与间接映射谱系现象，就是吐蕃藏语以及汉藏语同样具有如此现象。这是一条通用法则。究其原因，自然语言是一个遗传与变异的符号体系，遗传是为了保障交际与交流的连续性，变异是为了保障交际与交流的区别性与可懂性。汉语与藏语，作为原始汉藏语的分支语种，同样是遗传与变异的产物，从同源词的音义谱系性到句法位的映射谱系性，都是语言符号遗传与变异作用的结果。据此，汉语、藏语的同源词音义谱系性与其句法位的映射谱系性的区分如图 6-42 所示。

汉藏语的谱系性
- 汉语同源词谱系映射为汉语句法位谱系
- 藏语同源词谱系映射为藏语句法位谱系
- 汉藏语同源词谱系映射为汉藏语句法位谱系

图 6-42　汉藏语的谱系性分类图

可以看出，汉藏语的谱系性有动名同源词的直接音义谱系性与动名句法位的间接映射谱系性；有各分支语种汉语、藏语之内的动名同源词的直接音义谱系性与动名句法位的间接映射谱系性；还有汉藏语动名同源词的直接音义谱系性与汉藏语动名句法位的间接映射谱系性。

这就是汉藏语谱系性的全部物理表征范围与全部内容。

第四节　汉藏语“基元句法位”的逆推求

一、语种“基元句法位”的类型学特征

（一）基元句法位的类型学性质

作为一种语种，原始汉藏语即史前汉藏语就像其分支语种汉语、藏语一样，具有“基元句法位”，即初始句法位，这是最简单的可以派生其他句法位而且自己又不被派生的句法位，亦即直接来自语种词源结构函项的句法位。

句法位都来自深层的词源结构，所有语种的词源结构都是相同的函项结构，但是词源函项结构映射为语种物理结构却具有类型学的差异，因此，基元句法位亦可以被称为物理基元句法位，是一种类型学的东西。

（二）上古汉语、古今藏语以及原始汉藏语的物理基元句法位

1. 上古汉语的基元句法位

春秋时期，根据孔子及其弟子的言行编辑而成的《论语》，可以说是当时口语的记录，在文献学上《论语》一般被称为“语录体”，其口语性质要胜过甲骨刻辞，因为甲骨刻辞从一开始就可能是书面语，距离当时口语比较远。

《论语》“政者，正也”的句法是一个完整的句子。“政”是外延词，居于外延词位，“者”是别事词（《说文》“者，别事词也”），即区分对象的词，“正”表明了“政”的外延词性，即具有指称性的属性，“正”居于句尾，是内涵词，属于内涵词位，这个句子的主干句法位属于内涵词后置型（居句尾型），内涵词“正”对外延词“政”具有约束作用。

传统古汉语语法认为，“也”起判断作用，这是一个判断句。这种解释并不符合“正”与“政”的同源关系符号事实，实际上“也”起一种描述作用，是用来描述“政”与“正”的谱系关系的，据此，“政”与“正”的词源结构映射为物理基元结构只能是内涵词“正”居于句首或居于句尾，而且汉语在类型学上不属于“动词居句首”型，如此，先秦汉语只能是“动词居句尾”型了。

2. 古今藏语以及原始汉藏语的基元句法位

先秦汉语的“动词居句尾”型，与古今藏语的“动词居句

尾”型，均属于物理基元句法位，因此，原始汉语、原始藏语以及原始汉藏语的基元句法位是“动词居句尾”型，即 OV 型。

二、基元句法位具有谱系性的条件及其理据

如果若干语种拥有基元句法位，这并不能证明基元句法位之间就具有谱系关系，只有证明承载基元句法位的词汇单位之间具有直接递归谱系关系，才可以证明它们之间具有谱系关系。

三、汉藏“基元句法位”及其功能

（一）汉藏“基元句法位”的句法演变机制

汉藏“基元句法位”是汉藏历史比较语法的基本单位之一。汉藏基元句法位可以分为“外延句法位”与“内涵句法位”，如图 6-43 所示。

汉藏基元句法位
- 外延句法位
- 内涵句法位

图 6-43　汉藏基元句法位构成分类图

汉藏外延基元句法位与内涵基元句法位构成函项关系，表示如下：

汉藏内涵基元句法位（汉藏外延基元句法位）

汉藏基元句法位及其函项式，是汉藏句法演变的驱动机制。

（二）汉藏语基元句法位的功能

汉藏基元句法位的物理句法框架格式，可以分为两种：其一，外延句法位+内涵句法位（基元内涵词居句尾型）；其二，内涵句法位+外延句法位（基元内涵词居句首型）。

以上两种物理排列形式，是汉藏语基元句法位的基本排列形式，这两种排列形式会形成两类修饰语中心词格式，如图 6-44 所示。

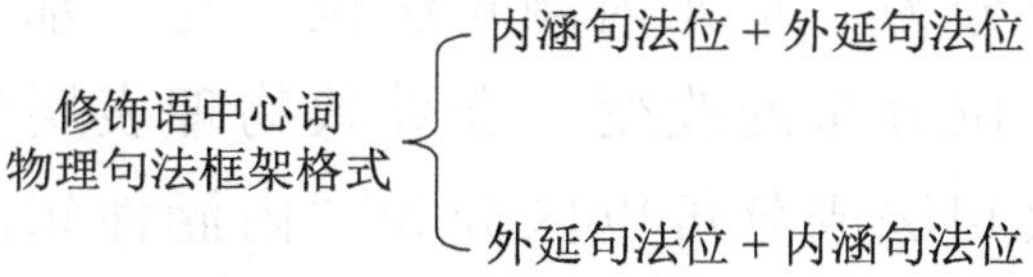

图 6-44　汉藏语修饰语中心词物理句法框架格式分类图

可以看出，无论是主干物理句法框架格式，还是修饰语中心词物理框架格式，都是类型学的。要证明一种语种的这两类格式具有谱系性，办法只有一个，只有证明承载句法位的词汇标记或语法标记具有谱系性，才可以映射为句法位的谱系关系，如图 6-45 所示。

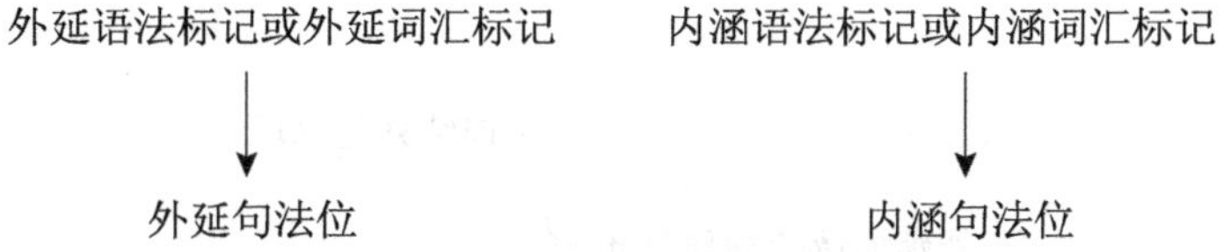

图 6-45　基元句法位谱系机制映射图

可以看出，句法位自身不存在谱系关系，这是因为句法位仅仅是抽象的符号格式，不是音义符号实体，因而没有谱系关系的音义依托。外延语法标记或外延词汇标记、内涵语法标记或内涵词汇标记，是基元句法位的承载音义体，基元句法位的谱系关系是由它们决定的，而且这种证明是个案性的证明，不可以类推。

四、汉藏语基元句法位分布的改变会导致物理基元句法位类型的改变

（一）基元句法位的深层适配机制

基元句法位是一种句法基因抽象格式，即语法构式。作为一

种抽象格式，其自然具有抽象属性，即内涵性与外延性。基元句法位的抽象属性具有一种约束机制，即内涵性与外延性是正反型适配的。

基元句法位分为“基元内涵句法位”与“基元外延句法位”类型，基元句法位分布的改变，会导致物理表层句法成分分布的改变，物理表层句法成分可以区分为“内涵性句法成分”与“外延性句法成分”。基元句法位分布改变，由于“异性（内涵外延异性）组合原则”的传导、制约作用，相应地也会引发“内涵性句法成分”与“外延性句法成分”分布的重新组合。

（二）外延词域的物理类型与内涵词位的物理类型及其与句法形态的繁简、简化问题

在句法语境中，外延词域的物理分布有不同类型，如图 6-46 所示。

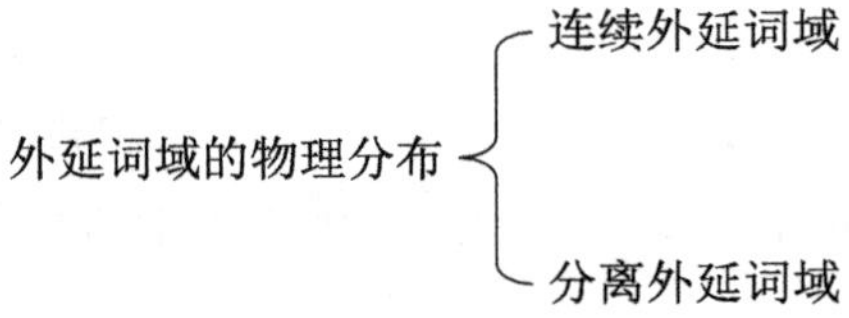

图 6-46　外延词域的物理分布分类图

“连续外延词域”就是在句法语境中，两个或两个以上的外延词的物理分布是无间隔分布；“分离外延词域”是指在句法语境中，两个或两个以上的外延词的物理分布是间隔分布。现作如下表述。

【例 1】 连续外延词域（外延词 $_1$，外延词 $_2$）←内涵词

路 $_1$	南边 $_2$	在
角色标记 $_1$	角色标记 $_2$	前约束
		后置型

前置型词序 1 个

【例2】分离外延词域（外延词$_1$）←内涵词→（外延词$_2$）		
路$_1$	在	南边$_2$
角色标记$_1$		角色标记$_2$
前约束中置型		后约束
前置型词序1个		后置型词序1个

1. 连续外延词域句法范畴的特征

“连续外延词域”中，如果以后置型“内涵词”作为参照点，两个外延词都是前置型词序位（简称“词位”），在数量上仅有一种词位，即前置型词位，形成“路南边在”的物理词序格局。这里的例子都是以汉语为例，而且句子都是由光杆词构成的，在汉语中“不成句”。

2. 分离外延词域句法范畴的特征

“分离外延词域”有两种外延词位，如果以中置型“内涵词”作为参照点，两种外延词位一种是前置型外延词位，一种是后置型外延词位，在数量上是两个外延词位，形成“路在南边”的物理词序格局。该句子同样是以三个汉语光杆词构成的，在汉语中“成句”。

3. 解决“连续外延词域”句法范畴与“分离外延词域”句法范畴不成句与成句的策略

分析比较【例 1】、【例 2】，二者的唯一不同之处在于【例 1】是连续外延词域，【例 2】是分离外延词域。这表明，【例 1】连续外延词域不成句的原因是外延词$_1$与外延词$_2$的角色不明，【例 2】分离外延词域成句的原因是外延词$_1$与外延词$_2$的角色准确。要想使【例 1】连续外延词域成句，就要给外延词$_1$、外延词$_2$赋值。赋值的方式就是增添标记运算——主格标记与宾格标记。标记运算的形式有两种——内部屈折标记与外部形式词标记。至于具体到某一语种采取何种标记形式，那是由该语种的形态类型决定的，屈折语采取内部屈折标记手段，词根语采取外部形式词标记手段。

4. 后置型内涵词的逻辑属性变化与否与所携带的附属成分的关系

（1）后置型内涵词，是指内涵词的各种内涵性语法标记，例如态范畴标记、时范畴标记、体范畴标记等，以及各种算子词（副词、助动词）都附着在内涵词之上，表示如下：

$$\text{内涵词}_{\text{后置（算子词（副词前/后、助动词前/后））}}$$

至于后置型内涵词的算子词的词位分布，则随着语种的不同而有别。

要指出一点，算子词属于内涵性的附属词类范畴，因为它属于附着于内涵词之上的附加成分，它的逻辑属性也取决于所附载词即内涵词的逻辑属性。

（2）现代汉语的否定词“没”与“不”，前置于内涵词，二者的性质不同，“我不吃了”句子中，“不”是算子词，属于内涵性算子词，非内涵词；“我不铅笔”不成句，表明“不”的算子词性质。

“我没吃嘞”“我没铅笔了”两句均成句，表明“没”（大约兴起于唐朝后期）是内涵词，“没”之后的“吃”“铅笔”均为外延词。“吃”的常规词性（非语境词性）是动词，在句子语境中变换为名词，由内涵词变换为外延词。这一点表明，在 15 世纪前与后，“没”的逻辑属性都是否定外延词的。

（3）有的语言，例如英语，表示否定往往采取否定前缀形式，其可以被视为词根的前缀成分，其逻辑属性是内涵性前缀。

5. “基元句法范畴”的抽象解释

“基元句法范畴”的抽象解释，可以形式表征如下。

“施为外延词+内涵词”为基元句法：

我$_{零标记或主格标记}$吃了。

“受事外延词+内涵词”：

南边$_{宾格标记}$在。

6. 对句法形态繁复与简单、简化机制的解释

石毓智、李讷针对句法形态繁复及其简化的机制有一个解释，他们二人把此类现象归纳为“汉语的语序对语法标记的制约”，他们认为：“我们观察到一个现象，从共时的角度来看，凡是采用 SVO 的语言，形态标记相对简单；凡是采用 SOV 的语言，形态标记相对比较复杂。……主要有两种原因造成 SOV 语言的复杂形态系统。第一，从功能上看，主语（通常为施事）和宾语（通常为受事）皆位于谓语动词之前，容易造成表达上的歧义，所以倾向于用一种形式标记来区别谓语动词之前的名词的语义角色。所以这种语言大都有主语和宾语的语法标记。第二，从语法化的途径来看，SOV 语言比较容易产生与动词有关的各种语法标记。这种语言的很多成分限制在动词之后，比如助动词、否定词以及各种各样的副词，动词是句子的基本成分之一，一定负载一个重音，而人类语言的一个共同现象是，重音之后的附着成分的语音成分最容易弱化，如果这些被弱化的成分具有表示动作行为普遍范畴的语义特征，就会成为一种语法标记。SOV 语言形态标记复杂化的原因也正是 SVO 语言形态简单化的理由。”①

我们参照他们的经验解释，以历史分析语法对词序范畴与基元句法范畴构成的系统机制进行形式刻画，解释基元句法位对形

① 石毓智，李讷：《汉语语法化的历程——形态句法发展的动因和机制》，北京：北京大学出版社，2001，第 7-8 页.

态范畴、一般语法范畴以及算子词词类范畴的制约作用，以求技术细节的精准及其相应理据的明晰。

第五节　汉藏语句法位与形态位的关系、汉藏语句法同源的深层机制、形式词源学与历史分析语法的逻辑统一性——词源与句法相统一的汉藏历史比较

一、“形态位”的界定及其性质

“形态位”包括两类，一类是词汇形态位，一类是非词汇形态位。非词汇形态位可区分为屈折形态位与黏着形态位，如图 6-47 所示。

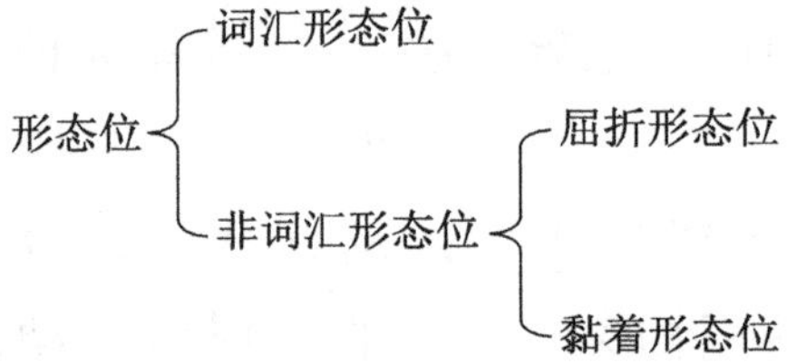

图 6-47　形态位分类图

“词汇形态位”隐含于词根的音义之中。汉语作为词根语，其词汇形态位与句法位直接发生关系；藏语作为形态比较丰富的语言，其非词汇形态位与句法位发生直接的联系。可见，词根语的句法位与形态丰富的语言的句法和词汇层面的联系不尽相同。

二、汉藏语形态位与句法位的对应关系

汉藏语“形态位”与“句法位”是一对刻画“词序”（词位）的概念，二者刻画的对象是完全相同的，但是二者刻画的角度是不同的。汉藏语形态位是从形态的角度来刻画词序的，汉藏语句法位则是从句法的角度来刻画词序的。但是汉藏语的形态位与其句法位均可以从逻辑词位的角度作出区分，二者的

对应关系如图 6-48 所示。

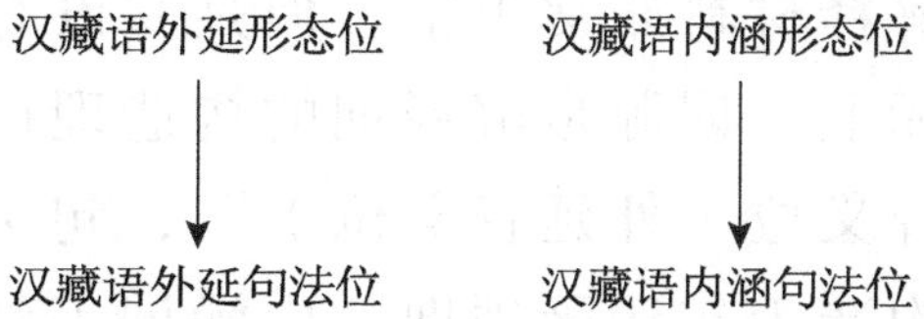

图 6-48 汉藏语形态位与其句法位的映射图

汉藏语“外延形态位”与其“内涵形态位”均可以区分为“有标记形态位”与“无标记形态位”。汉藏语“外延句法位”与其“内涵句法位”既包括“有标记句法位”，又包括“无标记句法位”。

可见，与其说汉藏语词类与其句法成分之间具有对应关系，不如说汉藏语形态位与其句法位之间具有对应关系，这样更切合实际。

无论是印欧语的格范畴（一般为有标记范畴），还是马建忠的汉语的“次”范畴（无标记范畴），其实质都是讲形态位（包含零形态位与非零形态位）与句法位之间的对应关系的。

三、词源所蕴含的句法机制

词源蕴含着句法，就如同玉米种子蕴含着玉米株一样，区分就在于玉米种子是潜在的玉米株，玉米株是成长的玉米种子。同样地，词源是潜在的句法，句法是词源的表征。这一观念就如同弗雷格的概念蕴含着命题一样。词源函项与句法函项的逻辑统一性，即词源音义位对句法位的映射，是形式词源学与历史分析语法逻辑统一性的基础。

关于词源作为句法的潜在初始单位（不同于词是句法的显性单位）及其在教学语法上的具有显著性的应用，以往汉语词源学此类文章甚多，此不赘。

在古希腊，词源是被包含于语法之中的，在传统“汉注”、“唐疏”以及“清经解”中，词源也被包含于语法之中，清代王引之的《经传释词》就是词源与语法（虚词）融合的典范。但是，词源与语法究竟是怎样一种关系古人不得而知。尽管我国古代对词源的经验解释材料非常丰富，但是并没有明确论述词源与语法的关系。实际上，词源是解释词的构造理据的，其构造为词源函项即“内涵音义位（外延音义位）”；句法则是解释句子的构造机制的，其构造为句法函项即“内涵词（外延词）”，二者存在一种从词源底层到句法表层的映射关系，词源函项与句法函项都统一于逻辑函项即“内涵性（外延性）”构造。可见，词源单位是句法的最初始的单位。迄今为止，句法都是以词为初始单位的，即使是把“语素”定为句子的最小单位，由于汉语的单音节性，语素基本上也是一个单音单纯词，因此，词源作为句法的最初始的单位具有坚实的事实基础与合理的理论依据。因此，词就是句，词的展开——词源函项，就被映射为句法函项，这是句子从词源深层结构到语法表层结构的真实关系。

从大学教学语法方面看，把词源与句法从结构上统一起来，可以使学生获得从词源深层到语法表层的统一认识；把词汇与句法统一起来，可以避免目前词汇、语法分立教学体系的条块分割状况。

现代汉语是古代汉语的继承与延续。现在的大学现代汉语教学，把现代汉语与古代汉语割裂开来，如此会使学生对现代汉语停留在一个浅层次的感知与认识层面上，也拉低了现代汉语的教学水平。教学就是教育，就是形塑，教育就是启人心智，使人由蒙昧变为睿智，成为一个对社会有益的人。大学现代汉语教学的古今分割状况，过分追求简单实用，这不利于现代汉语与古代汉语的衔接，也不利于中华优秀传统文化的传承，“汉注”“唐疏”“清经解”的优良传统依然值得继承，这种继承不但是应用的，而且是学术的理论的继承。

四、词源函项蕴含着句法函项——词源函项对句法函项的映射层次

就自然语言符号而言，词源函项就是最为深层的句法函项。词

源函项对句法函项的映射关系可以分为三个层次，如图 6-49 所示。

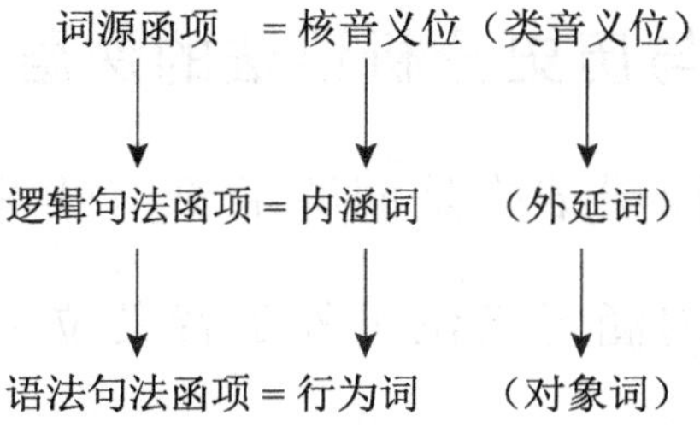

图 6-49　从词源函项到语法句法函项的映像层次图

从“词源函项”映像到“语法句法函项”共有三个层次。词源函项这一层次是语法句法的底层，这一层次主管词的创造，包括词的音义位的创造。“逻辑句法函项”这一层次是最为关键的层次，“内涵词”“外延词”都是音义合一体，内涵词包括“内涵义”与“内涵音”，外延词包括“外延义”与“外延音”，表示内涵义的内涵音与表示外延义的外延音，可以是“有形态标记音”，也可以是“无形态标记音”。该层次属于以位置（表层为物理语流分布，深层为逻辑分布）来确定意义，印欧语的“格范畴”、马建忠和黎锦熙为汉语设计的“次、位”概念与术语（属于经验元语言），都是在这一层次产生的。语言的有形态与无形态也都是产生在这一层次上。“语法句法函项”这一层就是人们习见的句子层次，这是一个视觉层次，语言的有形态与无形态都是根据这一层作出区分的。传统的形态类型学也是根据这一层来划分的。

五、“词源函项的属性制约法则”与“句法函项的属性制约法则”的逻辑统一性——统一于“属性异性逻辑制约法则”

词源函项“内涵音义位”与“外延音义位”的属性制约法则、逻辑句法函项的“内涵词”与“外延词”的属性制约法则，都可以抽象为“属性异性逻辑制约法则”。这也是词源函项与句法函项具有统一性的原因。

六、形式词源学与历史分析语法的深层结构

形式词源学的深层结构是词源函项，可以表示如下：

内涵音义位（外延音义位）

“内涵音义位”与“外延音义位”中蕴含着历史与共时的因素，因此词源函项不只是历史结构，同时也是共时结构。既往的历史比较与共时语言学可以统一于词源函项的深层结构之中。

历史分析语法的逻辑结构是句法函项，可以表示如下：

内涵词（外延词）

这一逻辑结构也是历史与共时的统一体。

词源函项与句法函项二者均可以统一于逻辑函项，可以表示如下：

内涵性（外延性）

这是形式词源学与历史分析语法的共同逻辑基础。

“内涵性（外延性）”属于“施用”演算，即是说，原始汉藏语与分支语种汉语、藏语都是在施用演算的制约下发生演化的。

由此可以得知，“演化语言史”就是施用计算条件下的语言演化史。

七、词源函项与句法函项同出一源——词源与句法相统一的汉藏历史比较

无论是词源函项（谱系函项），还是句法函项（包括映射谱系函项与非映射谱系函项），都是人类心智对世界结构的复认知即“心智意象（物理物象）”的映射，即谱系函项结构与非谱系

函项结构同出一源（词义源头与音姿源头）。可见，谱系与非谱系即类型同出一源，即是说，谱系是发生学的，类型也是发生学的——发生学不但不是谱系与类型的分水岭，而且还是谱系与类型的共同点。由此语言学界往往产生两个误区，一是把谱系与类型加以对立，二是把谱系与类型加以等同，这两种态度都是不妥当的。因为世界上的事物并不仅仅是“对立”与“等同”的状态，尚且存在着既纠缠又区别的状态。

人类的“复认知”就是既纠缠又区别的一种认知状态，即既具有物理的物质基础，又具有生物物理的心智基础，这就是说，自然语言是物理物象与心智意象的复合象似性符号体系。形式词源学与历史分析语法就是建立在这一自然语言复合象似性符号体系基础之上的。

因此，谱系与类型在发生学条件下呈现纠缠现象，谱系与类型是共生的，但是谱系与类型又是可辨别的。这是本汉藏历史比较的着力点之一、创新点之一。

词源与句法统一于汉藏历史比较之中。在历史比较中，词源与句法是紧密联系的，可以说，没有词源就没有历史比较，这在印欧历史比较中就是如此。但是，从词源深层上来探讨词源与句法的统一性，这是本汉藏历史比较的又一着力点，也是本书的又一创新点。

既往的汉藏历史比较，或侧重于词汇的比较，或侧重于音系的比较，或侧重于语法的比较，本汉藏历史比较力图贯彻词根音义、形态音义、语法范畴音义，以及句法词的映射音义谱系相结合的系统性论证的策略，立足于音义系统，从系统上论证了汉藏语的同出一源的属性，把汉藏历史比较建立在坚实的事实基础之上与有力的理论论证基础之上，这是本书的结论性观点。

当然，研究未有穷，进一步的探讨有待去深入发掘。

终章　分支语种汉语、藏语谱系性的封闭性、系统性与历史比较法的演进

第一节　研究的材料根基与元语言根基

学术研究不是凭空玄想，不是无端猜测，而是建立在材料根基之上的一种探讨事实真相、追求真理的行为。这是学术研究第一性的根基，即对象语言方面的根基。

本书的材料根基同样是事实，即人类所说的话语。人类对话语的理解经历了一个从感知到形式的认知演化历程。当初人们对话语的理解停留于感知阶段，觉得话语就是进行交流的一种媒介。之后文字的产生，推动了人们对语言的理解，人们不仅可以通过文字交流，而且还可以借助于文字治理天下，梳理万物，记录现实以便垂范于后世之人，如此人们对语言的理解由共时的交流进入了历史的传承领域。在 19 世纪的欧洲，语言学家随着对古印度梵文的深入了解，发现了梵文所记录的梵语与古希腊语、古拉丁语及其他印欧语系语言的形态联系，人们对语言的理解由历史的传承进入了形态的谱系领域，形态历史比较法由此而产生。19 世纪末到 20 世纪初，德国数学家、分析哲学的创始人弗雷格在对自然语言的分析中发现了自然语言与数学语言之间的内在联系，这是形式历史比较法产生的诱因之一。

多数学术行为，尤其是人文学科（例如语言学）的学术行为，其初始探讨一般是经验型的感知描述，中外莫不如此，充满了不确定性，说服力不够强。之后，随着研究的演进与深入，其

在元语言方向上逐渐地由经验走向形式，从感知描述过渡到形式刻画，确定性大为增强，模糊性大为减少，说服力由弱转强。这是学术研究的第二性的根基，即学术研究的元语言方面的根基。

学术研究的第一性的根基是事实，虽然事实不能自动产生知识，但是事实的确是知识产生的基础。因此，学术研究（简称为研究）可以表示如下：

研究=f（事实，经验元语言描述或形式元语言刻画）

以上研究函项是研究的通用法则，可见，研究就是由事实与研究的元语言输出的一个结果。研究的演进是由事实认知的演进与其元语言的演进协同输出的。

“经验元语言描述或形式元语言刻画”就是元语言方面的操作，这是学术研究的引擎，是学术研究的驱动器。“事实”是研究（以元语言描述或刻画）的根基，没有了事实也就没有了研究。

语言谱系的确立，同样是建立在事实基础之上的。因此，对汉藏语谱系确立的事实即材料的讨论与元语言的革新也是十分必要的。

本书贯彻有什么样的事实就有什么样的元语言的原则，即强调元语言与事实具有针对性，强调有的放矢，这是保障元语言具有有效性的基本途径。语言事实是一种生物符号的事实，即人类可以言说的事实，一棵不知名的树木不能被称为语言符号事实，一旦被命名则可以称之为语言符号事实。语言符号事实具有音义构造性、复符号性、离散性、递归性以及层次性等属性，这是研究语言符号事实的元语言之所以建构的事实根基，即是说，本书的基因历史比较法或形式历史比较法是基于语言这一符号事实的生物属性与数学属性所提出与建构的，因此，基因历史比较法或形式历史比较法具有客观的、坚实的语言符号事实基础。

语言事实的生物属性与数学属性保障了基因历史比较法或形

式历史比较法的有效性，元语言的形式化则保障了基因历史比较法或形式历史比较法的可操作性，即有效性、可操作性是基因历史比较法或形式历史比较法的显著特征。当然。可论证性与可推导性才是保障基因历史比较法或形式历史比较法有效性与可操作性的内在机制。基因历史比较法或形式历史比较法的根本机制来自语言符号的离散性、递归性以及层次性。

这里要特别指出，“音义位”不同于“语素”，语素是以音节为表征单位的，音义位是以声纽、韵部以及音节作为表征单位的；音义位是词源学的基本单位，语素则是词汇学的基本单位；音义位与音位、义位同属于一个层次，语素仅仅是合成词的构成单位，严格地说，对于词根语而言，语素的设置似乎是赘疣；音义位与语素二者的性质以及学科归属是不相同的，切不可混淆。另外，音义位是自然语言复符号性的产物，是由核音义与类音义二者构成的，语素则被视为一个音义结合的不可再分的最小单位，可见，音义位又是一个比语素更为深层的词源单位。此外，音义位可以以音节为表征单位，语素同样可以以音节为表征单位，但是“音节”表征并不能成为音义位与语素为统一单位的标准，音节形式的音义位在构造上是一个携带着“漂浮类音义位”的核音与核义相统一的音义位，其在构造上是与声纽音义位、韵部音义位属于同样性质的词源单位，语素则是一个单纯的词汇单位。

第二节　语种谱系性的封闭性、系统性与“系统论证”

一、语种谱系性的封闭性

语种谱系性具有封闭性，语种谱系性的区分可如图 7-1 所示。

语种谱系性
- 语种内谱系性
- 语种间谱系性

图 7-1　语种谱系性内外分类图

“语种内谱系性”“语种外谱系性”合称为“语种内外谱系性”。语种内外谱系性均表现为词根音义、形态音义、语法范畴音义这三种形式的谱系性，这三种音义的谱系表现形式属于直接的音义表现形式。此外，句法位的映射谱系性属于音义谱系的间接表现形式，即映射表现形式，但不是根本的表现形式。这就是语种谱系性的封闭性。要指出一点，语种谱系性属于类型学范畴，即语种谱系性的分布范围是有限的、固定不变的。

关于语种谱系性的封闭性，其机制是由语言符号音义组合的类型随机性及其组合后的音义递归性所决定的，语言符号音义组合的这种随机性与递归性需分别用数学的决策论与递归论来讨论，这里涉及自然语言符号的产生以及人类语言的起源问题。笔者在上文的有关部分已经随文进行了论述，尤其是对语言符号音义组合后的递归属性在“形式词源学”部分进行了详尽的讨论，此不赘。这是一个博大精深的领域，这里可以给出原则性的陈述，即语言符号音义组合的类型随机性使人类语言获得了多样性，人类语言据说有 7000 多种就是这样产生的；自然语言符号音义组合后的递归性又保障了人类语言的统一性，音义位就是自然语言统一性的基本单位，语种谱系性的封闭性就是自然语言符号音义组合后递归性的产物，这也是汉语、藏语具有共同基因的一个原因。

二、语种谱系性的系统性

语种是一种自然语言符号，凡是自然语言符号就具有离散性、递归性与层次性，这是语种的三种根本属性。语种的这三种根本属性就决定了语种谱系性具有系统性属性，即语种的离散性、递归性与层次性分别表现在语种词根音义、形态音义、语法范畴音义的谱系性上。因此，语种谱系性是一个严密的类型符号与谱系符号演算系统——语种演化就是演算演化，演算演化具有科学与人文统一性。

这里要指出一点，“层次性”被有的语法学者称为结构主义语法学说的属性。这是一种误解，事实上，层次性是自然语言符号的固有属性，而不是哪一种语法学说赋予的，无论是结构主义语法还是传统语法都具有层次性，“等级性”也好，“层次性”也好，都是自然语言符号层次性这一固有属性的表达形式。层次性之所以被误解为结构主义语法属性，是因为研究者把研究对象自然语言与研究学说——结构主义混为一谈，即把对象语言与元语言混为一谈。

三、语种谱系性论证的系统性——“系统性论证”（“绝对说服力论证”）

语种谱系性的论证，也是具有系统性的，这是由自然语言符号的封闭性、系统性所决定的，即对象的系统性决定研究的系统性。本书分别论证了汉语、藏语词根音义、形态音义与语法范畴音义的谱系性，把递归性法则贯彻到词根音义、形态音义与语法范畴音义的谱系论证之中。

当然，语种谱系性的论证可以是系统性的，也可以是非系统性的，不过系统性的论证是一种根本的论证，较之于非系统性的论证具有非常强的说服力，其可以被称为“绝对说服力论证”。

以往的经验历史比较法，在形态系统性的驱动下，同样具有某种程度的系统性论证特征，但是由于形态历史比较法或经验历史比较法自身的经验描述的局限性，其论证的系统性远不如基因历史比较法或形式历史比较法强。

第三节　语种谱系性的直接材料与间接材料

材料是事实的基础，即事实是由材料所构成的，语言事实是由语言材料所构成的。但是，材料即语言材料具有不同的类型，不同类型的语言材料具有不同的属性与不同的功能。

一、语言直接材料与间接材料的区别

（一）语言直接材料的证明力度

汉藏语谱系是要由语言材料来确定的，语言材料是确定语种谱系的直接材料，具有直接的证明作用。

就汉藏语谱系确定的证明力度而言，可以将直接材料由强到弱地排列如下：第一级，汉语与藏语这两种语种的语言材料；第二级，同语支材料；第三级，同语族材料；第四级，同语系材料；第五级，超级语系材料。

汉语与藏语，如果属于同语支的语种，其语言材料的证明力度是最强的，遗憾的是，汉语与藏语是同语系的材料，在直接材料中其证明力度赶不上同语族、同语支材料的证明力度。

（二）语种谱系材料的构成及其封闭性

确定语种谱系的直接材料，其组成标准是“音义亲缘成分”，只有音义具有亲缘关系的成分才可以证明语种之间的谱系关系。所谓“音义亲缘”，就是指音义位之间具有遗传成分与变异成分，说得通俗一点，就是指若干音义位之间，具有共同的核音义位以保持不同音义位之间的连续性，具有不同的类音义位以

保障不同音义位之间的区别性。

音义亲缘成分可以区分为“单音单纯词的音义亲缘成分”与“语法范畴的音义亲缘成分”两大类，如图 7-2 所示。

音义亲缘成分
- 单音单纯词的音义亲缘成分
- 语法范畴的音义亲缘成分

图 7-2　音义亲缘成分分类图

这是构成语种谱系关系的最基本的两类直接谱系材料。从表现形式来看，音义亲缘成分可以区分为“词音义形式”、“词形（形态）音义形式”与“词-词形音义形式”。这三种音义亲缘成分具有历史的音义亲缘联系。

语种的音义亲缘成分具有封闭性，其音义亲缘的表现形式具有类型学上的有限性，仅限于三类；其在语言形式的分布上仅限于以上两类；其在数量上也是有限的，语种的核音义位（核基因）的数量一般在 800—1200 个。这一数据范围是来自笔者对藏语同源词的系联与对汉语同源词的系联的数据。“数据范围”的出现，是同源词谱系联系的距离以及处理的不同策略所致的。这一核基因数量是人类自然语言拥有的核基因数目。

自然语言的音位数目（12 对区别特征）、义位数目（外延义位、内涵义位两类义位）、音义位数目（核音义位、类音义位两类音义位）具有类型学的有限性，这是人类自然语言的深层封闭性的共性特征，可以看出，尽管自然语言据说有 7000 种之多，但是其深层则是由有限的单位（音位、义位、音义位）所构成的。自然语言深层基元单位的这一有限性即封闭性属于自然语言的生物属性，同时也是自然语言的数学属性，因此，自然语言的生物属性与数学属性是同一的。这是自然语言可以进行形式刻画的根基。

二、族群等非语言间接材料的证明力度

族群谱系材料、文化谱系材料属于确定语种谱系关系的间接证明材料。这些间接材料不能够单独证明语种之间的谱系关系，没有直接证明力度。

（一）族群谱系与语种谱系保持原初一致

如果族群谱系与语种谱系保持原初的一致，即具有原初生物谱系的族群，其语种在演化中一直保持下来，没有发生换用现象，在这种情况下，族群谱系对语种谱系的证明力度很强，但是族群谱系材料依然属于语种谱系的间接证明材料。因为族群谱系属于生物基因谱系，语种谱系属于生物机能谱系，这两种谱系属于不同的谱系系统，二者不能画等号，即不具有同构对应关系。

族群基因可以通过通婚形式加以交换，但是族群的生物基因不会在短期内被加以置换，就男性 Y 染色体而言，其在男性之间可以稳定地遗传上千年。

（二）语言基因的稳定性与可置换性

语言基因也有相当的稳定性，即以汉语的语言基因而论，至少已经稳定地遗传了 2500 年以上（见本书第一部分“形式词源学”）。但是，族群可以发生母语换用现象，在战争中战败的一方，或在通婚中迁居（嫁入或入赘）的一方，母语往往发生换用现象，其母语换用的条件就是战败一方或迁居一方处于战胜一方或被迁入一方母语的包围之中。当然，如果战争中一方战胜，但是其母语依然处于战败方母语的包围之中，战胜方的母语也会换用为战败方的母语。在这种情况下，族群的语言基因是可以被整体置换的。美国人领养中国小孩（汉族），被领养小孩的族群生物基因是改变不了的，但是被领养小孩的

语言基因却可以被完全置换为领养人的母语基因。因此，不论是母语保持不变的族群还是母语被置换的族群，其族群谱系的材料都不能直接证明语种的谱系性。

（三）文化模因的可置换性

文化谱系材料也属于语种谱系确立的间接材料。文化谱系材料基本上是属于类型学性质的，其传播、换用是比较容易的一件事。文化的基因单位叫作模因，模因仅仅是语言机能的衍生品，虽然可以在文化模因与语言基因之间建立一定的谱系关系，但是文化模因与语言基因的谱系联系没有被生成与生成的强制递归关系。如此，生物基因、语言基因、文化模因三者是属于不同系统的谱系系统，其性质表示如表 7-1 所示。

表 7-1　生物基因、语言基因、文化模因性质表

基元单位	属性特征
生物基因	不能置换，可通过生物机体通婚加以交流
语言基因	可以被置换，通过换用母语
文化模因	可以被置换，通过文化传播

第四节　汉语、藏语谱系性探索途径的演进——从经验到形式

从经验到形式的演进，是人类探索历史的一般法则。

经验与形式是人类探索自然奥秘的工具、手段，经验与形式都是人类的生物机能。经验是人类探索的初级形式、初级工具，形式是人类探索的高级形式、高级工具。经验是与生俱来的，形式是后天习得的，需要符号，需要数学、数理逻辑作为工具。

经验作为元语言工具，其表达形式是自然语言的表达形式，

其优点是易于掌握，易于为一般人所理解；其缺点是有歧义，不精准，重复来重复去，不利于推进学科的发展。形式作为元语言工具，其表达形式是形式语言的表达形式，其优点是没有歧义或歧义极少，精准性好，不重复，易于推进学科的发展；其缺点是不容易掌握，不容易为一般人所理解。

形式语言可以采用人工约定的符号语言，数学、数理逻辑均如此；也可以采取从自然语言中提炼并加以约定的方式来构建形式语言。本书的第一部分“形式词源学”，其形式语言就是把自然语言加以约定而形成的。

对对象的研究，从经验到形式，不仅仅是表达形式的演进，更重要的是认识的深化，是对对象发掘的深化。因此，从经验到形式是学科发展的一种普遍现象，词源学的演进、历史比较法的演进也遵循这一法则。

从经验到形式演进的动力来自两个方面，一方面来自对对象认识的演进，这在上文已经有所论述；另一方面来自元语言的演进，二者是相辅而相成的，是互为促进的。形式词源学的产生、基因历史比较法或形式历史比较法的产生都遵循这一法则。

第五节　词源学的演进——从经验词源学到形式词源学

一、经验词源学演化到形式词源学的条件

任何事物的产生都是有条件的，形式词源学的产生也不例外。从经验词源学演化到形式词源学，所处理的对象与材料都没有变，都是自然语言的词源现象、词根音义谱系、词形态音义谱系、语法范畴音义谱系，以及句法位的映射同源谱系等材料。形式词源学的产生主要来自数学与数理逻辑的思维，以及相应的数

学与数理逻辑的元素的推动，这些形式科学的知识体系不但革新了研究者对词源现象的认知，而且引发了词源学元语言的形式化变化。下面简要陈述推动形式词源学产生的思想元素。

二、汉语词源学演化到经验词源学与形式词源学并存的阶段及其标志性术语

汉语词源学一直处于发展、演进之中。汉语词源学的发展、演进，从学科的性质来看，已经从经验词源学演进到形式词源学与经验词源学并存的时期。经验词源学经历了漫长的发展、演进历程，从先秦到 20 世纪末叶形式词源学产生之前，都是经验词源学一统天下，“义类”与“事类”、“右文说”、“纲义”与“目义”、“音近义通”、“转语”、“通假”等，都是经验词源学的标志性术语。自 1998 年“二维词源学”的问世标志着形式词源学的产生，汉语词源学进入了形式词源学与经验词源学并列发展、演进的时期，“二维词源学”、“计算词源学”、“同源音义位”、“词源递归地生成”、“词源递归函项”、“核义”与“类义”、“核音”与“类音”、“核音义位”与“类音义位”、“词源音义位”、“词源音义位适配法则”等，都是形式词源学的标志性术语。

三、形式词源学产生的思想元素

任何一门学科的产生，都是有条件的，是一定条件下的产物。形式词源学，只能是在现代数学思想例如笛卡儿解析几何、康托尔集合论、艾赫布朗与哥德尔递归函数（1930 年前后）、弗雷格有关数学思想等问世的条件下产生，不可能产生于这些思想之前。应该指出的是，经验词源学中不可能自动产生形式词源学思想，因为

形式词源学属于学科之列，是人的思维进化的结果，语言材料包括词源材料，是一种符号材料，如果没有人的因素，不可能从中自动流淌出形式词源学来。1998 年之前的经验词源学时期，还没有出现形式词源学的思想元素（“二维”“递归”“形式化”“词源函项”等），这就像苹果落地（对象语言）是万有引力（元语言）的作用，但是在牛顿万有引力定律产生之前的苹果落地现象（对象语言）却不曾蕴含万有引力思想（元语言）一样，“词源递归地生成”的思想，是在递归论数学思想产生之后才有可能出现的。“词源递归地生成”是用来分析“词源”这一对象语言的元语言工具，不可把对象语言“汉语词源现象”与元语言“形式词源学”混为一谈；况且，形式词源学的产生尚需经验词源学与数学、数理逻辑等学科有关思想的综合集成。

基于此，形式词源学这一分析对象语言“词源”的元语言工具即“普通词源学”或“通用词源学”。作为普通词源学或通用词源学的形式词源学可以被用来分析汉语词源现象，也可以被用来分析汉语以外的其他语种的词源现象，这是元语言的通用工具属性使然。汉语词源就是属于汉语这一具体语种的词源现象，汉语词源现象不等于汉语以外的其他语种的词源现象，这是语言世界观问题，这是对象语言的本体论问题。关于形式词源学，其宗旨是提炼出人类自然语言的生成机制与法则这一元语言通用学科体系。

第六节　历史比较法的演进
——从形态历史比较法到形式历史比较法

一、历史比较法的产生

历史比较法来自西方学者对印欧语系诸语言谱系关系的探

讨。传入中国后，中国学者对历史比较法的应用先是完全遵照其法则，后来为了适应对象而加以一定的改进，但是基本上都属于局部的修正，没有从根本上加以推进。我们把这种来自印欧语的历史比较法称为“经验历史比较法”。经验历史比较法即形态历史比较法的基本单位是词形及其形态变化，它在视觉上可以被感知到，而且是属于经验的感知，这是形态历史比较法或经验历史比较法得名的由来。

形态历史比较法或经验历史比较法遵循词义的类义对应、词形的语音对应，以及词形的形态对应三大原则。其优点是便于操作，可以方便地从外在的视觉形态上确立词的形态音义谱系关系；其不足之处是没有揭示词的内在深层音义遗传成分及其遗传路线，没有揭示音义位的内涵属性，没有揭示音变与义变的属性，即把词的形态变化仅仅视为词音的物理变迁，以及词义的物理变迁，没有音义相结合的概念，更没有音义位的概念。因此形态历史比较法或经验历史比较法又可以被称为物理历史比较法或一维历史比较法。

现代汉语音韵学的开拓者、瑞典汉学家高本汉，“非汉语语言学之父”、中国民族语言学的奠基者李方桂都是应用经验历史比较法的大师，他们在各自的研究领域都取得了卓越的成就。可见，形态历史比较法或经验历史比较法具有一定的真理性，对其作用应该加以肯定。

二、历史比较法的类型及其演进

“汉藏语系”拥有众多语言，有汉语、苗瑶语族语言、壮侗语族语言这些孤立语，有川西民族小语种这样的屈折语与黏着语的混合体；有汉语等形态贫乏的语言，也有川西民族小语种这样屈折形态、黏着形态繁复的语言。面对如此众多复杂的语言，单靠形态历史比较法或经验历史比较法进行分析显得力不从心，因为形态历史比较法或经验历史比较法的适用条件是形态语言。

面对缺乏形态的孤立语，需要开发出一种具有针对性的历史比较法来。基因历史比较法或形式历史比较法就是适应孤立语需要的一种历史比较法。基因历史比较法或形式历史比较法是形态历史比较法或经验历史比较法的演进，由形态到基因，由音义表层到音义深层，由形态音义谱系到词根音义谱系，这是建立在“音义位”这一基因单位之上的，因为无论形态繁复的语言还是形态贫乏的语言，都具有共同的基因单位，因此，基因历史比较法或形式历史比较法是较之于形态历史比较法或经验历史比较法具有广泛适应性的一种研究方法。

基因历史比较法或形式历史比较法是形态历史比较法或经验历史比较法的演进，是一种历史比较法的新的类型，但是二者并不对立，而是具有兼容性。

三、基因历史比较法或形式历史比较法

关于基因历史比较法，其研究的基元单位是“音义位”，音义位是自然语言的基本单位，即在音义上不可以再加以区分的最小单位，这是基因历史比较法的得名之由。由于基因即音义位又是形式化的基元单位，所以基因历史比较法又可以被称为形式历史比较法。

基因历史比较法或形式历史比较法的基元单位即音义位的递归法则可以表示如下：

核音义（类音义）

这一递归法则可以被称为词源的基元递归函项法则。这是词源计算的基本法则。

在上述词源的基元函项中，“核音义”“类音义”均可以发生时空上的视觉变化，即发生时间上的变迁与空间上的变迁，这

是词的形态变迁的内在机制，据此，核音义的变迁导致内涵形态的产生，类音义的变迁导致外延形态的产生。可见，形态历史比较法或经验历史比较法把词义的类义排列作为第一原则是不能解释词的形态的产生机制的。其对于词的形态的对应解释也属于对变迁结果的解释，而不是对形态的内在机制的揭示。

相对于一维历史比较法，基因历史比较法或形式历史比较法属于二维历史比较法，即二维物理-心智历史比较法。从数学的角度而言，一维是二维的特例，因此一维历史比较法是二维历史比较法的特例，即基因历史比较法或形式历史比较法对形态历史比较法或经验历史比较法具有兼容性。

总而言之，基因历史比较法或形式历史比较法属于形式元语言，形态历史比较法或经验历史比较法属于经验元语言，形式是经验的形式化演进，形式是对经验的兼容与通用化。

参 考 文 献

[说明]本参考文献系按照“形式词源学”“汉藏语词源学”“汉藏语历史分析语法”“其他参考文献”予以分类编排，以便与本书内容相一致，使读者一目了然。每类参考文献大致按照引用的重要性先后排列，未按照作者姓氏音序或笔画排，以便彰显引用文献在本书中的作用大小。所列参考文献主要是限于引用文献，间或有阅读过的重要文献。

一、形式词源学参考文献

1. 杨光荣. 论“词源的递归生成机制”——词源的可计算性及其形式理论. 山西大学学报（哲学社会科学版）, 2019（1）: 13-34.
2. 杨光荣. 词源观念史. 成都: 巴蜀书社, 2008.

二、汉藏语词源学参考文献

1. 杨光荣. 藏语汉语同源词研究——一种新型的、中西合璧的历史比较语言学. 北京: 民族出版社, 2000.
2.（汉）许慎. 说文解字. 北京: 中华书局, 1963.
3.（清）段玉裁. 六书音韵表. 北京: 中华书局, 1983.
4.（清）朱骏声. 说文通训定声. 武汉: 武汉市古籍书店, 1983.
5. 沈兼士. 广韵声系. 北京: 中华书局, 1985.
6. 高景成. 常用字字源字典. 北京: 语文出版社, 2008.
7. 西北民族学院藏文教研组. 藏汉词典. 兰州: 甘肃人民出版社, 1979.
8.《汉藏对照词典》协作编纂组. 汉藏对照词典. 北京: 民族出版社, 1991.
9. 周季文, 谢后芳. 敦煌吐蕃汉藏对音字汇. 北京: 中央民族大学出版社, 2006.
10. 张济川. 藏语词族研究. 北京: 社会科学文献出版社, 2009.

11. 郭锡良. 汉字古音手册. 北京: 北京大学出版社, 1986.
12. [美]包拟古. 原始汉语与汉藏语. 潘悟云, 冯蒸译. 北京: 中华书局, 1995.
13. 赵秉璇, 竺家宁. 古汉语复声母论文集. 北京: 北京语言文化大学出版社, 1998.
14. 何九盈. 音韵丛稿. 北京: 商务印书馆, 2002.

三、汉藏语历史分析语法参考文献

1. 高名凯. 语法理论. 北京: 商务印书馆, 1960.
2. [美]鲍尔·J·霍伯尔, 伊丽莎白·克劳丝·特拉格特. 语法化学说（第二版）. 梁银峰译. 上海: 复旦大学出版社, 2008.
3. 倪大白. 侗台语概论. 北京: 中央民族学院出版社, 1990.
4. [美]屈承熹. 历史语法学理论与汉语历史语法. 朱文俊译. 北京: 北京语言学院出版社, 1993.
5. 俞敏. 俞敏语言学论文二集. 北京: 北京师范大学出版社, 1992.
6. [丹麦]威廉·汤姆逊. 十九世纪末以前的语言学史. 黄振华译. 北京: 科学出版社, 1960.
7. 格桑居冕. 实用藏文文法. 成都: 四川民族出版社, 1987.
8. 胡坦. 藏语研究文论. 北京: 中国藏学出版社, 2002.
9. 瞿霭堂. 藏族的语言和文字. 北京: 中国藏学出版社, 1996.
10. 杨伯峻. 文言文法. 北京: 中华书局, 1963.
11. 谢纪锋. 虚词诂林. 哈尔滨: 黑龙江人民出版社, 1992.
12. [德]J. G. 赫尔德. 论语言的起源. 姚小平译. 北京: 商务印书馆, 1999
13. [苏]谢·叶·雅洪托夫. 汉语史论集. 唐作藩, 胡双宝选编. 北京: 北京大学出版社, 1986.
14. 杨光荣. 论“分析语法”——自然语言的可计算性及其形式理论. 山西大学学报（哲学社会科学版）, 2014（2）: 52-71.

四、其他参考文献

1. 陈世骧. 进化论与分类学. 北京: 科学出版社, 1978.
2. 裴文中. 旧石器时代之艺术. 北京: 商务印书馆, 1999.
3. 苏秉琦, 张忠培, 严文明. 中国远古时代. 上海: 上海人民出版社, 2017.

4. 王仁湘，贾笑冰. 中国史前文化. 北京：商务印书馆，1998.
5. 许顺湛. 中原远古文化. 郑州：河南人民出版社，1983.
6. 杨光荣. 多续语及其深层意识调查研究. 专著. 待出版. 四川省哲学社会科学研究“十二五”规划项目重点项目结项成果（2013 年结项）.
7. 孟世凯. 殷墟甲骨文简述. 北京：文物出版社，1980.
8. 陈炜湛. 甲骨文简论. 上海：上海古籍出版社，1987.
9. 裘锡圭. 文字学概要. 北京：商务印书馆，1998.
10. 刘钊. 古文字构形学. 福州：福建人民出版社，2006.

后　记

（从“板块汉语史”到“演化语言史”的探索）

本书是笔者《藏语汉语同源词研究——一种新型的、中西合璧的历史比较语言学》[①]、《词源观念史》[②]，以及“形式词源学”“分析语法”系列论文之后的连续性成果，是笔者 20 余年研究汉藏历史比较的又一阶段性成果，也是笔者在词源学、形式词源学、汉藏语词源学、历史分析语法（分析语法可区分为共时分析语法与历史分析语法）、汉藏语历史分析语法等领域的一项新收获。

本书《汉藏历史比较语言学研究》（关于“汉藏语言史”的讨论），也是笔者博士学位论文《藏语汉语同源词研究——一种新型的、中西合璧的历史比较语言学》的姊妹篇。博士学位论文答辩于 1998 年 6 月，该专著完成于 2020 年，两者相隔 20 余年。20 多年来，其间完成的《词源观念史》对词源学的探索走出了汉语的单一语种视野，站在人类语言汉藏语系、阿尔泰语系、印欧语系等语系的瞭望台上，来审视“词源学”这一历史比较的核心内容与基础学科，总结既往的经验得失，试图发掘出能够有力推进汉藏历史比较的元素来。《词源观念史》研究所取得的进展，就是从经验理论与对材料的经验处理的角度证

---

① 杨光荣：《藏语汉语同源词研究——一种新型的、中西合璧的历史比较语言学》，北京：民族出版社，2000.

② 杨光荣：《词源观念史》，成都：巴蜀书社，2008.

实了“二维词源学”是一个词源事实上的存在，主要从经验的角度看到了其作为一种学说的普适性。

要指出的是，“二维词源学”不是词源意义的“二分法”，也不同于东汉刘熙《释名》的“义类”“事类”说等类似说法，二分法仅仅是数的概念，不涉及空间概念。二维词源学是一种语言、心智的二维空间概念，它包含人类心智对对象的认知与心智自身的认知方式。从“二分法”到“二维空间”，在认识上是一个质的跃进。

“二维词源”这一理论模型是一个静态的数学模型，介于半经验半形式之间，是“形式词源学”的雏形与先导。经过多年的艰苦摸索，从2018年6月30日到2018年8月10日，笔者花费40多天时间写成的《论“词源的递归生成机制”——词源的可计算性及其形式理论》[①]，是半经验半形式的二维词源学的持续推进。该文的问世，可以说是初步奠定了“形式词源学”的基础，标志着词源学这一具有悠久历史的学科从经验的阶段演化到形式的阶段。如此看来，对词源的学理认识，经历了模糊的音义相关（从先秦到东汉），演进为数的二分（东汉刘熙的《释名》），再演进为二维空间，再演进为形式的认知。要指出的是，对词源认识的演进，不是一个单一学科的发展演进问题，而是随着语种词源视野的拓展，随着对人类心理认知的深化，随着对数学知识的应用而不断走向深入。如果单从数学的发展演进来看，对词源二分的认识属于初等数学阶段的认识，对词源二维空间与形式的认识则属于高等数学阶段的认识。

形式词源学的产生，催生了“形式历史比较法”，使历史比较法从经验的阶段演化到形式即“基因”的阶段。这一认识的演

① 杨光荣：《论“词源的递归生成机制”——词源的可计算性及其形式理论》，《山西大学学报（哲学社会科学版）》，2019（1）：13-34.

进背景是以生物学对人类生物基因认识的演进作为基础的。人类对生物基因的认识，在摩尔根阶段尚处于仅有概念内涵未找到相应实体（概念外延）的阶段，到了沃森和克里克阶段，对基因的认识终于落到了实处，找到了物理意义上的基因。人类自然语言的基因类似于人类生物的基因，也是一个物理实在，不过这是一个心智的物理实在。这一对心智具有物理属性的看法，具有哲学上的意义与价值，以往传统的哲学有唯物与唯心的区分，语言基因这一心智物理实在的发现，打破了唯物、唯心截然二分的界限，揭示了人类心智的物理奥妙，把哲学上的认识论、方法论推进到物理实在的水平。这即是说，人类的认识不是一个脱离物理事实“纯粹主观”的东西，而是一个具有物理属性的客体。

形式历史比较法是较之于经验历史比较法更具有普适性的历史比较法，经验历史比较法是针对形态语言的，形式历史比较法既适合形态语言，又适合形态较为贫乏的语言。

形态历史比较法在传统的汉藏历史比较语言学研究中起到了关键的促进作用。汉藏历史比较是国际汉藏语系学界的热点话题，论著也比较多，但是真正取得实质性进展的却难得一见。汉藏历史比较之难有来自材料方面的困难，也有来自理论认识方面的困难，而理论认识方面的困难是最难的。如果仅仅有材料的积累、汇编而缺乏对材料的深度挖掘，那是远远不够的。汉藏历史比较是一个高难度的课题，汉藏历史比较的理论形态不是单一的文字、音韵、训诂、词源、语法等部门知识的分科应用，也不是简单地将这些单一的部门知识加以凑集成“语音、语法、词汇”三大板块就能奏效的。完成这一高难度课题，需要的是各部门知识的有机综合集成与融会贯通，汉藏历史比较也不是音位、义位、形位、句法位的简单堆砌就能奏效的，需要找到一种一以贯之的基本单位——语言基因来探讨从原始汉藏语到其分支语种古汉语、吐蕃藏语之间的演化谱系关系。这种基因单位就是词汇单位的“音义位”，它既不是音位，也不是义位，而是音、义的有机合成单位。这是形式词源学的基本单位与研究对象，也是历史比较法的基本单位与研究对象。

词音（词外延音）、词义（词外延义）、词音义（词内涵音与词内涵义的结合体）是词的三个有机组成部分，可以用集合论标记如下：

词=（词音，词义，词音义）

还可以写为

词=（词外延音，词外延义，词内涵音义）

可以看出，这种词的三维构造是把二维词源学加以细化提升而来的。如果从空间的角度来看，形式词源学所依托的是词的“三维空间”，可以被称为“三维词源学”。形式历史比较法所依托的就是三维词源学。

音义位、音位、义位是平列的互相独立又互相联系的三种关涉词的词音、词义与词音义的基本单位，相应地，词有三种“词值”，即音位值、义位值、音义位值，所以，一个孤立的词，其静态词值是一个三维空间，标记如下：

词的静态词值=（词音位值，词义位值，词音义位值）

笔者在本科生、研究生课堂上常对同学们说，词汇学有三个基础学科作为依托，即音系学（含语音学）、语义学、词源学，相应于三门基础学科的基本单位是音位、义位、音义位。

以往的经验词源学没有明确锁定以音义位作为基本单位，影响了词源学的精准性，使词源学的发展长期滞后于语言学其他部门如音系学、语法学，这一点在西方语言学中表现得尤为突出。时至今日，西方语言学中，其词源学依然停滞于经验词源学阶段。中国的语言学在词源学领域走在了世界语言学的前列，率先由经验词源学跨入了形式词源学的行列，在词源的物理实在，词源的二维、三维空间等认识上，居于世界前沿。

之所以如此，关键在于汉语的“孤立语”或“词根语”这一性质促进了这一研究。作为词根语，汉语不像印欧语那样能较为容易地从“词形”上判断出词的谱系关系来，这是形式词源学产生的条件之一。无论汉语还是印欧语，其词单位都是“音义”的结合体，即是说，词单位音义是孤立语与非孤立语词单位的共性，这是形式词源学产生的条件之二。如此讲来，无论孤立语还是非孤立语，其词单位的谱系性都是由词单位的音义的谱系性所决定的，区分就在于孤立语词单位的音义谱系性是无词形标记的，非孤立语词单位的音义谱系性是有词形标记的。孤立语与非孤立语音义谱系的共性、个性特征的表示如表 1 所示。

表 1　孤立语与非孤立语音义谱系的共性、个性特征表

词单位	音义谱系性	语种
孤立语词单位	无词形谱系性标记	例如汉语
非孤立语词单位	有词形谱系性标记	例如印欧语的英语等

如果能够抓住词单位的“音义谱系性”这一共性特征，并且提取出最为基本的基元单位即音义位，形式词源学就是一种现实了。这是形式词源学产生的条件之三。从表 1 也可以看出，形式词源学是建立在词单位的音义共性基础之上的，其普遍性是一种词源构造的类型学共性，是研究语种词源谱系的通用词源学。

形式词源学是形式历史比较语言学的核心内容，它使经验历史比较语言学第一次获得了可推导性，这是历史比较法在元语言方面所取得的进展，这也是本书所追求的目标之一。用形式历史比较法来处理汉藏语（古汉语、吐蕃藏语）的谱系关系，使汉藏语的谱系关系不但立足于坚实可靠的材料之上，而且立足于具有可论证的理论基础之上，具有可重复性。这是本书的目标之二。

本书的最终目标是探索一种“演化语言史”，因为自然语言是人类的一种生物机能，自然语言又是一种具有内在逻辑机制的符号演算系统，这两点就决定了自然语言具有内在的自然语言逻辑机制，这是自然语言逻辑成立的原因所在，这是“语言演化史”之所以可以探讨、之所以可以成立的根本原因所在。笔者在2016年、2017年给四川大学文学与新闻学院、外国语学院以及道教与宗教文化研究所的博士研究生开设的“汉字汉语形音义关系史”“逻辑分析语言学”课程中，就对“语言演化史”的一些基础理论问题作了一定的探索。

在汉语史领域，国内前辈学者已经开辟了“板块汉语史”的研究路径，即开创了由语音发展、语法发展、词汇发展所组成的板块式汉语史体系，他们功不可没。本书是在继承乾嘉学派戴震、段玉裁、王念孙，以及章黄学派章太炎、黄侃等人研究的基础上，在汲取西方印欧语语言史研究成果的基础上所进行的探讨，目标是把词根音义谱系、词根形态音义谱系、语法范畴音义谱系以及句法位映射同源谱系相结合，由表及里地发掘语言演化的内在机制与历程。这仅仅是初步开端，探索未有穷。

2020年6月30日

写于蓉城府南河畔桃林村